사례로 본 한국 예술경영

사례로 본 한국 예술경영

2021년 12월 20일 초판 인쇄
2021년 12월 25일 초판 발행

엮은이 사단법인 한국예술경영학회 | **교정교열** 정난진 | **펴낸이** 이찬규
펴낸곳 북코리아 | **등록번호** 제03-01240호
전화 02-704-7840 | **팩스** 02-704-7848
이메일 ibookorea@naver.com | **홈페이지** www.북코리아.kr
주소 13209 경기도 성남시 중원구 사기막골로 45번길 14 우림2차 A동 1007호
ISBN 978-89-6324-822-6 (93600)

값 23,000원

사단법인 한국예술경영학회 엮음

사례로 본 한국 예술경영

I

예술경영과 사례연구: 이론적 고찰

양지연
임학순
손차혜
신혜선

II

공연장 및 공연단체

송성완
김태진
신대섭
손상원
한승원
이은미
이재진

III

미술관과 박물관

김세희
김병희
홍경아
김선혁
황지영
김성희

IV

예술정책 및 교육

정종은
장석류
전수환
고정민
박수진

V

지역문화와 헤리티지

이병민
정수희
이선철
송안나
김세준
채경진
정상철
고은솔
이창근

북코리아

추천사

『사례로 본 한국 예술경영』 발간을 축하하며

한국예술경영학회에서 『사례로 본 한국 예술경영』을 발간하게 된 것을 진심으로 축하합니다.

지금은 누가 뭐라 해도 문화의 시대입니다. 100여 년 전 '은둔의 나라'로만 알려졌던 우리나라가 이제는 세계 10위권의 경제강국이 되었고, 영화 「기생충」과 케이팝 '방탄소년단BTS'에서 보듯이 우리의 문화적 위상은 경제적 위상을 뛰어넘는 지경에 이르고 있습니다. 코로나로 힘들었던 작년은 예외로 하고 2019년 우리나라 문화산업 규모는 125조 원에 이르렀고, 수출 규모는 10조 원을 넘어섰습니다. 그만큼 예술, 나아가 문화경영시장의 규모가 크게 늘었음을 알 수 있습니다.

이런 상황 속에서 예술경영에 관한 학문적 연구 또한 더욱 늘어나고 발전해야 하는 것은 당연한 일일 것입니다. 처음 순수 또는 기초예술을 중심으로 연구되던 예술경영이 지금은 문화산업, 나아가 또 다른 영역으로까지 확대되고 있는 시점에서 시장의 성장에 부응하는 학문적 연구와 논의는 대학이나 연구소만이 아니라 정부와 산업 현장에서도 매우 필요하다고 하겠습니다.

학문적 연구방법은 다양합니다. 그중에서도 사례를 통한 시장과 정책 연구는 매우 실제적이고 적시성이 있다는 점에서 강점이 있습니다. 정밀하게 설계된 사례연구 방법을 통한 학문적 연구는 물론 여러 가지 문화예술 정책이나 현장의 경영 노하우들이 소개되는 것도 실무적 효용성과 학문적 연구를 위해 아주 유용합니다. 그런 점에서 이번에 발간된 『사례로 본 한국 예술경영』은 학문 현장은 물론 정부와 시장에도 매우 긴요한 정보를 제공해주리라 믿습니다.

예술경영학은 융합학문이고 응용학문입니다. 그렇기 때문에 정책과 경영 현장과 밀접한 관계를 맺고 이들과 궤를 같이해야 합니다. 현장과 동떨어진 예술경영학은 존재 의미를 찾기 어렵습니다. 아울러 예술경영학은 학문적 과학성을 찾기 위해 부단히 노력해야 합니다. 인접 학문들의 연구방법을 공유하면서 예술경영학을 더 정치한 학문으로 제련하기 위한 노력을 게을리해서도 안 될 것입니다.

다시 한번 『사례로 본 한국 예술경영』 발간을 축하합니다. 한국예술경영학회 양지연 회장님과 임원진의 노고에 감사드리며 학회의 무궁한 발전을 기원합니다. 감사합니다.

박양우

(재)광주비엔날레 대표

前 문화체육관광부 장관

한국예술경영학회 제5대, 6대 회장

추천사

한국예술경영학회의 20년을 축하하며

한국예술경영학회는 2001년 4월에 발기인들이 모여서 창립했다고 합니다. 이 글을 쓰기 위해 학회 홈페이지에서 찾아보고 뒤늦게 알았습니다. 저는 발기인이 아니었거든요. 한국예술경영학회와 연관된 제 기억의 첫 페이지는 그해 가을에 열린 창립학술대회입니다. 국민대학교에서 열렸네요. 그해 여름 현장에서 학교로 일터를 옮긴 저도 회원에 가입하고 학술대회에 참가했습니다. 한국예술경영학회는 우리나라에서 '예술경영'이라는 이름을 내건 첫 학술단체였습니다. 예술경영이라는 공통분모를 가지고 여기저기서 일하고 연구하던 사람들이 처음으로 한 울타리 안에 모였습니다. 서먹서먹하고 낯설었습니다. 딱 20년 전 얘기입니다.

돌이켜보면 학회가 창립되고 활발하게 활동을 시작한 시기는 우리나라 예술계가 겪은 급격한 변화의 한가운데입니다. 변화는 양적·질적 측면 모두에서 입체적으로 펼쳐졌습니다. 그중에 두드러지는 것을 꼽아보면 하나는 양적 확대이고, 또 하나는 전문화와 세분화입니다. 거의 모든 부문에서 폭발적으로 팽창한 것이 첫 번째 경향입니다. 양적 팽창과 함께 생태계 안에서는 구조적인 변화가 일어납니다. 새로운 역할을 맡는 주체와 영역이 등장하고, 뭉뚱그렸던 역할과 영역은 세분화하고 전문화했습니다. 예술경영은 이러한 흐름 속에서 등장하고 자기 몫을 하는 대표적인 주체입니다. 제가 "연출이 20세기 직분이라고 한다면 예술경영은 21세기 직분"이라고 주장하는 것도 이런 맥락에서입니다. 21세기 벽두에 한국예술경영학회가 출범한 것은 자연스럽고 당연한 사건이었습니다.

『사례로 본 한국 예술경영』은 학회 창립 20주년을 기념하는 사업 중에서도 가장 공을 들인 프로젝트로 알고 있습니다. 현장성이 무엇보다 중요한 예술경영의 속성을 반영한 기획입니다. 스펙트럼이 넓고 다양한 만큼 차별적이고 깊이 있는 사례연구는 예술경영이라는 유기체를 살아있게 하는 혈관같다는 생각이 듭니다. 초고를 훑어보면서 한국예술경영학회의 20년과 현재를 동시에 보았습니다. 학회 집행부와 스태프, 필자 모두에게 경의를 표합니다.

이승엽
한국예술종합학교 교수
前 세종문화회관 사장
한국예술경영학회 제7대 회장

서문

학회 창립 20주년을 기념하기 위해 한국예술경영학회는 회원들의 중지를 모아 한국의 예술경영 사례를 모은 책을 발간하려는 계획을 수립했다. 예술경영 현장의 사례에 대한 이해를 통해 한국 예술경영학의 맥락적 요인들과 한국 예술경영학의 특성을 탐색하는 것은 지난 20여 년을 정리하는 훌륭한 방법이 될 수 있으리라는 판단 때문이었다.

21세기 들어 한국의 예술경영학은 연구자와 연구논문의 규모가 확대되고, 연구주제가 다양해지는 등 눈부신 발전을 거듭했다. 하지만 국내 예술경영 실천현장의 다양한 도전과 실험이 어떻게 이루어져왔으며, 그러한 실천이 한국 예술경영학에서 갖는 의미와 가치가 무엇인지에 대한 논의는 상대적으로 미흡했다. 이러한 문제의식을 바탕으로, 이 책은 국내 예술경영 실천현장의 다양한 사례들을 통해 '한국 예술경영학'을 한국의 역사적·사회경제적·정치적 맥락과의 연계 속에서 이해하고자 했다.

이 책은 또한 예술경영 연구를 매개로 예술경영 실천현장과 교육현장을 긴밀하게 연결하려는 목적을 가진다. 예술경영학의 성장과 함께 여러 교육기관이 설립되었고 많은 전공자들이 배출되고 있으나, 대학 예술경영 교육과정에서는 한국의 예술경영 사례를 충분히 접하기가 여전히 쉽지 않은 상황이다. 관련 교재가 매우 부족하기 때문이다. 이러한 상황에서 이 책은 한국의 다채로운 예술경영 현장을 다각적인 시선과 방법으로 이해하려는 매우 유의미한 시도라고 평가할 수 있을 것이다. 예술경영 연구와 실천과 교육의 접점을 마련함으로써, 현재와 미래의 예술경영인들에게 한국 예술경영의 특성과 지향을 파악할 수 있는 준거자료를 제공하고자 노력했다.

이 책을 기획하고, 함께할 저자들을 모시고, 그분들의 원고를 수집하고, 편집과 출판을 준비해온 과정은 코로나19가 등장하고 확산된 시기와 정확히 일치한다. 지난 2년간 유례없는 팬데믹으로 인해 우리 예술경영 현장은 물리적 대면 활동의 급감으로 커다란 피해를 입었으며, 충분한 준비 없이 '언택트' 예술 활동에 뛰어들어야 한다는 압박에 당황스러운 시간을 보낼 수밖에 없었다. 하지만 불행 중 다행이라 할 수 있을까? 비자발적인 거리 두기라 할지라도 사회적 멈춤은 관성적인 행위와 인식에 대한 반성의 계기를 제공했고, 낯설게 하기는 새로운 미래를 꿈꿀 수 있는 전환의 토대를 마련해주었다. 비록 코로나19로 인해 저자들의 발표와 공유 역시 '랜선 세미나' 형식으로밖에 이루어질 수 없었지만, 저자들의 반성적 이성이 최고조로 발휘된 23편의 글은 향후 우리 예술경영학의 미래를 꿈꾸기 위한 탄탄한 준거점으로 활용될 수 있으리라 믿는다.

책의 구성은 다음과 같다. 먼저 I부 '예술경영과 사례연구: 이론적 고찰'에서는 예술경영학과 사례연구의 현황과 과제를 살펴보고, 한국 예술경영 연구에서 사례연구의 흐름을 짚어본 뒤, 해외사례 활용과 연구 방법의 변화에 대해 고찰한다. II부 '공연장 및 공연단체'에서는 코로나19에 대한 공연예술계의 대처 전략을 필두로, 세종문화회관의 재원 조성 사례, 공연예술단체의 멤버십 운영 사례, 액티브시니어들의 문화 활동 사례를 살펴본다. III부 '미술관과 박물관'에서는 국립현대미술관의 예술조직 운영과 마케팅 운영 사례, 문화다양성을 주제로 한 비교문화 전시와 디지털 리소스 활용 전략의 사례, MMCA 예술놀이마당과 사회적기업 캔파운데이션의 사례 등을 살펴본다.

한편 IV부 '예술정책 및 교육'에서는 예술산업 정책의 부상이라는 이슈, 예술행정 주체들의 직업정체성에 대한 비교 분석, 기업을 위한 예술경영 교과 개발 사례, 문화교육을 통한 국제문화교류 사례 등이 소개된다. 마지막으로 V부 '지역문화와 헤리티지'에서는 지역사회와 동행하는 예술, 문화기반 마을공동체의 성장요인, 전통문화로 꽃피운 신한류 등에 대한 고찰을 중심으로 평창 감자꽃 스튜디오, 광주광역시 광산구, 제주도 한수풀해녀학교 등의 흥미로운 사례들이 소개된다.

한 아이를 기르기 위해서는 온 마을이 필요하다고 했던가? 이 책을 펴내기 위해 참 많은 이들이 수고해주셨다. 무엇보다 심혈을 기울여 옥고를 보내주신 31명의 저자분들께 감사의 말씀을 드린다. 추천사로 함께해주신 박양우, 이승엽 두 분의 고문님께도 머리 숙여 감사드린다. 책을 출판해주신 북코리아 관계자분들의 전문성이 없었다면 이 책이 세상에 나오는 데 훨씬 더 오랜 시간이 필요했을 것이다. 또한 연구기획위원회의 추진 과정에서 모든 실무를 책임져주신 한국예술경영학회 손차혜 국장과 상지대학교 심숙현 조교에게도 감사의 인사를 전한다.

2021년 11월

한국예술경영학회 연구기획위원회

CONTENTS

추천사: 『사례로 본 한국 예술경영』 발간을 축하하며 _박양우 / 5
추천사: 한국예술경영학회의 20년을 축하하며 _이승엽 / 7
서문 / 9

I. 예술경영과 사례연구: 이론적 고찰

1장	예술경영학과 사례연구: 현황과 과제	양지연	17
2장	한국 예술경영 사례연구의 흐름: 『예술경영연구』 논문 분석을 중심으로	임학순 손차혜	29
3장	한국 예술경영 연구의 해외사례 활용과 연구 방법의 변화	신혜선	45

II. 공연장 및 공연단체

4장	감염병 리스크와 공연예술계의 대처 전략: 코로나19 사례를 중심으로	송성완	63
5장	세종문화회관의 '지속 가능한 재원 조성에 의한 문화예술 기획 활성화'	김태진 신대섭	82
6장	공연예술단체의 멤버십 운영을 통한 수익 창출 사례: 'HJ컬쳐 멤버십' 운영 중심	손상원 한승원	98

7장 그레이네상스를 꿈꾸는 액티브시니어들의 문화활동: '50+액티브시니어축제'를 중심으로 이은미 이재진 106

III. 미술관과 박물관

8장 예술전문성 강화를 위한 미술관장의 예술조직 운영: 국립현대미술관 사례를 중심으로 김세희 119

9장 국립현대미술관 청주관의 마케팅 사례 김병희 136

10장 문화다양성 시대 박물관의 변화와 비교문화 전시 홍경아 150

11장 뮤지엄 내 전시미디어를 위한 디지털 리소스의 활용 전략 김선혁 164

12장 참여하는 미술관: MMCA예술놀이마당 황지영 181

13장 문화예술 분야 사회적기업 캔파운데이션의 운영사례 고찰 김성희 193

IV. 예술정책 및 교육

14장 '예술산업' 정책의 부상과 예술경영지원센터의 역할 정종은 213

15장 예술행정 부족 간 직업정체성의 차이와 이해: 행정인, 기획인, 예술인 비교 장석류 236

CONTENTS

16장 '기업을 위한 예술경영' 교과개발: 한예종 예술경영과 사례 전수환 255

17장 문화교육을 통한 국제문화교류 사례연구 고정민 박수진 266

V. 지역문화와 헤리티지

18장 지역사회와 동행하는 예술: 지역 기반 문화예술기획 사례 이병민 정수희 281

19장 감자꽃스튜디오: 분교의 진화 이선철 296

20장 문화기반 마을공동체의 성장요인 송안나 김세준 313

21장 광주광역시 광산구의 문화유산 활용 사례 채경진 331

22장 해녀문화의 유산 경영: 제주도 '한수풀해녀학교' 운영 사례 정상철 고은솔 349

23장 전통문화로 꽃피운 신한류: K-헤리티지의 가치와 문화경제 효과, '문화재 활용사업' 사례 이창근 367

I

예술경영과 사례연구:
이론적 고찰

1장
예술경영학과 사례연구: 현황과 과제

양지연

사례연구 # 사례연구 방법론 # 예술경영학 # 연구 방법론 # 응용학문

이 글에서는 사례연구 방법론의 주요 논점에 대해 살펴보고, 한국 예술경영학에서의 사례연구 과제를 고찰해보았다. 사례연구는 예술경영학 분야 학술연구 외에도 예술경영 교육과정과 정책연구, 실무 차원에서 폭넓게 이루어지고 있다. 응용학문인 예술경영학의 이론과 실천을 연계하는 수단으로서 사례연구가 갖는 중요성에 비해 사례연구 방법론과 예술경영 연구에 활용되는 상황에 대해 본격적으로 논의되지 못한 것도 사실이다. 향후 예술경영학 연구 방법으로서 사례연구의 수행과 활용을 고도화하기 위해서는 우선 예술경영 고유의 학문적 특성에 기반한 사례연구 방법론을 체계적으로 정립하는 것이 요구된다. 둘째, 학계와 현장의 협력과 공동연구를 강화하여 실증적 연구 방법으로서 사례연구의 타당성과 유용성을 제고할 필요가 있다. 마지막으로 예술경영 인력 양성 및 예술 현장 실무 개선을 위해 사례를 공유하고 상호학습하는 매체와 장을 확대하여 사례연구 결과가 더욱 널리 확산되고 활용되는 방안을 모색해나가는 것이 필요할 것이다.

1. 들어가는 말

사례연구는 예술경영 분야 연구에서 활발히 도입되어왔다. 예술경영학 분야 학술논문의 연구 방법으로서 사례연구가 차지하는 빈도는 상당히 높으며, 학술연구 외에 예술경영 교육과정에서 교수 매체 및 방법의 하나로서, 그리고 정책연구 및 실무 과정에서도 사례연구는 폭넓게 이루어지고 있다. 실제적 현상을 이해하고, 예술경영의 이론과 실천, 현장과 학계를 연계하는 수단으로서 사례연구가 갖는 유용성과 중요성은 매우 크다고 할 수 있다.

이에 비해 사례연구의 연구 방법론과 예술경영 연구에 활용되는 상황에 대해 본격적으로 논의되거나 검토되지 못한 것도 사실이다. 이 장은 예술경영학에서 사례연구의 의미와 향후의 과제를 탐색하는 소고다. 사례연구 방법을 체계화하고 예술경영 연구에서 사례연구를 더욱 효과적으로 활용할 방안을 모색하는 것은 예술경영학의 발전적 차원에서 의미 있는 작업이 될 것이다.

먼저 연구 방법으로서 사례연구가 갖는 의의와 사례연구 방법론의 주요 내용을 정리해보고자 한다. 다음으로는 한국의 예술경영 연구에서 사례연구를 개괄적으로 살펴보고, 이를 바탕으로 사례연구를 더욱 체계적으로 수행하고 활용하기 위한 향후 과제를 논의해보고자 한다.

2. 연구 방법론으로서의 사례연구

1) 사례연구의 목적과 특성

사례연구case study는 연구자가 취할 수 있는 여러 연구 방법 — 조사연구, 실험, 역사적 연구, 참여관찰 등 — 의 하나다. 그러나 학술연구 차원에서 사례연구가 하나의 독립적인 연구 방법으로 자리 잡은 것은 그리 오래되지 않았다. 본격적인 연구 방법을 취하기 전에 사전 탐구하는 과정에서 간략히 참고하는 수단 정도로 인식되곤 했던 사례연구는 1990년대 이후 특정한 사회현상을 총체적으로 이해하는 데 사례연구가 갖는 의의가 재조명되고 과학적 사례연구 방법 설계에 대한 학문적 논의가 확대되면서 하나의 독립된 연구 방법론으로 주목받기 시작했다(Yin, 1994). 오늘날 실증적 학문 분야 논문에서 사례연구 빈도의 꾸준한 증가는 사례연구 방법에 대한 인식 및 활용도가 크게 제고되었음을 보여준다(Yin, 2021).

연구 방법의 선택은 연구의 목적과 질문에 가장 적합한 방법을 채택하는 것이 기본이라는 점에서 먼저 사례연구가 어떠한 성격의 연구에 적합한 연구 방법인가를 고찰할 필요가 있다. 사례연구 방법론을 정립한 주요 연구자인 로버트 K. 인Robert K. Yin은 사례연구를 "연구자가 연구 대상이 되는 사례에 대해 통제력이 거의 또는 전혀 없는 현재의 사건들에 대해 '어떻게' 또는 '왜'를 묻는 연구 질문을 제기할 때" 가장 적합한 연구 방식이라고 정의했다(Yin, 1994: 9). 현상과 맥락의 경계가 분명하지 않은 현재의 실제 상황에 대해 그 이유와 과정, 방법 등을 실증적으로 설명, 기술 또는 탐색하기에 유용한 연구 방법이라는 것이다. 따라서 사례연구는 현실 세계가 실제로 작동하는 이면을 들여다봄으로써 직접 경험을 대체할 수 있는 수단이 되기도 한다.

사례연구는 질적 방법 또는 양적 방법으로 이루어질 수 있다. 물론 하나의 사례연구에 질적·양적 방법이 혼합되는 경우도 많이 있다. 그러나 질적 연구와 양적 연구는 연구자가 세상을 보는 관점이라고 표현될 정도로 그 목적과 방법, 결론 도출에 상이한 접근방식을 취하며, 각 접근방식이 갖는 장점과 한계도 뚜렷하여 이 두 접근방식의 특성을 먼저 언급할 필요가 있다. 양적 연구의 목적이 연구 문제에 대해 통계적으로 일반화할 수 있는 결론을 도출하는 것이라면, 질적 연구는 어떤 현상을 산술적으로 일반화하기보다 개별적 대상의 특질을 충분히 이해하고 통찰을 얻는 '이론적 일반화'(Yin, 1994), 또는 기존의 이해를 강화하거나 수정하는 '보완된 일반화'(Stake, 1995)를 목적으로 한다. 스테이크(Stake, 1995)는 더 나아가 질적 연구로서의 사례연구의 특장점을 강조하여 사례연구의 진정한 목적은 일반화가 아니며, 오히려 사례의 고유성에 집중하는 '개별화particularization'에 있다고 주장했다.

양적 연구에서는 통계적 방식으로 수치화하는 연구 방법이 필수이며, 질적 연구는 주로 언어적 수단을 기반으로 내러티브를 제시하는 연구 방법으로 이루어진다. 자연히 양적 연구는 임의성을 띤 표본 추출방식과 연구 표본의 양적 규모가 중요시된다. 질적 연구는 자료 수집 방법상 많은 대상에 대한 연구를 수행하기 어려울뿐더러 연구 목적상 연구 대상의 수 자체가 중요하지 않은 경우도 많이 있다. 그러나 사례연구가 여타의 양적 연구 방법과 다른 점은 사례연구에 양적 접근을 포함한다 하더라도 통계적 일반화를 목적으로 하지는 않는다는 점이다. 양적 자료 분석은 사례를 종합적으로 연구하기 위한 하나의 자료로 작용한다. 따라서 사례연구의 결과는 가설의 통계적인 증명이 아닌, 사례로부터 도출된 전반적 의미에 대한 연구자의 '주장', '설명', '교훈' 등으로 표현된다(Creswell, 2015).

2) 사례의 규정과 선정

사례연구에서 사례를 어떻게 규정하고 선정하는가의 문제는 또 다른 중요한 지점이다. 인(Yin, 2021)은 사례연구를 다중 사례연구multiple case study와 단일 사례연구single case study로 구분하고 연구설계상 특성과 장단점을 제시했다. 단일 사례연구는 하나의 사례를 연구 대상으로 하는 것으로, 그 사례가 연구 목적에 부합한 대표성이나 특이성을 갖고 있을 때 유용하다. 하나의 사례에 집중함으로써 더욱 심층적인 접근이 가능하고, 연구에 소요되는 시간과 자원의 실질적 제약을 보완해주기도 한다. 반면, 하나의 사례로 연구 결과를 설득력 있게 제시하는 데 한계가 있어 인(Yin, 1994)은 단일 사례연구를 선택할 때 이러한 기준을 면밀히 점검해야 한다고 제시했다. 다중 사례연구는 단일 사례연구를 여러 복수의 사례들에 적용하는 것으로 볼 수 있다. 여러 사례를 같은 분석 틀을 적용하여 연구함으로써 마치 동일 실험을 반복하여 연구의 신뢰성을 높이는 것 같은 효과를 기대할 수 있다(Yin, 1994, 2021). 물론 복수의 사례연구에서 도출되는 내용이 언제나 동일하게 비교될 수 있는 성질의 것은 아닐 수 있으므로 다중 사례연구는 다양한 형태로 설계될 수 있다. 이러한 다중 사례연구는 복수의 사례로부터 제시되는 증거를 통해 더욱 설득력 있는 결론을 주장할 수 있다는 강점이 있다. 반면 단일 사례연구에 비해 시간과 비용 등의 한계로 개인 연구자가 수행하는 데 무리가 따를 수 있어 다중 사례연구의 선택과 설계에 신중을 기할 필요가 있다(Yin, 1994).

이와 더불어 연구 대상이 하나이건 복수이건 간에 사례의 범위를 어떻게 규정할 것인가를 정해야 한다. 사례의 범위는 사람이나 기관, 프로그램·사업 단위일 수도 있고, 어떤 과정이나 내용 같은 특정 요소일 수도 있다. 국가나 생태계 등 상대적으로 그 범위가 포괄적이고 경계가 모호한 경우도 있을 것이다. 그러나 연구 질문에 근거하여 연구 대상이 되는 사례의 범위를 구체적으로 규정하고 제시하는 것은 체계적인 사례연구를 수행하는 데 중요한 요소가 된다.

사례 선정의 기준을 생각할 때, 사례연구의 목적에 따른 '본질적 사례연구intrinsic case study'와 '도구적 사례연구instrumental case study'의 구분을 적용할 수 있다. 스테이크(Stake, 1995)는 주어진 사례 자체에 대한 관심에서 또는 사업 평가와 같이 그 사례를 연구하는 것이 궁극적인 목적인 본질적 사례연구와 달리, 도구적 사례연구는 연구목적에 따라 의도적으로 선택한 사례를 통해 연구문제에 대한 일반적인 이해를 추구하는 것을 목적으로 한다고 이 둘의 차이를 정리했다. 그러나 도구적 사례연구에서도 사례의 대표성이나 전형성보다 중요한 기준은 그 사례로부터 배울 기회가 얼마나 있는가에 있다는 것을 강조했다. 사례에 대한 자료 접근성, 연구에 대한 호의적이고 협조적인 태도 등은 연구자가 사례로부터 배울 기회를 극대화하므로 사례 선정의 주요 기준이 될 수 있다(Stake, 1995).

이렇듯 사례연구는 양적인 방법 또는 질적인 방법으로 수행될 수도 있고 단일 또는 다중 사례연구로 이루어질 수도 있으나(Yin, 1994), 공통적으로 다양한 출처로부터 자료를 구하여 종합적이고 맥락적인 분석과 해석을 추구한다. 특히 각각의 사례는 개별적 상황에 따라 고유한 속성을 가지므로 사례연구에서는 고유한 맥락을 심층적으로 파악할 수 있는 질적 접근의 유용성이 크다. 스테이크(Stake, 1995: xi)는 이러한 질적 사례연구의 특성을 "하나의 사례가 갖는 특수성과 복잡성을 연구하여 그 활동을 맥락적 상황 안에서 이해하는 것"으로 정의했다.

3) 자료 수집과 분석

자료 수집 방법의 측면에서 사례연구는 현장성과 맥락성이 중요하므로 문서·자료 검토, 인터뷰, 관찰의 세 가지 상호보완적 도구를 주요 수단으로 삼는다.[1] 서면보다는 대면으로 수행하는 인터뷰, 자연적으로 일어나는 상황을 현장에서 직접 관찰하기, 2차 자료보다는 1차 자료가 사례를 내면적·심층적으로 파악하는 데 유용한 자료 수집 도구가 될 것이다. 이 외에 연구 대상으로부터 파생되는 여러 종류의 증거물도 자료원이 될 수 있다(Yin, 2021). 따라서 사례연구를 수행하는 연구자는 이러한 자료 수집 방법을 체계적이고 숙련되게 구사할 수 있어야 한다.

수집된 자료를 어떻게 분석하여 의미 있는 결과로 도출할 것인가는 사례연구에서 가장 도전적인 부분이고, 사례연구 방법이 체계화되기 시작한 지 30여 년에 이르는 이 시점에도 과학적인 방법론 개발이 아직 미흡한 영역이다(Yin, 2021). 그렇기 때문에 자료 수집과 더불어 연구자가 특별한 신중함과 윤리적 자세를 견지해야 하는 부분이다. 사례연구에서는 편향성을 방지하고 타당성을 높이기 위해 최대한 많은 출처를 통해 자료를 다각도로 수집하고 이들 간의 삼각검증triangulation을 주요 자료의 분석 방법으로 삼을 수 있다(Stake, 1995). 즉 하나의 현상에 대해 인터뷰 내용과 관찰한 내용, 관련 문서·자료 내용 등을 다각도로 분석하여 타당성을 확증하는 원칙이다. 삼각검증은 자료 수집 방법 간이나 자료원 간의 교차 검증뿐 아니라 복수의 연구자가 수집한 자료 간의 교차 검증 등 다양한 요소에 적용할 수 있다(Stake, 1995).

한편, 인(Yin, 2021)은 사례연구의 분석 전략을 '이론적 명제를 기반으로 하기', '자료의 심층적 분석에 근거하기', '사례의 기술 방법 개발하기' 등으로 구

---

1 사례연구의 자료 수집 방법을 자료원에 따라 크레스웰(Creswell, 2015)은 '관찰', '인터뷰', '문서', '시청각 자료'의 네 가지 기본 유형으로 구분했고, 질적 사례연구에 초점을 둔 스테이크(Stake, 1995)와 메리엄(Merriam, 2005)은 '관찰', '인터뷰', '문서검토' 방식으로 구분했다. 인(Yin, 2021)은 사례연구 자료 수집 방법을 '문서정보', '기록정보', '인터뷰', '직접관찰', '참여관찰', '물리적 인공물'의 여섯 가지로 세분화하여 제시했다. 공통적으로 '문서·기록 검토', '인터뷰', '관찰'의 세 가지 형태를 사례연구의 주요 자료 수집 방법으로 볼 수 있다.

분하고, 두 번째의 자료 심층 분석을 통해 유용한 개념을 도출하는 귀납적 분석과 세 번째의 사례를 있는 그대로 기술description하기 위한 프레임워크를 개발하는 분석을 첫 번째 이론적 명제를 기반으로 한 분석과 대비되는 또는 대안적인 전략으로 제시했다. 그러나 학술적 연구에서 세 가지 전략은 정도의 차이는 있겠으나, 모두 사례연구의 배경이 되는 이론theory을 바탕으로 하고 있다고 볼 수 있다. 연구를 설계함에 있어 연구 문제 및 질문, 선행연구 조사, 기본적인 가설 등에 이론적 내용이 반영될 수밖에 없기 때문이다. 따라서 사례연구에 있어 이론의 역할에 주목할 필요가 있다. 이론적 틀은 사례연구를 설계하는 근거로 작용하며, 자료를 분석하고 결과를 이론화하는 데도 유용한 요소다. 따라서 학술적 사례연구는 무엇보다 근거가 되는 이론적 명제를 도출하고 이를 체계적으로 검토하는 과정이 중요시될 필요가 있다. 한편 연구자가 이론적 명제 없이 방대한 양의 자료를 수집한 상태에서 이를 학술적으로 논의하고자 하거나 특정한 이론적 명제를 설정하기 어려운 연구문제도 있을 수 있다. 실무적 또는 정책적 사업에 대한 기술적 사례연구는 많은 경우 이러한 특성을 지니기도 하는데, 이 경우 문헌연구 과정이나 기존 연구의 목차에서 아이디어를 얻어 분석 틀을 도출해낼 수 있다(Yin, 2021).

이러한 사례연구의 결론을 도출하는 방식은 과정 지향적이고 순환적이라는 점이 특징이다. 인터뷰와 관찰, 문헌·자료 등을 통해 수집된 자료의 분석과 해석, 종합은 현장 연구 이전에서부터 현장 연구 시행 중, 그리고 현장 연구 이후까지 전 과정에 걸쳐 지속적으로 이루어지게 된다. 의미 있고 타당한 결론에 이르기 위한 내용이 충분히 도출되었고 추가로 새로운 통찰을 주는 내용이 나오지 않을 것이라고 판단하는 시점까지 자료 수집과 분석이 순환적으로 지속된다(Stake, 1995; Yin, 2021).

따라서 사례연구의 가장 중요한 도구는 연구자 자신이다. 연구목적에 부합하는 사례를 선정하고, 과학적인 방법으로 자료를 수집하여 수집된 자료의 분석과 해석을 통해 통찰력 있는 결론을 도출할 수 있는 역량은 성공적인 사례연구의 첫걸음이자 전부라고 해도 과언이 아니다.[2] 모든 연구가 마찬가지지만, 사례

2 수행적인 성격을 지니는 사례연구 방법론에서 연구자의 역할은 주요 논의 대상이 된다.

연구를 방법으로 삼는 연구자는 연구의 신뢰성과 진실성을 담보하기 위해 사례연구 방법론을 숙지하고 편향성을 지양하며 최대한 높은 과학적·윤리적 기준에 따라 자기 검증하는 자세가 요구된다.

3. 예술경영 연구에서의 사례연구: 동향과 과제

1) 예술경영 연구와 사례연구 동향

한국의 예술경영학 연구에서 사례연구는 어떻게 이루어지고 있는가? 예술경영학의 학문적 성격을 모색한 여러 연구에서 제시된 바 있듯이(양현미, 2005; 이승엽, 2009), 예술경영학은 다학제적 응용학문으로서의 성격을 지닌다. 실천적 학문이자 다학제적 복합학문의 성격을 갖는 예술경영학에 대한 사례연구는 복잡한 현실을 이해하고, 타인의 경험을 간접 체험하며, 이론과 현장을 접목할 수 있는 주요 연구 방법이라고 할 수 있다.

예술경영 연구에서 사례연구가 차지하는 비중이 이를 방증한다. (사)한국예술경영학회의 학술지 『예술경영연구』의 논문을 전수 분석한 연구에서(임학순·손차혜, 2021), 20년간 발행된 총 365편의 논문 중 국내 사례(143편) 또는 국내와 해외사례를 병행한(20편) 논문은 전체의 44.6%인 총 163편으로 집계되었다. 이는 사례연구를 연구 방법 또는 제목·주제어로 명시하거나 연구 내용에서 사례연구가 기반을 이루는 논문을 포괄적으로 집계한 것이다. 또한 동 학술지에서 해외사례만 다룬 논문은 70편으로(신혜선, 2021), 이를 더하면 『예술경영연구』 논문의 과반수인 63.8%(총 233편)가 한국 또는 해외 사례연구를 주요 내용 또는 연구 방법으로 삼고 있다. 더불어 2010년대에 들어 예술경영 연구에서 사례연구가 상대적으로 더욱 증가하는 경향도 나타났다. 이는 해외의 경우에도 유사한데, 박물관 경영 관련 주요 해외 학술지의 연구 논문을 분석한 결과(양지연, 2009)

스테이크(Stake, 1995)는 사례연구의 맥락과 목적에 따라 연구자가 수행하는 다양한 역할을 교사, 옹호자, 전기 작가, 평가자, 해석자 등으로 표현했다.

2000년부터 2008년까지 총 117편의 분석 대상 학술논문에서 사례연구 방법으로 수행된 논문은 약 28%(30편)로 여러 연구 방법 중 가장 많은 비중을 차지했다.[3]

이렇듯 사례연구가 예술경영학의 주된 연구 방법 또는 내용으로 채택되어 온 데 반해 우리나라의 예술경영 연구에서 사례연구 자체에 대한 방법론적 논의와 고찰은 미진했던 것이 사실이다. 사례연구는 실제적 현장에서 특정한 현상이 왜, 어떻게 발생하는지, 그로부터 어떠한 결론과 함의를 구할 수 있는지를 심층적이고 맥락적으로 파악하는 데 유용한 방법론이지만, 연구 방법론과 접근방식에 있어 과학적 엄밀성을 확보하고 편향성을 방지하기 위한 지속적인 고찰이 필요하다.

2) 사례연구와 실천 기반 학문의 과제

예술경영학 분야에서 사례연구는 어떠한 방식으로 이루어질 수 있고 활용될 수 있는지, 그리고 예술경영 분야의 사례연구가 지향해야 방향과 과제를 몇 가지 모색해보고자 한다.

먼저, 학문과 현장 연계를 위한 지점으로서 연구 활동에서 사례연구를 체계적으로 활용할 방안을 모색하는 것이 선행되어야 한다. 이를 위해 사례연구 방법론과 예술경영학 고유의 학문적 특성을 연동하여 '예술경영학에서의 사례연구 방법론'을 더욱 정교하게 개발하고 체계화하는 것이 필요하다. 예술경영학에 있어 비단 사례연구뿐 아니라 다양한 연구 방법론을 정립해나가는 것이 요구되지만, 사례연구의 양적 비중에 비해 사례연구 방법에 대한 체계적인 이해는 아직 미흡한 지점이 있다. 따라서 대학의 신진 연구자 양성 과정에서, 그리고 학계에서 사례연구의 방법론에 대한 논의를 이어나가야 할 것이다.

---

3 해외 박물관 경영 논문의 연구 방법을 비수리적 논문(25.92%), 이론적 논문(7.40%), 사례연구(27.77%), 인터뷰에 근거한 질적 실증연구(7.40%), 서베이에 근거한 양적 실증연구(9.25%), 양적·질적 방식을 혼합한 실증연구(16.66%), 내용 분석(3.70%), 실태 조사(0.92%), 역사적 연구(0.92%)로 구분하여 분석했다.

다음으로, 현장과 학계의 협력 연구를 확대하는 것도 사례연구를 고도화하기 위한 방안으로 고려할 지점이다. 인터뷰와 관찰, 문헌·자료 검토 등과 같은 자료 수집 방법에 의존하는 사례연구에서 연구 대상의 승인과 협조는 필수적인 요소다. 특히 현상의 결과뿐 아니라 맥락을 이해하려면 현장의 협조가 필요한데, 이는 심층적이고 체계적인 사례연구가 실행되는 데 현실적인 제약으로 작용하기도 한다. 연구자는 엄정한 연구 방법을 바탕으로 과학적이고 충실한 태도로 접근하고, 현장의 실행자는 자신들의 실천을 객관화하고 심도 있게 들여다보는 계기로 사례연구에 좀 더 개방적이고 협력적인 태도를 견지할 수 있다. 무엇보다 연구자는 연구목적에 부합한 사례 선정의 기준을 합리적이고 명확히 제시할 필요가 있으며, 자료 수집 및 분석의 과학적 방법론을 구사하기 위한 노력이 요구된다. 사례와 직간접적인 이해관계가 있는 연구자의 경우 사례에 대한 1차 자료 확보가 좀 더 용이하고 사례의 맥락을 체험적으로 이해하는 장점이 있으나, 주관성과 편향성을 극복하기 위한 특별한 고려가 필요할 것이다. 무엇보다 사례를 분석하고 결론을 도출하기 위한 이론적 틀을 체계적으로 제시하여 현장연구의 필요성과 목적을 뒷받침해야 한다. 또한 사례와 연관된 연구자의 지위를 드러내고 그 한계 내에서 최대한 객관적이고 비평적인 관점을 견지하는 연구자의 윤리적 자세가 더욱 중요할 것이다.

사례에 대해 현장과 학계 구성원이 공동연구를 하는 것도 하나의 방법이다. 일례로 문화예술교육 정책 도입 초기인 2005년 문화부가 추진한 「문화예술 우수 교육프로그램 모델개발 연구」(양지연 외, 2005)는 우수 문화예술교육의 실행 모델을 도출하기 위해 실행자와 연구자를 한 팀으로 묶어 사례를 연구하는 방식으로 접근했다. 문화예술교육 우수 사례로 선정된 프로그램의 실행자가 실행의 전 과정을 기록하고, 연구자는 이를 이론적 관점에서 분석하고 해석하여 학문적·실천적 의미를 도출하는 작업을 진행했다. 이 과정에서 자연스럽게 1차 자료의 공유와 긴밀한 현장 관찰, 그리고 심도 있는 인터뷰가 진행되었다. 이러한 공동연구는 사례의 실천적 맥락과 이론적 맥락을 고찰하고 의미를 총체적으로 파악하여 통찰하는 데 유용한 방법론이 되었다. 또한 현장과 학계, 이론과 실천이 유기적이고 상보적으로 작동할 가능성을 제시했다.

마지막으로, 학술적 사례연구가 확산되고 활용될 수 있는 방안을 모색할 필요가 있다. 학술적 목적에서 엄정한 연구설계에 따라 수행되고 제한된 독자를 대상으로 하는 논문 외에 다양한 형태의 출간, 워크숍 등 더욱 유연하고 시간차가 적은 방식으로 교수 활동과 현장에서 사례를 공유하고 상호학습 할 장이 필요할 것이다. 이러한 장에서는 학술논문으로 발표된 사례연구가 학습 및 토론의 목적에서 재구성되거나 보완될 수도 있을 것이다. (재)예술경영지원센터가 우수사례 공모, 웹진·무크지 발간 등을 통해 현장 사례 확산의 플랫폼 역할을 하고 있으나, 우수 사례를 발굴하고 간략하게 소개하는 데서 나아가 현장 사례에 대해 연구자와 실무자들이 다각도로 논쟁하고 성공 요인뿐 아니라 실패 요인도 살펴볼 수 있는 열린 공유의 장이 있다면 더욱 효과적일 것이다. 최근에 아르코인력개발원이 시행하고 있는 '문화예술사업 우수사례BP 워크숍'은 사례연구를 통한 인력양성 교육의 한 예시가 될 수 있다. 또 다른 형태로, 하버드경영대학원이 분기별로 발행하는 『하버드비즈니스리뷰*Harvard Business Review*』를 볼 수 있다. 온·오프라인으로 제공되는 이 정기간행물에는 학술논문집과는 다른 형태로 학계나 실무자, 컨설턴트 등 다양한 필진이 경영 현장의 사례들을 분석한 글들이 게재되어 경영학 이론이 현장의 실천과 접목된 생기 있고 대중적인 학문으로 자리 잡는 데 기여하고 있다.[4] 또한 여기서 제시된 사례들은 대학에서의 경영학 교육에도 널리 활용되고 있다. 예술경영학계와 실무, 교육 현장에서도 이러한 수요를 담아낼 장에 대한 요구가 커지고 있어 대응 방안을 모색할 필요가 있다.

4. 나가는 말

이 글에서는 사례연구 방법론의 몇 가지 주요 논점에 대해 살펴보고, 한국 예술경영학에서의 사례연구 과제를 고찰해보았다. 사례연구는 이론과 현장을 연계하고 상호 보완하는 매개체가 될 수 있다. 향후 예술경영학의 실증적 연구 방법으로서 사례연구의 수행과 활용에 대한 지속적 논의를 통해 예술경영학 고

4 이와 유사한 국내의 저널로 『동아비즈니스리뷰』가 있다. 여기에 발표되는 경영 사례에는 기존 학술논문을 재구성하거나 토론용으로 발전시킨 사례들도 포함된다.

유의 특성에 기반한 사례연구 방법론을 정립해나가고 사례연구의 활용을 확산할 수 있을 것이다.

참고문헌

신혜선.「한국 예술경영 연구의 해외사례 활용과 연구 방법의 변화」.『사례로 본 한국 예술경영』. 북코리아, 2021, 45-59쪽.

양지연.「해외 박물관경영 연구의 동향 분석」.『예술경영연구』 14, 45-59쪽.

양지연 외.『문화예술 우수 교육프로그램 모델개발 연구』. 한국예술경영학회·문화관광부, 2005.

이승엽.「예술경영학의 연구영역과 접근방법」.『예술경영연구』 14, 2009, 7-28쪽.

임학순·손차혜.「한국 예술경영 사례연구의 흐름:『예술경영연구』 논문 분석을 중심으로」.『사례로 본 한국 예술경영』. 북코리아. 2021, 29-44쪽.

Creswell, J. W. *Qualitative Inquiry and Research Design: Choosing among Five Approaches*, 3rd ed.『질적 연구 방법론: 다섯 가지 접근』(원전은 2013년 출간). 조흥식·정선욱·김진숙·권지성 역. 학지사, 2015, 29-44쪽.

Merriam, S. B. *Qualitative Research and Case Study Applications in Education.*『정성연구 방법론과 사례연구』(원전은 1998년 출간). 강윤수·고상숙·권오남·류희찬·박만구·방정숙· 이중권·정인철·황우형 역. 교우사, 2005.

Stake, R. E. *The Art of Case Study Research.* CA: Sage Publications, 1995.

Yin, R. K. *Case Study Research: Design and Methods*, 2nd ed. CA: Sage Publications, 1994.

______. *Case Study Research and Applications: Design and Methods.*『사례 연구 방법』[6판](원전은 2018년 출간). 신경식·송민채·신현섭·조수현·서이안 역. 한경사, 2021.

양지연

뉴욕대학교에서 시각예술행정 석사, 플로리다주립대학교에서 예술경영학 박사학위를 마친 뒤 20여 년간 동덕여자대학교 큐레이터학과 교수로 재직하고 있다. 예술경영 및 정책, 박물관학, 문화예술교육 분야의 연구와 교육, 컨설팅을 지속해 왔으며, 현재 국립현대미술관 미술은행 운영위원, 문화체육관광부 문화도시 심의위원 등으로 활동하고 있다. (사)한국예술경영학회의 제10대, 11대 회장을 맡고 있다.

2장
한국 예술경영 사례연구의 흐름: 『예술경영연구』 논문 분석을 중심으로

임학순·손차혜

사례연구 # 예술경영 # 현장연구 # 예술경영연구 # 예술경영교육

이 글은 한국 예술경영학과 한국 예술경영 현장과의 관계를 탐색하기 위해 예술경영 사례연구의 흐름을 분석한 것이다. 이를 위해 이 글에서는 (사)한국예술경영학회가 발간하는 등재학술지 『예술경영연구』에 게재된 한국의 예술경영 현장 사례연구 논문 163편을 대상으로 연구 방법론, 연구자 특성, 연구의 주제 및 영역, 시기별 주요 변화 과정을 분석했다. 분석 결과, 한국 예술경영학의 현장 사례연구는 문화정책의 변화와 예술환경의 변화, 그리고 예술경영학의 학문적 발전과 밀접하게 연관된 것으로 나타났다. 사례연구 참여자의 학문적 배경은 문화와 예술 분야의 학문뿐 아니라 행정학, 정책학, 경제학, 사회학 등 다양한 학문 분야로 구성된 것으로 나타났다. 이것은 한국 예술경영학의 사례연구가 융복합 기반의 학제적 연구자 체계를 바탕으로 이루어지고 있다는 것을 의미한다고 볼 수 있다. 사례연구 참여자의 구조는 학계뿐 아니라 예술경영 현장의 전문가들로 구성되어 있으나, 산학 협력 기반의 공동연구는 미흡한 것으로 나타났다. 예술경영 사례연구의 주제는 2000년대 초반에는 주로 문화예술기관 경영, 문화예술 프로그램 기획과 관리 등 예술경영 조직 및 사업 관리에 한정되었으나, 그 이후 문화정책, 도시재생 및 지역연계, 자원관리, 예술경영 평가 등 다양한 영역으로 확대되었다. 이와 같이 지난 20년간 한국 예술경영학의 사례연구는 학제적 연구체계를 바탕으로 예술경영의 실천적 문제를 해결하기 위해 노력했다고 볼 수 있다. 앞으로 한국 예술경영학은 한국 예술경영학의 정체성과 한국 예술경영의 특성을 탐색하기 위한 학문적 논의와 연구를 다각도로 추진할 필요가 있다. 또한 앞으로 한국 예술경영학은 예술경영 현장과 예술경영 교육, 그리고 예술경영 연구의 소통과 협업의 플랫폼을 창조해나갈 필요가 있다.

1. 사례연구의 장, 예술경영 현장

예술경영에 대한 연구는 현장의 문제에서 출발했다. 한국에서 예술경영학은 1990년대 후반부터 한국문화경제학회(1997), 한국예술경영학회(2001), 한국문화예술경영학회(2008) 등의 학문공동체가 설립되면서 형성되기 시작했다. 1980년대부터 문화정책이 본격적으로 추진되고, 문화예술조직, 문화공간, 문화예술 활동과 프로그램 등이 확대되면서 예술경영 현장의 전문성과 효과성 및 책임성에 관한 이슈가 나타나기 시작했다. 이러한 예술경영의 기반 확장은 예술경영 전문인력 수요를 높이는 요인으로 작용했다. 1990년대부터 대학교에 예술경영 교육과정이 증가한 데는 이러한 예술경영 현장의 수요가 반영되어 있

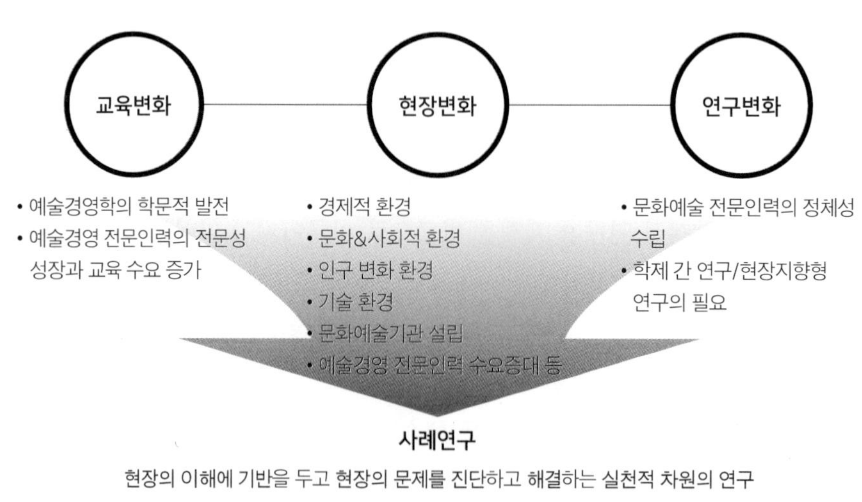

〔그림 2-1〕 예술경영과 현장-연구-교육의 연계도

〈표 2-1〉 1980년대 이후 한국 예술경영 현장-연구-교육의 변화

시대별 변화	1980년대	1990년대	2000년대	2010년 이후
현장의 변화 (정책/경제/문화/사회/기술 등)	• 공공 및 민간부문의 문화예술프로그램 증가 • 문화공간 및 문화예술단체 증가 • 창작 예술인 대상 재정적 지원 확대	• 문화복지의 시작 • 지역문화정책의 형성 • 한국기업메세나협의회 설립으로 기업의 문화예술지원 시작 • 예술경영의 관심 확대 및 현장 수요 증가	• 문화산업의 활성화 • 예술의 경제적 가치/문화예술 교육의 가치 증가 • 기업의 성장과 문화마케팅 본격화	• 생활문화, 문화다양성, 문화도시 개념 대두 • 예술인력의 양성과 지원 노력(「예술인 복지법」 제정, 2011) • 문화: 국민의 기본권(「문화기본법」 제정, 2013) • 예술경영기관의 자립성 강화 • 디지털기술 발전
예술경영 연구의 변화	• 예술경영의 시작 • 대규모 문화행사의 증가로 인한 예술경영 기획·관리 인력 수요 증가	• 예술경영에 대한 실천적·학문적 관심 확대 • 문화정책, 예술경영, 문화관광 등의 연구개발 수요 증가	• 예술경영 관련 분야의 학문공동체 등장: 본격적인 예술경영학 연구·학술활동 활성화	• 예술경영 연구주제의 세분화: 경영전략, 조직관리, 거버넌스, 인력, 마케팅 등 • 예술경영 평가, 효과와 관련된 실증적 연구 증가
예술경영 교육의 변화	• 예술경영 교육에 대한 관심 증가	• 예술경영 관련 대학(원) 과정 증가: 예술경영(현장·전문) 분야 연구자들의 교육활동 확대	• 예술경영 관련 석박사연구자 대폭 증가	• 관련 융복합 전공 증가 • 예술경영 세부 전공 분야 확대

다고 볼 수 있다. 이런 측면에서 한국 예술경영학의 발전은 〈표 2-1〉과 〔그림 2-1〕에 나타난 바와 같이 예술경영 현장의 변화와 예술경영 교육과정의 확대와 밀접하게 연관되어 있다고 볼 수 있다.

이러한 배경에서 출발한 한국의 예술경영학은 예술경영 현장의 동태적인 현상들을 분석·이해·설명하는 학문적 특성뿐 아니라 예술경영 현장의 문제를 발견하고 해결하는 실천적 특성을 모두 지니고 있다고 할 수 있다. 예술경영 현장은 투입·과정·산출·환류 활동이 이루어지고, 환경적·맥락적 요소와 밀접하게 연결되어 있다는 점에서 동태적이고 개방적인 체계라고 할 수 있다. 이러한 예술경영 현장은 다양한 이해관계자와 자원들이 연결되어 상호작용하는 생태계를 구성하고 있으며, 혁신과 네트워킹을 필요로 한다. 또한 예술경영 현장은 한

국 사회의 의사결정 문화, 조직 문화, 리더십 문화, 자원관리 문화 등 사회문화적 요소를 내포하고 있다고 볼 수 있다. 이러한 측면에서 예술경영 현장은 한국 예술경영의 특성을 담고 있다고 볼 수 있다.

그동안 예술경영에 대한 국내 학술 연구는 〈표 2-2〉에 나타난 바와 같이 크게 4개의 범주로 구분할 수 있다.[1] 첫째, 예술경영학의 학문적 정체성 연구는 예술경영을 문화정책, 문화경제 등 예술경영 맥락과 연계하여 연구영역과 접근 방법을 다루고 있다. 둘째, 예술경영 교육에 관한 연구는 예술경영 현장과 예술경영 교육의 연계, 예술경영 교육 실태와 과제 등에 대해 다루고 있다. 셋째, 예술경영학의 분류 체계와 분야별 연구 경향에 관한 연구는 주로 공연예술, 박물관·미술관 분야에 한정되어 있다. 넷째, 예술경영 연구의 변화에 관한 연구는 내용 분석법, 의미연결망분석, 언어네트워크분석 등 다양한 연구 방법을 통해 한국 예술경영 연구의 변화 경향을 분석했다.

예술경영 현장에 대한 사례연구 또한 한국 예술경영학의 초기 단계에서부터 중요한 연구 방법으로 다루어져왔다. 예술경영 현장 사례연구는 예술경영 현장이 직면하고 있는 문제와 문제 해결 방식이 무엇인지를 나타낼 수 있다는 점에서 한국 예술경영학의 현장 인식을 파악할 수 있는 자료가 될 수 있다. 그러나 그동안 예술경영 현장에서 추진된 사례들에 관한 연구를 종합적으로 검토하여 한국 예술경영 현장의 특성을 파악하기 위한 논의는 미흡했다. 이러한 맥락에서 이 글에서는 한국예술경영학회에서 발간하는 학술지 『예술경영연구』에 게재된 논문 중 한국의 예술경영 현장 사례를 연구한 논문들을 분석하여 예술경영 현장에 대한 한국 예술경영학의 연구 흐름을 파악했다.

---

1 이 범위는 국내 등재학술지를 중심으로 예술경영, 예술경영 연구경향, 예술정책, 예술경영 연구 방향 등을 주제어로 분석한 결과다.

〈표 2-2〉 국내 예술경영 연구 범주별 주요 연구 논문

연구 동향	주요 논문
예술경영학의 학문적 정체성	• 임학순. "문화정책 연구영역과 연구경향 분석". 『문화정책논총』 제8집, 1996, 1-27쪽. • 임학순. "예술정책에 관한 국제비교 연구의 경향과 과제". 『문화정책논총』 제12집, 2000, 162-180쪽. • 양현미. "한국문화정책의 과제와 예술경영학". 『예술경영연구』 제7집, 2005, 7-23쪽. • 이승엽. "예술경영학의 연구영역과 접근방법". 『예술경영연구』 제14집, 2009, 7-28쪽. • 정광렬. "문화정책 연구의 정체성과 과제". 『문화정책논총』 제21집, 2009, 9-24쪽. • 홍기원. "문화정책연구에 대한 학문 분야로서의 정체성 탐구". 『문화정책논총』 제21집, 2009, 89-104쪽 등
예술경영 교육과 예술경영	• 홍영주. "우리나라 예술경영 교육의 실태와 대안". 『문화정책논총』 제10집, 1998, 215-239쪽. • 양현미. "학부 예술경영 커리큘럼 기준에 관한 연구". 『예술경영연구』 제15집, 2009, 5-26쪽. • 이은미·정영기. "예술경영 대학원 교과과정 개선방안에 관한 연구". 『예술경영연구』 제28집, 2013, 29-60쪽 등
예술경영학의 분류체계와 분야별 연구 경향	• 이용관. "공연예술 경영의 과제와 학문적 접근". 『예술경영연구』 제8집, 2005, 95-107쪽. • 김형숙. "박물관 미술관 연구의 실태와 과제". 『예술경영연구』 제8집, 2005, 70-81쪽. • 양지연. "해외 박물관 경영 연구의 동향 분석". 『예술경영연구』 제14집, 2009, 29-48쪽. • 황동열·홍성보. "박물관 운영분야 학술연구 동향에 관한 계량서지학적 분석". 『박물관학보』 제20집, 2011, 9-31쪽 등
예술경영 연구의 변화	• 임학순. "우리나라 예술경영 연구경향 분석: 예술경영연구의 수록 논문을 중심으로". 『예술경영연구』 제8집, 2009, 49-71쪽. • 박양우·김유리. "융합시대의 예술경영 연구 방향에 대한 탐색적 시론". 『예술경영연구』 제20집, 2011, 53-84쪽. • 차민경. "국내 언론에 나타난 예술경영 관련 이슈의 의미연결망분석: 1990년부터 2014년까지 국내 일간지 기사 분석을 중심으로". 『문화정책논총』 제29집 제2호, 2015, 168-200쪽. • 박양우·김수연. "언어네트워크분석을 통한 국내 예술경영 연구동향 분석". 『예술경영연구』 제43집, 2017, 5-37쪽. • 황서이·박양우. "토픽모델링과 의미연결망분석을 활용한 한국 예술경영 연구의 동향 변화". 『예술경영연구』 제50집, 2019, 5-31쪽 등

2. 예술경영 사례연구 흐름 분석의 틀

한국예술경영학회에서 발간하는 학술지 『예술경영연구』는 2001년부터 발간되기 시작하면서 '교육-현장-연구'의 전 영역에서 지난 20년간 예술경영학이라는 학문적 정체성을 확립하면서 예술경영 연구를 선도해온 대표적인 예술경영학 전문학술지다. 이 글에서는 2001년부터 2020년까지 『예술경영연구』에 발표된 국내 및 국내외 사례 분석 논문 163편을 중심으로 한국 예술경영의 현장을 다룬 실천적인 사례연구의 흐름과 경향을 살펴보는 데 초점을 두었다. 이와 같이 『예술경영연구』에 한정된 연구는 예술경영 관련 연구가 예술경영학, 문화정책학, 문화산업학, 문화경제학, 콘텐츠학, 미디어커뮤니케이션학 등 다양한 학문 분야에서 다루어지고 있다는 현실을 고려할 때 한계가 있다고 볼 수 있으나, 예술경영 전문 학술단체의 예술경영 학술지라는 점에서 한국의 예술경영 현장 사례의 연구 경향을 파악하는 데 활용될 수 있다.[2]

사례연구 대상 논문의 선별 기준은 우선적으로 이론적 배경이나 이론적 논의를 위해 사례를 단순 언급한 논문을 제외했으며, ① 사례연구를 연구 방법으로 제시한 논문, ② 논문 제목이나 초록, 주제어에서 사례를 직접 제시하고 내용분석을 통해 단일 사례(혹은 소수 사례) 기관이나 프로그램에 대한 집중적인 연구논문, ③ 선별된 복수의 사례로 주제 등을 설명하면서 새로운 연구주제나 이슈를 설명한 논문을 본 연구의 분석 대상으로 삼았다. 『예술경영연구』는 2001년 제1집이 발간된 이래 2020년 제56집까지 총 365편의 학술논문(서평 및 현장 사례 리포트 제외)이 게재되었으며, 2010년 한국연구재단 등재후보 학술지로 선정되면서 게재 논문은 질적·양적으로 성장했다. 전체 논문 중 예술경영 현장 사례분석 논문은 총 190편으로 전체 논문의 52.1%를 차지했다.[3]

---

2 예술경영과 관련된 논문이 발표되는 학술지로는 『문화정책논총』(1988~), 『문화경제연구』(1998~), 『한국콘텐츠학회 논문지』(2001~), 『문화산업연구』(2001~), 『예술경영연구』(2001~), 『문화예술경영학연구』(2008~), 『지역과 문화』(2014~) 등이 있다.

3 2001년 제1집부터 사례연구가 수행되었다. 사례 분석 논문 중 논문 제목에서 사례를 직접 제시한 논문은 103편(56.0%)으로 과반수 이상을 차지하지만, 논문의 본문이나 주제어 등의 내용 분석을 통해 사례연구로 파악된 논문도 87편(44.0%)이다. 이 중 분석 논문은 국내 사례 분석

<표 2-3> 연구 분석 틀

연구 분석 틀	연구 방법론	연구자 분포	연구주제 및 대상	연구 시기	예술경영 실천 문제와 과제
주요 질문	• 예술경영은 어떠한 연구 방법론을 택했는가?	• 예술경영 연구자의 활동 범위는 어디인가? • 그리고 어떤 배경하에 연구를 진행했는가?	• 예술경영의 범위는 어떻게 정리될 수 있는가? • 현장 사례연구 대상의 특징과 시사점은 무엇인가?	• 시기별로 연구주제는 어떻게 변화되었는가?	• 한국 예술경영 현장의 문제는 무엇이고, 문제에 영향을 미치는 요인은 무엇인가?
주요 연구 내용	• 정성적 연구 • 정량적 연구 • 사례 분석 수	• 연구자의 소속 • 연구 발표 실적 • 연구자 전공 분야	• 연구 예술 장르 • 연구 분야 및 주제 • 연구 대상(기관, 프로그램 등)	• 5년 단위의 연구 주제 변화	• 예술경영 현장의 문제와 과제

이 글에서는 <표 2-3>에 나타난 바와 같이 연구 방법론, 연구자 분포, 연구 주제 및 대상, 연구 시기, 예술경영 실천 문제와 과제를 중심으로 사례연구를 분석했다.

3. 분석 결과

1) 연구 방법론[4]

사례연구의 연구 방법론은 문헌연구, 인터뷰를 통한 자료 수집과 분석 등을 통한 정성적 연구가 가장 많으며, 단일 사례연구 논문과 복수 사례연구 논문의 비중이 거의 유사하게 나타났다.

논문이 143편(75.3%)으로 가장 많았으며, 국내외 사례 분석 논문은 20편(10.5%), 해외사례 분석 논문은 27편(14.2%)이다.

4 『예술경영연구』 전체 논문은 정성적 연구 210편(57.5%), 정량적 연구 130편(35.6%), 혼합방법 연구 25편(6.8%)으로 2010년대부터 혼합방법 연구가 증가했다.

〈표 2-4〉 사례연구 연구 방법론 및 사례 분석 수

<table>
<tr><th>정성적 연구</th><th>정량적 연구</th><th>혼합방법 연구</th><th>합계</th></tr>
<tr><td>106(65.0%)</td><td>48(29.4%)</td><td>9(5.5%)</td><td rowspan="3">163(100%)</td></tr>
<tr><td>단일 사례</td><td colspan="2">복수 사례</td></tr>
<tr><td>81(49.7%)</td><td colspan="2">82(50.3%)</td></tr>
</table>

2) 연구자 분포[5]

한국 예술경영 사례연구 163편의 논문에 241회 저자로 참여한 연구자들의 소속은 대학 교강사 128회(53.1%), 석박사연구자 61회(25.3%), 문화기관·현장 종사자 37회(15.4%) 등의 순으로 나타났다. 〈표 2-5〉에 나타난 바와 같이 사례연구자 중 문화기관 및 현장 종사자의 비율은 15.4%로 전체 연구자 중 문화기관 및 현장 종사자 비율 10.3%보다 높게 나타났다. 이러한 문화기관·현장 종사자 연구자들은 대부분 석박사연구자로 구성되어 있다. 이와 같이 문화기관·현장 종사자의 연구 참여는 향후 현장-연구-교육의 연계 기반이 될 수 있다.

〈표 2-5〉 연구자의 소속 분포

연구자 소속	대학 교강사	석박사연구자	문화기관·현장 종사자	연구기관 종사자	합계
전체 논문	336(57.6%)	157(26.9%)	60(10.3%)	30(5.1%)	583(100%)
한국 예술경영 사례연구	128(53.1%)	61(25.3%)	37(15.4%)	15(6.2%)	241(100%)

5 연구자 소속은 논문 게재 당시의 신분을 기준으로 정리했다. 전공 분야는 최종 학위 및 전공을 기준으로 한국연구자정보(www.kri.go.kr)를 통해 확인 가능한 149명을 정리했다. 전체 논문 365편에 총 355명이 583회 연구의 저자로 참여했다. 2편 이상의 논문에 참여한 저자는 96명으로 저자 1인당 최대 14편(1인)의 연구를 수행했으며, 단일 저자 논문이 193편(52.9%), 2인 이상 저자(최대 5인까지 공동연구 수행) 논문이 172편(47.1%)을 차지했다.

163편의 사례연구 논문은 단일저자 논문이 95편(58.3%), 2인 이상 저자(최대 3인까지 공동연구 수행) 논문이 68편(41.7%)으로 구성된 것으로 나타났다.

한편 사례연구 저자들의 전공 분야는 〈표 2-6〉에 나타난 바와 같이 문화예술경영학, 경영학, 예술경영학, 문화관광학, 행정학, 문화정책학 등 총 70개 학문 전공자로 매우 다양하게 분포하고 있다. 학문 분야별로 연구자의 분포를 구분하여 살펴보면, 문화예술경영 관련 학과 40.9%, 문화예술 관련 학과 24.8%, 타 학문(융합 연계) 분야 학과 34.2%로 나타나 융복합 학문으로서 예술경영학의 학문적 위치를 확인할 수 있다.

〈표 2-6〉 한국 예술경영 사례연구 저자의 전공 분포

<table>
<tr><th colspan="4">문화예술경영 관련 학과 전공: 61인(40.9%) / 예술경영, 문화정책, 문화산업 등</th></tr>
<tr><td>문화예술경영학</td><td>24인</td><td rowspan="5">공연예술경영, 공연예술기획, 문예콘텐츠학, 문화마케팅, 문화산업학, 문화예술경제학, 문화예술미디어경영, 문화콘텐츠산업, 박물관미술관경영, 예술정책, 융합콘텐츠학</td><td rowspan="5">각 1인</td></tr>
<tr><td>예술경영학</td><td>8인</td></tr>
<tr><td>문화콘텐츠학, 문화정책학</td><td>각 5인</td></tr>
<tr><td>문화정책·예술경영학</td><td>4인</td></tr>
<tr><td>문화예술정책, 아트기획학</td><td>각 2인</td></tr>
<tr><th colspan="4">융합 연계 학문 전공: 51인(34.2%) / 기타 학문</th></tr>
<tr><td>경영학</td><td>11인</td><td rowspan="4">관광통역학, 광고학, 광고홍보학, 국제학, 법학, 북한학, 사학, 사회학, 산업공학, 산업조직론, 세무회계, 신문방송학, 언론학, 인문지리학, 재무행정, 지리학, 파생상품</td><td rowspan="4">각 1인</td></tr>
<tr><td>문화관광학, 행정학</td><td>각 6인</td></tr>
<tr><td>경제학</td><td>3인</td></tr>
<tr><td>관광학, 교육공학, 교육학, 마케팅</td><td>각 2인</td></tr>
<tr><th colspan="4">문화예술 관련 학과 전공: 37인(24.8%) / 순수예술 관련</th></tr>
<tr><td>문화학, 예술학</td><td>각 4인</td><td rowspan="3">국어국문학, 문화유산학, 문화인류학, 미술사학, 미술학, 미학, 박물관학, 불어불문학, 비교문화학, 서양화, 시각디자인, 영상미디어, 영상예술학, 예술문화와 영상매체학, 예술사회학, 예술철학, 조형미술학, 조형예술학, 컴퓨터음악, 현대무용, 현대미술사, 현대회화</td><td rowspan="3">각 1인</td></tr>
<tr><td>큐레이터학</td><td>3인</td></tr>
<tr><td>공연예술학, 철학</td><td>각 2인</td></tr>
</table>

3) 연구의 주제와 대상

첫째, 예술경영 사례연구는 〈표 2-7〉에 나타난 바와 같이 시각예술 분야가 42.3%로 가장 높게 나타났으며, 그다음으로는 복합문화 23.7%, 공연예술 23.1%, 문화산업 11.5%, 전통문화 3.8% 순으로 나타났다.

〈표 2-7〉 사례연구의 예술 장르 분포 비교

시각예술	복합문화	공연예술	문화산업	전통문화	합계
66(42.3%)	37(23.7%)	36(23.1%)	18(11.5%)	6(3.8%)	163(100%)

둘째, 선행연구 분석 및 사례연구의 주제어 분석을 통해 한국 예술경영 사례연구의 분야 및 주제는 ① 예술경영 일반 ② 문화정책 및 사업 ③ 박물관·미술관 ④ 시각예술 ⑤ 공연예술 ⑥ 교육 ⑦ 문화산업 ⑧ 예술인력으로 분류되었다. 이 중 '예술경영 일반'은 정책 단위의 사업과 공연예술, 시각예술 장르 및 박물관·미술관을 제외한 기관과 조직의 운영 및 경영의 모든 활동으로 경영·기획·운영·마케팅 등을 포괄한다. 전체 논문과 비교하여 한국 예술경영 사례연구의 연구 분야는 〈표 2-8〉에 나타난 바와 같이 예술경영 일반, 박물관·미술관, 문화정책 및 사업 분야의 논문이 많았다. 이것은 사례연구자의 전공이 문화예술경영학, 경영학, 예술경영학, 문화관광학, 행정학, 문화산업, 문화정책학, 예술학(순수예술 및 큐레이터학, 박물관학 등 포함) 등에 다수 집중되어 있기 때문이라고 할 수 있다.

〈표 2-8〉 연구 분야별 『예술경영연구』 전체 논문과 한국 예술경영 사례연구 분야 분포

연구 분야	예술 경영 일반	문화 정책 및 사업	박물관 · 미술관	시각 예술	공연 예술	교육	문화 산업	예술 인력	합계
전체 연구 논문	71 (19.5%)	62 (17.0%)	75 (20.5%)	26 (7.1%)	45 (12.3%)	21 (5.8%)	36 (9.9%)	29 (7.9%)	365 (100%)
한국 예술경영 사례연구	48 (29.4%)	31 (19.0%)	46 (28.2%)	10 (6.1%)	4 (2.5%)	11 (6.7%)	7 (4.3%)	6 (3.7%)	163 (100%)

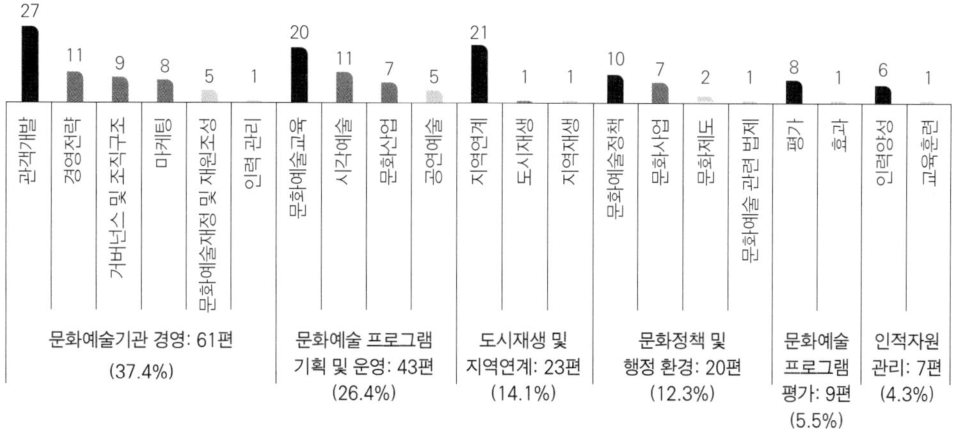

〔그림 2-2〕 한국 예술경영 사례연구의 세부 주제별 연구 분포

셋째, 한국 예술경영 사례연구 논문의 내용 분석을 통해 도출된 연구주제는 크게 ① 문화예술기관 경영 ② 문화예술 프로그램 기획 및 운영 ③ 도시재생 및 지역연계 ④ 문화정책 및 행정 환경 ⑤ 문화예술 프로그램 평가 ⑥ 인적자원 관리로 구분될 수 있다. 연구주제별 분석 결과, 문화예술기관 경영 연구가 61편(37.4%)으로 가장 많았으며, 그다음으로는 문화예술 프로그램 기획 및 운영(26.4%), 도시재생 및 지역연계(14.1%), 문화정책 및 행정 환경(12.3%), 문화예술 프로그램 평가(5.5%), 인적자원 관리(4.3%) 순으로 나타났다. 세부 주제별로는 관객개발 27편(16.6%), 지역연계 21편(12.9%), 문화예술교육 20편(12.3%), 경영전략 10편(6.7%) 등의 순으로 나타났다.

넷째, 연구대상은 예술경영조직(기관, 단체, 공간 등)과 예술경영 프로그램(지원 프로그램, 운영 프로그램 등)으로 구분할 수 있는데, 분석 결과 예술경영 조직 사례연구가 85.9%(140편)로 예술경영 프로그램 사례연구 14.1%(23편)에 비해 높게 나타났다. 사례연구 대상인 예술경영 조직은 주로 국공립박물관·미술관·공연장 등 국공립문화예술기관[6]이며, 민간문화기관[7] 사례연구는 주로 기업에 관

6 2회 이상 연구된 국공립문화예술기관으로는 국립현대미술관(23회), 예술의전당(8회), 국립중앙박물관(7회), 서울시립미술관과 춘천애니메이션박물관(각 6회), 국립극장(5회) 등이 있다.

7 민간문화기관으로는 삼성미술관, 엘시스테마코리아, 현대자동차, 현대카드 등이 있다.

한 것이다.

4) 연구 시기별 연구주제

2001년부터 2020년까지 5년 단위로 시기를 구분하여 한국 예술경영 사례연구의 주요 주제를 분석한 결과, 〈표 2-9〉에 나타난 바와 같이 시기에 따라 사례연구의 주제들이 변화하고 있는 것으로 나타났다. 2001~2004년 시기에는 문화예술 프로그램 기획 및 운영, 문화예술기관 경영과 도시재생 및 지역연계 등에 관한 주제가 연구되었으며, 2005~2009년 시기에는 인적자원관리와 문화예술 프로그램 평가 관련 논문들이 나타났다. 2010~2014년 시기에는 문화정책 및 행정의 환경에 대한 연구주제들이 나타났다. 2015년 이후부터는 사례연구의 주제들이 비교적 고르게 분포하고 있는 것으로 나타났다. 앞으로 이러한 시기별 연구주제의 변화에 영향을 미치는 예술경영의 맥락적·환경적 요인과 예술경영의 내생적 요인에 논의가 확대될 필요가 있다.

5) 한국 예술경영의 문제와 과제

예술경영 사례연구는 예술경영 현장의 예술경영 활동과 체계, 그리고 예술경영의 맥락을 분석하고 있다는 점에서 한국 예술경영 실천 현장의 문제가 무엇이고, 이러한 문제와 연관된 요인이 무엇인가를 파악하는 데 활용될 수 있다. 실제로 예술경영 사례연구 논문들을 분석한 결과, 한국 예술경영이 직면한 문제들이 분석되고, 변화를 위한 과제들이 제안되었다. 이러한 문제와 과제들은 ① 문화정책과 예술경영 ② 환경의 변화와 예술경영 ③ 예술경영 생태계 ④ 예술경영 역량과 기법 등의 측면으로 구분하여 살펴볼 수 있다.

첫째, 문화정책이 예술경영의 중요한 맥락 요인으로 영향을 미치고 있는 것으로 나타났다. 문화관료제 문제, 예술경영 조직의 자율성과 독립성 문제, 거버넌스 문제, 정책과 현장의 연계 문제, 문화정책의 예산구조, 단기 중심의 지원

〈표 2-9〉 시기별 한국 예술경영 사례연구의 특징

시기	연구자 분포	연구주제와 대상
2001~ 2004년	• 18편의 사례연구에 연구자 19회 참여, 17편이 연구자 단독 연구로 수행 • 대학 교강사(11회)와 문화기관·현장 종사자(8회)만 연구 수행	• 시각예술(15편) 중심. 이 외에 공연예술(2편), 복합문화(1편) • 박물관·미술관 분야(12편)의 현장 기관 사례연구(17편)가 대부분을 차지하며, 문화예술기관 경영, 프로그램 기획 및 운영과 도시재생 및 지역연계 주제 연구로 구성
2005~ 2009년	• 17편의 사례연구에 연구자 23회 참여 • 문화기관·현장 종사자가 11회로 현장의 논의 본격화. 이 외에도 대학 교강사가 9회, 석박사연구자가 3회 참여 • 석박사연구자의 연구 참여와 함께 현장 종사자와 대학 교강사의 공동연구 시작	• 시각예술(10편), 복합문화(5편) 장르 중심. 이 외에 문화산업과 공연예술이 각 1편 • 박물관·미술관(8편), 예술경영 일반(4편) 분야 중심 • 문화정책 사업, 예술인력 주제 논문이 등장하면서 인적자원관리, 문화예술 프로그램 평가 관련 논문이 등장
2010~ 2014년	• 이전 시기와 비교하여 사례연구 수가 약 3배 증가, 52편 수행 • 과반수 이상이 단독연구(35편, 67.3%)로 수행 • 대학 교강사(38회), 석박사연구자(15회), 연구기관 종사자(11회) 등의 순으로 참여 • 대학 교강사와 석박사연구자의 공동연구가 7편으로 증가했으나 문화기관·현장 종사자 참여 논문은 이전 시기와 같이 대부분 단독연구로 수행	• 공연예술 분야 사례연구 대폭 증가(17편). 이 외에 시각예술과 복합문화가 각 12편, 문화산업 장르가 11편 • 마케팅, 재원 조성, 관객개발, 경영전략 등 예술경영 일반 분야 논문이 대폭 증가(20편). 이 외에도 문화정책 및 사업, 박물관·미술관, 교육, 문화산업 등 다양한 주제 범주의 사례연구 수행 • 문화정책 및 행정의 환경 주제 논문이 등장하기 시작
2015년 이후	• 이전 시기와 비교하여 사례연구 수가 약 1.5배 증가, 76편 수행 • 과반수 이상이 공동연구(45편, 62,5%)로 공동연구 대폭 증가. 이 중 31편이 대학 교강사와 석박사연구자의 공동연구임 • 대학 교강사(70회), 석박사연구자(43회), 문화기관·현장 종사자(10회) 등의 순으로 참여	• 시각예술(29편), 복합문화(19편), 공연예술(16편), 문화산업과 전통문화(각 6편)로 전통문화 장르 논문이 등장하기 시작 • 연구 분야는 예술경영 일반(22편), 문화정책 및 사업(18편), 박물관·미술관(17편) 등이 많았으며, 연구주제는 문화예술기관 경영(28편), 문화예술 프로그램 기획 및 운영(18편), 문화정책 및 행정 환경(13편) 등의 순으로 수행 • 이전 시기와 비교하여 문화정책 및 행정 환경, 문화예술 프로그램 평가 주제의 논문 증가

체계 등이 예술경영 문제로 제기되었다. 이러한 문제들은 예술경영의 전문성·효과성·책임성·다양성·현장 적실성 가치를 제한하는 요인으로 작용할 수 있기 때문이다.

둘째, 환경 변화와 예술경영의 관계에 관한 사례연구는 주로 기술 환경의 변화와 연관된 것으로 나타났다. 디지털기술, 디지털마케팅, 블록체인, 디지털 아카이빙 등이 연구 문제로 다루어졌다. 앞으로도 예술과 기술의 융합, 온라인 예술 플랫폼, 미래 기술사회의 문제 해결과 예술, 예술교육과 기술 감수성 등은 예술경영학의 중요한 연구주제로 설정될 필요가 있다. 다른 한편으로 예술경영학은 기후변화, 지속가능발전 목표sustainable development goals, 포스트 코로나 시대의 회복 문제 등 미래 인간과 사회 문제들에 대한 실천적 관심을 가질 필요가 있다. 이와 관련하여 예술경영학은 예술의 문화적·사회적·경제적 가치를 모두 아우르는 통합 예술경영 모델을 지속적으로 연구할 필요가 있다.

셋째, 예술경영 생태계 측면에서 예술경영 사례연구들은 지역 예술경영 현장의 소통과 공유, 신뢰, 협력 문제를 제기하고 있다. 예술소비자에 관한 연구는 주로 관객개발 차원에서 이루어졌다. 앞으로 예술경영학은 지역학-지역공동체-예술경영의 연결, 지역주민의 특성과 주체적 참여, 공정성 이슈, 혁신과 네트워킹 등 예술경영 생태계 차원의 연구주제를 중요하게 고려할 필요가 있다.

넷째, 예술경영 역량과 기법 측면에서는 예술경영 전문인력의 역량 문제가 중요하게 논의되어왔으며, 최근에는 지식과 정보 역량이 중요한 과제로 제기되고 있다. 예술경영의 효과성 요인으로는 참여, 쌍방향 소통, 체험마케팅 등이 제시되었다. 앞으로 예술경영학은 예술융합, 예술비즈니스, 예술산업, 예술 특성 기반의 성과관리, 리더십, 데이터 경영, 예술경영 체계의 디지털 전환 등의 이슈들에 대해서도 중요하게 다룰 필요가 있다.

4. 맺으며: 한국 예술경영학의 학문적 정체성과 사회적 실천

이 글은 예술경영 사례연구에 대한 메타 분석을 통해 예술경영 현장에 대한 한국 예술경영학의 학문적 관심과 예술경영 이슈에 대해 살펴보았다. 예술경영 사례연구는 한국 예술경영학의 초기 형성 단계에서부터 이루어졌고, 지난 20년 동안 사례연구의 영역과 주제를 다양하게 확대해왔다. 이것은 한국 예술경영학이 한국 예술경영 현장의 문제와 문제 해결을 위한 실천적 관심을 바탕으로 형성·발전해왔다는 것을 의미한다고 볼 수 있다. 또한 예술경영 사례연구 참여자 분석 결과, 다양한 학문적 배경을 가진 전문 연구자들이 참여하고 있는 것으로 나타났다. 이것은 한국 예술경영학이 학제적 융합학문으로서의 특성이 있다는 점을 나타내고 있다고 볼 수 있다.

앞으로 한국 예술경영학이 학제적 연구와 실천적 연구 측면에서 학문적 정체성을 정립하기 위해서는 다음 세 가지 측면을 중요하게 고려할 필요가 있다. 첫째, 한국 예술경영학은 예술경영의 효과성 차원을 넘어 인간과 사회 맥락에서 예술경영의 위상과 가치 차원으로 학문적 관심을 확대할 필요가 있다. 이와 관련하여 앞으로 한국 예술경영학은 기후변화, 4차 산업혁명, 지속가능발전, 문화다양성, 문화권, 공정성, 세계 시민의식 등 인간과 사회 및 예술의 존재와 문제를 중요하게 논의할 필요가 있다. 둘째, 한국 예술경영학은 세계 예술경영의 비교연구 맥락에서 한국 예술경영의 보편성과 특수성을 탐색함으로써 국제예술경영학과의 교류·협력 관계를 형성해나갈 필요가 있다. 셋째, 한국 예술경영학은 예술경영 현장의 사례연구를 예술경영 현장, 예술경영 교육, 예술경영 연구를 연결하는 재료로 활용하여 예술경영의 혁신과 협업 네트워크 기반을 구축할 필요가 있다.

참고문헌

김형숙. 「박물관 미술관 연구의 실태와 과제」. 『예술경영연구』 8, 2005, 70-81쪽.

박양우·김수연. 「언어네트워크분석을 통한 국내 예술경영 연구동향 분석」. 『예술경영연구』 43, 2017, 5-37쪽.

박양우·김유리. 「융합시대의 예술경영 연구 방향에 대한 탐색적 시론」. 『예술경영연구』 20, 2011, 53-84쪽.

양지연. 「해외 박물관 경영 연구의 동향 분석」. 『예술경영연구』 14, 2009, 29-48쪽.

양현미. 「한국문화정책의 과제와 예술경영학」. 『예술경영연구』 7, 2005, 7-23쪽.

______. 「학부 예술경영 커리큘럼 기준에 관한 연구」. 『예술경영연구』 15, 2009, 5-26쪽.

용호성. 『예술경영』. 김영사, 2020.
이승엽. 「예술경영학의 연구영역과 접근방법」. 『예술경영연구』 14, 2009, 7-28쪽.
이용관. 「공연예술 경영의 과제와 학문적 접근」. 『예술경영연구』 8, 2005, 95-107쪽.
이은미·정영기. 「예술경영 대학원 교과과정 개선방안에 관한 연구」. 『예술경영연구』 28, 2013, 29-60쪽.
임학순. 「문화정책 연구영역과 연구경향 분석」. 『문화정책논총』 8, 1996, 1-27쪽.
______. 「예술정책에 관한 국제비교 연구의 경향과 과제」. 『문화정책논총』 12, 2000, 162-180쪽.
______. 「우리나라 예술경영 연구경향 분석: 예술경영연구의 수록 논문을 중심으로」. 『예술경영연구』 8, 2009, 49-71쪽.
정광렬. 「문화정책 연구의 정체성과 과제」. 『문화정책논총』 21, 2009, 9-24쪽.
차민경. 「국내 언론에 나타난 예술경영 관련 이슈의 의미연결망분석: 1990년부터 2014년까지 국내 일간지 기사 분석을 중심으로」. 『문화정책논총』 29(2), 2015, 168-200쪽.
황동열·홍성보. 「박물관 운영분야 학술연구 동향에 관한 계량서지학적 분석」. 『박물관학보』 20, 2011, 9-31쪽.
황서이·박양우. 「토픽모델링과 의미연결망분석을 활용한 한국 예술경영 연구의 동향 변화」. 『예술 경영연구』 50, 2019, 5-31쪽.
홍기원. 「문화정책연구에 대한 학문 분야로서의 정체성 탐구」. 『문화정책논총』 21, 2009, 89-104쪽.
홍영주. 「우리나라 예술경영 교육의 실태와 대안」. 『문화정책논총』 10, 1998, 215-239쪽.
한국연구자정보 http://www.kri.go.kr

임학순
현재 가톨릭대학교 미디어기술콘텐츠학과 교수로 재직하고 있으며, 한국문화정책개발원과 한국문화콘텐츠진흥원에서 근무한 바 있다. 주요 저서로는 『창의적 문화사회와 문화정책』, 『문화예술교육사업과 파트너십』, 『문화농촌·창조농촌』, 『문화예술교육자원과 협력관계』 등이 있으며, 주요 연구 분야는 문화정책, 예술경영, 콘텐츠산업, 문화예술교육정책, 문화예술활용정책 등이다.

손차혜
동덕여자대학교와 동 대학원에서 큐레이터학을 전공하고 현재 가톨릭대학교 강사, (사)한국예술경영학회 사무국장으로 재직하고 있다. 예술경영, 문화예술교육, 미술정책, 문화예술전문인력 등에 관심을 가지고 관련 연구를 지속하고 있다.

3장
한국 예술경영 연구의 해외사례 활용과 연구 방법의 변화

신혜선

예술경영연구 # 해외사례 # 사례연구 # 연구 방법 # 예술경영학

본고는 지난 20년간 『예술경영연구』에서 발표된 해외 사례연구들이 적용한 분석 방법 및 접근 방법에 대한 조사와 분석을 통해 해외사례 활용 연구의 연구 방법과 접근에서 드러나는 트렌드를 살펴보고, 향후 해외 사례연구에 대한 발전 방향을 논의했다. 해외사례 분석은 시의성 있는 주제에 대한 탐색을 통해 시사점 및 개선방안을 모색하기 위해 연구보고서나 학술연구논문에서 자주 활용하는 연구 방법 중 하나다. 『예술경영연구』 1~56집(2001~2020)에 게재된 논문 총 367편 중 해외사례 또는 국제적으로 관찰되는 현상을 다룬 논문은 70편으로, 전체 게재 논문의 20.5% 정도를 차지했다. 세부 연구영역별 해외사례 활용 빈도를 살펴보면, 행정을 포함한 문화예술정책에 대한 연구 논문에서 가장 많은 해외사례 활용이 나타났고, 뒤이어 다수의 예술경영(일반) 논문에서 해외사례를 활용한 학술 논의를 전개했다. 사례 국가 중 미국(n=29)이 가장 높은 빈도를 나타냈으며, 그다음은 프랑스(n=14), 영국(n=13), 그리고 일본(n=12) 순으로 분석되었다. 해외 사례연구의 목적은 주로 국내 예술경영 관련 문제 제기 또는 문제 해결에 필요한 벤치마킹 전략 도출, 그리고 정책에 대한 개선방안 및 시사점 도출인 것으로 나타났다. 지금까지 해외사례를 통해 시사점과 제언 도출에 더 많은 관심과 의도를 가졌다. 향후 예술경영학이 발전하는 과정에서는 사례연구를 통해 개별 사례가 형성되고 진행되는 과정에서 발생하는 본질적 가치와 의미에 대한 탐색으로 그 영역을 확대할 수 있기를 기대한다.

1. 들어가며

예술경영이 간학문·복합학문 분야로 우리나라에 유입된 시기와 관련하여 양현미(2009)는 1980년대 중반에 예술경영학이 한국 교육기관에 처음 개설되었다고 언급했다. 그 이후 예술경영학과가 대학원을 중심으로 빠른 확산세를 이어갔고, 이를 바탕으로 예술경영이 독립된 학문 분야로서 체계를 구성해나가기 시작한 것을 짐작하게 한다. 비교적 짧은 연대기와 역사를 가진 분야이기는 하지만, 지난 30년 이상의 시간 동안 예술경영 분야의 독립성과 연구체계 구축 그리고 외연의 확대는 괄목할만한 변화와 성장을 이루어왔다. (사)한국예술경영학회를 비롯하여 유관 학회 수의 증가, 관련 전공 및 과목의 개설, 교육기관의 확대, 국제학술대회 개최 등 한국 예술경영 분야의 양적 신장과 높아진 위상이 이를 대변한다. 양적 성장과 함께 예술경영학의 질적 성장의 한 측면을 살펴보기 위해 본고는 2001년부터 2020년까지 『예술경영연구』에 실린 연구 논문을 중심으로 해외사례의 활용과 특징, 그리고 그 가운데 나타난 방법론적 변천에 대해 조사 분석했다.

문화예술 분야에서 논의되는 다양한 주제를 거시적 관점에서 탐색하고 분석하기 위해, 또는 특정 사례 분석을 통한 시사점 도출을 위해 해외사례 활용은 보고서나 연구 논문에서 자주 발견되는 연구조사 방법이다. 예를 들어 국내 문화예술정책에 대한 개선방안 도출이나 정책 어젠다를 기획하는 과정에서 선사례를 통한 시사점 도출을 시도하거나, 다양한 국제예술경영 사례를 통한 트렌드 분석, 또는 국내 현황에 대한 문제 제기 등 그 활용 목적의 폭도 넓게 나타난다. 관련하여 지난 20년간 『예술경영연구』에서 발표된 해외 사례연구들이 적용한 분석 방법 및 접근 방법에 대한 조사와 분석을 통해 해외사례 활용 연구의 연구 방법과 접근에서 드러나는 트렌드를 살펴보고, 향후 해외 사례연구에 대한 발전 방향과 제언 도출을 목표로 논의하고자 한다.

2. 예술경영학, 학술 분야로서의 독립적 지위와 과제

예술경영arts management 분야는 1960년대 미국을 필두로 한 영미권을 중심으로 학술적 근거를 마련하기 시작했다. 국립예술기금National Endowment for the Arts 설립과 예술에 대한 공공지원의 근거가 필요했던 미국의 당시 시대적 상황이 예술경영의 학술적 근간을 마련하는 계기로 이끌었다. 포드재단Ford Foundation, 록펠러재단Rockefeller Foundation, 카네기재단Carnegie Foundation 같은 거대 민간재단의 재정지원과 하버드대학교Harvard University의 학술연구 및 교육 사업을 통한 협력은 예술경영 분야에 대한 경제학 측면을 중점적으로 비추고, 논리와 근거를 마련하는 데 크게 기여했다. 하지만 미국의 예술 공공지원에 대한 바람을 불러일으킨 것은 영국예술위원회Arts Council of Great Britain의 창설로 예술경영과 공공지원에 대한 영향의 근원지는 영국으로 해석되기도 한다(Chong, 2002). 이러한 측면에서 예술경영학의 등장은 문화예술계를 둘러싼 행정체계와 사회 구조가 변모함에 따라 형성된 것으로 볼 수 있다. 향후 예술경영학은 문화예술의 현장에서 발생하는 다양한 현상에 대한 이해와 논리적 근거를 제시하는 학문으로서 그 정체성의 외형을 갖추기에 이르렀다(임학순, 2009).

에브라드와 콜버트(Evrard & Colbert, 2000)는 예술경영의 학문적 독립성 성취 여부를 확인하기 위해서는 학술지 편찬과 학술연구논문 게재, 해당 분야를 중심으로 한 학회 조직과 운영, 해당 분야의 전문 인력양성을 위한 교육 프로그램이 네 가지를 중심으로 판단할 수 있다고 보았다. 특히, 학술연구와 관련하여 기존 학술 분야의 학술지에 신생 분야 논문이 게재되는지에 대한 여부와 해당 분야에 특성화된 학술지가 창간되어 운영되고 있는지를 모두 고려할 필요가 있다고 주장한다. 이러한 기준에서 판단한다면, 예술경영은 독립적 지위를 성취했다고도 볼 수 있겠다. 그러나 예술경영학이 독립적인 학문 분야인가에 대해 아직 확고하게 긍정의 답을 내놓기는 어려워 보인다. 임학순(2009)은 예술경영연구가 인문·사회과학 분야에서 개발된 연구 방법들에 의존하고 있다는 점과 고유한 연구 방법 개발 논의가 진행되지 않았다는 것을 근거로 독립학문으로서의 정체성을 주장하기 이르다고 보았다. 물론 인문·사회과학에 속한 학술연구 분야로서 예술경영이 반드시 독립적인 연구 방법론을 정립해야 하는가에 대한 논의는 개별적인 검증과 과학적 준거가 필요한 사안일 것이다. 그러나 인문·사회과학적 연구 방법의 적확한 활용과 실행은 예술경영학의 학문적 독립성과 정체성 정립에 중요한 필요요건으로 판단된다.

3. 예술경영연구에서의 해외사례 활용과 목적

사례연구의 목적은 시대적 동시성을 바탕으로 어떤 현상 또는 사례에 대해 심도 있는 이해를 견인하는 데 의의를 둔다. 이에 따라 사례연구는 현장성과 현재성을 주요 특성으로 나타내며, 환경적 맥락 위에 실제 사건(또는 사례)이 '어떻게' 그리고 '왜' 특정 방향으로 전개되었는가에 대한 이해를 돕는 데 유용하다(Yin, 2009). 예술경영은 현장 중심의 학문이다. 따라서 사례 분석을 통한 현장 이해와 그 지식과 정보의 축적은 예술경영학에서 중요한 부분을 차지한다. 그중 해외 사례연구는 국내 관련 이슈에 대한 문제 제기, 벤치마킹, 정책 이전, 거시적 관점에서의 트렌드 조망과 이해 등에 활용하는 것을 목적으로 이행되고 있다. 예를 들어, 해외 문화예술기관 또는 단체의 운영, 마케팅, 재원 조성, 문화예술정책과 지원사업, 법제도, 사업평가 등을 꼽을 수 있다.

다른 연구와 마찬가지로 해외 사례연구를 설계하고 시행하는 데 학술적 신뢰도 증진과 사회과학적인 분석을 위해 연구의 목적에 적합한 연구 방법의 선택은 매우 중요하다. 연구는 방법론을 중심으로 실행되는 것이 아니라 연구 문제에 대한 해답을 찾기 위해 최적의 방법을 고안하고 선정한 연구 문제를 중심으로 전개되기 때문이다(Flyvbejerg, 2011). 더불어 해외사례를 활용하는 과정에서 반드시 유의해야 할 것은 국가별로 상이한 행정체계와 구조, 정책실행 과정, 그리고 사회적 규범과 사회 구성원의 문화적 배경이다(Chong, 2002). 국내와 해외의 문화예술 분야에서 유사한 현상과 문제가 발견된 경우라 할지라도 해당 이슈가 진행되어온 과정, 향후 해결방안을 고찰할 때 그 지역과 국가가 가진 고유한 사회적·경제적 구조와 법제도 체계, 그리고 국민의 문화적·역사적 경험 등은 실효성 높은 문제 해결 과정을 달리할 수 있기 때문이다. 따라서 해외사례에 대한 고찰과 해석은 환경과 배경 등을 고려한 다각적인 분석을 요구하며, 이를 통해 국내 문화행정과 예술경영 환경에 적합한 시사점 도출을 기대할 수 있게 된다.

2001년부터 2020년까지 『예술경영연구』에 게재된 논문 중 해외 사례연구를 선별하는 과정에서 다음과 같은 기준을 적용했다. 저자가 해외사례에 대한 언급과 활용을 이론적 배경 또는 이론적 논의에서 다룬 경우는 선행연구로 보고 제외했다. 사례에 대한 단순 언급이 있었던 경우도 같은 이유로 본고의 분석 대상에서 배제했다. 더불어 해외 지역에서 운영되는 우리나라 공공기관(예: 해외문화원)을 사례로 연구한 경우, 기관의 위치는 국외이나 행정체계와 정책 사업 등이 우리나라 제도에 근거를 두고 있으므로 국내 정책 사례연구로 간주했다. 이 밖에 서평은 분석 대상에서 제외한 반면, 해외동향을 분석한 연구는 포함했다.

4. 예술경영학 연구 동향에 대한 선행연구

예술경영학에 대한 학술적 정체성을 탐색 또는 정립하고자 할 때 사용하는 방법으로서 특정 기간 동안 관련 분야 학술지에서 다루어진 연구주제의 빈도나 패턴을 분석하여 동향을 파악하는 접근 방법이 두드러지게 나타난다(〈표 3-1〉 참조). 국내 예술경영학에 대한 학문적 특성을 밝히고 이해하기 위해 『예술경영연구』는 2009년 기획논문을 발간한 바 있다. 그 기회를 통해 이승엽(2009)과 임학순(2009)의 논문에서는 각각 초기 학문 분야로서의 예술경영학에 대한 연구영역과 연구 방법의 특징, 그리고 한국 예술경영 연구 경향을 분석하여 제시했다. 이후 2017년과 2019년 사이 『예술경영연구』에 게재된 논문의 주제어, 초록, 서명을 중심으로 예술경영 분야의 연구 동향을 분석한 논문 2편과 예술경영 유관 학회지 5종을 대상으로 국내 예술경영 분야 전반의 연구 동향을 분석한 논문 1편이 발표되었다(박양우·김수연, 2017; 황서이·황동열, 2018; 황서이·박양우, 2019). 이후에 발표된 논문들의 특징은 언어 네트워크, 토픽모델링과 의미연결망을 활용하여 분석을 시도했다는 점에서 차별성을 보인다.

더불어 국내 연구자들은 해외 예술경영 관련 분야의 연구 동향에도 꾸준한 관심을 보여왔다. 임학순(2000)은 일찍이 예술정책에 대한 국가 비교연구의 경향과 한계를 분석하고, 향후 비교연구의 과제로서 연구범위와 분석 단위, 그리

〈표 3-1〉 예술경영(arts management)의 세부 연구영역

저자 (출판연도)	세부 영역	자료
이승엽 (2009)	공연예술경영, 전시예술경영, 예술공간경영, 예술단체운영, 예술가운영, 예술작품 제작, 예술정책과 지원, 예술 환경, 경영전략, 조직관리, 인력운영, 프로그래밍, 홍보/마케팅, 재원 조성, 축제운영, 예술정보운영, 경영 활동(기본, 적극적, 확장), 예술 환경	-
임학순 (2009)	미술관 및 박물관 경영, 공연장, 문화공간일반(미술관, 박물관, 공연장을 제외한 문화공간), 예술경영일반(미술관, 박물관, 공연장, 문화공간 경영을 제외한 예술경영 일반) 미술, 공연예술, 문화예술일반(미술, 공연예술을 제외한 문화예술), 문화산업(콘텐츠산업 포함), 축제, 인력 등	2001~2009년 『예술경영연구』 수록 논문 기준
Cuyler, A. C. (2014)	예술펀딩(재원 조성), 기관 및 조직 조사분석, 재정관리, 산업조직, 인력관리, 변화관리, 조직운영, 마케팅, 시장분석, 홍보, 문화예술조직 운영평가, 스폰서십, 전략관리 등	1998~2013년 International Journal of Arts Management 수록 논문 기준
Roswall, E. (2014)	문화정책, 예술옹호(arts advocacy), 예술 기업가정신, 예술가 경영, 문화기획, 공공예술, 공동체예술, 엔터테인먼트/미디어 경영, 분야별 특화 경영(박물관, 공연예술, 축제 경영 등)	-
황서이·박양우 (2019)	예술경영(시각예술), 문화예술정책, 문화기술, 문화예술교육, 문화교류, 예술경영(공연예술), 문화예술일반, 지역문화, 문화콘텐츠산업, 문화경제(컬처노믹스), 문화예술마케팅	『문화정책논총』(1988~2017), 『문화경제연구』(1998~2017), 『예술경영연구』(2001~2017), 『문화산업연구』(2001~2017), 『인문콘텐츠』(2003~2017) 수록 논문 분석

고 연구 방법의 명확성을 확보할 것을 제시했다. 박양우·심다희(2018)의 경우, *International Journal of Arts Management*에서 2008년과 2017년 사이에 발표된 논문의 주제어를 분석하여 예술경영연구의 국제적인 동향을 분석했다. 이 밖에도 예술경영학 세부 연구영역에 대한 해외 연구 동향을 분석한 연구도 발표된 바 있다. 양지연(2009)은 2000년부터 2008년까지 예술경영 분야 주요 국제

학술지인 *Journal of Art Management, Law, and Society*와 *International Journal of Arts Management*, 그리고 *Museum Management and Curatorship*에 게재된 '박물관 경영' 주제 연구 논문을 구분·분석하여 박물관 경영의 국제적인 연구 동향을 제시했다.

5. 『예술경영연구』의 해외사례 활용 분석

지난 20년간 해외사례를 활용한 논문의 특성을 분석하기 위해 연구의 세부 영역, 주제, 사례 국가 및 지역, 그리고 연구 방법 등 다각적인 접근을 시도했다. 『예술경영연구』 1~56집(2001~2020)에 게재된 논문 총 367편 중 해외사례 또는 국제적으로 관찰되는 현상을 다룬 논문은 70편으로, 전체 게재 논문의 20.5% 정도를 차지하는 것으로 나타났다. 이로써 국내 예술경영연구에서 해외사례 활용을 통해 국제 시장과 현장에 대한 이해, 그리고 시사점을 도출한 연구가 적지 않음을 알 수 있다. 또한, 이 중에는 예술경영과 관련된 해외동향을 밝힌 연구와 국가통계자료를 활용한 국가별 비교연구, 특정 국가의 한류 현상을 분석한 연구, 그리고 사례 분석을 통해 교훈lesson이나 시사점 도출을 목적으로 한 연구들이 포함된다. 『예술경영연구』 발간 이후 해외사례를 활용한 논문의 비

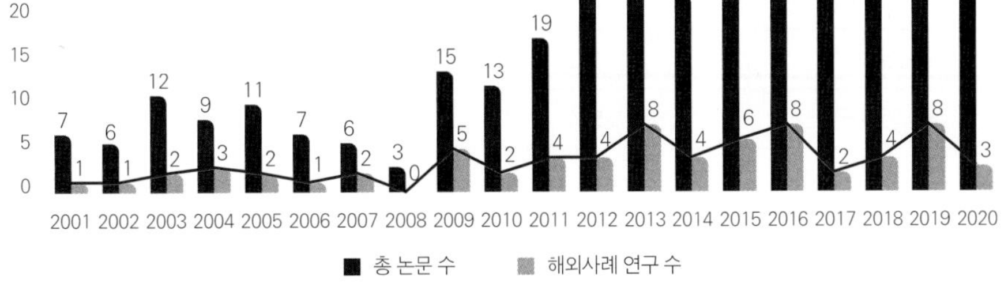

〔그림 3-1〕『예술경영연구』의 해외사례 활용 비율과 추이(2001~2020)

율은 1편도 게재되지 않은 2008년을 제외하고는 최저 6%에서 최고 33.3%까지로 폭넓게 나타난다. 연대별 추이를 살펴보면, 2000년대에는 총 게재된 논문 수 대비 21.3%의 논문이 해외사례를 활용했고, 2010년대의 경우에는 19.1%로 산출되어 소폭이기는 하나 감소한 추세를 보인다. 비록 정량적 자료를 통해 해외사례 활용의 감소추세에 대한 근거나 설명을 도출하기는 어렵지만, 학술적 성장과 함께 연구주제와 대상의 범위가 함께 확대되는 등 국내 예술경영 분야의 양적·질적 신장이 미쳤을 영향도 조심스럽게 추론해볼 수 있다.

『예술경영연구』의 세부 연구영역별 해외사례 활용 빈도는 〈표 3-2〉와 같다. 행정을 포함한 문화예술정책에 대한 연구 논문에서 가장 많은 해외사례 활용이 관찰되었고, 뒤를 이어 많은 예술경영(일반) 논문에서 해외사례를 활용한 학술적 논의를 전개한 것으로 나타났다. 흥미로운 지점은 공연예술 및 공연장 경영 관련 연구에 비해 박물관 경영 같은 시각예술 분야 예술경영과 미술관·박물관에 대한 논문에서 활발한 해외사례 활용이 이루어졌다는 것이다. 또한, 미술관이나 박물관에서 운영되는 예술교육 프로그램에 대한 해외사례 연구는 있었으나, 그것을 제외한 문화예술교육을 연구한 사례는 없었다. 국제문화교류에 관해 해외사례를 활용한 연구 역시 없는 것으로 나타난 반면, 한류 연구에서는 4편이 확인되었다. 한류가 해외 지역과 문화권을 중심으로 발현된 현상이라는 특징으로 하는 세부 연구영역이기 때문에 해외에서 나타난 현상에 대한 이해를

〈표 3-2〉『예술경영연구』 세부 영역별 해외사례 활용 빈도(2001~2020)

세부 연구영역	편 수	세부 연구영역	편 수
문화예술정책	20	예술경영(일반)	11
문화콘텐츠	2	예술경영(공연예술)	1
문화산업	3	예술경영(시각예술)	9
문화경제	2	예술경영교육	1
저작권/법제도	3	미술관/박물관	10
도시재생	2	미술시장	6
한류	4		

목적으로 한 연구가 주를 이루고 있었다.

주제어keywords를 통해 살펴본 『예술경영연구』의 해외사례 연구도 위 세부 영역 기준 분석과 유사한 맥락과 패턴을 보인다. 『예술경영연구』에 주제어가 표기되기 시작한 것은 2009년 논문부터다. 따라서 게재된 해외사례 활용 논문 70편 중 주제어가 포함된 2009~2020년 게재 논문 총 58편의 주제어를 살펴본 결과 총 304개 주제어가 확인되었으며, 이는 331개 단어로 구성되어 있었다. 이 중 3회 이상 중복된 단어는 총 16개로 〈표 3-3〉에 진하게 표기되어 있으며, 2개 이상 중복된 단어는 총 48개로 분석되었다. 〈표 3-3〉은 한국학술지인용색인KCI에서 제공하는 『예술경영연구』 주제어 클라우드를 활용하여 도출한 학술지의 전반적인 연구주제와 해외사례 활용 논문의 연구주제를 비교해놓은 표다. 〔그림 3-2〕의 워드 클라우드 이미지에 나타난 것과 같이 해외사례 활용 논문에서는 박물관과 예술경영을 주제로 한 연구가 빈도 측면에서 우위를 차지했다. 그 밖에도 마케팅, 한류, 재원 조성에 대한 연구가 해외사례를 통해 적극적으로 논의된 것으로 해석된다.

다만, 주요 연구주제로 분석된 국가 또는 지역명들이 해외사례로 활용된 국가의 빈도를 반영하고 있지는 않다. 예를 들어 주제어 분석에서는 싱가포르,

〈표 3-3〉 주제어 분석을 통한 『예술경영연구』의 주요 연구주제

구분	주요 연구주제	기간
KCI 키워드 클라우드 (논문 전반)	문화예술교육, 예술경영, 문화정책, 미술관, 한류, 공연예술, 소셜미디어, 만족도, 창조산업, 문화예술정책, 브랜드, 태도, 기업이미지, 도시재생, 프로그램, 문화콘텐츠, 예술계, 문화매개, 뮤지컬, 예술마케팅, 공연, 커뮤니티, 시각, 박물관, 소스, 관객개발, 행동의도, 재원조성, 서울아젠다, 문화다양성, 국가이미지	2011~2020
해외사례 연구논문 주제어	박물관, 예술경영, 미술관, 클러스터, 마케팅, 한류, 커뮤니티, 팬덤, 매개자, 재원 조성, K-pop, 미술품, 창조산업, 경영, 공연, 문화정책, 참여, 문화도시, 문화예술, 저작권, 싱가포르, 교육, 정책, 갤러리, 박물관학, 역사문화자원, 개인, 문화매개, 문화콘텐츠, 시네마, 프랑스, 프로그램, 소셜, 예술가, 비즈니스, 예술노동, 형성, 비전, Europe, 운영, 문화예술기관, 클라우드, 법률, 도시재생, 현대미술, 뮤지엄, 문화예술정책	2009~2020

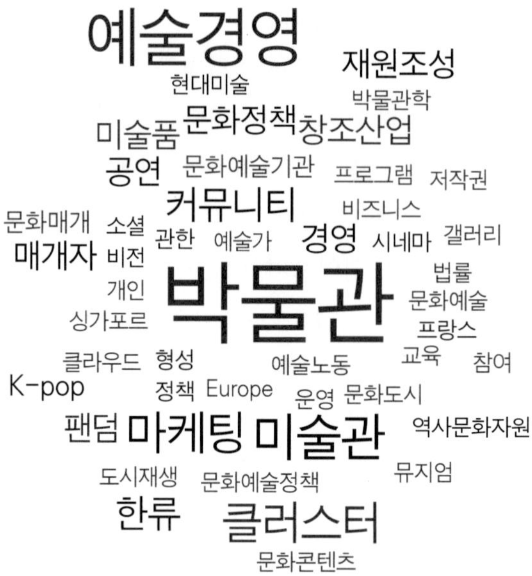

〔그림 3-2〕 2009~2020『예술경영연구』 해외사례 연구 논문 주요 주제어 워드 클라우드

활용 프로그램: https://worditout.com/word-cloud/create

유럽 등이 주요 연구주제로 포함되어 나타나지만, 실제 국가별 해외사례 활용 빈도를 살펴보면 해당 국가 및 지역의 사례를 활용한 연구는 각각 1편과 2편으로 집계된다. 이는 주제어를 바탕으로 빈도를 측정하는 경우, 저자의 의사결정에 따른 국가 및 지역명의 주제어 포함 여부가 빈도 분석에 영향을 미치기 때문으로 해석된다.

2001년부터 2020년까지 『예술경영연구』에 실린 사례 대상 국가 또는 지역별 분석 결과는 〈표 3-4〉와 같이 나타난다. 사례 국가 중 미국(n=29)이 가장 높은 빈도를 나타냈으며, 그다음은 프랑스(n=14), 영국(n=13), 그리고 일본(n=12) 순으로 분석되었다. 사례 국가의 총합이 해외사례 연구 논문 수보다 크게 나타나는 이유는 2개 이상의 사례를 분석한 다중사례연구가 포함되어 있기 때문이다. 북미와 유럽을 중심으로 선행된 해외사례 연구의 맥락 가운데 중동지역 국가인 아랍에미리트 사례가 연구된 것은 사례 지역의 다양성 측면에서 고무적이라 할 수 있다. 그러나 그 사례가 미국 뉴욕시에 거점을 둔 구겐하임박물관Guggenheim Museums and Foundation의 분관 건립 사례라는 지점에서 여전히 북미

〈표 3-4〉 2001~2020『예술경영연구』 해외사례 활용 국가별 빈도

구분	지역	국가/지역: 편 수	
사례 분석	북미	미국	29
		캐나다	6
	유럽	네덜란드	2
		독일	2
		스웨덴	3
		아일랜드	1
		영국	13
		프랑스	12
		EU	2
	아시아/오세아니아	일본	12
		싱가포르	1
		중국	2
		호주	4
		동아시아	1
	남미, 아프리카, 중동	아랍에미리트	1
	-		3
구분	**연구**	**국가/지역: 편 수**	
사례 분석	한류 현상	인도네시아	1
		중국	1
		프랑스	2
기타	국가 비교	OECD	2
	해외동향	-	3

와 유럽에 편향된 조류와의 연관성을 발견하게 된다. 또한, 특정 국가에서 발생한 사례 대신 국제연합기구, 분야별 협의체, 주제 중심 사례연구의 경우 국가별 구분이 어려워 별도로 분류했다. 예를 들어, 유럽연합EU 같은 연합 기구의 정책

을 사례 분석한 경우(참조: 유지연, 2018; 김선영·이의신, 2019)와 분야별 협의체(예: Association of Arts Administration Educators)의 문헌과 자료를 토대로 시사점을 도출한 경우(참조: 양현미, 2009)가 있었다. 더불어 주요 아트페어art fair와 블록체인 기술을 중심으로 분석한 경우, 연구의 논리적 구조와 쟁점을 중심으로 사례가 제시되는 특징을 드러내며 특정 국가나 지역의 사례연구로 보기는 어려운 것으로 판단했다. 이 밖에 해외사례를 활용한 연구들로 해외동향 연구와 국가별 지수 및 통계자료를 분석한 국가 비교연구가 포함되어 있다.

6. 해외사례 연구에 활용된 연구 방법의 변화

지난 20년간 『예술경영연구』에 게재된 해외사례 활용 연구 가운데 가장 두드러진 변화 중 하나로 연구 방법에 대한 명시와 논술이 증가했다는 지점을 꼽을 수 있다. 사례연구 방법case studies과 관련하여 가장 자주 인용되는 학자 중 하나인 스테이크(1995)에 의하면 사례는 1명 또는 복수의 인물, 또는 단체group, 그리고 프로그램/사업, 활동이 사례연구의 대상이 될 수 있다고 명시한다(Creswell, 2012 재인용). 이는 다시 사례연구에서 하나의 사례만을 집중적으로 분석해야 하는가 아니면 복수의 사례를 선택한 경우에도 사례연구로 볼 수 있는가 아니면 비교연구로 분류해야 하는가의 이슈로 연결될 수 있다. 다수의 연구자는 사례연구에서 한 가지 사례로 주제나 이슈를 설명하는 방법single instrumental case study 또는 사례의 단일적 가치와 독특한 특성 자체를 심층 연구intrinsic case study하는 단일사례연구와 선별된 복수의 사례로 연구의 주제 또는 이슈를 설명할 수 있다고 보고, 다중사례연구collective / multiple case study를 사례연구 방법 중 하나로 분류하는 관점(Creswell, 2012)을 수용하고 있다. 또한, 정치학 및 행정학에서는 연구의 목적에 따라 비교연구를 다중사례연구의 범주에 포함되는 것으로 보고 있다(Stewart, 2012).

행정학, 정치학, 사회학, 문화인류학, 경영학, 마케팅 등 사회과학연구에서 적극적으로 활용되는 연구 방법으로 해외사례 연구에 활용된 사례연구 방법론의 변화를 살펴보는 것은 예술경영학 분야의 변화와 성장 과정 일면을 조명할

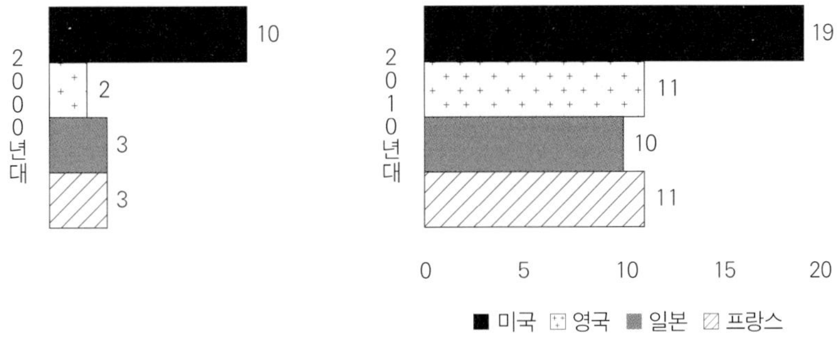

〔그림 3-3〕 2001~2020『예술경영연구』해외사례 활용 주요 4개국 연대별 비교

수 있는 하나의 방법으로 생각된다. 더 나아가 학문적 체계 강화와 현장의 내용과 상황을 학문적으로 도출해내는 기술적 변화도 관찰할 수 있을 것이다.

『예술경영연구』에서는 주로 국내 예술경영 관련 문제 제기 또는 문제 해결에 필요한 벤치마킹 전략 도출, 또는 유사하게 국내 문화예술정책에 대한 개선 방안과 시사점 도출을 목적으로 해외사례를 대상으로 사례연구를 시행한 것으로 보인다. 또한, 거시적 관점과 국제적 흐름을 이해하기 위한 해외동향 분석도 포함하고 있다. 앞서 언급한 바와 같이 학술지 창간 초기에는 사례연구에 관한 연구 방법과 자료 수집 과정을 명시한 경우가 드물었던 것으로 나타났다. 해외사례 연구에 한정하여 사례연구 방법에 대한 언급이 없었던 논문은 2001년과 2014년 사이 12편으로 집계되었고, 대부분 2000년대에 집중해 있었다. 따라서 본고에서는 논문별 사례연구 방법과 변화 양상을 분석함에 있어 논문에 기술된 내용을 가장 우선순위로 하되, 언급이 없는 경우 저자의 관련 지식과 이해를 바탕으로 한 추정도 포함하여 기술했다.

해외사례 연구 중 단일사례연구가 22편으로 가장 큰 비중을 차지했고, 다중사례연구는 10편, 국내·외 비교를 포함한 국가 간 비교연구는 총 14편으로 집계되었다. 단일사례연구의 경우 사례로 선정한 단체, 기관, 예술가(개인), 특정 정책 등에 대한 심층 분석을 통해 관련 주제에 이해를 도출한 후 분석된 내용을 바탕으로 국내에 적용할 수 있는 시사점을 제안한 연구가 다수를 차지했다. 반면, 시사점 도출 없이 현장 및 현상에 대한 심층 분석과 이해를 목적으로 한 연구도 2편 있었다. 전체 사례연구에서 적은 비율을 차지하지만, 이러한 연구들은 사례연구의 목적이 항상 시사점 도출에 있지 않으며, 다양한 문화예술 현상에 대한 이해가 목적이 될 수 있다는 점을 상기시킨다.

활용된 자료 분석 방법에서는 문헌자료와 인터뷰를 통해 자료를 수집하고 질적 분석을 시행한 연구의 수가 압도적 우위를 드러내고 있으나, 국가지표 또는 통계기초자료를 활용한 기술통계, 패널 GLS 분석, IPA 분석 등 다양한 정량연구 방법을 활용한 사례연구도 나타난다. 이 같은 사례연구 방법의 다양화와 분석적 접근의 확대는 2010년대 후반에서 들어서면서 더욱 분명하게 드러난다.

7. 나가며

본고에서는 『예술경영연구』에 게재된 해외사례 활용 연구를 다각도로 살펴봄으로써 우리나라에서 예술경영학이 독립적인 학술연구 분야로서 발전하는 과정과 그 정체성을 정립하는 과정의 일면을 조명했다. 문화예술 현장에서 실행되고 실천되는 활동과 현상을 중심으로 형성된 학문 분야로서, 현장을 면밀히 관찰하여 이해를 도모하는 사례연구 방법은 예술경영학에서 중요한 축을 구성한다. 특히, 사회, 경제, 정치, 문화 같은 환경적 배경과 주요 담론, 그리고 사례의 진행 과정과 결과 간의 상호연관성을 밝히면서 미시적이고 거시적인 시각을 동시에 드러내는 것을 확인할 수 있다. 지금까지의 해외사례 연구가 결과 중심의 시사점 및 제언 도출에 더 큰 무게를 두었다면, 향후 예술경영학이 발전하는 과정에서의 사례연구는 각 사례의 과정과 가치를 탐색함으로써 다양한 의미를 도출하는 데도 활용되기를 바란다. 이로써 사례연구 활용의 지평도 확대될 수 있기를 기대한다.

참고문헌

박양우·김수연. 「언어네트워크분석을 통한 국내 예술경영 연구동향 분석」. 『예술경영연구』 43, 2017, 5-37쪽.

박양우·심다희. 「언어네트워크분석을 활용한 해외 예술경영 연구동향 연구」. 『예술경영

연구』 49, 2018, 5-35쪽.

양지연.「해외 박물관 경영 연구의 동향 분석」.『예술경영연구』 14, 2009, 29-48쪽.

양현미.「학부 예술경영 커리큘럼 기준에 관한 연구」.『예술경영연구』 15, 2009, 5-26쪽.

이승엽.「예술경영학의 연구영역과 접근방법」.『예술경영연구』 14, 2009, 7-28쪽.

임학순.「예술정책에 관한 국제 비교 연구의 경향과 과제」.『문화정책논총』 12, 2000, 162-180쪽.

_____.「우리나라 예술경영 연구경향 분석: 「예술경영연구」의 수록 논문을 중심으로」.『예술경영 연구』 14, 2009, 49-71쪽.

황서이·박양우.「토픽모델링과 의미연결망분석을 활용한 한국 예술경영 연구의 동향 변화」.『예술 경영연구』 50, 2019, 5-31쪽.

황서이·황동열.「토픽모델링과 의미연결망분석을 통한 예술경영 연구동향 분석」.『예술경영연구』 47, 2018, 5-29쪽.

Chong, D. *Arts Managemen*t. London and New York: Routledge, 2002.

Creswell, J. W. *Qualitative Inquiry and Research Design: Choosing Among Five Approaches*, 3rd Edition. CA: Sage, 2012.

Cuyler, A. C. Critical Issues for Research in Arts Management, *ENCATC Journal of Cultural Management and Policy*, 4(1), 2014, 9-13.

Everard, Y. & Franҫios, C. Arts Management: A New Discipline Entering the Millennium?: *International Journal of Arts Management*, 2(2), 2000, 4-13.

Flyvbejerg, B. "Case Study," in Norman K. Denzin and Yvonna S. Lincoln, eds., *The Sage Handbook of Qualitative Research*, 4th Edition. CA: Sage, 2011, Chapter 17, 301-316.

Rosewall, E. *Arts Management: Uniting Arts and Audiences in the 21st Century*, New York: Oxford University Press, 2014.

Stewart, J. Multiple-Case Study Methods in Governance-Related Research, *Public Management Review*, 14(1), 2012, 67-82.

Yin, R. K. *Case Study Research: Design and Methods*, 4th Edition. CA: Sage Inc., 2009.

한국예술경영학회 www.kartsnet.org/html/

한국학술지인용색인 www.kci.go.kr/kciportal/main.kci

Worditout worditout.com/word-cloud/create

신혜선
위컬처 리서치 앤 컨설팅 대표이며, 현재 경희대학교 문화예술경영학과에 출강 중이다. 오하이오주립대학교에서 문화정책·예술경영학 박사학위(Ph.D.)를 취득했으며, 저서로는 『문화예술교육자원과 협력관계』가 있다. 주요 연구 분야는 문화정책, 국제문화교류, 문화예술교육 등으로 *Arts Management, Law, and Society, International Journal of Arts Management*, 『문화정책논총』, 『예술경영연구』 등에 논문이 게재되었다.

II

공연장 및 공연단체

4장
감염병 리스크와 공연예술계의 대처 전략: 코로나19 사례를 중심으로

송성완

공연장 # 리스크 # 감염병 # 공연상품 # 공연영상

전례 없는 코로나 위기로 공연예술계의 시름이 깊다. 불투명한 공연 개최 여부는 '제작-유통-소비'라는 가치사슬을 붕괴시켜 제작자와 예술인, 관객 모두를 우왕좌왕하게 만들었고, 방역 지침에 따른 박스오피스 축소는 공연예술이 당면한 '비용질병'이라는 해묵은 과제를 전면으로 불러냈다. 감염 우려는 관객에게 공연장을 꺼리도록 만들었고, 계속 발표되는 확진자 규모는 사회적 불안감을 해소하는 데 장애가 되고 있다. 무엇보다 심각한 어려움은 2020년 2월부터 시작된 위기가 1년이 넘도록 지속되고 그 끝을 가늠하지 못한다는 점이다. 결국 코로나로 인한 공연예술계의 어려움은 피해 범위와 대상, 파급효과 측면에서 현재진행형으로 그 규모는 헤아리기조차 어렵다. 그럼에도 주요한 위기 사례를 중심으로 그 내용과 대처 전략을 살펴본다면 예측 가능한 대응 방안 모색에 기여할 수 있을 것으로 보인다.

1. 코로나로 인한 공연 관련 정부 지침의 변화 경과

2020년 1월 중국에서 촉발된 폐렴증상으로 주변국 간 여행이 중지되고 각종 축제 행사가 일시 중지되었다. 국내에서는 1월 20일 첫 확진자가 발생했고, 27일 정부는 위기경보 단계를 '주의'에서 '경계'로 격상했다. 경계 단계는 신종 감염병이 국내에 제한적으로 전파된 것으로 보고 방역과 감시를 강화하는 단계다. 예정된 국내의 문화예술 행사는 즉각적인 변화를 보이지 않은 반면, 해외 예술인의 내한이 차질을 빚기 시작했다. 미국 보스턴 심포니의 첫 내한 공연이 취소된 것이 시작이었다. 2월 6일과 7일 개최 예정이던 공연은 1월 30일 취소 안내를 공지하게 되었다. 세계보건기구WHO가 공중보건 비상사태를 선포하는 것을 확인하고 취소를 공식화한 것이다. 누적 확진자 수가 500명을 넘어서며 정부는 2월 23일 '경계'에서 '심각'으로 위기경보 단계를 격상하는데, 이는 전국적 확산을 우려하는 것으로 범정부적 총력 대응 의지를 밝힌 것이다. 집합 행사 제한과 공연예술계 위축이 본격화된 시점이다. 문화체육관광부는 국공립 예술단체와 공연장에 자체 기획 공연을 취소하거나 연기할 것을 요청하는 공문을 발송했고, 이에 따라 공공부문의 운영 위축이 시작되었다. 서울시는 같은 날 유사한 내용의 지침을 시 소재 공연장들에 발송했다. 국공립 문화예술단체의 자체 기획공연 취소와 연기는 4월 19일까지 이어졌다. 2월 29일에는 1차 대유행을 기록하며 1일 확진자 수가 800명을 상회했다. 3월 11일 WHO가 팬데믹을 선언했고, 3월 22일 정부는 '강도 높은 사회적 거리 두기' 대책을 발표한다. 5월 6일부터는 중점 폐쇄 시설의 단계적 운영 재개와 모임 및 행사의 제한적이고 원칙적인 허용을 골자로 하는 '생활 속 거리 두기' 시행을 발표했다. 공연예술계에서는 객석 '띄어 앉기'가 시행되어 보편화되었다. 문체부는 5월 29일부터 다시 국공립 예술단체의 자체 기획 공연 취소를 요청했고, 이는 7월 20일까지 적용되었다. 6월 28일에는 사회적 거리 두기를 3단계로 통일하고 1단계를 적용했다. 8월 16일에는 2단계로 격상했고 10월까지 2.5단계, 2단계, 1단계를 오갔다. 9월 1일부터 21일까지는 문체부 요청에 따라 국공립 예술단체 기획 공연이 전면 중단되었다. 특히 9월 1일부터 14일까지 2주간은 중앙사고수습본부 요청에 따라 자체 기획 공연뿐 아니라 민간의 국공립 공연장 대관 공연도 모두 취소되었다. 11월 7일 정부는 0.5 단위의 단계 조정이 가져온 혼선을 보완하기 위해 사회적 거리 두기를 5단계로 세분화하여 1단계를 적용했는데, 연말까지 단계가 계속 상향되었다. 12월 8일에는 국공립 예술단체의 기획 공연 자제와 민간 대관의 중단 권고 요청이 떨어졌고, 2021년 1월 8일 해제되었다. 객석 띄어 앉기 방식은 거리 두기 단계에 따라 한 자리, 두 자리, 일행 간 띄어 앉기로 널뛰었다.

2. 예술의전당 사례로 본 공연장의 코로나 대응 일지

감염병에 대한 정부의 위기경보단계가 1월 27일 강화됨에 따라 예술의전당은 자체 대응계획을 수립했다. 자체 대응반 가동과 일일 상황보고, 손소독기 설치, 관객 발열 감시, 매일 내부 소독과 방역 실시, 근무자 마스크 착용, 위생 장비 착용 강화 등을 골자로 하는 계획이었다. WHO의 공중보건 비상사태 선포와 국내 확진자 증가세로 위기경보 단계가 '심각'으로 격상될 경우 공연을 취소하면 대관료를 환불한다는 지침도 수립하여 시행을 준비했다. 2월 24일부터 4월 19일까지 문체부 요청에 따라 자체 기획 공연은 취소했고 민간의 대관 공연은 방역 지침을 준수하도록 권고했는데, 감염 우려로 대부분 스스로 취소했다. 4월에는 사회적 거리 두기를 준수하는 새로운 관람 문화를 안내하는 동영상을 제작하여 홍보하기 시작했다. 5월 6일부터 생활 속 거리 두기의 하나로 객석 '띄어 앉기'를 본격 시행했으며, 지금까지 적용하고 있다. 5월 29일부터 7월 20일까지는 국공립 공연장들과 같이 자체 기획 공연을 다시 취소했다. 9월 1일부터 14일까지는 정부 요청에 따라 공연장을 폐쇄했는데, 이는 1988년 개관 이래 처음 있는 일이었다. 9월 17일에는 3/4분기를 대상으로 거리 두기 지침을 준수해 무대에 올리는 민간 공연에 대해 대관료를 면제(환불)하는 지원정책을 발표했고, 국내 공연예술계에 큰 반향을 불러일으켰다. 공공 공연장이 3개월간 무료로 공연을 올릴 수 있도록 무대를 내준 세계 최초의 사례다. 12월 1일에는 직원 중 최초 확진자가 발생했고 확산 없이 종료되었다. 12월 8일부터는 다시 자체 기획 공연 중단을 요청 받아 예정된 공연들을 취소했고, 대관 공연도 중단 권고할 것을 요청 받았다. 올 1월 8일부터 비로소 거리 두기 지침을 준수하며 운영을 재개하게 되었다.

코로나 사태가 발발한 이후로 예술의전당이 경험한 공연장 운영 방식의 변화는 정부의 협조 요청을 적극적으로 수용하는 양상으로 전개되었다. 아쉽게도 지난 1년여간 정부의 지침은 대부분 일요일에 결정되어 다음날인 월요일 시행으로 예고되었다. 따라서 대책 수립과 이용자 안내에 혼선이 생기는 일이 반복되었다. 지침의 적용 기간도 2주로 정하여 격주마다 대응 방안과 대책을 고민해야 했고, 1~2개월 앞의 단기 계획도 수립하기 어려운 상황이 이어졌다. 2021년 4월 현재 공연장 운영에 어느 정도 예측 가능성이 확보된 것은 사실상 위기가 장기화된 상황에서 공연예술계가 체득한 체념과 적응의 결과로 보인다. 정부가 위기경보 단계 최상위인 '심각'을 공표한 것은 2009년 신종플루 이후 11년 만이었다. 심각 단계는 여전히 지속되는 가운데 새로이 도입된 '거리 두기'가 '사회적' 또는 '생활 속'이라는 수식어를 바꿔가며 혼용됨으로써 업계 종사자들이 위기경보 단계와 거리 두기 단계를 혼동하고 있는 실정이다. 이러한 혼동을 불러올 만큼 일상화되어버린 감염병의 파급력은 공연예술계가 일찍이 경험해보지 못한 것이다.

3. 공연예술계의 감염병 경험 사례

대한민국을 강타한 감염병을 돌아보면 2003년 사스, 2009년 신종플루, 2015년 메르스를 들 수 있다. 이들 감염병은 공연예술계에 일정 정도 영향을 미쳤는데, 특히 예술가의 국제 교류에 큰 장애로 작용했다. 그러나 구체적이고 적극적인 피해 내용 분석은 찾아보기 어렵다. 최윤우(2020)에 따르면 사스는 국내 확진자가 3명에 불과해 영향이 적었으며, 신종플루의 경우 1천 명 이상이 참석하는 행사와 축제를 열지 말라는 권고에 따라 공연이 취소되고 소극장도 관객 감소를 경험했다. 메르스는 20%라는 높은 사망률로 감염 공포를 키웠고, 5월 첫 확진자 발생 이후 연말까지 공연 및 행사의 위축을 초래했다고 분석했다. 대형 공연장의 경우 피해는 크지 않았는데, 예술의전당에서는 메르스 당시 감염병을 이유로 취소된 공연은 없었으며 이로 인한 관객의 감소 규모도 눈에 띄지 않았다. 공연예술계에 감염병 피해가 발생하면 정부의 지원정책이 발표되고 구제에 나섰으나, 안타깝게도 대응 매뉴얼이나 대응 전략은 수립되지 못하고 코로나 상황을 맞이하게 되었다.

4. 코로나로 인한 피해와 대응 노력

한국문화관광연구원(2020)의 연구에 따르면 공연예술 분야 기관의 82.4%가 경영 또는 운영상의 피해를 입었다고 조사되었다. 공연·행사의 취소와 준비 활동의 어려움, 관람객 감소가 주요 피해 내용이었다. 이는 예술경영지원센터(2020)의 조사에서처럼 잠정적인 휴·폐업을 결정하게 하는 원인을 설명하고 있다. 한국문화관광연구원(2020)의 다른 분석에서도 공연장과 극장에서의 신용카드 승인은 전년 대비 51.1%가 감소했다. 그뿐만 아니라 방역 지침에 따라 객석 간 띄어 앉기가 보편화되었지만, 사회적 거리 두기 단계의 변화로 한 자리 띄어 앉기, 두 자리 띄어 앉기, 일행 간 띄어 앉기를 오가면서 객석 규모 역시 50%, 30%, 70% 등으로 불안정하게 운영해야 하는 위험에 노출되었다. 띄어 앉기의 변화로 기존 예매를 모두 취소하고 재예매를 받을 경우 당초 매출에 미치지 못한다는 업계의 하소연이 나오고 있다. 따라서 '일행 간 띄어 앉기'라는 완화된 지침(2021년 4월 1일 기준)이 내려와도 울며 겨자 먹기로 한 자리 띄어 앉기를 고수하는 것이 현실이다. 공연을 무대에 올릴수록 적자와 손해가 커지는 구조도 심화되고 있어 현장의 시름이 깊다. 이러한 고충은 고스란히 공연 제작 활동, 특히 창작 활동의 위축으로 연결되었다. 한국관광문화원의 연구(2020)가 지적한 것처럼 고용 피해, 즉 소득의 증발을 낳았고, 특히 매출로 재정을 충당해야 하는 민간 공연예술단체는 심각한 위기에 봉착했다. 공공 분야도 이러한 어려움에서 자유롭지 못한데, 예술의전당의 경우 공연예술계 지원을 위해 취소 대관료를 환불해주고 지난해 3/4분기에는 대관료를 면제(환불)함으로써 일시적으로 2020년 말에 현금흐름 경색에 봉착하기도 했다. 공연단체와 공연장의 어려움에 더해 2차, 3차 피해도 이어지는데, 무대 제작소와 조명, 음향 등 장비 임차 업체, 무대 작업 크루를 관리하는 인력업체까지도 수입원을 상실했다.

공연예술통합전산망KOPIS의 결산 통계를 살펴보면 2019년 하반기와 2020년 하반기의 공연 건수, 매출액, 예매자 수 감소를 확인할 수 있다. 각각 전년 대비 50%, 60%, 70%가 감소했다. 공연예술통합전산망이 2019년 6월부터 시행되었으므로 2020년과는 하반기만 비교 가능하다는 점에서 1차 대유행이 있었던 5월 이전의 수치는 비교가 어렵다는 한계가 있다. 그럼에도 결산 통계는 공

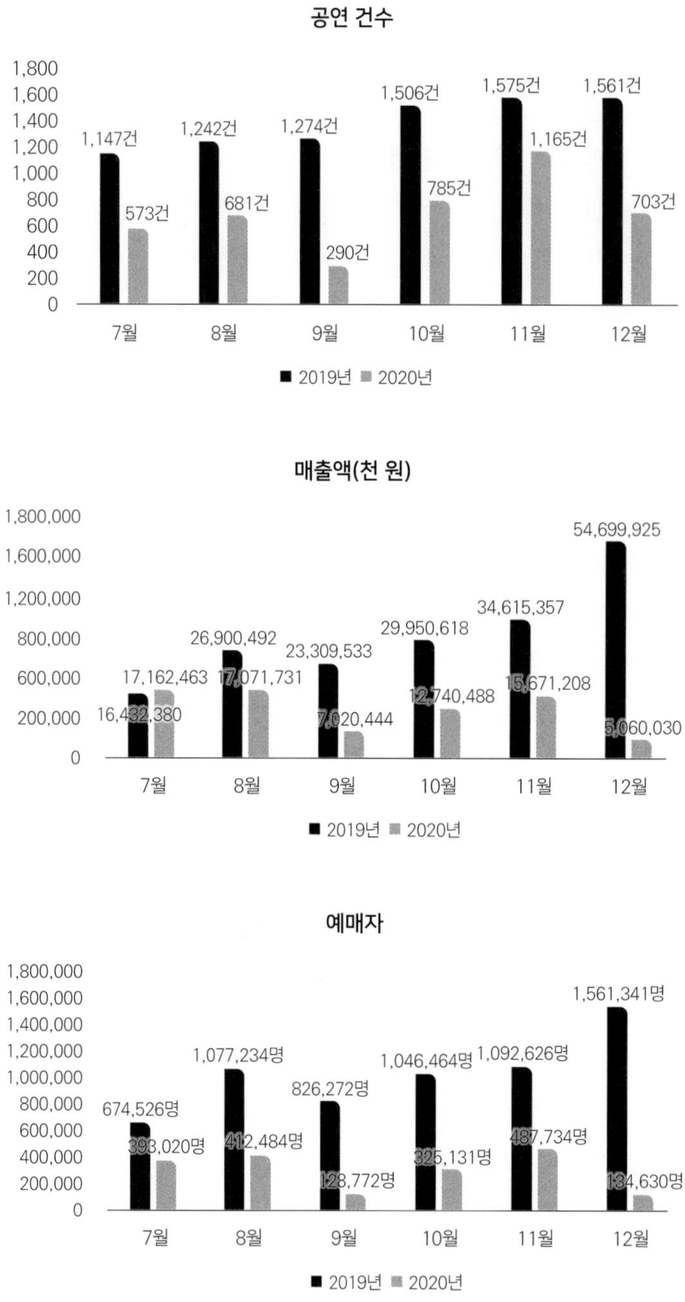

〔그림 4-1〕 하반기 공연 실적 통계 비교

출처: 공연통합전산망(KOPIS) 결산 통계

연예술계가 입은 타격을 잘 설명해주고 있다.

단일 예술기관으로는 전국 최대의 관객 규모를 자랑하는 예술의전당도 예외가 아니었다. 오페라극장, CJ토월극장, 자유소극장이 주축이 되는 오페라하우스와 야외공연장의 관람객은 전년 대비 74%가 감소했다. 콘서트홀, IBK챔버홀, 리사이틀홀로 구성된 음악당은 전년 대비 76%가 감소되었다. 미술을 포함한 2020년 전체 관객 수는 78만여 명으로 2019년의 252만 명 대비 70% 감소했다. 2020년의 관객 수는 오페라하우스가 문을 연 1993년 전관 개관 이전으로 회귀한 규모다. 개관 이후 한 번도 감염병으로 인해 직접적인 타격을 입지 않았다는 점에서 이번 코로나 위기가 남긴 상흔의 깊이를 짐작할 수 있다.

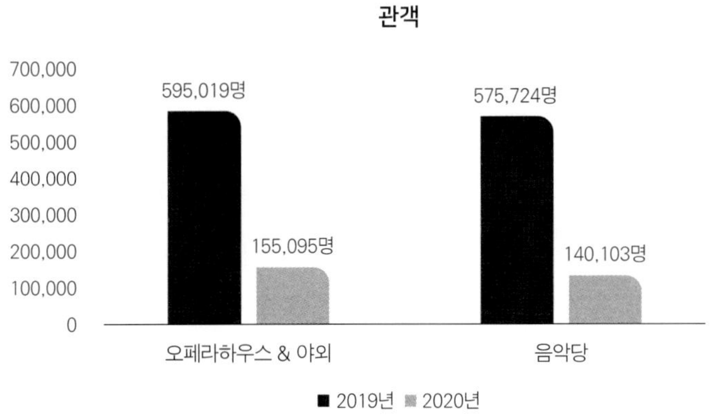

〔그림 4-2〕 예술의전당 연간 관람객 규모 비교

출처: 예술의전당 2020 운영보고서 준비 자료

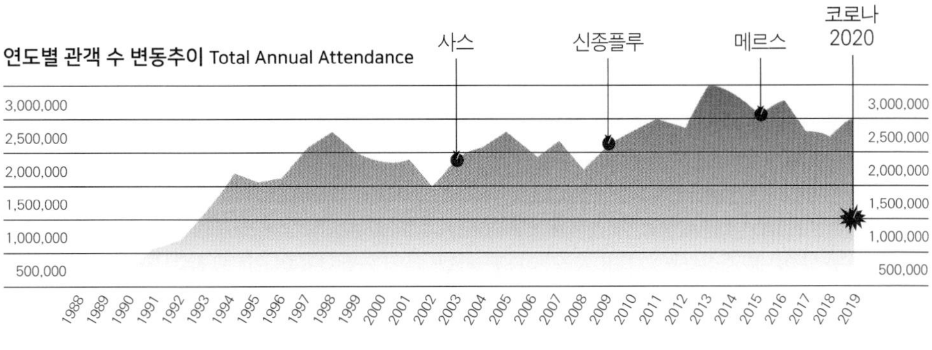

〔그림 4-3〕 예술의전당 연간 관람객 추이

출처: 예술의전당 2019 운영보고서

5. 공연예술계의 위기와 현상

자연재해나 각종 인재로 재난이 발생하면 각 분야에서는 위기(리스크) 관리의 필요성을 언급하고 제기한다. 그동안 재난과 안전에 관한 법률을 제정하는 것을 시작으로 개별 산업의 관련 법규 도입도 꾸준히 이루어져왔다(이기형, 2017). 그럼에도 개별 조직이나 단체가 참조하거나 준용할 수 있는 준거나 기준은 부재했고 사실상 수립도 어려운 만큼 결국 당사자 스스로 리스크의 개념을 정립하여 발생 시 대응과 관리 방안을 마련할 수밖에 없다. 본 사례분석에서는 리스크를 "예측하지 못해 초래된 결과로 유발될 수 있는 피해 가능성"으로 정의하고 포괄적으로 '위험', '위기'와 혼용하며 코로나로 초래된 공연예술계의 현황에 대입하여 살펴보고자 한다. 코로나 같은 감염병으로 초래되는 리스크로는 첫째로 공중 보건 측면, 즉 공연 제작에 관여하는 출연진 및 스태프와 관객의 감염 확산을 들 수 있다. 둘째로 공연의 취소나 변경 혹은 정부 지침에 따른 매출원 상실로 발생하는 직간접적인 경제적 피해를 생각할 수 있다. 두 가지 모두 미래의 일로 사전에 발생 여부를 가정할 수 없는 만큼 준비가 어렵다는 점에서 불확실성을 근본적인 속성으로 가진다. 이제 경제적 측면에 집중하여 지난해 2월부터 본격화된 코로나 사태가 공연예술계에 끼친 영향과 극복 노력, 그리고 대응 방안을 살펴보고자 한다.

공연계가 당면한 리스크를 경제적 관점으로 좁혀보자. 첫째, 입장권 판매에 대한 기대 수입 혹은 기대수익률의 변동 가능성을 지적할 수 있다. 기대 수입 중 가장 큰 비중을 차지하는 입장권 판매 수입은 판매 가능한 유효 객석 수를 평균 입장권 가격과 곱한 값이다. 유효 객석을 채우기 위해서는 공연의 품질과 출연진의 명성 같은 공연 상품의 여러 속성이 복합적으로 작동해야 하는데, 해외 예술인과 스태프의 이동이 제약을 받으며 관객 몰이에 어려움을 토로한다. 기대수익률은 수익률에 발생가능확률을 곱하여 산출하는데, 전술한 이유로 수익의 발생 가능성이 축소된다. 기대 수입이나 기대수익률은 공연의 제작자가 공연상품으로 얻는 경제적 효과를 가늠하게 하는 가장 중요한 척도다. 둘째로 협찬·후원 수입의 변동 가능성이다. 시장 경기가 위축되었을 뿐 아니라 집합 행사에서의 감염 사례가 가져올 평판의 훼손, 주가와 매출에 끼칠 영향 등을 우려하여 기업과 기관이 동참에 미온적이다. 이렇게 공연예술계가 당면한 경제적 리스크를 정리하면 〈표 4-1〉과 같다.

코로나로 인해 공연예술계가 직면한 가장 대표적인 리스크가 공연 취소에 대한 의사결정이다. KOPIS 결산 통계에 따르면 전년도 같은 기간 대비 2020년 하반기 공연 건수는 4,108건이 줄었다. 전년의 규모로 공연이 개최되었다고 가정하면 그만큼의 취소가 발생했다는 의미로, 1년으로 환산하면 8천 건이 될 것이며 집계되지 않은 각종 공연행사를 포함할 경우 1만 건 이상을 상회할 것으로 예상된다. 이는 제작사, 주최사, 극단, 교향악단 등 문화예술기관의 기대 수입 감소로 이어졌을 것이다. 취소된 공연에 투입한 자원 대부분은 회수할 수 없는 비용, 즉 매몰 비용화되었다고 보아야 한다. 비용을 회수할 수 없고 매출을 기대할 수 없는 상황에서 출연 계약, 대관 계약, 장치 및 설비와 인력 용역계약에 대한 의무 불이행도 뒤이으며 관련 단체의 폐업도 가시화되었다. 이에 대한 집계는 향후 공적 구제와 지원자 선별을 위해 반드시 필요한데, 위기가 여전히 진행 중인 만큼 종합적인 실태 파악은 요원한 실정이다. 예술의전당도 2020년 오페

〈표 4-1〉 코로나로 인한 공연계의 경제적 리스크

명목 리스크	원인	현상	피해
공연 취소	주최자의 취소	기대 수입(수익률) 악화	• 매몰비용 발생 • 매출 증발 • 계약 의무 불이행
	강요에 의한 취소	정부의 폐쇄명령 (예측 불가능, 일방향)	• 환불 vs. 재공연 갈등 • 피해보상 의제 발생
매출 제약	유효 객석 축소 (거리 두기 지침)	• 판매 좌석의 축소 • 구매심리 위축 • '취소-재예매' 발생	• 입장료 인상 압박 • 영상 상영 압박 • 제작비 부담 • 대관료 인하 요구 • 재예매 과정에서 매출 축소
	협찬·후원 감소	기업과 기관의 관여 축소	• 매출 증발 • 제작비 조달 부담
매력도 감소	공연 변경 (출연진의 교체)	• 해외 예술인 참여 불가 • 해외 스태프 참여 불가 • 공연장과 다툼 • 구매심리 위축	• 매출 감소 • 환불 vs. 재공연 갈등

라하우스 3개 공연장에서 총 29건의 공연이 취소되었다. 음악당 3개 홀에서는 총 511회의 음악회가 취소되었다. 음악회와 달리 공연은 2일 이상의 준비와 본공연 기간을 염두에 두고 개최되기 때문에 대체로 1회에 그치는 음악회에 비해 취소 규모 건수가 적다. 그러나 준비기간과 참여 인원의 규모를 고려할 때 실제 취소 여파는 더욱 클 것으로 보인다.

코로나로 인한 공연 취소는 제작자나 단체가 스스로 결정하는 경우가 대부분이겠으나 개최할수록 손해인 상황에 내몰린 결과라면 자의적 의사결정으로만 치부하기 어렵다. 이러한 경우 공연장과의 대관계약에서 취소를 불가항력이라고 볼 수 있는지에는 다툼이 존재한다. 감염자의 이용 가능성이 높다고 천재지변이나 불가항력으로 인정하기 어렵다는 법률적 해석이 있기 때문에 갈등의 원인이 되고 있다. 정부나 지자체의 지침에 의거해 국공립과 민간의 공연장이 폐쇄되는 경우는 명백히 외부에서 취소가 결정되었다고 보아야 한다. 이는 「감염병 예방 및 관리에 관한 법률」에 따라 이루어진다. 그러나 그 시행은 실제로 정부의 사회적 거리 두기 지침 발표에 의거해 2주 단위로 이루어져왔고, 따라서 적용이 일방적이고 미리 예상하기도 어렵다는 데 문제가 있다. 공연 제작자나 단체는 공연장에 대해 피해 구제 또는 보상을 요구하게 되는데, 이 경우 이미 납부한 대관료를 환불 받거나 추후의 사용 기회를 보장받는 것이 가능하다. 여기에도 난제가 도사리고 있는데, 대관료 환불은 수익까지 보상하지 않는 단순 비용 환급에 그치고 추후 공연장 사용도 1~2년 앞서 일정을 확정하는 주요 국공립 공연장에서는 이루어지기 어렵다.

감염 우려는 방역지침 강화로 이어지고, 관객 수 제한(또는 입장 관객의 거리 두기)으로 귀결되었다. 판매 좌석, 박스오피스 축소는 매출을 감소시키므로 제작자는 입장료 인상이나 제작비 인하 압박을 받는다. 감염을 걱정하는 관객의 구매 심리는 위축되고 노동집약적 특징을 갖는 공연예술에서 제작비 절감은 특히 출연료 삭감이라는 벽에 봉착하게 된다. 앞서 언급한 바와 같이 2주 단위의 사회적 거리 두기 단계 발표는 띄어 앉기 방식의 변화를 초래하는데, 이에 맞춰 기존 예매를 전면 취소하고 재예매를 받을 경우 당초 매표에 미치지 못한다는 것이 공연계의 통설이다. 이러한 상황에서 국공립 공연장에 대관료를 인하하거나 취소 공연에 대한 환불을 요구하는 목소리는 커질 수밖에 없고 다툼도 발생한다. 비대면 요구에 따른 대안으로 공연 온라인 스트리밍이나 다시 보기 서비스가 부상하지만, 또 다른 지출 요인으로 작용하기도 한다.

기업과 기관의 문화예술 지원과 협력은 감염자 발생 우려와 마케팅 부작용을 우려해 위축되었고, 침체된 공연예술계를 더욱 힘들게 하고 있다. 기존의 협찬, 후원 및 임직원 초청 문화행사가 눈에 띄게 축소되었고 관련 지출도 유예되거나 삭감되었다. 공연예술계에서는 할인율을 적용하지 않고 정가로 환산해 판매하는 기업용 협찬 입장권에 크게 의지했던 만큼 기업 재원의 유입 축소는 경제적 타격의 한 축이 되고 있다.

감염 예방을 위해 2020년 4월 1일부터 해외 입국자의 자가 격리가 의무화되면서 공연예술계에도 빨간불이 들어왔다. 해외 연기자와 연주자, 스태프의 입국이 체류비용 증가로 사실상 불가능해졌기 때문이다. 체류기간 동안 연습과 준비도 어려워 국제 문화교류는 중단될 수밖에 없다. 출연진의 위상이 크지 않다면 구매 심리와 공연 상품의 매력 저하가 이어진다. 결국 매출감소와 수익성 악화로 연결된다. 국내 출연진으로의 변경은 또 다른 갈등의 소지를 안고 있다. 출연진의 변경은 공연장들이 운용하는 대관 규약상 '주요한 내용의 변경'인 만큼 대체로 허용되지 않는 것이 일반적이기 때문이다. 그러나 예술의전당의 경우처럼 코로나 사유로 인한 변경은 포괄적으로 허용하는 추세이며, 그로 인한 불이익이 없도록 배려하고 있다.

공연 취소는 공연자에게는 매몰비용 발생으로, 공연장에는 기대 수입 증발로 작동하는데, 코로나 상황에서는 누구도 이를 불평하기 어렵다. 공연장 입장에서 취소 공연의 사유가 진실하게 코로나로 인한 것인지 혹은 취소시점은 불가피했는지 판단하는 것이 쉽지 않다. 증빙이나 사유문서를 요구하는 것은 인색한 조치일 뿐 아니라 공공 공연장의 경우 갑질로 매도될 수 있다. 따라서 공연장은 코로나 취소로 인한 대관료 환불 기준을 별도로 마련하게 되는데, 예술의전당은 음악회의 경우 한 달 이내 공연 취소를 인정하고 있다. 보통의 계약에서 임박한 취소는 이른 취소에 비해 불이익을 받는 것이 통상적인데, 오히려 그 반대로 기한을 정해 환불해주다 보니 모순이 발생한다. 코로나 사태의 장기화가 낳은 문제로 합의점을 찾기 어려운 숙제다. 드러내놓지 못해도 전국 모든 공연장의 고민이 이와 맞닿아 있다.

6. 경험재로서의 공연예술상품과 비대면 온라인 콘텐츠의 한계

공연의 영상 서비스가 비대면 문화예술 향유의 대안으로 급부상했다. 기존에 공연 영상 콘텐츠를 확보하고 있던 예술의전당 SAC on Screen은 코로나를 맞아 '스테이지 무비'라는 상영용 편집 버전까지 추가하며 관심을 모았다. 세종문화회관은 무관중 온라인 공연을 개최했고, 다른 많은 단체들도 온라인을 통한 무료 공연에 나섰다. 2020년 상반기까지 주로 유튜브 채널을 이용하던 데서 탈피해 국내 최대 포털인 네이버TV가 플랫폼으로 부상했고, 서울예술단을 비롯한 국공립과 민간 공연단체의 수요가 집중되었으며, 현재는 네이버가 주류를 이루고 있다. 온라인 공연 상영은 무료로 시작해 제한적으로나마 유료화되고 있다. 제한적이라 함은 시청 서비스에 대해 제 가격을 부과하기보다 선의의 답례 수준에 그치며 매출원으로서 효용을 갖지 못한다는 의미다. 유료화 추세에도 공연의 영상 서비스는 여러 면에서 갈 길이 멀어 보인다. 첫째로 무분별한 상영 노력을 들 수 있다. 미국 메트로폴리탄오페라의 메트 온 HD, 독일 베를린필하모닉의 디지털 콘서트홀, 영국 국립극단의 NT live 등 서구 단체의 사례에 너무 쉽게 편승한 것이 아니냐는 지적이다. 이들은 10여 년 이상 축적하여 확립한 유통 채널과 수입확보를 위한 비즈니스 모델을 구축했지만, 우리의 경우 무대를 이어간다는 절박함이 우선해 영상의 품질을 담보하지 않고 출연진 및 제작진에 대한 적절한 보상도 부재하며 유력 플랫폼으로의 쏠림이 부각되고 있기 때문이다. 영상 제작에 대한 경험과 지식이 부족한 공연예술계에서 영상 서비스로의 빠른 전환은 플랫폼과 기술 업체만 득을 보는 것이 아니냐는 푸념이 나오는 배경이다.

둘째로 시청자의 제한된 몰입 시간도 극복 과제다. 조은아 교수의 온라인 공연 감상 현황 조사(2020)에 따르면 '잡념 없이 온라인 공연에 몰입한 시간'에 대해 '20분'이라고 답한 비율이 가장 높게 나타났다. 일자리인 무대를 붙잡기 위해 예술인과 관련 종사자들이 안간힘을 쓰지만, 수요자에게 성공적으로 전달되고 있는지를 비판적으로 돌아보게 하는 결과다. 예술경영지원센터가 발간한 『2018 공연예술트렌드 조사보고서』에서는 "소비자가 정보가 현저히 떨어지는 경험재 속성 극복"을 위해 공연 영상의 대두를 예고했다. 그러나 현재의 공연

영상화 현상은 코로나로 인해 준비 없이 당면하게 된 미래로 보인다.

셋째로 공연 영상의 시의성 이슈도 제기된다. 라이브 스트리밍이 아닌 편집 상영의 경우 수개월이 소요되는 만큼 코로나 위기에 대한 즉각적인 대응으로 보기 어렵다. 지난 2020년 9월 4일 청와대는 '디지털 뉴딜 문화콘텐츠산업 전략 보고회'에서 실감형 콘텐츠 육성을 위한 공간 조성과 기술 개발 방침을 밝혔다. 문화체육관광부는 9월 9일 '코로나 일상 속 비대면 예술 지원 방안'을 밝히고 "공연 영상화 종합 제작 공간(스튜디오)" 조성과 "국립극단의 차별화된 온라인 극장 개관" 등도 추진하겠다고 밝혔다. 코로나 이후의 새로운 공연 소비에 대응하는 전략과 대책은 필요하겠지만, 코로나 위기에 직면해 당장의 대안에 목마른 민간 공연예술단체와 예술인에게는 단기적인 관점에서 공감을 이끌어내기 어려운 해법이다.

마지막으로 '부익부 빈익빈' 상황의 심화도 극복 과제다. 운영 재원의 대부분을 국가지원이나 기금에 의존하는 국공립 공연예술단체는 공연 취소와 운영 중단에도 편성된 예산을 유지하며 재정적으로 큰 피해를 입지 않았다. 따라서 방역 지침 준수로 박스오피스를 축소하면서도 동시에 온라인 상영에 뛰어들 수 있었다. 오페라, 발레, 합창, 뮤지컬 분야의 국공립 예술단체와 민간예술단체의 2020년 공연 활동 건수와 무료 온라인 상영 횟수를 집계하여 비교할 수 있는 올해 하반기가 되면 민간과 공공의 차이를 확인할 수 있을 것으로 예상된다. 코로나로 인해 국공립 예술단체나 우량 민간단체만 잔류하게 된다면 다양성이라는 측면에서 공연예술 생태계에 바람직하지 않은 결과다.

7. 위기 대응 전략

예술경영지원센터가 발간한 『2020 공연예술조사결과보고서』에 따르면 2019년 기준 종사자는 총 5만 1,109명으로 조사에 참여한 단체인 3,927개로 이를 나누면 단체마다 약 13명이 근무하고 있다고 추정할 수 있다. 비상근 인력이 78.5%라는 비율을 고려하면 우리나라의 공연 단체는 2~3명의 상근 인력으로 운영되는 영세한 규모다. 코로나 위기가 반영될 2021년도 조사결과보고서는 2022년 발간될 예정인데, 아마도 단체와 종사자 수는 더욱 줄어들 것으로 예측된다. 이러한 상황에서 영세한 단체들이 감염병에 대응한 리스크를 규정하고 대응 지침을 세울 것으로 기대하는 것은 상상하기 어렵다.

그럼에도 예술단체와 종사자 혹은 행사 활동에 참여하는 예술인이 위기를 버텨내기 위해 필요한 대응 전략을 정리하면 〈표 4-2〉와 같다.

〈표 4-2〉 코로나 대응 전략

구분	대응 전략
조직 대응성	• 공연계약 조항 정비 • 취소 시 안내 및 수수료 비용 부담 준비 • 장기(연 단위 이상) → 단기(월/분기) 운영 전략
행정 이해	• 중앙정부-지자체 관리 대응 레벨 파악 • 적용 주체에 대한 선제적 파악
재무 관리	• 매출 확보 위한 사업 다각화 • 지원사업 선정 노력 • 종사자 고용 안정 위한 공공 지원 정보 파악
제도 개선	• 예술인고용보험(2020.12.10 발표) • 정책 대응 협상력 확보 위한 장르 간 협력 • 전국 유휴 공연장 활용한 상주 제도 확대(개발과 투자)

조직 대응성을 확보하기 위해서는 출연 계약, 용역 계약, 대관 계약에서 감염병으로 인한 위험을 회피하거나 피해를 예방하는 조항을 점검해야 한다. 계약 불이행의 가능성을 나열하고 이에 따른 계약 당사자 간의 권리를 적시함으로써 의무의 부담을 완화할 수 있다. 공연 취소나 좌석 띄어 앉기로 인한 재예매에 대응해 예매 수수료와 취소 콜백 등 발생 가능한 비용을 제작비에 편성하여 돌발 상황에 대비해야 한다. 공연 프로그래밍에서도 연 단위의 장기 프로젝트나 국제적인 협업은 지양하고 중·단기 관점에서 국내 출연진 중심의 구성을 우선시해야 리스크를 줄일 수 있다.

지난해 3월 1차 대유행과 8월의 2차 대유행, 12월부터 계속되는 3차 대유행을 거치며 사회적 거리 두기 단계가 널뛰고 있고, 이에 따라 국공립 공연장의 폐쇄와 민간 집합 시설의 운영 가능 여부가 계속 도마 위에 올랐다. 특히 9월 첫

2주간은 국공립 공연장의 폐쇄가 전격적으로 결정되면서 전국적으로 문을 걸어 잠그는 모습이 연출되기도 했다. 2020년 말까지 계속된 불안정한 상황은 사회적인 학습 과정과 거리 두기 방침의 정착에 따라 일부 개선되었고, 현재는 격주로 수도권과 수도권외 지역을 구분해 정부의 거리 두기 단계 지침이 전달되고 있다. 이러한 지침의 송수신은 공연예술계의 경제적 어려움을 완화하거나 중장기적인 사업 기획의 밑바탕이 되는 것과는 무관한 단순 전달이라는 지적이 대두된다. 지침을 준수하며 공연 진행을 위한 방역 수칙, 출연자와 스태프의 안전 관리와 관객 및 관계자의 출입 기록 관리를 표준화해두어야 기민한 대응이 가능하다. 지난해 11월 세계적인 명문 교향악단인 오스트리아의 빈 필하모닉이 일본 투어 공연에서 격리 면제되었다는 소식이 언론을 통해 알려지며 국내에서도 요구가 촉발된 바 있다. 백신 접종 시작과 더불어 올 하반기로 예정된 해외 예술인들의 내한에 자가 격리가 면제될 수 있도록 하는 '여권 백신' 확보 노력이 전개되고 있다. 방역 지침 변화와 그 결정 주체를 파악하고 언제든 관련 문의와 확인할 수 있도록 질병관리청 및 시·도 문화과의 담당자를 파악해두는 것은 꼭 필요한 활동이 되었다.

코로나 위기의 파고를 견뎌내기 위해서는 매출 확보와 현금흐름 유지가 관건이다. 재정자립도가 높은 민간단체와 제작사는 투자와 개발을 미뤄 지출 비용을 최소화하고 온라인 유료화와 기존의 사업영역 밖 새로운 비즈니스 모델을 찾는 노력이 요구된다. 국비 같은 공공 재원에 의존해야 하는 단체는 문화재단 등 국공립 문화예술기관의 지원사업에 적극적으로 참여해 매출원을 확보하는 한편 예술경영지원센터의 '코로나19 전담 창구' 등 피해 보전을 위해 여러 경로를 찾아두는 것이 도움이 된다. 한국문화관광연구원의 연구에 따르면 문체부는 2021년 3차 추경 예산을 통과시키고 공연예술 분야 인력지원 사업(288억 원), 소규모 공연장 방역인력 지원사업(31억 원), 공연장 대관료 지원(40억 원), 공연제작비 지원(56억 원), 온라인 미디어 예술 활동에 대한 지원(149억 원)과 문화예술 분야에 할인소비쿠폰 사업을 추진해 하반기 문화 수요 회복도 유도할 계획이다. 문화예술단체는 법인의 존속과 아울러 종업원과 단원의 고용 안정도 배제할 수 없다. 공연예술단체는 중소기업이기도 한 만큼 중소벤처부 등 각종 부처의 고용 지원사업도 면밀히 살펴야 한다. 일각에서는 지원금을 받는 조건이 공연예술업계의 관행이나 현실을 반영하지 못한다는 지적도 있다. 지원금을 받기 위해 휴업상태에서 다시 종사자를 고용하고 공연을 제작해야 하느냐는 민원이 제기되기도 하고, 공연 소비 쿠폰 사용률이 극히 저조한 상황도 반영하지 않은 지원책이라는 볼멘소리도 나오고 있다. 지난 3월 26일 서울시는 소재 공연장에 공문을 통해 "공연 강행으로 확진자가 발생할 경우 확진자 및 접촉자들에 대한 진단과 진료, 방역 등의 비용에 대해 구상금을 청구할 수 있다"라고 밝혔다가 업계의 반발로 사과하는 해프닝이 벌어지기도 했다. 전례 없는 팬데믹 상황에 정부와 민간 어느 쪽이나 미숙한 대응 모습을 노출하고 있다.

재무적 관점에서 현재의 코로나 상황은 비용 절감을 강제하고 있다. 공연상품은 노동집약적인 특성을 가지고, 특히 스타 캐스팅에 좌우되는 경향도 커서 대부분의 제작비용이 인건비성 경비다. 인건비 절감은 출연료의 편차 이슈를 이끌어낸다. 일자리가 사라지고 기대 수입은 심각하게 위협받는 상황에서 고액의 출연료나 용역료를 지불해야 한다면 과연 누구를 위한 공연 제작인가 하는 불만이 제기된다. 따라서 통제 가능한 협상력 확보와 더불어 인적 요인 이외의 공연 매력도 발굴하여 소구하는 노력이 확대될 수밖에 없을 것으로 보인다.

지난해 12월 10일부터 예술인고용보험이 시작되었다. 「예술인 복지법」 제정에 이어 '예술인패스'와 '표준계약서 의무화' 등 사회안전망을 확보하는 시도가 계속되고 있다. 코로나 위기에 이루어지는 예술인을 위한 사회안전망 확보 정책은 크게 소득지원 같은 직접지원, 대관료나 제작비 지원 같은 간접지원, 공연소비쿠폰 배포 같은 소비진작으로 구분된다. 직접 지원의 일환인 예술인고용보험제도 시행은 소득 불확실성을 완화해주지만, 제작사나 공연장에는 지출과 행정 비용의 증가로 작용하는 만큼 준비가 필요하다. 여전히 시행 초기여서 축적된 사례가 부족하고 벌칙도 유예되고 있어 정착까지는 시간이 더 소요될 것으로 보인다.

코로나 위기가 지속되자 한국뮤지컬협회는 2021년 1월 19일 긴급회의를 통해 공연장 방역 지침을 완화해달라는 성명서를 발표했다. 1월 21일에는 클래식음악기획사, 민간오페라단, 오페라인협회, 민간교향악단연합회, 한국공연프로듀서협회와 한국연극협회, 한국영화프로듀서조합 등 범관람문화계 연대 모임이 "문화예술산업 사망선고, 정부는 무엇을 했는가?"라는 제목의 성명을 발표했다. 3월 31일에는 한국작가회의 등 문학 분야 5개 단체도 성명서를 발표하고 지원책을 촉구했다. 문화예술계에서 산발적으로 성명서를 발표하며 코로나 극복을 위한 국가적 지원을 요구하고 있다. 연대와 협력을 통해 보편적인 지원 방안을 촉구한다면 일부 장르가 대상에서 소외되는 사례를 예방하고 문화예술계 전반에 대한 지원이 선순위로 부각되는 계기를 마련할 수 있을 것이다.

예술경영지원센터의 『2020 공연예술조사 결과보고서』에 따르면 2019년 한 해 전국 1,028개 공연 시설의 공연장별 평균 공연 횟수는 104.1회다. 매주 1회 휴관하고 30일을 무대점검한다고 가정할 경우 평균 가동률은 37%다. 국가통계포털KOSIS에 따르면 2018년도 전국 421개 문예회관의 평균 가동률은 49%다. 코로나로 인해 시·도 소속의 문예회관들이 선제적으로 운영을 중단했던 사례를 돌아보면 실제 가동률은 이에 미치지 못할 것으로 보인다. 공연예술단체에 가장 절실한 것은 활용공간이다. 가동률이 저조한 문예회관 등 국공립 공연장이 비공개 워크숍이나 공연 개발을 위한 기회로 코로나 위기를 활용하는 의지가 요구된다. 계약기간을 정하고 일정 횟수의 공연 의무를 지우는 상주 제도를 변용하거나 별도의 계약을 통해 공연 개발과 투자 시간으로 활용하는 사고의 전환이 요구된다. 문예회관 종사자들의 적극적인 발상과 제안이 선행된다면 코로나 이후 공연예술계가 한 단계 더 발전할 수 있는 촉매가 되어줄 뿐 아니라 정부의 후속 지원을 유인해낼 수 있을 것이다.

8. 코로나의 상처와 극복

코로나로 피해를 입은 것은 비단 예술인과 공연예술계 종사자만의 일이 아니다. 예술의전당이 추진하는 사회공헌활동 '문화햇살'은 2019년 1만 9,341명의 문화소외층을 초청해 실내외 공연을 무료로 관람할 수 있도록 지원했다. 이는 공공기관으로서 사회적 책임을 소홀히 하지 않으면서 '문화 민주화' 관점의 문화정책에 호응한 결과다. 그러나 이마저 코로나 위기를 피해가지 못했다. 2020년에는 감염 예방을 위해 문화소외층의 공연 초청 활동을 중단하고 공연 영상을 온라인에서 공개하는 것으로 대체했기 때문이다. 집합 행사의 위축과 공연장 폐쇄 및 관객 제한은 유료 관객뿐 아니라 일반 시민과 문화소외층에도 영향을 끼친 셈이다.

코로나가 공연계에 끼친 영향은 헤아릴 수 없는데, 여기에 적용할 사례와 경험이 전무하다 보니 대응하기 까다롭다. 대부분 영세한 공연단체들이고 수익 구조를 갖춘 산업화에도 이르지 못한 현 생태계의 한계는 국가 지원을 갈구하게 된다. 코로나가 불러온 재정 위기에서 상대적으로 자유로운 국공립 공연예술 단체는 안온한 환경에서 작품 개발 여력과 캐스팅 자원을 축적하고 온라인 플랫폼의 유료화까지 추진하며 위기 이후를 준비한다. 이 지점에서 코로나 상처 극복의 논의를 시작하는 것이 절실하다. 공연 상품이 매개되는 시장의 모든 참여자가 위기 이후에도 살아남아 과거와 같이 기능하도록 업계의 폐업과 이직을 막는 것이 첫 번째 과제다. 그리고 의도하든 그렇지 않든 이미 유행이 되어버린 공연 영상 서비스를 상수로 보고 공연예술계의 '디지털 트랜스포메이션'에서 이들이 배제되지 않도록 재원 및 저작권 문제 지원하는 것이 두 번째 과제다.

코로나 위기 극복은 '공연 개최 의사결정과 흥행'이라는 결론으로 정리된다. 각종 계약 형태로 예술인과 스태프에게 배분되고 창작과 제작을 위한 밑거름으로 환원되는 수입원이 유지될 수 있는 상황을 조성하는 것, 혹은 그러한 상황의 악화를 최소화하는 노력이 극복의 첫걸음이다. 2018 예술인 실태조사에 따르면 연극분야 예술인의 예술활동 개인수입은 평균 1,891만 원, 중앙값은 500만 원, 표준편차는 1억 500만 원으로 조사되었다. 무용의 경우 평균 1천만 원, 중앙값 400만 원, 표준편차 1,576만 원이었고, 음악의 경우 평균 1,127만 원, 중앙값 150만 원, 표준편차 2,957만 원으로 조사되었다. 대체로 예술활동 수입은 저조한데, 편차는 매우 크다. 코로나로 인한 파급이 전체 공연예술인에게는 더욱 뼈아프게 다가갈 수 있다는 걸 보여준다. 따라서 공연예술계의 코로나 리스크 대응은 더욱 주의가 요구된다. 상황이 열악하다 보니 정책적 지원에 더욱 희망을 걸게 되는 것도 현실이다. 정책적 지원이 전국 문화재단이나 공연장 같은 거점 공공기관으로 확산되어 전국적으로 현장에서 체감될 수 있도록 하는 노력도 시급하다.

참고문헌

양혜원 외. 『코로나19가 문화예술분야에 미친 영향 및 정책대응방안 연구』. 한국문화관광연구원, 2020a.

_____. 『코로나19 전후 문화예술 관련 산업 신용카드 지출액 분석』. 한국문화관광연구원, 2020b.

예술경영지원센터. 『2018 공연예술실태조사보고서』. 문화체육관광부, 2018a.

_____. 『2018 공연예술트렌드 조사보고서』. 문화체육관광부, 2018b.

_____. 『코로나19에 의한 공연예술분야 피해현황 조사 보고서』. 2020.

이기형. 「기업 리스크관리 활성화를 위한 ERM규격화 및 보험연계 방안」. 『리스크 관리연구』 28(3), 2017, 43-79쪽.

최윤우. 「코로나 19 사태로 돌아본 재난상황에서의 연극계 현황과 과제」. 『연극평론』 97, 2020, 87-93쪽.

강경루 기자. '온라인 공연 몰입 시간, 20분 넘기기 힘들다'. 국민일보, 2020.5.25. http://news. kmib.co.kr/article/view.asp?arcid=0014613847&code=61171411&sid1=cul

_____. '빈필, 코로나 시대에 일본 투어 공연 '자가격리 면제''. 국민일보, 2020.11.3. http://news. kmib.co.kr/article/view.asp?arcid=0015178429&code=61171111&cp=nv

국가통계포털. '공연시설: 문예회관 공연장 가동률 현황'. https://kosis.kr/statHtml/statHtml.do?orgId=113&tblId=DT_113_STBL_1013374

박찬구 기자. "코로나로 취소된 공연 대관료 돌려줘야". 서울신문, 2021.3.24. https://go.seoul.co.kr/ news/newsView.php?id=20210325011009&wlog_tag3=naver

오현우 기자. '[취재수첩] 적자 공연계에 일자리 늘리라는 문체부'. 한국경제, 2021.3.18. https://www.hankyung.com/opinion/article/2021031748451

이한철 기자. "'관객 간 거리 2m' 공연계 반발하자 서울시 '사과'". 데일리안, 2020.3.31. https:// www.dailian.co.kr/news/view/880041?sc=Naver

---

송성완

현재 예술의전당 예술본부장으로 재직하고 있으며, 성균관대학교와 서울대학교에서 경영학을 전공하고 중앙대학교에서 문화예술경영학 박사과정을 수료했다. 인천문화재단 이사와 정화예술대학교 겸임교수를 맡고 있으며, 2013년 윌리엄 번즈의 *Management and the arts*를 『예술을 경영하라』라는 제목으로 번역하여 출간했다. 2003년 예술의전당에 입사해 공연기획, 경영관리, 재원 조성, 마케팅, 홍보 부서에서 근무했다.

5장
세종문화회관의 '지속 가능한 재원 조성에 의한 문화예술 기획 활성화'

김태진·신대섭

재원 조성 # 파트너십 # 기부 · 협찬 # 공연상품 # 지속 가능한 재원 조성 시스템
기관의 재원 조성 네트워크

문화예술기관의 재정자립이 점차 요구되고 있는 오늘, 정부와 지자체 예산만 가지고는 문화예술계를 선도하는 프로그램을 기획하는 데 한계가 있다. 이를 극복하기 위해 세종문화회관은 콘텐츠와 공간을 활용해 기업의 기부·협찬을 유치해내고, 국내에서는 시도되지 못한 정기 후원을 선도적으로 도입해 문화예술기관의 새로운 재원 조성 시스템을 구축하고 있다. 또한 예술경영지원센터, 한국문화예술위원회, 한국메세나협회 등 예술경영, 재원 조성의 전문기관과 함께 재원 조성 시스템 구축 사례를 타 기관에 공유하고 전문인력을 양성하는 데에도 기여하고 있다. 이로써 세종문화회관은 개별 담당자들이 기부·협찬을 유치하기 위해 노력했던 패러다임을 넘어 기관의 시스템과 네트워크를 통해 지속 가능한 재원 조성 모델을 발굴해나가고 있다.

1. 재원 조성 추진 목표

〈목표〉
- 문화예술기관 최고의 재원 조성 시스템 개발 및 전문성 확보로 인한 세종문화회관 수입 증대 및 재정 건전성 확보
- 문화예술 펀드레이징의 독자적인 시스템 구축으로 국내 문화예술기관 재원 조성 시스템 선진화에 기여

세종문화회관은 재원 조성 시스템 구축과 운영을 통해 수입을 증대하며 수준 높은 문화예술 프로그램을 운영하고 있다. 문화예술기관 최고의 재원 조성 시스템 구축 및 개발을 목표로 하여 전문성을 확보하고자 하며, 이를 기반으로 세종문화회관의 수입을 증대하고 기관의 재정 건전성을 확보하기 위해 힘쓰고 있다. 또한 문화예술 펀드레이징의 독자적인 시스템 구축을 통해 국내 문화예술기관 재원 조성 시스템의 선진화에 기여하고자 한다.

〈표 5-1〉 재원 조성 추진 목표

재원 조성 시스템 구축	협찬 유치 (partnership)	후원 유치 (patronage)	신규 수익 개발
• 후원 협찬 유치 시스템 구축 관리 • 문화기부 시스템 도입 및 운영 • 유관 기관과 협력한 환류 시스템 구축	• 기업과의 파트너십을 통한 재원 조성 - 시즌제 파트너십 유치 - 콘텐츠 협찬 추진 • 공간 활용 협찬 유치	• 모금 명분 발굴 • 정기후원 캠페인 기획 • 후원회 운영 - 신규회원 유치 - 회관 우호세력 확보	• 공간 활용 수익 창출 - 신규 광고 매체 발굴 - 기업 BTL캠페인 유치 • 모터갤러리 운영 - 미디어아트 기획 운영

세종문화회관의 재원 조성을 위해 수행되는 주요 업무는 크게 재원 조성 시스템 구축, 협찬 유치, 후원 유치, 신규 수익 개발로 나누어진다. 먼저 재원 조성 시스템 구축을 위해 후원 협찬 유치 시스템을 구축·관리하고 있으며, 문화기부 시스템을 도입하여 운영하고 있다. 또한 유관 기관과의 협력을 통해 환류

시스템을 구축한다. 협찬 유치를 위해서는 시즌제 파트너십, 콘텐츠 협찬 등으로 기업과의 파트너십을 적극적으로 추진하고 있으며 공간 활용을 통해 협찬을 유치하기 위해 지속적으로 노력하고 있다. 후원 유치를 위해서는 모금의 명분을 발굴하고 정기후원 캠페인을 기획하고 있으며, 후원회를 적극적으로 운영하여 신규 회원을 유치하고 회관의 우호세력을 확보하기 위해 힘쓰고 있다. 신규 수입 개발을 위해 공간 활용을 통한 수익 창출을 도모하고 있다. 신규 광고 매체를 발굴하고 기업 BTL캠페인을 유치하며, 세종 현대 모터갤러리를 통해 미디어아트를 기획하고 운영하고 있다.

2. 재원 조성 추진 계획

1) 문화예술기관 최고의 재원 조성 시스템 구축

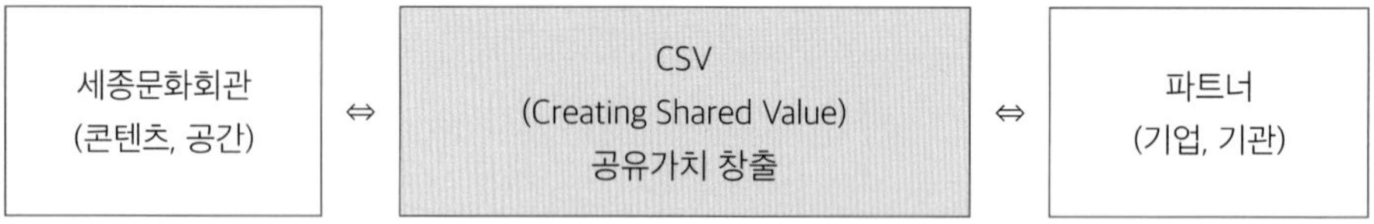

세종문화회관은 문화예술기관 최고의 재원 조성 시스템을 구축하기 위해 기업과 공유가치 창출CSV이 가능한 파트너십 시스템을 개발했다. 기업 및 기관 등의 파트너와 협력하여 공유가치를 창출하고 이를 세종문화회관에서 발현하고자 한다. 이를 위해 주요 기업의 연간 마케팅 캠페인 및 콘셉트의 사전조사를 진행하며 DB를 확보하고 있다. 또한 회관 사업의 매칭 제안이 가능한 후원 가망 기업들의 포트폴리오를 구축하여 관리하고 있으며, 문화예술기관의 독자적인 정기후원을 운영할 수 있는 시스템을 발굴하여 운영하고 있다.

2) 기부·협찬 업무 시스템 1.0 계획 수립

세종문화회관은 기부·협찬 업무의 전문성을 강화하고 재원 조성 시스템을 고도화하기 위해 '기부·협찬 업무 시스템 1.0 계획'을 수립하여 2020년 6월부터 적용해오고 있다. 협찬 캠페인의 운영 노하우 사례를 축적하여 전문성을 강화하기 위해 후원사와 가망 후원사의 대외 커뮤니케이션 및 관리 채널을 일원화하여 운영하고 있다.

사업부서 (제안 개요 작성) ⇒ 문화재원팀 (제안 기획 및 제안) ⇒ 파트너사

또한 기부, 협찬사와 담당자의 전문 DB 관리 프로그램을 도입해 관리하며, 제안에 대한 예우사항을 통일하고 파트너십의 기획 제안을 위한 회관 콘텐츠 및 후원사의 포트폴리오를 구축해 운용한다.

〈표 5-2〉 기부, 협찬 제안 주기

<table>
<tr><th colspan="2">구분</th><th>제안 개요 정리</th><th>제안 기획</th><th>제안</th><th>비고</th></tr>
<tr><td colspan="2">추진 부서</td><td>기획(사업)부서</td><td colspan="2">문화재원팀</td><td></td></tr>
<tr><td rowspan="2">추진
시기</td><td>제안 A</td><td colspan="2">해당 콘텐츠 전해 5월</td><td>해당 콘텐츠
전해 6월</td><td>• 기업 예산편성 시기 고려
• 2021년 콘텐츠 2020년 6월 제안</td></tr>
<tr><td>제안 B</td><td colspan="2">해당 콘텐츠 7개월 전</td><td>해당 콘텐츠
6개월 전</td><td>• 후원 제안 권장 기한 설정</td></tr>
</table>

이와 같이 체계적인 기부·협찬 업무 프로세스와 더불어 지속 가능한 파트너십 및 민관협력을 통해 회관 콘텐츠 향상에 기여하고자 한다.

3) 세종시즌 파트너십 유치 강화

세종문화회관은 세종시즌 메인 파트너십 유치를 통한 시즌제 운영 활성화를 목표로 하고 있다. 이를 위해 '시즌 오브 시즌' 등 시즌제 프로그램을 세부 테마로 분류한 스폰서십, 시즌제 킬러 콘텐츠의 기업 네이밍 파트너십 등 세종시즌의 테마와 프로그램을 연계하여 후원 협찬을 유치하고 있으며, 시즌제 프로그램과 기업 캠페인과의 매칭 제안을 지속적으로 추진하고 있다. 또한 파트너사와의 마케팅 캠페인과 연계한 콘텐츠 개발을 통해 시민 문화향유의 기회를 확대하고, 파트너사와의 공동마케팅을 통해 시즌제 홍보를 강화하고 있다.

4) 문화기부 캠페인 발굴과 시스템 구축

세종문화회관은 문화예술에 대한 정기적인 개인 기부 캠페인을 위해 모금 명분을 발굴하고, 대중 모금을 첫 시작으로 모금의 필요성과 운영 목표에 부합하는 모금 캠페인을 개발하고 있다. 또한 체계적인 후원 관리와 투명한 운영을 위해 후원자 관리 프로그램을 도입하여 활용하고, 후원자 예우 프로그램 매뉴얼을 개발 및 운영하고 있으며, 기부신청서 및 기부 캠페인 등의 홍보물을 제작하여 기부 캠페인을 홍보하고 있다.

개인(정기) 기부 캠페인을 진행하기 위해 청소년 예술활성화 사업을 진행하고 있다. '세종 꿈나무 오케스트라'는 베네수엘라의 엘 시스테마El Sistema 프로그램을 모태로 지난 10년 동안 위기의 청소년이 음악적 교감을 통해 정서적 안정과 성장을 도모해온 사회공헌 활동이다. '세종 꿈나무 오케스트라, 국악단'의 악기구입비, 캠프운영비, 레슨비 등의 사업비를 모금 캠페인으로 개발하여 세종문화회관의 문화소외청소년 지원과 사회적 가치를 실현했다. 이에 '세종 꿈나무 오케스트라, 국악단'의 10년 히스토리와 참여 아동의 성장 스토리 등의 기부 이야기를 통해 세종문화회관의 첫 대중 모금 캠페인을 론칭하여 '세종 꿈나무 오케스트라, 국악단' 정기 연주회 등을 후원했다.

5) 후원회 운영 및 활성화

세종문화회관은 장기적인 후원회 발전과 활성화를 위한 운영 방식을 개선했다. 먼저 후원회 운영위원회의 권한과 책임을 강화했으며, 후원회의 운영 방식 개선을 통해 연간 회비 및 예우 프로그램을 강화했다. 또한 후원회원 예우 프로그램 개발을 통해 신규 회원을 발굴하고 다양한 문화예술 프로그램을 기획하여 운영하고 있다. 시즌제, 기획공연 등의 콘텐츠를 활용한 문화예술 프로그램의 다양화를 추구했으며, 후원회 오피니언 리더인 임원진과의 긴밀한 연대를 통한 후원회 활성화 및 세종 우호 세력을 확대하고자 했다.

6) 세종 현대 모터갤러리 활성화

세종문화회관과 현대자동차의 파트너십으로 운영되고 있는 세종 현대 모터갤러리의 활성화를 통해 매력적인 콘텐츠를 선보이며 시민과 관광객의 회관 내 집객효과를 기대하고 있다. 세종 현대 모터갤러리는 세종문화회관 대극장 전면 6개 기둥에 롤스크린 5개를 설치해 로비 방향에서 프로젝터를 사용하여 스크린에 영상물을 구현하는 미디어파사드 기법으로 운영된다. 이를 활용하여 신진작가를 발굴하기 위해 국내 작가 대상 작품 제작 및 전시 기회를 제공하고 있으며, 아울러 세계 유수의 미디어 아티스트 작품을 초청해 시민에게 더욱 폭넓은 문화적 경험을 제공하는 데 주력하고 있다.

세종 현대 모터갤러리를 통해 일상과 예술의 경계를 허물고 시민에게 문화 향유의 기회를 제공하며, 회관 브랜드 가치 향상과 더불어 본 갤러리를 통한 융합공연이나 세종 축제를 활용하는 방안을 강구했다. 세종 현대 모터갤러리는 2017년 서울시 좋은빛상 시공부문 최우수상, 서울시 좋은빛상 콘텐츠부문 2018, 2019년 연속 최우수상을 수상했고, 광화문광장의 재구조화에 따라 3년 연장 계약을 진행했다.

7) 공간 파트너십 유치 계획

〈표 5-3〉 공간 파트너십 제안 방식

제안 기업	제안 형식	주요 제안 사항
• 재계서열 30위권 기업 • 소비재(B to C) 기업 • 소유 공연장 및 후원 • 공연장이 없는 기업	• 그룹 본사 제안(브랜드관리팀, 홍보팀 등) • 커뮤니케이션 대행사를 통한 제안(인하우스 및 독립대행사)	• 공연장 네이밍 파트너십 제공 • 옥외 광고 및 공연장 내 광고 • 영업 권한 제공(세종과 수입 분배) • 로비 기업 홍보부스 마련 • 기업 공연 기획, 공연관람권 제공 등

세종문화회관은 극장 네이밍 파트너십 유치를 위해 극장별 파트너십 매칭을 제안했다. 제안 기업은 재계서열 30위권 기업, 소비재(B to C) 기업, 소유 공연장이나 후원 공연장이 없는 기업을 대상으로 진행했고, 제안 형식은 브랜드관리팀이나 홍보팀을 통한 그룹 본사 제안 방식과 인하우스 및 독립대행사 등의 커뮤니케이션 대행사를 통해 진행되었다. 주요 제안 내용으로는 공연장 네이밍 파트너십 제공, 옥외 광고 및 공연장 내 광고, 세종과 수입 분배 등의 영업 권한 제공, 로비 기업 홍보부스 마련, 공연 기획, 공연관람권 제공 등이 포함되었다. 또한 충무공 이야기, 아이들세상(투바앤-라바키즈 아이들세상 후원 유치 완료), 대극장 파우더룸 등의 네이밍 파트너십 유치를 위해 노력하고 있다.

8) 신규 수익사업 개발 및 운영

광화문의 입지적 강점을 활용한 실내외 공간 활용을 통해 기업 프로모션을 유치하고자 했고, 이에 기업 BTL캠페인과 연계한 기업 행사를 유치하고 재원을 조성했다. 기업에 '광화문'이라는 상징적 공간을 활용해 주요 커뮤니케이션 캠페인을 실행하는 것을 제안했다. 삼성 갤럭시S의 출시 행사, 아우디의 신차 출시 행사, BMW 7시리즈의 출시 행사가 체임버홀 벽면의 미디어파사드를 활용해 진행되었다. 또한 신규 광고 매체를 개발하여 수익창출을 도모하고 있으며, 회관의 다양한 유휴공간을 활용해 협력 주최와의 공동 프로젝트를 제안 및 추진했다.

9) 예술경영 전문 기관과 연계한 환류 시스템 구축

세종문화회관의 재원 조성을 위해 유관 기관과 연계한 시스템을 구축하고자 했고, 다양한 프로그램을 운영했다. 또한 문화예술 컨설팅 기관과 협력한 캠페인들을 기획하고 환류 시스템을 마련했으며, 정부부처의 문화예술 지원사업과의 지속적인 연계를 맺으며 시스템을 구축했다. 벽산엔지니어링, 한화생명, 하나투어 등과 함께 진행한 한국메세나협회의 지역특성화매칭펀드사업이 대표적인 예다.

3. 재원 조성 추진 내역

(1) 2018~2019 세종시즌 40주년 파트너십

BMW코리아(주)가 협찬사로 참여했으며, 4억 원의 협찬금이 지원되었다. 협찬 콘텐츠는 2018~2019 세종시즌 주요 공연 및 전시로 2018년 3월 26일부터 12월 30일까지 진행되었다. 주요 협찬 캠페인으로는 6건의 네이밍 파트너십 공연 협찬이 있으며, 조수미와 로베르토 알라냐의 「디바&디보」 콘서트 외 5개의 기획공연이 있다. 세종시즌 주요 공연 및 전시 후원으로는 총 16건의 프로그램이 있으며, 7시리즈 40주년 에디션 차량전시와 미디어파사드 행사가 진행되었다.

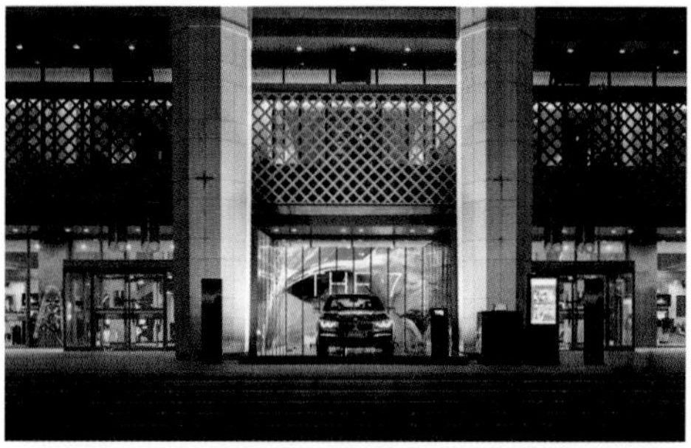

BMW 차량 전시

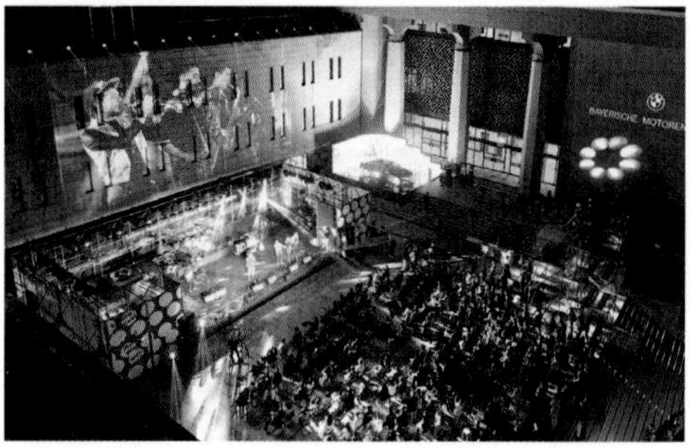

BMW 미디어파사드 행사

(2) 2018 크리스마스 조형물「허그베어」프로젝트

'허그베어 프로젝트'는 현대자동차가 협찬사로 참여했으며, 5천만 원의 협찬금이 지원되었다. 조형물의 전시 기간은 2018년 12월 7일부터 2019년 1월 6일까지이며, 회관의 정책방향(ES)과 연계한 스토리텔링 구현을 목표로 운영되었다. ES emotional safety의 가치를 담은 대시민 안식 공간을 표현하고자 했으며, 임지빈 작가의「허그베어」작품이 설치되었다.

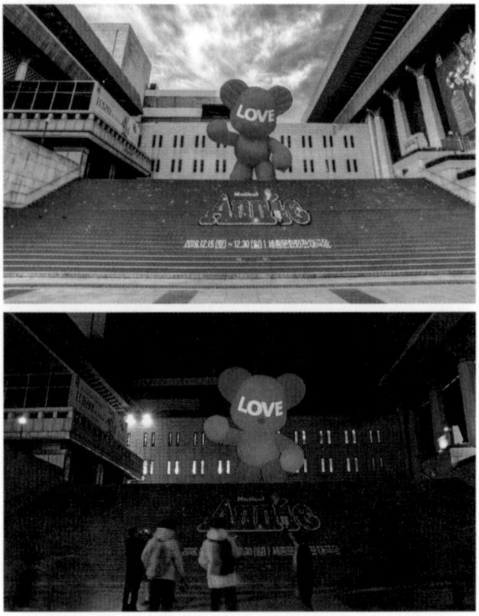

2018 LOVE 허그베어

(3) '2019 세종시즌' 지프 협찬 캠페인

FCA그룹과 파트너십을 맺고 공간대여를 넘어서 시민참여 문화 프로그램을 기획한 협업 형태로 진행되었다. 예술시장「소소」와 연계된 행사를 진행하여 시민에게 다양한 문화체험을 선사했으며, 세종문화회관 중앙 계단에서 지프 랭글러의 신차 출시 행사를 진행했다. 세종문화회관의 공간적 상징이기도 한 중앙계단을 랭글러가 오르는 모습을 연출해 화제가 되었다.

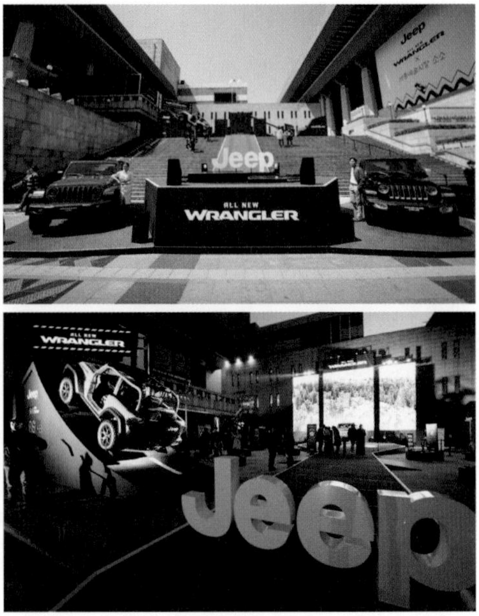

Jeep 차량 전시

(4) 아이들세상 리모델링 구축 및 물품 후원

아이들세상의 리모델링 구축 및 물품 후원을 위해 애니메이션 라바 제작사인 (주)투바앤이 후원사로 참여했다. 후원금액은 약 2억 원 상당으로 아이들세상 시설과 인테리어, 놀이기구, 영상제작 등의 물품 후원이며 후원기간은 2019년 5월부터 2024년 6월까지 5년간 진행된다. 세종문화회관과 (주)투바앤은 문화마케팅 협력을 도모하고자 업무협약을 체결했다. '아이들세상'은 리모델링 후원을 통해 아이 돌봄 공간을 넘어서 아이들 눈높이에 맞춘 감성 개발 공간으로 의미를 확장했다.

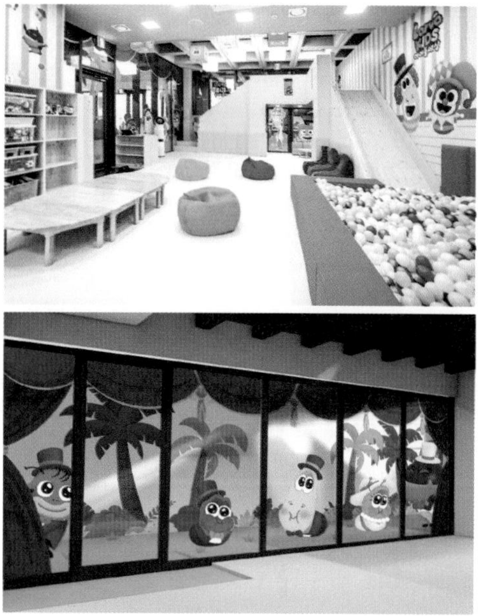

라바키즈 아이들세상

(5) 세종 아티스트 라운지 공동조성

세종 아티스트 라운지 공동조성의 협찬명은 'Sejong Artists Lounge by Fursys'로 협찬사는 (주)퍼시스가 참여했으며, 공간 디자인과 가구를 현물 기부했다. 개관 일자는 2019년 5월 28일이며, 세종문화회관을 이용하는 예술가 및 직원의 휴게 공간과 회의실 목적으로 조성되었다. '사무환경이 문화를 만듭니다'라는 이념을 가진 주식회사 퍼시스와 '공간이 예술을 만들어낸다'라는 공유가치를 담아 협업이 진행되었고, 이를 통해 세종문화회관을 이용하는 예

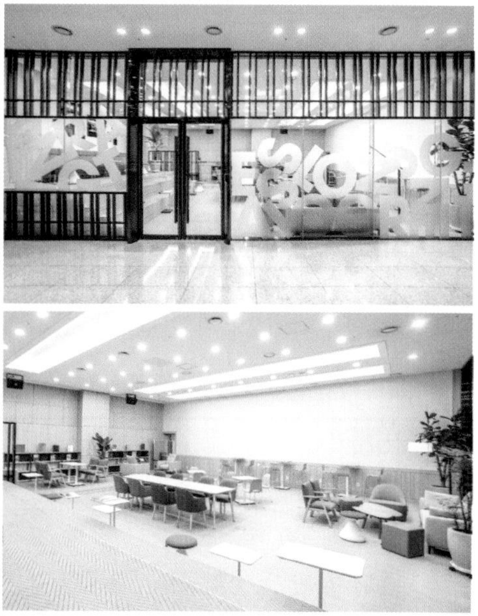

세종 아티스트 라운지

술가들의 편의 공간을 확보하고 직원들의 업무 효율 증대에 기여했다.

(6) LH 세종시즌 협찬

한국토지주택공사[LH] 서울지역본부가 협찬사로 참여했으며, 3,600만 원의 협찬금이 지원되었다. 협찬금은 8~12월 「극장 앞 독립군」 등의 세종시즌 프로그램의 문화나눔으로 사용되었으며, 지속적인 협력강화를 위해 업무협약을 체결했다. 주거복지 활성화를 위해 공연, 전시, 예술교육 참여 기회를 제공하고 LH 입주민 문화생활 지원을 위해 상호 협력을 추진했다. 이로써 세종시즌 주요 공연 프로그램북에 LH 광고를 게재하고, 세종시즌 공연 협찬사 로고를 노출했다.

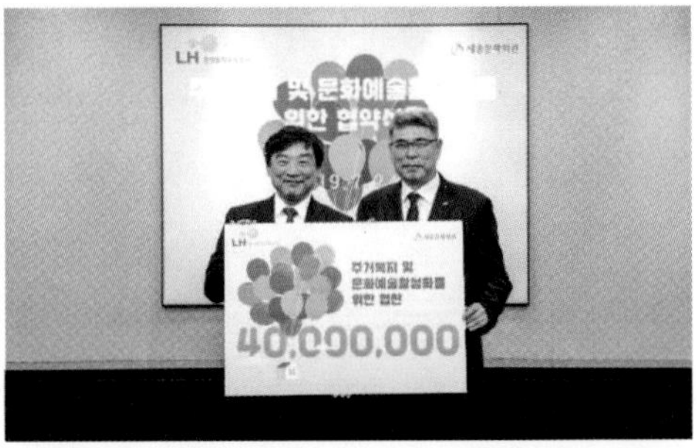

LH-세종문화회관 업무협약식

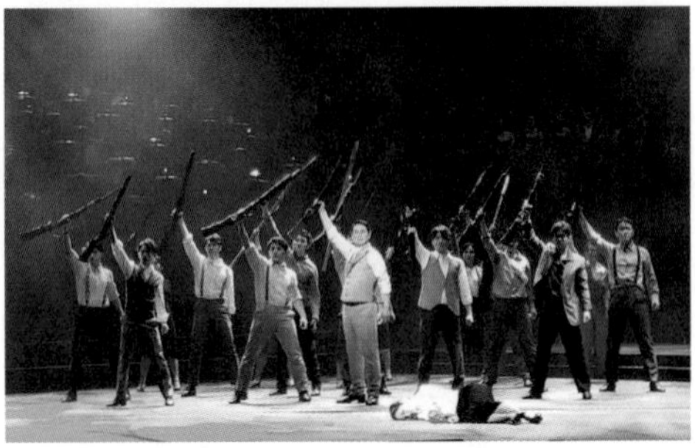

음악극 「극장 앞 독립군」

(7) 한글과컴퓨터 예술단 지정기부

기부기업은 '한글과컴퓨터'로 1천만 원의 기부금이 지원되었다. 서울시무용단 하반기 정기공연 「동무동락」이 지정기부 공연으로 진행되어 2019년 10월 10일부터 12일까지 공연되었다. 서울시예술단 정기공연 제작지원을 위한 기부금을 기획 및 유치했으며, 한국무용단체와 공유가치 창출[CSV]이 가능한 후원 가망기업을 조사했다. 그 결과 서울시무용단 하반기 정기공연 「동무동락」 제작지원금 기부금을 제안하고 유치했다.

HANCOM
한글과컴퓨터

한글과컴퓨터

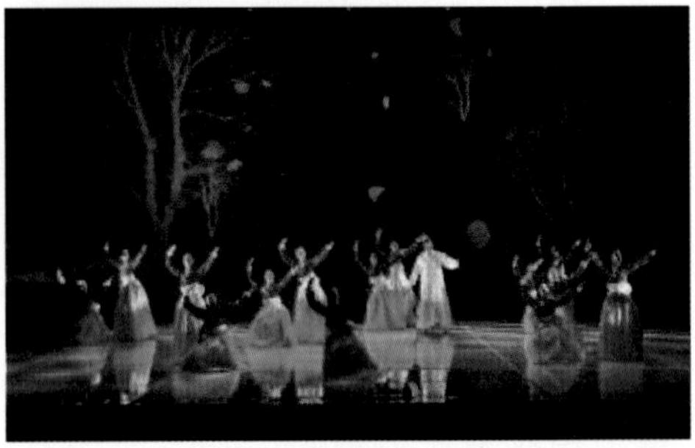

서울시무용단 「동무동락」

(8) 벽산엔지니어링과 함께하는 청소년 예술 활성화 사업

벽산엔지니어링 청소년 예술 활성화 사업은 엘 시스테마형 교향악 축제로, 벽산엔지니어링, 벽산파워, 벽산문화재단이 함께하는 아동청소년 오케스트라 페스티벌 9개 단체가 참여했다. 이후 세종꿈나무 오케스트라 정기연주회가 2020년 12월 20일 무관중 온라인 공연으로 진행되었고, 온라인 공연을 관람하며 세종문화회관 소액 정기 기부 프로그램 '잘츠sAlz'에 가입해 세종꿈나무 오케스트라를 후원하는 캠페인도 함께 진행되었다. 벽산엔지니어링이 후원사로 참여해 4천만 원의 후원금이 지원되었다.

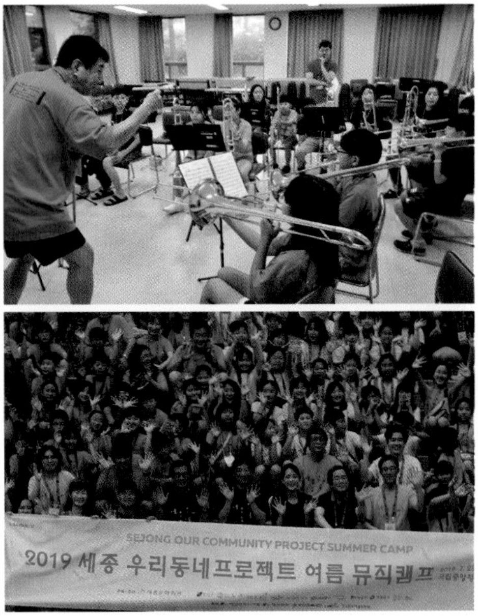

세종꿈나무 오케스트라 정기연주회

(9) 하나투어 COA 프로젝트 「초록과 황금의 나라」전

하나투어 COA 프로젝트는 하나투어문화재단에서 후원사로 참여해 5천만 원의 후원금이 지원되었다. 2015년부터 시작되어 8회차를 맞은 'COA 프로젝트'는 기업Corporation, 공공기관Organization, 예술가Artists가 협업하는 문화예술 지원사업으로서 여행을 통해 예술가의 창작활동을 지원하고, 전시를 통해 대중의 문화 향유 기회 확대에도 기여했다.

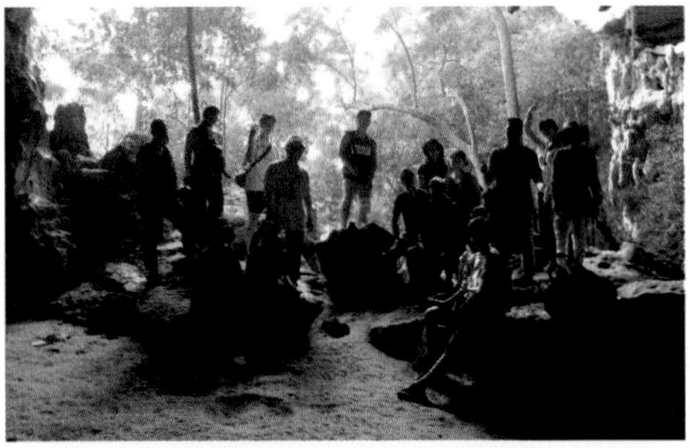

2019 COA 프로젝트 「초록과 황금의 나라」

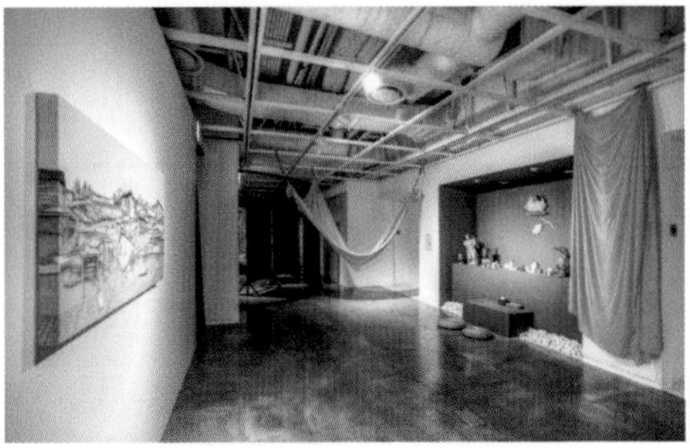

「초록과 황금의 나라」 전시 전경

(10) 2019 송년 「허그베어」 전시

대규모 설치미술 프로젝트 허그베어가 2018년에 이어 두 번째 시리즈로 전시되었다. 2019년 허그베어 프로젝트에는 제네시스가 협찬사로 참여하여 5천만 원의 협찬금을 지원받았으며, 2019년 12월 12일부터 2020년 1월 12일까지 운영되었다. 2019 송년 허그베어는 다음 해 세종시즌의 콘셉트 "세종을 즐기다"를 표현한 'JOY' 캘리그래피를 담아 전시되었다. 허그베어 시리즈는 2018년 ES의 가치를 담은 대시민 안식의 공간을 표현한 'LOVE' 캘리그래피와 2020년 다음 세종시즌 콘셉트 '만나요' 메시지를 담은 'SEE YOU' 캘리그래피 등 다양한 메시지를 담아 전시되었다.

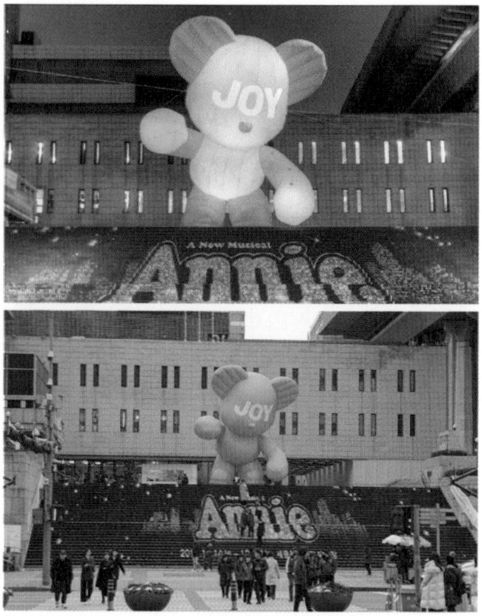

2019 JOY 허그베어

(11) 세종시즌 제네시스 파트너십

제네시스가 2020 세종시즌의 메인 파트너사로 함께하며 세종문화회관에 GV80 차량 전시가 진행되었다. 또한 2020년 세종시즌의 주요 공연과 연계한 '제네시스 패키지'를 구성하여 후원금을 통해 시민이 세종시즌 주요 공연의 VIP좌석을 부담없는 가격으로 관람할 기회를 제공했다. 제네시스 패키지는 시즌 개막공연 「놋-No one There」, 마린스키 발레단 내한공연, 빈 필하모닉

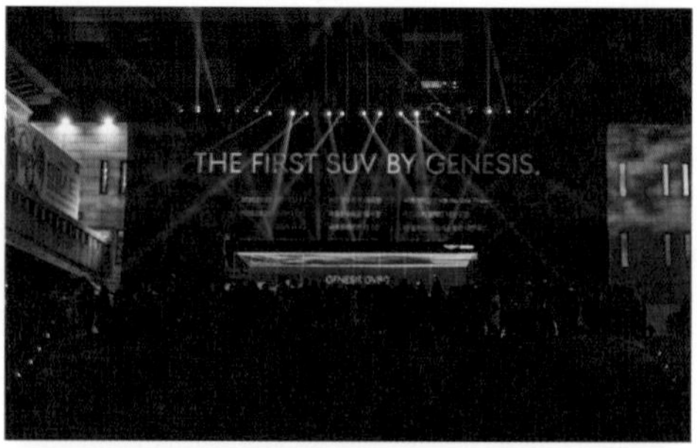

2020 세종시즌 제네시스 패키지

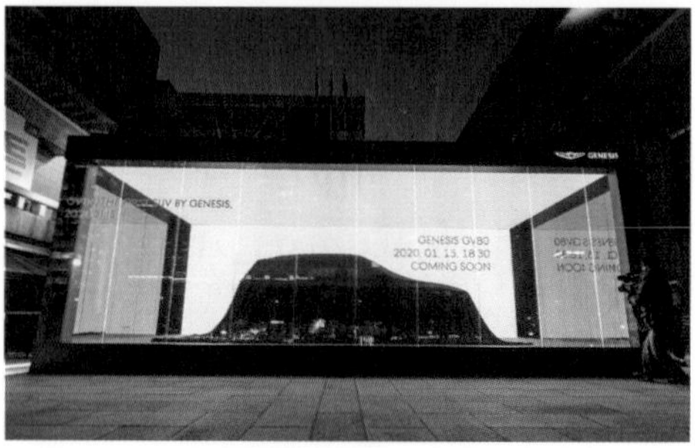

세종문화회관 뜨락 차량 전시

오케스트라 내한공연, 오페라 「토스카」로 구성되었으며, 총 2억 6천만 원의 후원금이 지원되었다.

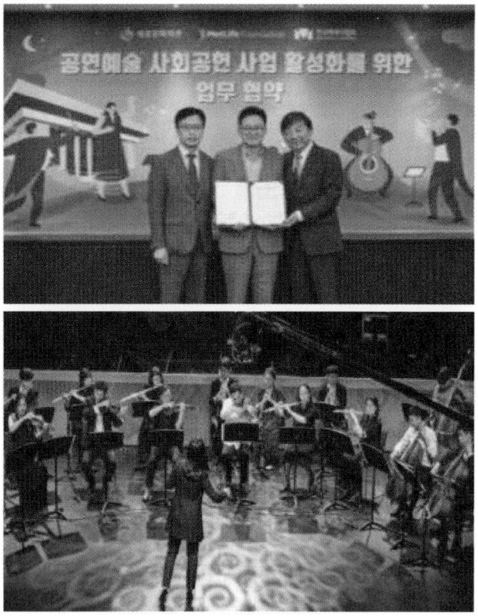

「온쉼표」 '메트라이프 Gift콘'

(12) 메트라이프 Gift 공연 후원

2020년 7월 세종문화회관과 메트라이프코리아재단, 한국메세나협회가 공연예술 활성화를 위한 업무협약을 체결했다. 이후 세 기관의 첫 협력사업으로 1만 1천여 명이 실시간으로 관람한 온라인 라이브콘서트 「온쉼표」 '메트라이프 Gift콘'을 진행했다.

(13) 2020 종근당 「오페라 희망이야기」

종근당 「오페라 희망이야기」는 종근당홀딩스가 지난 9월 세종문화회관, 한국메세나협회와 업무협약을 맺은 문화예술 사회공헌 활성화 사업의 하나로 진행되었다. 코로나19 장기화 여파에 따른 사회적 고립과 심리적 피로감을 호소하는 국민에게 응원과 위로의 메시지를 전하기 위해 '세상을 향한 따뜻한 울림'이라는 주제로 오페라, 뮤지컬, 팝페라 등의 공연을 선보였다. 이 외에도 2019 종근당 「오페라 희망이야기」는 병원 로비에서 오페라 속 아리아와 영화 OST, 뮤지컬 등의 음악을 선보이는 콘서트 형식으로도 진행되었으며, 이어

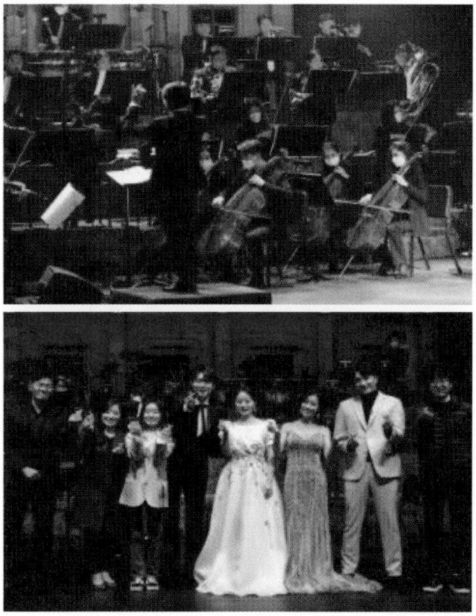
종근당 「오페라 희망이야기」

서 2020년 「칙칙폭폭 씽씽」의 공연을 영상화하고 QR코드로 변환해 동화책과 함께 감상할 수 있도록 삽입해 전국의 병원 및 소아암쉼터에 배포하는 키즈오페라 공연으로도 진행되었다.

(14) 배달의민족 「어이 주물씨, 왜 목형씨」 전시 파트너십

세종문화회관과 배달의민족이 함께 2020년 10월 24일부터 2020년 11월 2일까지 사진전 「어이 주물씨, 왜 목형씨」를 선보였다. 이 전시는 배달의민족에서 한글날 발표한 '을지로10년후체' 제작 배경에 대한 내용으로, 을지로 공업소 골목과 33명 장인의 모습이 담겼다.

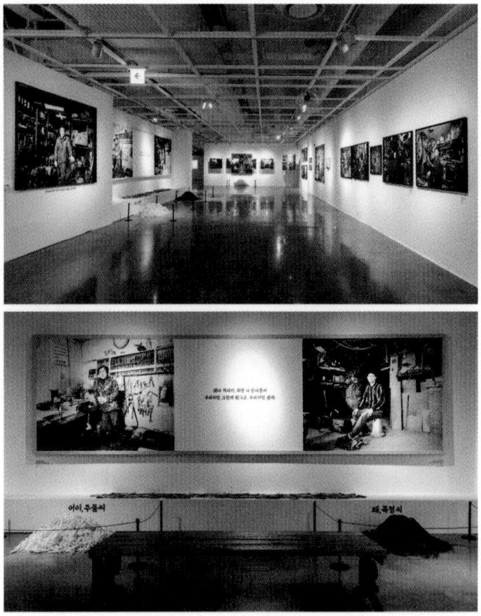

「어이 주물씨, 왜 목형씨」 전시

(15) 아모레퍼시픽 「그림도시」 전시 파트너십

세종문화회관과 아모레퍼시픽이 함께 「그림도시」 'S#5 Waypoint: 서울' 전시를 진행했다. 전시와 예술품 직거래장터가 함께 운영되는 「그림도시」는 2020년 글로벌 복합예술플랫폼으로의 확장을 목표로 새로운 전시 구성의 다양한 작품을 선보였다.

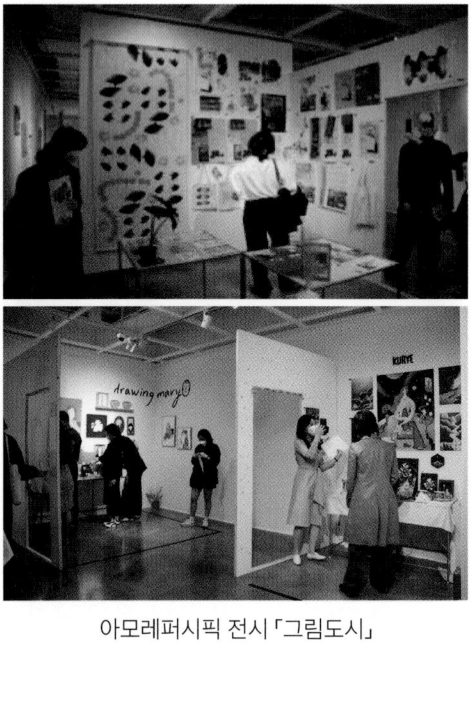

아모레퍼시픽 전시 「그림도시」

4. 결론

세종문화회관은 재원 조성 시스템을 구축함으로써 개인의 네트워크에 의존하여 후원을 유치하던 기존 방식에서 벗어나 지속 가능한 재원 조성 시스템을 통해 문화예술 프로그램 향상을 주도할 수 있게 되었다. 또한 예술경영 전문기관의 협력사업을 통해 타 문화예술기관에 재원 조성 시스템을 전파하고 국내 문화예술 기관의 재정 건전성 확보에 기여하기 위해 노력을 기울이고 있다.

김태진
현재 세종문화회관 문화재원팀 팀장으로 재직하고 있으며, 한국국제기아대책기구, 한국문화예술위원회, 상지대학교에서 모금 및 재원 조성 업무를 중심으로 근무한 바 있다. 주요 활동으로는 한국모금가협회 전문위원, 한국문화예술위원회, 한국문화예술교육진흥원, 예술경영지원센터, 예술의전당, 광역·기초문화재단, 대학교 등 재원 조성 컨설턴트 및 전문 강사, 경기문화재단『문화이음 '기부활성화' 정책연구』(공동연구) 등이 있다.

신대섭
세종문화회관 공연기획팀과 종합공연물운영팀을 거쳐 현재 문화재원팀에 재직하고 있다. 세종문화회관과 BMW의 40주년 파트너십, 현대자동차의 미디어아트 세종 현대 모터갤러리 등 다수의 문화예술 파트너십을 기획·유치했으며, 주요 활동으로는 2015년 출판한『세종 공연제작 안내서』를 기획·편집한 바 있다.

6장
공연예술단체의 멤버십 운영을 통한 수익 창출 사례: 'HJ컬쳐 멤버십' 운영 중심

손상원·한승원

멤버십 운영 # 콘텐츠 크라우드 펀딩 # 공연굿즈마켓 # 씨어터 메이커스
공연온라인 마케팅

뮤지컬 제작사 에이치제이컬쳐에서는 애플리케이션을 통한 멤버십을 운영했고, 그것을 통해 일정수의 에이치제이컬쳐 애호가 관객과 소통을 시작했다. 애플리케이션과 홈페이지를 통해 관객과 소통하여 회원 수가 71% 증가했고, MD 상품의 매출은 93% 증가하는 성과를 이루었다. 이를 기반으로 문화상회는 자체적인 공연 굿즈 판매 브랜드에서 네이버 스마트스토어에 등록되어 판매 중이다. 현재 7개 입점사, 18개 작품을 등록하여 총 169개 상품을 판매 중이며, 스토어등급 '빅파워'를 획득했고, 스토어찜 1,822회, 월 방문자 2만 5천여 명을 유지하면서 성장 중이다. 또한, 씨어터 메이커스는 공연, MD 상품, 소속 아티스트 등 HJ컬쳐와 관련된 콘텐츠를 제일 먼저 만나볼 수 있는 플랫폼이다. 공연을 좋아하는 관객이 능동적 참여를 통해 작품, MD 상품 등에 참여하며 함께 완성하는 프로그램이다. 이 같은 뮤지컬 제작사의 변화에 주목하는 이유는 시장의 한계, 구조적 문제를 직접 해결하고 도전하는 모습에 있다. 잘하는 공연을 계속하는 것은 중요하다. 하지만 그러기 위해 산업적인 발전에 고민이 필요하다고 생각한다.

1. 사례 소개 및 사례 선정 이유

공연예술단체들은 인터넷이 활성화되기 전에는 '관극회원'이라는 멤버십을 통해 데이터 마케팅을 진행했다. 공연예술 마케팅의 기본이 회원 관리라고 생각하는 것에 대해 대부분 동의할 것이다. 현장 예술단체 일부는 홈페이지를 통해 회원을 운영하지만, 공연정보 제공, 할인권 제공 등의 기능을 넘지 못했다. 또한, 일부 단체는 입장권 예매대행사의 등장으로 대부분 멤버십을 포기했다. 민간 공연단체의 데이터 마케팅이 부재하고, 입장권 구매자 데이터를 활용할 수 없어 관객을 운영·유지하기 위해 SNS에 집중하고 있다.

뮤지컬 제작사 에이치제이컬쳐에서는 애플리케이션을 통한 멤버십을 운영했고, 그것을 통해 일정수의 에이치제이컬쳐 애호가 관객과 소통을 시작했다. 이 시스템은 계속 진화·발전 중이며, 부가 상품을 만들어 수익을 창출하고 있다. 물론 공연 기간 공연장에서도 판매는 가능하지만, 공연장을 운영하지 않고 콘텐츠만 가지고 있는 공연예술단체들에 좋은 사례로 평가될 수 있을 것 같다. 이 멤버십 프로그램은 크라우드 펀딩 기능을 추가하는 등 계속 업그레이드 중이다. 예를 들면 공연이 끝난 뮤지컬의 콘서트를 기획하는 단계에서 투자와 관객을 확보하면서 지속적으로 관객과의 적극적인 소통 가능 사례라고 볼 수 있다.

2. HJ컬쳐 멤버십

1) 소개

에이치제이컬쳐 멤버십은 관객과의 관계성을 강화하고 부가 상품 개발 및 판매를 통해 지속 가능한 회사를 운영하고자 하는 취지로 2012년 시작된 에이치제이컬쳐의 회원제 서비스다. 2018년 공연계 최초로 멤버십 전용 애플리케이션을 출시하여 현재 온·오프라인으로 회원제를 운영하며, 현재 약 1만 2천여 명의 회원을 보유 중이다. 에이치제이컬쳐의 공연 및 다양한 서비스를 즐길 수 있는 멤버십 제도로, 2019년 에이치제이컬쳐 전용 온라인 MD숍 '문화상회'를 오픈하고, 현재 콘텐츠 크라우드 펀딩형 멤버십 서비스 '씨어터 메이커스'를 오픈하는 등 운영 이래 관련 서비스 및 회원 혜택을 꾸준히 확대해가고 있다.

(1) 문화상회

2019년 6월 오픈한 에이치제이컬쳐 온라인 MD숍. 공연장에서만 구매할 수 있었던 시간, 장소의 제약에서 벗어나 언제 어디서나 원하는 상품을 구매할 수 있는 온라인 시스템을 구축하여 시간·거리상의 문제로 상품구매가 어려웠던 관객의 접근성을 높이고 매출 증대를 가져왔다. 에이치제이컬쳐 멤버십 사이트와 네이버 스마트스토어에서 운영 중이다.

(2) 씨어터 메이커스

'관객과 공연을 잇다'라는 모토 아래 서비스 중인 에이치제이컬쳐의 '콘텐츠 크라우드 펀딩형' 멤버십 서비스다.

2) 제도 소개

회원등급 적립률에 따라 공연 관람 및 상품 구매 시 포인트가 적립되며, 회원등급은 전년도 공연 관람 횟수로 매년 1월 1일 변경된다. 등급은 20~70회의 관람 횟수에 따라 화이트, 레드, 블랙, 골드로 나뉘며, 등급에 따라 할인권, 초대권이 지급되고, MD할인 등 혜택을 부여한다.

〈표 6-1〉 회원제 등급(에이치제이컬쳐 제공)

구분	내용
등급	• 화이트: 전년도 에이치제이컬쳐 공연 20회 미만 관람자 • 레드: 전년도 에이치제이컬쳐 공연 20회 이상 40회 미만 관람자 • 블랙: 전년도 에이치제이컬쳐 공연 40회 이상 70회 미만 관람자 • 골드: 전년도 에이치제이컬쳐 공연 70회 이상 관람자

〈표 6-2〉 회원제 혜택 및 이용 가능한 서비스(에이치제이컬쳐 제공)

구분	내용
혜택	• 에이치제이컬쳐 공연 관람 또는 MD상품 구매 시 회원등급에 따라 포인트 적립(적립률 5~10%) • 적립된 포인트는 현금처럼 사용(에이치제이컬쳐 공연티켓 예매, 문화상회 상품 구매, 씨어터 메이커스 참여) • 1년간 누적 관람 횟수로, 다음 연도의 등급(화이트, 레드, 블랙, 골드)을 결정하여 초대권, 할인권 제공 • 멤버십 회원들만을 위한 공연할인, 이벤트 진행
이용 가능한 서비스	• 공연관람 및 상품 구매 시 포인트 적립 및 사용 • 문화상회(온라인 MD숍) • 씨어터 메이커스(콘텐츠 크라우드 펀딩형 서비스)

3) 멤버십 운영 이후 성과

(1) 정성적 성과

- 관객과 신뢰를 바탕으로 한 동반자 관계 유지 및 강화
- 확고한 고객층 기반으로 작품 제작 및 신규 서비스 론칭 시 안정성 확보

(2) 정량적 성과

- 애플리케이션 출시 이후: 회원 수 71% 증가, MD 매출 93% 증가

(3) 회원 수 증가율

- 2014년 등급제도 도입 이후 3년간 매년 약 60%씩 증가
- 2018년 애플리케이션 도입 이후 3년간 매년 약 30%씩 증가

〈표 6-3〉 회원 수 증가율(에이치제이컬쳐 제공)

연도	2015	2016	2017	2018	2019	2020
증가율(%)	68	64	19	39	27	15

※ 2017년은 공연 작품 편 수가 적어 회원 증가율 감소

(4) 상품매출

- 2014년 등급제도 도입 이후 3년간 평균 110%씩 증가
- 2018년 애플리케이션 도입 이후 매년 약 20%씩 증가

〈표 6-4〉 포인트 구매 비율 및 전체 구매 건수 증가 추이(에이치제이컬쳐 제공)

연도	2014	2015	2016	2017	2018	2019
포인트 구매 비율(%)	2	1	9	9	15	18
구매 건수 증가율(%)		76	257	-5	22	26

※ 2017년은 공연 작품 편 수가 적어 구매 건수 감소

4) 확장 적용 사례

(1) 문화상회

문화상회는 에이치제이컬쳐에서 회원들만을 위한 사업 방향에서 공연 전체의 굿즈와 관객 확장을 목적으로 하는 '공연굿즈마켓' 독립플랫폼으로 점차 확장 중인 사업 모델이다.

자체 공연 외에 '공연굿즈마켓' 독립플랫폼으로 성장하면서 공연 MD상품의 제작 대행, 배송 대행, 판매 대행까지 서비스하고 있다.

자체 운영 중인 문화상회는 다양한 공연 MD 76개 상품을 판매 중이며, 월 방문자 5천 명 정도를 유지하며 성장 중이다.

문화상회는 네이버 스마트스토어에 등록되어 판매 중이다. 현재 7개 입점사, 18개 작품을 등록하여 총 169개 상품을 판매 중이며, 스토어등급 '빅파워'를 획득했고, 스토어찜 1,822회, 월 방문자 2만 5천여 명을 유지하면서 성장 중이다.

(2) 씨어터 메이커스

씨어터 메이커스는 공연, MD상품, 소속 아티스트 등 에이치제이컬쳐와 관련된 콘텐츠를 제일 먼저 만나볼 수 있는 플랫폼이다. 공연을 좋아하는 관객

이 능동적 참여를 통해 작품, MD상품 등에 참여하며 같이 완성하는 프로그램이다.

① 적용 사례: 관객 프로젝트

열성 관객은 공연 종료 후 작품관람을 통해 자신이 경험한 기억을 영원히 간직하고 싶어 하는 욕구를 메모리북 제작으로 이어지는 사례가 종종 발생한다. 기존의 제한적인 정보 공유와 참여를 통한 제작에서 뮤지컬 「라흐마니노프」의 메모리북은 씨어터 메이커스의 공개적 펀딩을 통해 약 340%의 목표를 추가로 달성했다.

② 적용 사례: 제작사 프로젝트

관객과 함께 새해를 맞이하며 함께 성장한다는 유대감의 전통을 만들어가고자 처음으로 자체 작품과 소속 배우들로 구성된 달력을 제작하는 펀딩 프로젝트를 실시했으며, 약 210% 목표를 추가로 달성했다.

③ 기획 중인 프로젝트

작품 개발 중인 프로젝트의 쇼케이스 제작자들을 모집하여 쇼케이스 발표를 목표로 소요 제작비, 캐스팅, 홍보 등의 이슈들을 함께 의논하며 만들어가는 모델을 발굴 중이다.

3. 맺음말

뮤지컬 제작사 에이치제이컬쳐는 지속적으로 창작 뮤지컬을 제작해왔다. 하지만 공연시장의 구조적 한계, 코로나 팬데믹 등으로 안정적인 사업구조를 갖추기 어렵다는 사실은 누구나 알고 있을 것이다. 공연제작사로서 잘하는 일을 하면서 새로운 사업 모델을 구상하기란 생각보다 어려운 일이다. 에이치제이컬쳐는 이러한 부분에서 공연제작사들의 관객 소통 수단뿐만 아니라 기존 IP를 활용한 상품구성과 수익 창출을 이루어냈다. 문화상회의 경우 월 2만 5천 명의 방문은 판매 기능을 넘는 회원 수라 생각한다. 반복적인 방문이 많을 것이라 예상하지만, 2만 5천 명은 소극장 한 작품을 성공시키고도 남을 숫자다. 최근에는 MD상품을 미리 온라인으로 주문하고 공연장에서 바로 수령하는 '더픽THE PICK' 서비스를 시작했다. 문화상회, 씨어터 메이커스의 서비스가 고도화되고 소비자의 만족도가 높아질수록 에이치제이컬쳐의 공연작품 또한 많은 관객을 유지하고 안정적인 성장을 이룰 것이라 예상한다.

에이치제이컬쳐는 씨어터 메이커스의 성장으로 크라우드 펀딩 기능의 확장을 통해 관객과 함께 상품을 만들고 판매하는 기능으로 공연장을 찾지 못하는 관객과도 지속적인 소통이나 판매를 통한 수익 창출을 만들어내고, 재고 부담 없는 우수상품 개발 등 장점들을 만들어낼 것으로 보인다. 또한 문화상회를 독립플랫폼으로 발전시켜나가는 부분은 현장의 어려움을 공유한다는 차원에서 가치가 있다. 공공극장의 경우를 제외하고 자체적으로 애플리케이션을 만들거나 운영하기 어려운 제작사들의 고충과 성과를 공유할 수 있기 때문이다.

마지막으로 새로운 시대, 새로운 관객참여를 고민하고 있는데, 그것은 바로 '보상' 개념이다. 관객의 열성적인 팬덤을 넘어 보상이 수반된다면 관객 개발의 새로운 마중물을 감당할 수 있을 것이로 보인다. 관객은 작품을 관람하기 전후에 다양한 리뷰를 올려준다. 제작사들은 그 리뷰를 반영해가며 발전해간다. 바로 이 지점이다. 실제로 에이치제이컬쳐는 멤버십 운영에 바라는 의견들을 공개적으로 받았으며, 의견을 개진해준 관객에게 멤버십 포인트, 무료 관람권 등의 보상을 제공했다.

이 사업은 예술경영지원센터 지원에 선정되면서 본격화되었다. 현장에 지원하는 방법에 대한 여러 가지 입장에 따른 측면이 있지만, 자생력의 확보와 산업화 성장을 위한 인프라 지원, 인프라를 구축할 수 있는 지원의 중요함을 다시 한번 돌아볼 수 있는 지점이라 생각된다.

참고문헌

에이치제이컬쳐 https://hjculture.com/

컬쳐웍스 https://hjmembership.com/

손상원

(재)정동극장 극장장, 전 (재)국립박물관문화재단 비상임 이사, 전 (사)한국공연프로듀서협회 회장으로 활동한 바 있으며, 현재 (주)이다엔터테인먼트 대표, (재)중구문화재단 비상임 이사, 원주문화재단 비상임 이사로 재직 중이다.

한승원

현재 (주)에이치제이컬쳐 대표이자 (사)한국공연프로듀서협회 이사로 활동하고 있다. 뮤지컬 「빈센트 반 고흐」, 「라흐마니노프」, 「파리넬리」, 「파가니니」 외 다수 공연을 제작했다.

7장
그레이네상스를 꿈꾸는 액티브시니어들의 문화활동: '50+액티브시니어축제'를 중심으로

이은미·이재진

50+ # 액티브시니어 # 생활예술 # 공연동아리 # 지역축제

50~60세대는 문화소비에 새로운 큰손으로 부상하고, 여유 있는 시간과 돈을 가진 작은 부자다. 대부분 대학을 졸업하고 사회에서 최소 20~30년 동안 전문직으로 활동하면서 예전의 노인과는 다른 젊은 노인으로서의 삶을 살아가고 있다. 대학 시절 동아리 활동을 하면서 사회생활과 가족 부양 때문에 미뤄왔던 취미활동을 이제야 다시 시작하면서 삶의 즐거움을 찾아가는 이들에게는 함께 취미를 공유하는 동료들을 찾고 싶고, 그들과 함께 봉사활동과 무대 위의 공연을 갈망하고 있다. 이들에게 생활예술의 공연예술 동아리 활동은 공연시장의 큰손이 되어 안정적인 관객으로 전환되며, 궁극적으로 공연시장의 성장을 이끌어갈 것으로 판단된다. 이에 따라 2018년부터 시작되어 2021년 4회를 맞이한 '50+액티브시니어축제' 사례를 통해 코로나19 이후 변화하고 있는 예술경영 현장에 우리의 고민과 한계를 나누고 새로운 도약의 계기를 마련하는 데 기여하고자 한다.

1. 문화소비의 새로운 주역 50~60세대

우리 사회는 고령화, 저출산, 100세 시대로 빠르게 변화하고 있다. 2020 통계청 자료에 따르면 우리나라 65세 이상 노인인구는 1967년 93만 명에서 2010년 536만 명, 2020년 812만 명, 2025년 1,051만 명으로 빠르게 증가할 것으로 전망하고 있다. 이에 따라 노인인구 구성비는 2000년 7.2%에서 2018년 14.3%를 지나 2025년 20.3%로 전 세계에서 가장 빠른 속도로 고령화가 진행될 전망이다. 우리나라의 기대수명은 2000년 76세, 2018년 82.7세로 OECD 36개국 평균인 2018년 80.7세보다 높으며, 기대수명이 가장 높은 일본의 84.2세보다는 낮다. 고령인구는 증가하고 유소년(0~14세)과 생산연령(15~64세)인구는 감소하고 있고, 인구분포에서 가장 많은 연령대는 50대로 전체인구의 16.7%를 차지하고 있다. UN은 65세 이상 인구가 전체인구에서 7% 이상을 차지하면 '고령화'사회로 분류하고, 14% 이상이면 '고령'사회, 20%가 넘으면 '초고령'사회로 구분하고 있는데, 우리나라는 2020년 현재 65세 이상이 전체인구의 15.7%를 차지하여 이미 '고령'사회가 되었다.

이러한 흐름과 함께 코로나19는 모든 분야의 변화를 빠르게 앞당기고 있다. 공연은 사회적 영향을 많이 받는다. 신종플루, 메르스 사태를 겪으면서 공연현장에서는 위기에 맞서 잘 대응했지만, 이번 코로나19는 쉽게 회복되지 않고 있다. 2015년 메르스 사태 때 많은 공연이 취소되었지만, 일정 기간이 지나 다시 일상을 회복했다. 하지만 코로나19로 인해 관객과의 소통으로 현장성이 중요한 공연계에 크나큰 위기를 맞게 되었다. 관객과의 만남을 회복하기 위한 예술가들과 공연기획자들의 다양한 시도는 끝없는 어두운 터널을 걷고 있는 듯하다. 공연계는 새로운 길을 찾아야 하는 현실에 직면해 있다. 공연장 좌석 간 거리 두기로 매출은 떨어지고 있으며, 공연영상촬영 및 송출로 공연영상에 눈을 돌리고는 있지만, 예전의 현장성을 되찾기에는 역부족이다. 이러한 사회적 변화속에서 우리가 놓치지 말아야 할 것은 공연의 안정적인 관객이 누구인지에 대한 고민이다.

50~60세대는 평생직장에서의 은퇴, 자녀들의 성장과 독립, 그리고 자신의 건강 등 이전 생활에서 변화가 시작되는 나이이다. 이전 세대처럼 경제력 없고 배움이 부족한 힘없는 노인으로 인식되거나 살고 싶어 하지 않는다. 현재의 50~60세대는 자기 분야의 전문성과 안정적인 경제력을 가지고 있고, 오랜 사회생활과 경험으로 동료와 친구들이 있다. 그리고 여가를 충분히 즐길 시간을 가졌다. 이들에게는 자신에게 필요한 것 혹은 관심이 있는 것에 현명하게 소비하는 성향이

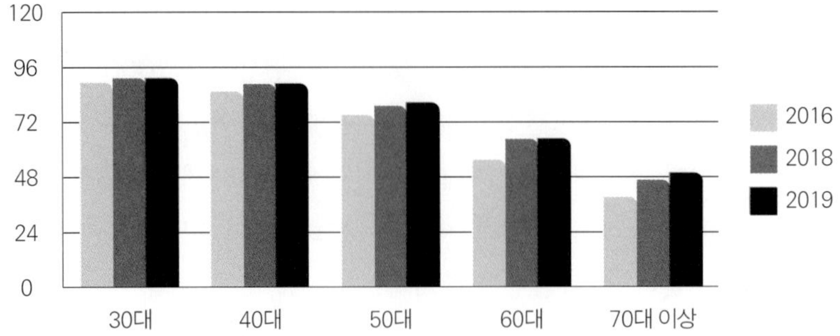

출처: 문화체육관광부(2019), 『2019 국민문화예술활동조사』 재구성

발견된다. 필요 없는 곳에는 절대 소비하지 않는 깐깐한 소비자이지만, 정말 필요한 것에는 지갑을 여는 특징이 있다. 이들은 새로운 트렌드를 추구하면서 소비하고 여가를 즐기고 있다. 이전의 고령자 혹은 노인보다는 중년에 더 가깝다고 볼 수 있다. 자신의 취미에 관심이 많고 자아실현을 원한다. 모바일에 익숙해서 유튜브와 모바일쇼핑도 즐기고, 친구나 지인들과 모바일을 통해 소통한다.

이에 따라 비즈니스의 대상도 변하고 있다. 소비의 변화를 가장 민감하게 알 수 있는 백화점에서 50~60세대의 매출이 늘어나고, 최근 60대 이상의 시니어들을 위한 행사가 급증하고 있으며, 패션계에서도 시니어모델들이 주목받고 있다. 이제 50~60세대는 문화 전반의 소비에도 영향을 미치고 있다. 방송프로그램에 부는 트로트 열풍은 이런 변화를 보여주는 사례 중 하나다. 최근 『2019 국민문화예술활동조사』에 따르면 50대부터 70대까지의 관람률이 증가하고 있다. 2018년과 2019년의 관람률 증가를 살펴보면 50대는 1.4%, 60대는 0.2%, 70대는 3% 증가 폭을 나타내고 있다.

2. 50~60세대의 새로운 용어 등장

50~60세대에 대한 다양한 용어가 출현하고 있는데, 이 용어를 통해 50~60세대에 대한 다양한 관심과 이 세대의 특징을 이해할 수 있다. 가장 많이 사용되는 단어는 '액티브시니어Active Senior'다. 은퇴 이후 50~60세대를 이르는 용어로,

"자신이 원하는 일을 찾아 새롭게 도전하는 세대"를 의미한다. 미국 시카고대학교의 심리학과 교수인 버니스 뉴가튼Bernice Neugarten이 처음 사용했는데, "오늘의 노인은 어제의 노인과 다르다"라고 언급하면서 새롭게 등장하고 있는 55세부터 75세까지의 '젊은 노인'은 과거에 비해 젊고 건강한 세대라고 했다. 일본에서는 이 용어가 2000년 초반부터 사용되기 시작했다. 이들의 일반적인 특징으로는 자신에 대한 투자를 아끼지 않고 여가 및 문화활동을 즐긴다.

'오팔세대'는 Old People with Active Life의 약자로 서울대학교 소비학과 김난도 교수가 『트렌드 코리아 2020』에서 새로운 소비층으로 소개하고 있다. 새로운 일자리를 찾고, 자신이 원하는 것에 돈과 시간을 투자하는 새로운 소비층인 50~60세대다. 이들은 활발하게 여가활동에 참여하면서 문화를 즐기며, 자신이 관심 있는 분야에는 소비하는 우리나라 베이비부머 1958년생을 상징하기도 한다.

'50+세대'는 50~64세로 베이비붐 전후에 태어난 대한민국 중심의 나이를 일컫는 용어다. 이 용어는 독일에서 2000년대 중반 고용정책에 대한 법률을 제정할 때 생긴 것으로, 그 당시 독일에서는 50+세대가 독일 인구의 45%를 차지하고 있었다.

'신중년'은 2017년 정부에서 만든 신조어로 은퇴 이후 재취업을 원하고, 노후 준비를 하는 50~60세대를 일컬으며, 마지막으로 '활동적 장년'은 2020년 5월 문화체육관광부와 국립국어원에서 기존에 많이 쓰이고 있는 액티브시니어를 대체할 우리나라 말로 선정했다.

용어를 정리해보면, 공통적인 것은 "은퇴 전후의 50대에서 60대까지 활동적으로 새로운 삶을 시작하는 세대"를 의미한다고 할 수 있고, 이들에 대한 사회와 정부의 관심이 높아지고 있음을 알 수 있다.

3. 50~60세대 생활예술동아리 활동

50~60세대는 '인생은 지금부터'라는 새로운 시각으로 삶을 바라보고 있다. 이전에는 가족과 일 때문에 하고 싶은 일이나 취미를 즐기지 못하다가 이제는

새로운 변화를 추구하고 싶어 한다. 젊은 모습으로 살면서 자신의 여가를 적극적으로 활용하기를 원한다. 따라서 공연활동에 관심을 가지게 되고, 특히 음악활동은 50+세대에서는 대학 시절의 추억을 연상하게 해서 그동안 미뤄놓았던 연주활동에 관심을 가진 사람들이 많다. 관람에 그치던 공연관객에서 이제는 직접 노래를 부르고, 연주활동을 즐기기 위해 동아리활동에 관심을 가지게 된다. 대학 생활에서 친구들과 기타를 치면서 노래를 부르고, 예전에 배우다가 포기한 악기를 배우기 위해 지인들과 동아리로 활동하기도 한다.

김경래(2020)의 연구에 따르면 50대가 노후에 하고 싶은 것은 젊어서 하지 못한 취미생활을 하는 것이라고 나타났다. 2019년 「노년기 문화여가 활동 심층조사보고서」에 따르면, 악기연주와 노래교실이 가장 희망하는 여가활동이고, 그 이유는 '개인의 즐거움을 위해서'라는 결과가 나왔다. 악기연주와 노래교실의 여가활동을 중단한 사유는 '프로그램이나 동호회가 없어졌기 때문'이 가장 높았다. 참고로, 노년층이 지난 1년 동안 한 번 이상 참여한 여가활동 중 문화예술 참여활동은 19%, 문화예술 관람활동은 35.1%였다.

공연예술 분야에서도 이러한 변화의 흐름을 파악하고, 새로운 관객개발을 위해 50~60세대에게 관심을 가져야 한다고 생각한다. 20~30세대가 주를 이루었던 기존 공연시장에서 탄탄한 경제력을 갖추고 여가활동에 관심이 많은 현명한 소비자인 50~60세대를 마케팅 대상으로 한 기획이 필요한 시점이라고 판단된다. 그들의 문화적 욕구를 파악하여 관람하고 싶은 공연에 대한 철저한 분석이 필요한데, 50~60세대는 공연을 관람하는 것에서 더 나아가 직접 체험하면서 공연에 대한 관심을 그들의 여가활동과 연계하여 자연스럽게 연결될 수 있도록 하는 것이 바람직하다. 「지역문화진흥법」이 제정되면서 지역의 생활예술동아리 활동에 대한 관심이 높아져서 50~60세대의 동아리 활동에 대한 국가적 지원 활용과 연계한 공연 분야의 관객을 개발할 기회가 될 수 있다고 판단된다.

최근 제정된 「지역문화진흥법」은 지역의 문화격차를 해소하고 문화정책의 기본방향을 제시하면서, 특히 생활문화 진흥을 통해 지역의 문화역량을 강화하는 데 목적을 두고 있다. 이에 따라 생활문화와 관련된 시설을 만들고, 동호회와 공동체를 지원하고 있다. 이러한 사회적 변화와 맞물려 지역의 공연예술동아리 활동에 긍정적 영향을 미치고 있다. 서울특별시는 50플러스재단을 만들어 운영하고 있는데, 만 50~64세의 베이비부머 혹은 신중년의 중요한 전환기에 새로운 준비를 지원하는 기관으로 2016년 설립했다. 그리고 '문화로 청춘'은 어르신들을 위한 문화프로그램으로 2005년 '땡땡땡! 실버문화학교' 시범사업을 시작으로 전국으로 확대되었다. 어르신문화예술교육, 어르신문화예술동아리 등의 지원사업을 하고 있다. 2019년 현재 311개 사업이 진행되고 있으며, 3,504개의 프로그램이 지원되고 12만 3,568명의 어르신들이 참여하고 있다.

이러한 사회적 필요성에 대한 판단으로 새로운 문화소비자인 50~60세대의 공연동아리 활동의 저변확대를 위해 2017년 50+액티브시니어를 대상으로 한 공연동아리 중심의 생활예술축제를 기획하게 되었다. 이 축제는 서울에 국한되지 않고 전국적으로 확대된 50+세대의 동아리 활동을 더욱 확산시키고, 함께 참여하고 교류하면서 공연을 만들어가는 환경을 조성하는 데서 더 나아가 생활 속에서 예술을 즐기고, 공연장의 충성도 있는 관객으로 연결하기 위한 목적을 가지고 있다.

2017년 처음 50~60세대를 중심으로 한 공연예술동아리축제를 기획했을 때 앞으로의 인구변화에 따른 공연시장의 확대를 위해 이전까지 소외되었던 50~60세대의 문화욕구 파악과 지역의 50~60세대 공연예술동아리들의 사례공유와 다양한 장르 간의 소통과 교류 시간을 마련하는 데 의미를 두고, 실제 공연장에서 제대로 된 조명과 음향 아래서 실제 공연처럼 무대를 마련하는 것이었다. 수원시의 지원사업으로 채택되어 인천일보와 함께 2018년 처음 개최된 축제는 '그레이네상스를 꿈꾸다'라는 부제가 붙었다. '그레이네상스'는 '그레이(실버)'와 '르네상스'의 합성어로 "실버들의 문화를 다시 일으키자"라는 뜻으로 사용했다.

제1회 축제 예선을 위한 홍보는 수원 및 경기도 그리고 인천지역의 신문기사, 광고, 온라인홍보, 포스터와 현수막을 활용했고, 공공기관의 동아리 활동 참여를 격려하기 위해 각종 공공기관의 공보실과 지방자치단체의 주민자치센터, 노인복지센터와 생활문화센터 그리고 노인회를 대상으로 홍보를 진행했다. 축제는 예선과 본선으로 구분했는데, 1차 예선은 모바일 등으로 촬영한 연습 및 공연영상과 동아리 소개, 활동 실적을 작성하는 축제신청서를 제출하도록 했다. 이 축제의 의미는 아마추어들의 동아리 활동 육성이기 때문에 예술가가 리더로 참여하거나 1명의 예술가 선생님을 중심으로 한 문하생 동아리 참여, 그리고 상업적 목적으로 활동하는 예술단체의 참여를 배제하기 위해 신청서의 동아리 결성 계기와 활동 내역을 참고하여 예선심사에 반영했다.

제1회 축제는 참가 자격을 전국의 50세에서 70세까지 구성된 공연동아리로 했고, 본선은 2018년 9월 1일(토) 오후 2시 수원 한누리아트홀에서 치러졌다. 공연은 실시간 인천TV 유튜브로 송출되었다. 8월 13일 마감한 예선 결과 32개 공연동아리로 밴드, 민요, 무용, 오카리나, 색소폰, 기타, 국악 등 다양한 공연 장르로 구성되었다. 예상했던 합창 장르보다는 취미활동이 중심이 된 악기 중심의 동아리팀이 많았는데, 50~60세대의 공연예술동아리가 다양한 공연 장르와 악기로 구성되어 활동하고 있다는 것을 알 수 있었다. 먼저 예선은 장르별 전문가들로 구성하여 동아리 설립목적 및 활동, 예술성 그리고 의상 등을 포함한 무대 매너 등의 요소들을 바탕으로 심사했는데, 일반인이 순수하게 취미활동으로 공연을 준비하고 연습하는 데 의미를 두었다. 아마추어들은 무대 경험이 많지 않아서 공연의 완성도를 위해 본선에서는 5분 이내의 1곡을 연주하는 것으로 정했다. 실제 타 지역의 생활예술축제에서 2곡, 15분 정도의 공연을 진행했을 때, 두 번째 곡을 연주할 때 공연의 완성도가 확연히 떨어지는 것을 알 수 있었다.

50~60세대의 공연 동호회 활동은 상당히 적극적이었다. 1회 축제의 본선에 올라간 15팀, 180여 명의 출연자는 리허설에 적극적으로 참여했으며, 공연장에서 공연을 올려 다른 동호회 단체들과 공연한다는 데 상당히 고무되어 있었다. 본선 심사위원은 국악, 클래식, 무용 등 각 분야의 전문가들로 구성하여 무대 매너와 예술성 그리고 응원점수와 동호회 구성 동기 등을 심사기준으로 하여 순수 아마추어의 공연 동호회 활동에 대한 의미가 나타날 수 있도록 했다. 공연 경험이 많고, 다른 프로그램에 비해 예술적 완성도가 월등히 높아도 상업적인 목적으로 활동했던 단체나 활동 결과가 있으면 배제했다. 하지만 이 부분에 대한 검증이 가장 어려운 부분이었다. 해당 연도에는 인터넷 자료들을 파악하여 1차 검증을 진행했다. 15팀 공연에서 5팀에게 100만 원의 상금을 수여했다.

1회 축제 결과, 다양한 장르의 공연동아리 참여, 기대 이상의 공연 수준, 참가자들의 뜨거운 열기 등은 제목 그대로 '액티브' 축제였다. 이러한 결과는 지원한 지방자치단체에서도 긍정적으로 평가되어 축제를 지속하기로 결정되었다.

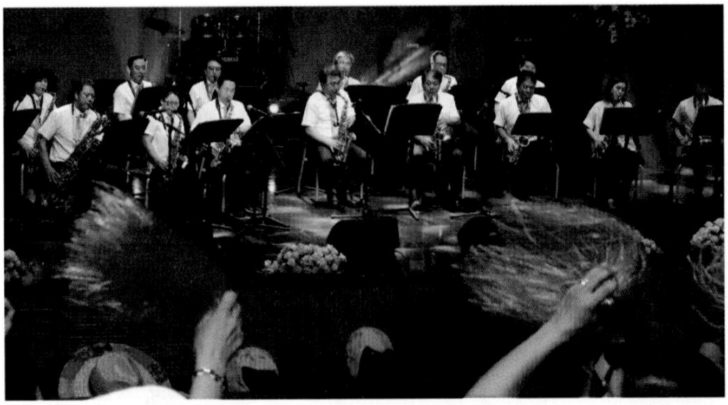

제1회 50+액티브 시니어축제
출처: 인천일보

2019년 2회 축제를 진행하면서 1회 축제의 문제점이던 2시간의 공연 시간, 상금 분포, 참가 구성원들의 나이, 대기실 협조 등에 대한 개선을 위해 본선은 10팀으로 했고, 상금은 3팀 100만 원, 7팀 30만 원으로 구성하여 일단 본선에 진출하면 축제 참가를 위한 실비(점심, 교통비)를 사용할 수 있도록 했다. 팀별 공연 시간은 1팀당 5분 이내로 하여 1시간 이내의 공연으로 구성하고, 대기실이 부족한 소공연장의 한계로 공연장 로비와 빈 공간 그리고 공연장 객석을 활용하여 100여 명의 참가자가 대기할 수 있도록 했다. 공연장 대관 신청 문제로, 제2회 축제는 2019년 8월 23일(금) 2시에 진행되었고, 이에 따라 예선은 8월 2일 마감하여 심사를 진행했다. 참가 자격은 만 50~69세로 하고, 1회 본선 참가 동아리는 신청하지 못하도록 했다. 2회 축제의 성과로는 1회 축제와 마찬가지로 10팀의 공연 수준이 상당히 높았고, 기존 프로 예술가들의 공연에서 접하지 못한 악기와 춤 장르도 포함되었다는 데 의미가 있었다. 하지만 대관 일정으로 인해 휴가 기간에 예선이 마감되어 25개 동아리가 신청했다. 그리고 본선이 개최된 8월 23일은 30℃까지 올라가는 더위로 인해 공연장 로비까지 대기실로 활용하기에 적합하지 않았다.

2020년 3회 축제에서는 코로나19로 인해 축제 진행에 빨간불이 켜지게 되었다. 먼저 본선 대관 장소에 문제가 발생했다. 그리고 동아리 활동으로 인해 코로나 감염이 확산되는 사례가 뉴스로 종종 다뤄지면서 생활축제에 대한 지방자치단체 담당 부서에서도 축제 진행에 대한 부담을 안게 되었다. 따라서 본선 규모를 축소하여 5팀을 선정한 후 뮤직비디오를 촬영하는 방향으로 지방자치

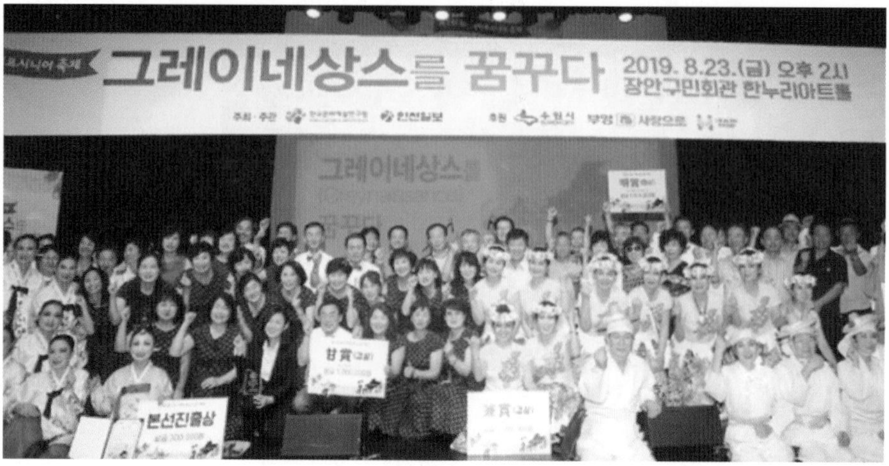

제2회 50+액티브시니어축제
출처: 인천일보)

단체 및 인천일보와 협의하여 진행했다. 본선 일정과 장소를 9월 11일과 12일 양일로 진행하고, 장소는 경기상상캠퍼스 공간1986멀티벙커로 대관을 신청했다. 따라서 예선은 8월 31일에 마감했고, 코로나 상황을 감안하여 기존에 연습영상이나 공연영상이 있으면 이메일로 참가신청서와 함께 발송하도록 했다. 기존에는 이전 수상자들의 신청에 제한을 두었지만, 이 제한을 해제했다. 그 결과 예선에 25팀이 신청하여 심사를 진행했고, 장르별 구성을 다양하게 하여 5팀을 선정했다. 하지만 8월 말 다시 코로나가 확산하여 9월 공연장 대관이 전면 통제되면서 축제는 예선만 진행했고 본선은 취소되었다. 예산도 코로나19로 인해 많이 축소되었고, 2021년에도 예산은 기존보다 축소되어 진행될 예정이다.

1회부터 3회까지 진행된 50+액티브시니어축제에 대해 전체적인 정리를 해보면, 50~60세대의 공연동아리 활동에 대한 적극성을 확인할 수 있었다. 그리고 동아리로 축제에 참여하는 경우 참가자들의 식비와 교통비 등 최소 비용이 발생하고, 지방자치단체에서도 다수의 시민에게 혜택이 돌아가는 것으로 축제의 결과를 긍정적으로 평가하고 있다. 하지만 축제 진행에 판단하기 어려운 상황이 발생했는데, 먼저 1회 축제 때 상금을 받은 단체들이 이름만 변경하여 2회 축제에 신청한 경우가 있었고, 국악이나 한국무용 동아리의 경우 지도하는 예술가의 제자들로 구성되어 순수 아마추어 동아리모임으로 보기 어려운 사례도 있었다. 50+액티브시니어축제의 목적은 공연동아리 활동에서 공연에 대한 관심을 유도하고, 공연동아리의 유대관계 증진 및 공연 역량강화 그리고 공연동아리 간의 정보교류 계기를 마련하는 것이다. 따라서 이러한 목적을 1회부터 명확히 하고 그 이후의 축제에도 목적을 명확히 하여 예선과 본선 심사에서 반영하도록 노력했는데, 기존 예술가 단체들과는 다른 목적으로 개최했기 때문에 심사기준도 새로운 시각으로 설정되어야 했다.

코로나19는 공연예술 환경을 빠르게 변화시키고 있다. 2020년은 공연예술계가 그 어느 때보다 힘든 한 해였다. 준비 없이 언택트 시대로 전환되면서 공연에서 영상화 작업들이 이루어지고 있고, 공연장 현장의 한계를 극복하기 위한 다각적인 고민을 하고 있다. 우왕좌왕했던 2020년과 달리 2021년부터는 공연계의 새로운 시도가 전개될 것이 예상된다. 하지만 여기서 우리가 꼭 기억해야 할 것은 '관객'이다. 관객의 타깃을 명확히 하는 것이 포스트 코로나 시대에 다시 일어설 수 있는 중요한 포인트라고 판단된다. 예전의 수동적인 관객에서 공연에 직접적으로 참여하고자 하는 능동적인 관객으로 변화하고, 관객의 연령대도 20대에서 50~60세대 그리고 70세대까지로 확장하는 흐름을 파악하고 준비해야 한다.

이러한 흐름에서 생활예술 활동, 특히 인생의 전환점을 맞이하고 새로운 삶을 준비하는 50~60세대의 공연예술동아리 활동은 미래 공연의 관객개발을 위한 중요한 부분이다. 우리나라 공연시장의 특징은 20대와 30대가 주도하고 있었지만, 50+액티브시니어가 공연시장의 주요 소비자로 변화하고 있는 이 시점에서 50+액티브시니어의 공연예술동아리 활동의 특성을 파악하고 동아리 활성화의 계기로 만들어 궁극적으로 시민의 공연예술 참여를 통해 공연시장의 확대와 다양한 지역문화 활성화에 기여하는 길로 연결할 수 있다고 판단된다. 하지만 위드with 코로나 시기에 아직까지 공연예술동아리들의 모임과 활동이 제한적이어서 축제의 명확한 방향을 잡지 못하고 있는 것이 한계다. 2021년 이 한계를 인정하고, 시도하는 것 또한 공연계의 미래를 준비하는 데 의미 있는 한 걸음이라고 판단된다. 새로운 시작을 준비하고 가다듬는 시간으로 받아들이고, 우리 앞에 펼쳐진 공연예술시장의 새로운 도전이 설레는 한 해가 되기를 희망해본다.

참고문헌

강혜규·함영진. 「복지행정 부문의 현황과 과제」. 『보건복지포럼』 255, 2018, 50-60쪽.

김경래. 「신중년의 노후 인식 실태와 시사점」. 『보건복지포럼』 287, 2020, 56-66쪽.

매일경제신문사. 『욜드 이코노미』. 매경출판(주). 2020.

문화체육관광부. 『국민문화예술활동조사』. 2019.

백선혜. 『서울시 생활문화예술동아리의 특성과 정책제언』. 서울연구원. 2017.

임정미. 「신중년의 사회참여 실태와 시사점」. 『보건복지포럼』 287, 2020, 45-55쪽.

황남희. 「신중년의 경제 상태 현황과 시사점」. 『보건복지포럼』 287, 2020, 6-20쪽.

Setsuo Sakamoto. シニアマ-ケティングはなぜうまくいかないのか: 新しい大人消費が日本を動かす. 『2020 시니어트렌드』. 김정환 역. 한스미디어. 2016.

김현우 기자. "제2회 액티브시니어 축제, 공연·예술 아우르는 중·장년 축제마당, 성황리 개최", 2019.8.23., 인천일보. http://www.incheonilbo.com/news/articleView.html?idxno=976008

국가통계포털 www.kosis.kr.

문화로청춘. 어르신문화프로그램 www.seniorculture.or.kr.

e-나라지표 www.index.go.kr.

OECD.Health Statistics 2020 www.oecd.org.

이은미

백석예술대학교 공연기획연출 교수로 재직하고 있으며, (재)서초문화재단 이사로 활동하고 있다. 경력으로는 (재)경기도문화의전당에서 공연기획팀장을 역임했고, 현재 (사)한국문화예술연구원 대표로 50+액티브시니어축제의 총괄기획을 맡고 있다. 저서로는 『예술경영학 공연기획실무』, 『공연홍보마케팅매뉴얼 A to Z』가 있으며 주요 연구 분야는 공공 공연장 평가와 공공 지원금 평가 등이다.

이재진

세한대학교 초빙교수로 재직 중이면서 기초와 광역지방의원으로 활동한 바 있으며, 대통령 소속 사회통합위원회 대외협력팀장을 역임했다. 연구 및 강의 분야는 자치분권 확대와 지방자치, 저출산 고령사회에 따른 지방자치제의 변화와 도시경쟁력 확보 그리고 문화정책 등이다.

III

미술관과 박물관

8장
예술전문성 강화를 위한 미술관장의 예술조직 운영: 국립현대미술관 사례를 중심으로*

김세희

예술전문성 # 예술조직 # 미술관장 # 학예연구실 # 국립현대미술관

본 연구에서는 국립현대미술관 사례분석을 통해 미술관 고유의 전문성, 즉 예술전문성 강화를 위해 지난 20년 동안 이룬 조직적 변화를 조명했다. 미술관장의 공개채용이 시작된 2000년부터 2019년에 집중하여 거시적 차원에서 조직 구도의 변화를 살펴보았고, 미시적 차원에서 예술조직의 역량 강화를 위해 미술관장이 초점을 맞추어 펼친 조사·연구 사업과 예술조직 운영의 전략적 특징을 시기별로 분석했다. 그 결과 핵심적인 변화는 크게 세 가지로 ① 2006년 국립현대미술관의 책임운영기관화는 전문 활동 분야에 대한 팀제 도입과 빈번한 조직구도의 변화를 가능하게 했다. ② 서울관 개관이 이루어진 2013년부터는 학예연구 조직의 관별(서울, 과천, 덕수궁) 단위 운영이 이루어졌다. ③ 2017년부터 현재까지는 모든 예술전문성을 수행하는 조직이 학예연구실로 일원화되어 학예연구실장의 책임하에 운영·관리되고 있다. 이러한 분석 결과와 학예연구 역량의 기반을 마련하는 조사·연구 사업의 내용을 종합하여 검토해본 결과, 예술조직의 변화는 서로 다른 미술관장의 배경과 전문성, 그리고 강화하고자 하는 미술관의 예술전문성 측면에 영향을 받으며, 2017년 이루어진 예술조직 일

---

* 이 글은 필자의 박사학위논문 『미술관 운영에 대한 책임운영기관제도 연구: 국립현대미술관 사례를 중심으로』(2019)의 일부 내용을 수정·보완한 것이다.

원화의 경우는 조사·연구 사업의 활성화보다 학예연구 사업 전반의 일관성 또는 효율적 관리 차원에서 선택된 전략이었다고 해석할 수 있었다. 이처럼 미술관의 예술전문성은 다양한 차원에서 강화되거나 논의될 수 있는 가변적인 특성을 가졌다. 따라서 미술관장의 관점과 역량, 또 전문적인 경험이 중요하고, 미술관장은 예술조직 운영 경험을 통해 효과적으로 가시화할 수 있는 예술전문성 증진의 주요 사업을 선정하고 조직의 구도 및 체제를 조정해나갈 수 있어야 한다는 결론을 도출했다.

1. 서론

국립미술관은 지속적으로 정치·사회·문화·제도 등의 환경적 변화에 대응하며, 국민에게 창의적이고 예술적인 삶의 자양분을 제공하는 역할을 담당한다. 국립미술관의 사업은 문화예술을 통한 국가사회의 발전과 국민 삶의 질 향상을 도모해야 하는 정부의 책임 일부로 중요성을 가진다. 우리나라를 대표하는 국립현대미술관MMCA: National Museum of Modern and Contemporary Art은 오늘날 세계 유수 미술관들과 견줄만한 규모의 전시공간과 시설을 확보하고 있다.[1] 하지만 1969년 출범했을 당시에는 열악한 전시 환경에서 소장품과 예술분야의 전문 인력도 없이 행정기관의 역할만 수행했고, 1989년에 이르러서야 미술관 고유의 전문성(이하 '예술전문성')에 대한 인식이 강화되면서 학예연구직의 공식 직제화가 이루어졌다.

국립현대미술관장(이하 '미술관장')은 1981년부터 미술 분야 인사 위주로 선출되기 시작했고, 2000년부터 자격요건을 내건 전문가 공개채용을 통해 3년 임기직(최대 연장 시 5년)으로 선정되어왔다. 정부는 개방형 공개채용으로 채택된 미술관장이 효과적으로 자신의 전문성을 발휘할 수 있게 하고자 2006년 미술관 운영체제를 책임운영기관으로 전환시켰고 현재까지 동일한 방식으로 유지되고 있다. 책임운영기관제도는 기관장이 사업목표를 설정하고 더욱 자율적으

1 국립현대미술관은 총 3개의 전시관(과천관, 서울관, 덕수궁관)과 1개의 미술품수장센터(청주관), 그리고 2개의 레지던시(창동, 고양)를 운영하고 있다.

로 조직과 예산을 운영함으로써 성과에 대한 책임을 강화하는 체제를 의미한다. 실질적인 미술관 운영 상황에서 해당 제도는 미술관장이 학예연구 활동을 전담하는 조직(이하 '예술조직')의 운영, 예술전문성을 강화시킬 수 있는 사업선정과 임시조직 설치 차원에서 리더십 발휘를 할 수 있도록 작동되고 있다.

2000년 이래 현재까지 국립현대미술관을 이끌어온 전문직 미술관장은 오광수(제14대), 김윤수(제15대, 제16대), 배순훈(제17대), 정형민(제18대), 바르토메우 마리 리바스(제19대), 윤범모(제20대)로 총 6명이다.[2] 국립현대미술관이 갖추고 있는 객관적인 자료(미술관장의 공식 인터뷰, 사업설명회, 보도자료와 『미술관 연보』 및 웹사이트 기록 등)들을 통해 각 미술관장 임기별로 역점을 둔 전문 활동과 사업에서 차이가 있었음을 어렵지 않게 확인할 수 있다. 하지만 이러한 리더십과 주요 활동에서의 변화가 조직 내부를 어떻게 변화시켰고, 또 결과적으로 예술조직의 전문성 강화에 어떻게 기여했는지는 쉽게 나타나지 않는다. 따라서 단순히 가시적인 성과(관람객 수, 입장료 수익, 행사 및 전시 횟수 또는 기획된 사업내용 등)만으로 평가되기 쉬운 미술관장과 예술조직의 역량을 '예술전문성'이라는 질적 차원에서 변화를 관찰함으로써 20년이라는 시간 동안 국립미술관이 발전해온 내용을 조명해보고자 한다.

2. 사례분석: 국립현대미술관 조직과 조사·연구 활동의 변화

사례분석을 위해 2000년부터 2019년까지 총 20년 동안 미술관장들의 전문조직 운영과 역량 강화를 위한 시기별 변화를 시계열적으로 정리했다. 그 방법으로는 거시적 차원에서 조직 구도의 변화를 분석하고, 미시적으로는 구체적인 조사·연구 사업에서 나타난 전문 활동의 변화를 미술관장 또는 특징적인 시기별로 구분했다.

---

2 미술관장별 임기는 오광수(1999.9.9~2003.8.31), 김윤수(2003.9.6~2008.11.7), 배순훈(2009. 2.23~2011.10.31), 정형민(2012.1.20~2015.1.19), 바르토메우 마리 리바스(2015.12.14~ 2018. 12.13), 윤범모(2019.2.1~현재)다.

1) 미술관 조직도의 변화

국립현대미술관은 개관 후 17년이 지난 1986년 과천 부지에 국제적인 규모의 시설과 야외조각장을 겸비한 미술관(과천 본관)으로 신축이전하면서 획기적인 직제개정을 이루었다. 이 개정으로 전문요원 확보가 가능해지면서 30명이던 정원이 100명으로 늘어났고, 학예연구실과 섭외교육과 신설로 "조사 연구기능과 현대적인 미술관 활동의 추세라고 할 수 있는 사회교육기능"이 확충되었다(국립현대미술관, 2000, 2001: 11-12).

국립현대미술관 조직은 크게 행정·사업기획·운영관리·지원 등을 책임지는 기획운영단 조직, 조사·연구·전시기획·작품수집 등 미술 관련 업무를 책임지는 학예연구 (예술)조직, 이 둘 중 하나에 포함되거나 때로는 따로 분리되는 홍보마케팅, 교육 및 작품보존 업무를 수행하는 조직으로 구성되어왔다. 『미술관 연보』를 기준으로 2000년 이후 변화한 미술관 조직 구도는 아래와 같다.

서울관 개관 이전인 2012년까지 국립현대미술관 조직도에 나타난 예술조직의 변화는 크게 두 가지로 요약할 수 있다. 첫째, 미술관이 책임운영기관으로 전환된 2006년 학예연구실 신설 이후 처음으로 팀제('조사연구팀'과 '전시기획운영팀'의 1실 2팀제)가 도입되었다(그림 8-3). 이는 책임운영기관화의 조건으로 미술관장이 학예연구실장, 학예연구직, 디자인 및 교육 담당 등 다양한 전문 직종을 정원 한도에 맞추어 계약직으로 채용할 수 있게 되었기 때문에 더욱 세밀한 조직 분류가 가능해졌다고 볼 수 있다(강승완, 2007: 390). 하지만 이러한 업무 구분의 팀제 운영은 2007년까지 시도되었다가 2011년부터는 통합된 학예연구 업무에 대해 1팀과 2팀의 형식으로 구분되기 시작했다(그림 8-6). 둘째, 2010년 일시적으로 학예연구실, 작품보존관리실, 덕수궁미술관 조직이 모두 기획운영단의 하위 조직으로 조정되는 큰 구도상의 변화가 이루어졌다(그림 8-5). 그 이후의 2011년 조직개편에서 나타난 두 가지 변화는 ① 작품보존·관리를 수행해온 조직에 미술은행 관리기능이 추가되어 기획운영단의 하위관리 사업으로 조정되고, ② 기획운영단 소속으로 섭외교육과(2001~2003), 교육홍보과(2004~2005)의 명칭으로 불려온 교육문화과(2006~2010)가 '교육문화창작스튜디오팀'이라는 새로운 명칭의 독립된 조직 단위로 조정되었다. 이 변화들은 작품보존과 관리·운

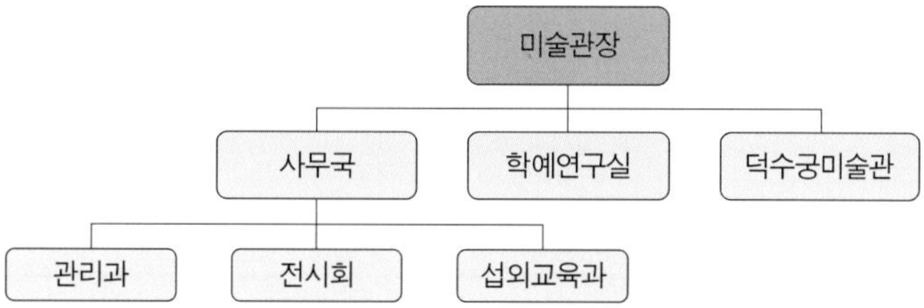

〔그림 8-1〕 2001~2003년 조직도

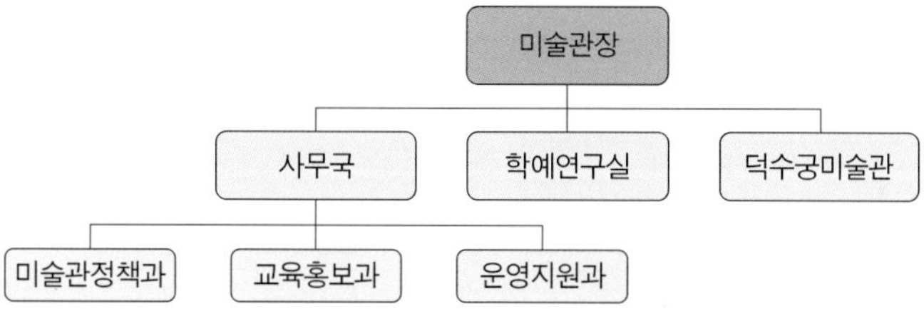

〔그림 8-2〕 2004~2005년 조직도

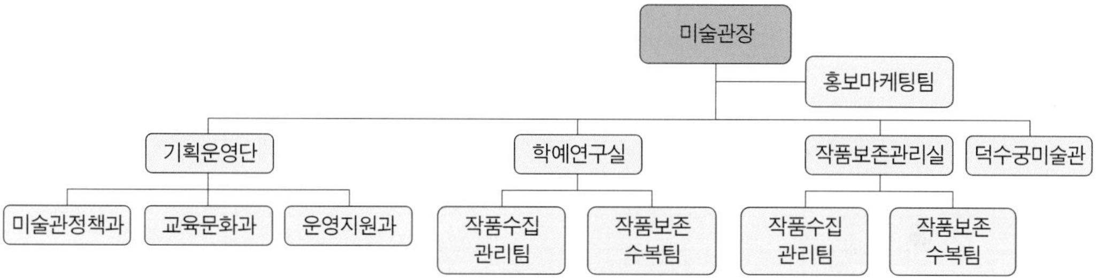

〔그림 8-3〕 2006~2007년 조직도

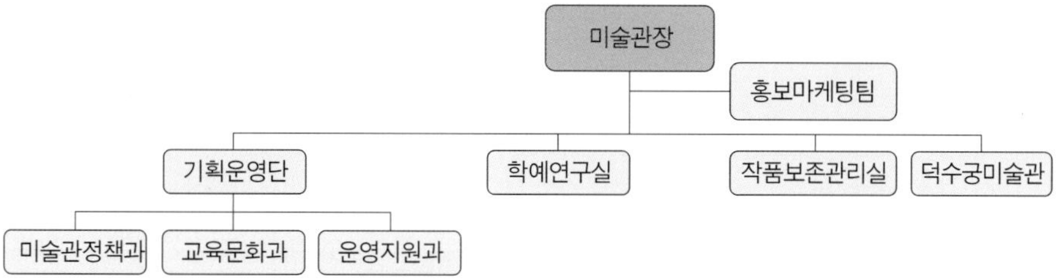

〔그림 8-4〕 2008~2009년 조직도

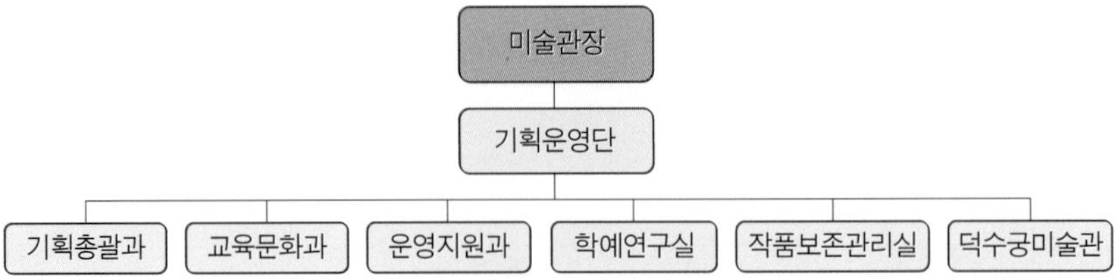

〔그림 8-5〕 2010년 조직도

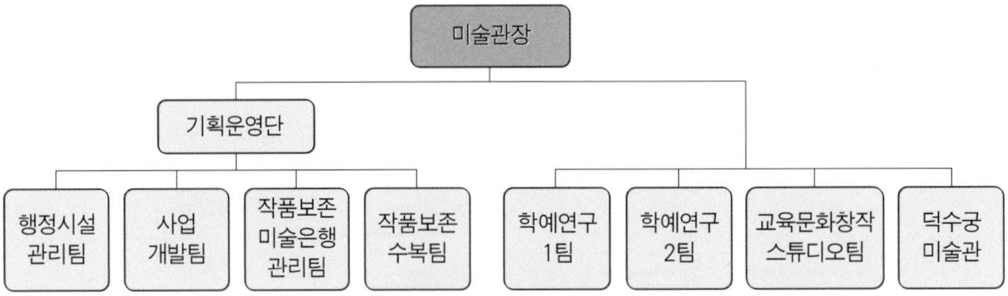

〔그림 8-6〕 2011~2012년 조직도

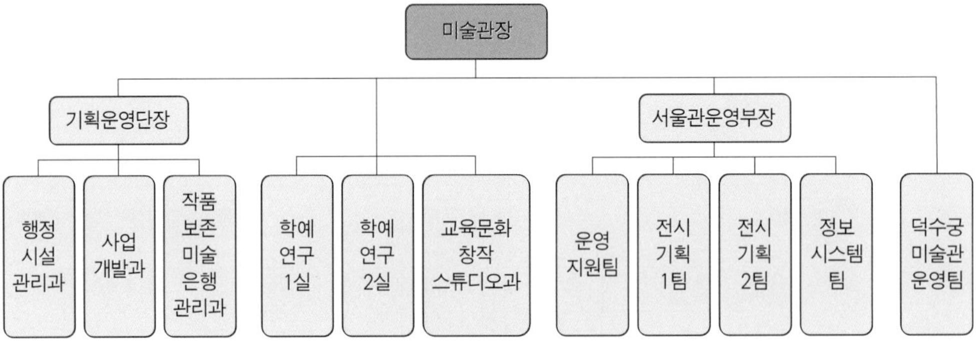

〔그림 8-7〕 2013년 조직도

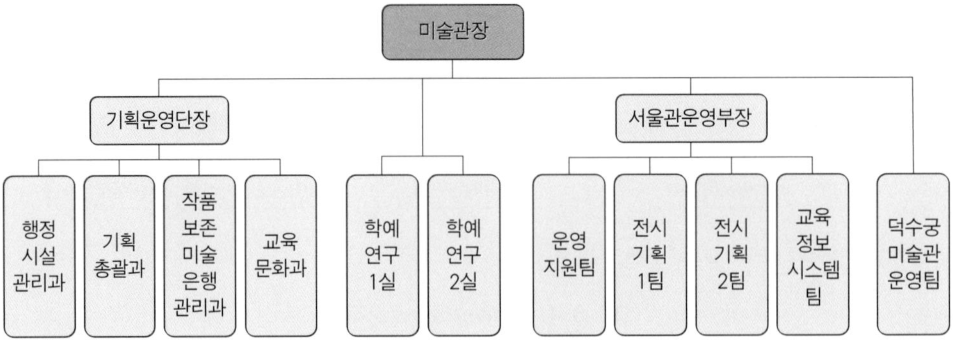

〔그림 8-8〕 2015~2016년 조직도

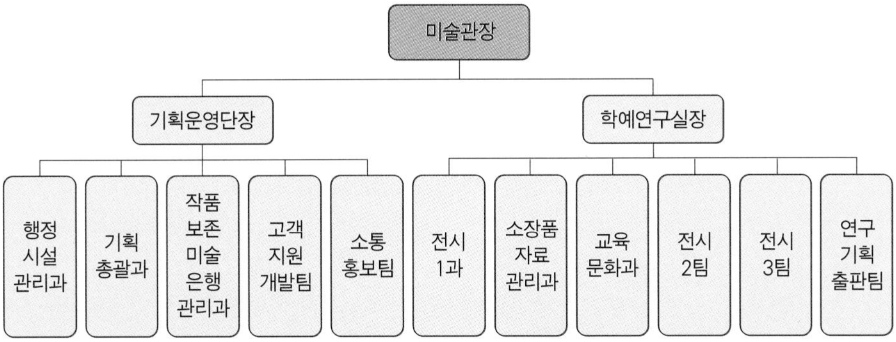

〔그림 8-9〕 2017년 조직도

영에 대한 책임이 문화체육관광부 행정공무원으로 구성된 기획운영단에 부여되고, 미술관의 사회교육기능이 전문적인 (교육)학예사의 영역으로서 미술관장 직속 조직으로 조정된 것을 의미한다. 2013년 서울관 개관 이후 2017년까지 국립현대미술관의 조직구도는 위와 같다.

서울관 개관 이후 국립현대미술관의 예술조직 변화의 주요 핵심을 분석해 보면 2013년부터 2016년까지는 관별 조직단위(덕수궁미술관운영팀, 서울관운영부장 중심의 서울관 조직, 그리고 과천관의 학예연구 및 교육문화 담당 조직)로 분리되어 운영되었다. 이러한 구도에서 2017년부터는 관별 분류, 즉 덕수궁미술관운영팀, 서울관운영부장 중심의 서울관 조직 단위가 사라지고, 모든 예술전문 활동을 학예연구실장이 중간책임자로서 감독하는 예술조직 일원화가 이루어졌다. 이 변화는 각자 1실(팀)과 2실(팀)로 분리되었던 학예연구실과 전시기획팀을 총 3개의 전시과/팀으로 조정(조직단위 차원으로는 축소)되고, 전시과/팀을 포함하여 기획운영단에서 관리하던 교육문화과와 신설된 연구기획출판팀, 그리고 소장품자료관리과 총 6개 조직단위를 학예연구실장이 관리하게 된 것을 의미한다(그림 8-9).

2018년 미술품수장센터(청주) 운영이 시작되면서 이루어진 직제개정은 2017년 조직도에 기획운영단장과 학예연구실장 관리하의 조직 단위로 미술품수장센터관리팀/운영과를 1개씩이 추가시킨 것 외에는 모두 동일하게 유지되었다(그림 8-10). 최근의 국립현대미술관 조직도(그림 8-11)는 2019년 『미술관 연보』의 조직도와 흡사한 구도에서 '미술정책연구과'가 신설되고, 전시1과, 2과,

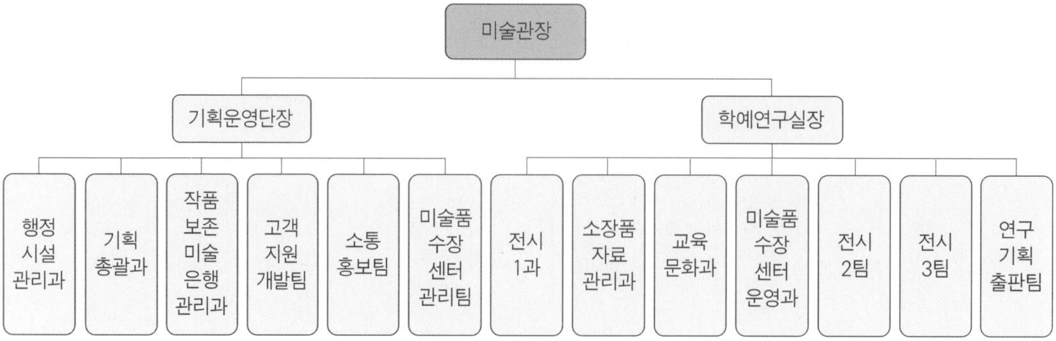

〔그림 8-10〕 2018~2019년 조직도

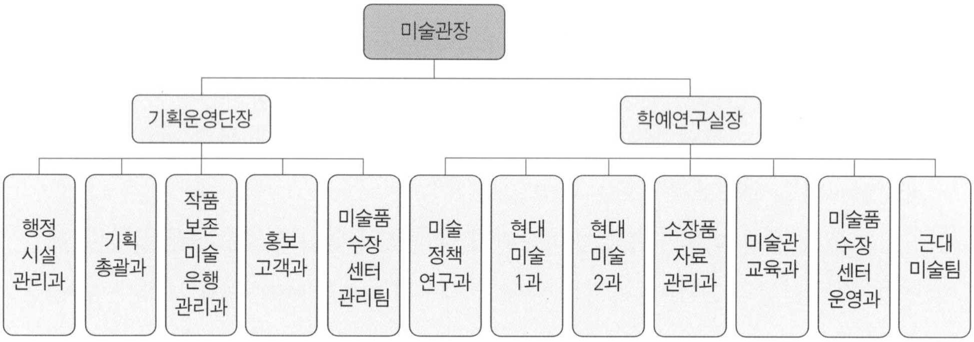

〔그림 8-11〕 2021년 3월 10일 기준 조직도

3과로 구분되었던 것이 '현대미술1과', '현대미술2과', '근대미술팀'으로 구체적인 연구 범주가 조직 명칭에 지정되는 변화로 나타났다. 이것은 덕수궁관은 근대미술에, 서울관은 현대미술에 전시 내용의 초점을 맞추어온 과거의 업무영역 분리 기조를 일원화된 학예연구실 차원에서 다시 채택한 것으로 볼 수 있다. 2000년부터 2021년까지의 조직도 변화의 핵심은 미술관장의 운영 자율성이 확대되는 제도 변화와 예술조직의 업무 영역 및 신관 설립 같은 조직적 확장을 계기로 전문 업무의 구분을 세분화하거나 분리하는 과정을 거쳤고, 그 후 다시 조직의 통합 및 일원화의 조정을 이루었다고 요약할 수 있다.

미술관 조직의 전문적인 활동은 학예연구 외에도 재원 조성이나 홍보마케팅, 고객·후원사·협력망 관리, 작품보존 및 소장품 운영, 교육·문화행사 및 사업

기획 등이 존재한다. 하지만 국립현대미술관 사례의 조직도 분석 결과 전문성을 요구하는 다양한 미술관의 조직 활동 중에서 특히 학예연구실의 조직 영향력이 확대되어왔다. 정리하자면, 2017년 이후의 예술조직 운영에서 2016년까지는 1실, 2실로 분리되어 운영되었던 학예연구실이 미술관 전체의 예술관련 전문 활동을 포괄하게 된 것은 학예연구실장의 영향력이 상당히 확대된 변화로 볼 수 있다. 예술 전문 활동을 수행하는 조직 전체의 관리책임자로서 학예연구실장이 기획운영단장과 동일한 중요도의 중간관리자가 된 것 자체는 미술관의 학예연구 활동에 대한 전문성과 중요도가 더욱 강력하게 인정된 것으로 해석할 수 있다. 하지만 미술관장 직속으로 관리되어온 예술 사업들이 수직적인 조직 구도가 더욱 확고해진 이후 예술전문성 강화 또는 예술사업 활성화 차원에서 어떠한 전략적 변화로 이어졌는지는 향후 다양한 수준과 시각에서 분석이 요구된다. 본 연구에서는 비록 단편적일지라도 관찰 가능한 내용 중 학예연구 역량의 기반을 만드는 조사·연구 사업의 변화에 집중하여 예술전문성 증진을 향한 시기별 변화를 분석했다.

2) 예술조직의 조사·연구 활동

(1) 조사·연구 사업

2000년 이후 국립현대미술관의 조사·연구 사업의 내용을 분석한 결과 크게 다섯 시기로 나누어 변화를 정리할 수 있었다. 첫 번째 시기는 2000년부터 2005년 이전까지(오광수 관장 시기와 책임운영기관 전환 이전의 김윤수 관장 시기)로 학술연구발표회 주최가 핵심적인 사업이었다. 학술연구발표회 사업은 처음에는 미술관 구성원이 자신의 연구결과물을 일반대중과 미술관 조직에 발표하는 것으로 시작하여 2004년부터는 점차 질의를 받고 열린 토론이 가능한 형식으로 변화했다. 2000년대 초부터 학예조사·연구의 대상으로 선정된 내용은 ① 미술정보조사, ② 북한미술정보조사, ③ 학술연구(정기학술연구발표회, 『현대미술관연구』 발간, 학술행사 등)로 구분된다. 이 중에서 미술정보조사와 북한미술정보조사 활동은 조사·연구가 수행된 방식과 횟수, 정보 건수를 미술관 연보에 기입하고 있다

(국립현대미술관, 2000, 2001: 88).[3] 특히 북한미술에 대한 조사·연구는 "평화통일을 바라는 차원에서 … 북한미술의 실상에 대한 관심과 주목은 계속적으로 요구되는 연구 분야"이기에 추진되었다고 『미술관 연보』에서 설명하고 있으나(국립현대미술관, 2000, 2001: 87), 이 활동은 당시 부족했던 학예연구 인력 상황, 미술관의 다른 전시 내용과의 연계성 등을 고려했을 때 예술조직 업무의 효율성과 전문성을 강화시킨 요인으로 볼 수는 없었다. 이러한 해석의 또 다른 근거는 북한미술 조사·연구 활동이 동일한 미술관장 체제하에서 책임운영기관으로 전환된 2006년부터 『미술관 연보』에서 찾아볼 수 없게 되었기 때문이다. 제15대 김윤수 관장이 2006년부터 제16대 관장으로 연임되었는데도 동일한 사업이 지속되지 않은 것은 해당 분야에 대한 조사·연구가 미술관장이 주도하여 추진시킨 활동이라기보다는 당시 정부 및 정치적 상황에 의한 것으로 이해하게 하는 지점이다.

두 번째 시기는 국립현대미술관의 책임운영기관화가 이루어진 2006년 이후 김윤수 관장의 임기 말 3년으로, 두 가지 연구사업, 즉 ① 연구업무전담제(2005년 중순 도입)와 ② 소장품 분과별 운영(2006년 도입)이 추진된 기간이다. 연구업무전담제는 "미술관 제반 업무와 연관된 조사·연구 활동의 체계적·구체적 추진"을 목적으로 매월 3~4회 연구일(오후 1~6시)을 연구자(총 8명의 조사연구팀과 덕수궁미술관)가 개별적으로 개최하여 미술관의 발간지에 논문이나 수집한 자료를 공개하는 방침이며(국립현대미술관, 2007: 68), 소장품 분과별 운영은 작품수집과 관련된 업무를 체계화하고 매년 특정 분과를 지정하여 더욱 집중적인 조사·연구를 펼침으로써 질 높은 작품을 투명한 작품추천과 선정 과정을 통해 수집하고자 하는 사업이다. 분과별 운영이 처음 시행된 2006년에는 조각, 사진·뉴미디어, 근대미술의 3개 분과가 선정되었고, 2007년에는 총 5개 분과(조각, 사진·뉴미디어, 근대, 회화·드로잉 판화, 한국화·서예)에 대해 "작품수집 추천권자들이 각자의 전공과 관심, 기타 미술관의 정책에 따라 분과를 선택하여 조사연구를 진

---

3 예를 들어 2000년과 2001년 북한미술정보에 대해 조사된 방법은 "국내외 북한미술 관련 기사 및 서적을 통한 간접조사"이며, 그 결과는 북한미술 관련 전시 5건, 주요 기사 11건, 도서실 소장 자료 2건으로 기입되어 있다.

행"했다(국립현대미술관, 2007: 65). 소장품 분과별 운영 사업은 2007년 가장 왕성했던 활동 이후 2008년에는 사진과 판화 단 2개의 분과에 대한 수집제안이 이루어졌다(국립현대미술관, 2008: 51).

세 번째 시기는 배순훈 관장에 의한 새로운 연구사업으로 '중장기 전시기획회의 운영'이 시작된 2009년부터 정형민 관장의 임기 마지막 해인 2014년까지로 구분할 수 있다. 미술관의 전시기능 강화를 위해 도입된 해당 기획회의는 두 미술관장 시기에 가장 활발히 이루어졌다. 구체적으로 본 회의는 미술관장을 중심으로 학예연구팀(실)장 및 학예직 전원이 참석하는 전체회의와 검토회의로 구분되었다. 미술관 연보를 확인해보면 처음 도입된 2010년에는 총 15회, 2011년에는 6회, 2012년에는 9회, 그리고 2013년에는 10회, 2014년에는 16회의 회의가 개최되었다. 그리고 해당 회의에서 발의 및 제안된 내용은 2012년에는 50건, 2013년에는 60건, 2013년에는 120건으로 2014년까지 증가하였고, 이것은 중장기 전시기획에 대한 자유로운 의제발의와 적극적인 참여가 이루어진 것으로 볼 수 있었다. 반면 이 시기에는 앞선 시기(2006~2008년)에 시도된 소장품 수집 관련 조사·연구는 진행되지 않았고, 국립현대미술관의 네트워크 및 국제교류 역량을 강화하기 위해 협력망(기관 협력을 위한 MOU 체결 및 협력사업 추진 등) 구축 사업이 미술관장을 중심으로 이루어졌다.

네 번째 시기는 미술관장이 1년 가까이 공석이던 2015년으로 어떠한 특징적인 조사·연구 사업이 활발히 이루어졌다고 분류하기는 어려웠지만, 일종의 과도기로 볼 수 있었다. 하나의 예로 '직원 교육'을 명분으로 이루어진 여러 차례의 라운드테이블, 표준화 및 지침 소개 세미나가 2014년에는 총 18회, 2015년에는 8회 이루어졌는데, 2016년부터는 교육이 아닌 직원 '연구 활동'으로 명칭이 바뀌었다. 이러한 변화는 미술관이 전문성을 개발하는 방식이 직원 교육보다 주체적인 연구를 통한 결과 공유로 전환된 것을 의미했다. 이 외에 또 다른 변화는 기존에 2단계(전체회의, 검토회의)로 이루어진 중장기 전시기획회의가 2015년에는 총 6단계 의결과정(분과회의, 기획회의, 심의회의, 의결회의 및 미술관운영자문위원회 자문 등)으로 조정되었다. 정리하자면, 2015년은 전문직 미술관장의 공석으로 기존에 계획된 조사·연구 관련 사업들이 진행되었지만, 새로운 계획을 수립하는 차원의 학예연구 활동은 축소되고 세부적인 검증과정을 강화하여 명분을 마련하는 '업무관리 강화' 방향이 선택되었다고 해석할 수 있다.

마지막 다섯 번째 시기는 2016년 이후 현재까지로 미술연구센터와 디지털정보실이 신설된 2013년 이후 왕성하게 이루어진 미술자료 및 기록물 관련 연구행사와 전시들이 축소된 시기다. 미술관장이 한국어로 소통이 불가능했던 해당 시기의 가장 큰 특징적 변화는 중장기 전시기획회의의 점차적 축소되어 2017년부터는 기획회의 기록 자체가 『미술관 연보』에 존재하지 않게 되었다. 또한 조사·연구 활동의 결과를 기록하는 연보의 분량과 사업항목도 대폭 축소되었다. 구체적으로 『미술관 연보』의 조사·연구 사업의 활동 내용은 2014년과 2015년에는 30쪽 이상을 차지했지만, 2018년에는 10쪽, 2019년에는 14쪽으로 줄었고, 사업 항목으로는 2018년 이후부터는 미술도서관, 미술연구센터, 디지털정보실에 대한 운영내용이 연보에 포함되지 않았다. 반면, 이 시기의 강점은 다양한 해외 학자들이 초대된 국제심포지엄을 통해 구체적으로 국립현대미술관이 마주한 중요한 질문들을 다룬 것이다. 2017년에는 "연구자로서의 큐레이터"라는 명칭의 연구세미나를 통해 큐레이터(학예연구직)에게 요구되는 "연구자적 태도와 연구를 기초한 전시에 관한 비전과 실천"을 논의하고(국립현대미술관, 2017: 89), 2018년에는 "미술관은 무엇을 연구하는가", "미술관은 무엇을 수집하는가"(국립현대미술관, 2018: 92-95), 2019년에는 "미술관은 무엇을 움직이는가: 미술과 민주주의" 같은 질문들을 다루며 미술관의 기능과 역할을 논의하고 실천해야 할 방향을 모색하는 노력이 이루어졌다(국립현대미술관, 2019: 94-95).

(2) 미술관장 시기별 학예연구 조직 및 전문 활동 강화 내용 분석

1999년 9월 미술관장으로 선출된 오광수 관장은 학예 인력을 미술관 사업의 핵심에 두고 전문 인력 각자가 개별적인 전시를 추진하는 업무방식을 도입했다(예술경영지원센터, 2015: 113). 이것은 전문 인력이 각자 개별적인 전시를 추진함으로써 업무 책임감과 자부심을 느끼도록 동기를 부여하기 위함이었다. 오광수 관장은 이외에도 임기 중 덕수궁미술관을 공식적인 분관으로 직제화함으로써 덕수궁미술관장(이하 '분관장') 중심의 조직운영을 가능하게 했고, 이를 통해 덕수궁 분관 운영은 더욱 활성화될 수 있었다(예술경영지원센터 2015: 113). 오광수 관장 이후의 차기 김윤수 관장 역시 덕수궁미술관의 분관장 체제를 활용하여 특히 2006년부터 중요한 조사·연구의 대상으로 '근대미술'을 선정하고, 덕수궁관 조직을 통해 이에 대한 연구와 전시 및 보급 활동은 이루고자 했다.[4] 김윤수 관장은 총 5년의 임기 동안 미술관 조직을 이끌며 학예연구 조직의 팀제 운영과 학예연구실의 고유 권한으로서 전시기획 업무를 공식적인 업무 분장을 통해 조정했다. 이를 통해 2000년부터 2005년까지 국립현대미술관의 전시실 대관 업무를 담당한 전시과(행정직 공무원)와 학예연구실의 전시 권한 중복 문제가 해결되었다(국립현대미술관, 2006: 21).

김윤수 관장 이후 임용된 배순훈 관장은 미술계 인사가 아닌 경영자 출신으로 학예연구 및 학술조사·연구의 주제 및 분야선정에 대한 구체적인 방향제시보다는 학술행사의 개최 횟수와 행사 및 세미나의 참석자 수를 증가시키며 가시적인 성과도출에 집중했고, 조사·연구 업무의 일환으로 네트워크 구축과 교류 강화를 위한 활동을 새롭게 추진했다(국립현대미술관, 2010: 50-55).[5] 특히 서울관 설립을 큰 목표로 두었던 해당 시기에는 구체적으로 국내 미술관과의 교류 강화를 위해 2009년 "전국 미술관장회의"와 "큐레이터 콘퍼런스"를 새롭게 시작하여 1년에 각 행사의 첫 2회 회의를 개최하며 기반을 다졌다(국립현대미술관, 2010: 50-55).

협력망 조성을 통한 예술전문성 강화전략은 미술관장을 포함하여 학예연구 조직 구성원들이 교류활동을 통해 효과적으로 정보를 취득하고 업무 활성화에 자극을 받을 수 있는 것으로 차기 정형민 관장 시기에도 유지되어 네트워크 형성을 위한 국립현대미술관의 활동은 점차 강화되었다(국립현대미술관, 2014: 51-52).[6] 정형민 관장은 서울관 개관 이전까지는 배순훈 관장 시기에 도입된 중장기

---

4 이러한 전략은 분관장으로 하여금 리더십을 발휘할 기회를 주었고, 결과적으로 덕수궁관 조직이 주체적으로 근대미술 연구에 초점을 맞춘 새로운 발간물을 발행했으며, 또 다수의 학술행사와 대중적 이목을 끄는 전시를 성공적으로 개최하는 구체적인 성과를 낼 수 있었다.

5 배순훈 관장은 국내 미술관과의 교류 강화를 위해 2009년 '전국 미술관장회의'와 '큐레이터 콘퍼런스'를 새롭게 시작하여 1년에 각 행사의 첫 2회 회의를 개최하며 기반을 다졌다.

6 정형민 관장 시기인 2012년 2월 15일의 한-영 국제 워크숍 '아트 토크: Between Art and Audiences'에는 800명의 관객(300여 명 온라인 생중계 관객)을 대상으로 했고, 같은 해 9월 총 2회 개최된 가을 국제 학술 강연회 '21세기 미술관의 역할'에는 1차에 100여 명, 2차에 250여 명이 참석했다.

전시기획회의나 미술관 연결망 강화 사업, 학술연구 행사를 통한 홍보마케팅 증진, 그리고 조직의 구도와 구성 등을 대체로 유지함으로써 서울관 개관 임무를 완수할 수 있었다.

정형민 관장은 2013년 서울관 개관 이전까지 배순훈 관장의 조직운영 및 추진사업 방향의 틀을 유지했다. 해당 시기에 이루어진 가장 큰 학예연구 사업 차원에서의 변화는 2013년 10월 과천관에 개소한 미술연구센터와 2014년 2월 서울관 교육동에 설립된 디지털정보실(2층 디지털도서관, 3층 디지털아카이브)을 활용한 행사와 기록관리 및 미술자료 전시의 활성화로 볼 수 있다. 체계적인 아카이브 구축이 부족했던 국립현대미술관은 원본자료를 열람할 수 있는 새로운 조사·연구 지원 서비스와 미술 관련 자료와 디지털 콘텐츠를 활용한 행사 및 전시기획을 통해 일반대중에게도 접근성을 넓히는 방향으로 진보했고, 이 공간들의 운영은 2014년까지 미술관 조사·연구 사업의 핵심 부분으로 자리매김했다. 이 외에도 정형민 관장 시기는 미술 분야의 전문 관계자들에게 서울관을 알리기 위한 국제행사들이 "아시아 최초"로 다수 개최되었고(국립현대미술관, 2014: 61-63), 이러한 흐름은 스페인 출신 바르토메우 마리 리바스 관장(이하 '마리 관장') 시기에도 지속되었다. 한국어로 소통할 수 없었던 단점에도 마리 관장은 미술관의 출판기능을 체계화시키고 국제적인 네트워크를 활용하여 매년 국립현대미술관의 국제 행사에 많은 유수 세계미술계 관계자들을 초청했다(국립현대미술관, 2016: 27). 하지만 정형민 관장 시기에 활성화되었던 미술연구센터와 디지털정보실 운영을 통한 조사·연구 증진활동과 배순훈 관장 시기부터 시작된 중장기 전시기획회의는 마리 관장 시기에 기능적으로 축소되었다. 전시기획회의 실적은 2017년부터, 연구센터와 정보실 운영 실적은 2018년부터 『미술관 연보』에 수행된 사업으로 기록되지 않았다. 마지막으로 윤범모 관장 시기의 첫 해인 2019년은 2018년의 조사·연구 사업의 활동량과 흡사하게 유지되었다. 해당 미술관장 시기의 특징을 도출하기에는 2020년 『미술관 연보』가 아직 공개되지 않았고, 특히 2019년 말부터 2021년 3월 현시점까지도 코로나19 확산으로 정상적인 미술관 운영이 불가능했기 때문에 특수한 상황에 따른 여러 미술관 사업 진행이 여의치 않았다. 해당 시기에는 비물리적인 미술품 관람, 온라인을 통한 소장품 홍보와 전시투어 동영상 제작과 공개 등 새로운 차원으로 전시와 작품을 자료화하는 사업운영의 결과가 나타나고 있다.

3. 사례분석내용 정리 및 결론 도출

지난 20년 동안 국립현대미술관의 조직도 변화를 시계열적으로 정리하고, 예술전문성을 수행하는 예술조직의 변화에 집중된 분석을 진행한 결과 크게 세 가지 결론을 도출할 수 있었다. 첫째, 2006년 이루어진 국립현대미술관의 책임운영기관화는 전문 활동 분야에 대한 팀제 도입을 가능하게 했고, 이 시기를 기점으로 더욱 빈번한 조직구도와 조직별 역할과 명칭이 조정되는 변화가 나타났다. 이것은 미술관장의 책임운영이 조직 운영, 특히 예술전문성 강화를 위한 전략 마련의 가능성을 열어주었다고 해석할 수 있다. 둘째, 2013년 서울관 개관이라는 큰 변화 이후 학예연구조직이 관별(서울, 과천, 덕수궁) 조직 단위로 분리·운영되었다. 이러한 관별 조직운영은 1999년 보수공사 후 개관한 덕수궁 분관을 분관장 중심의 조직으로 직제화한 이후와 흡사하게 새로 설립된 서울관 운영 활성화에도 즉각적인 효과로 이어졌다. 셋째, 국립현대미술관에서 예술전문성으로 논의될 수 있는 작품보존, 조사·연구, 전시기획, 교육프로그램 운영, 연구출판 등의 활동 전체가 2017년 이후 현재까지 학예연구실 조직으로 일원화되어 운영·관리되고 있다. 이 변화는 학예연구실이 국립현대미술관의 예술전문성 전반을 관리·감독하는 핵심 조직으로 성장하여 학예연구실장에게 기획운영단장과 동일한 수준의 조직운영 권한과 책임을 부여한 것이다. 따라서 학예연구실장은 조사·연구, 전시기획, 자료관리, 교육프로그램 운영, 연구물 출판 등 예술사업 전체의 관리·감독자로서 전문성 강화에 힘쓸 의무가 생겼다. 결론적으로 지난 20년 동안 국립현대미술관은 학예연구를 통한 예술전문성 강화에 집중된 발전을 이루었고, 미술관의 분관설치가 확대되는 과정에서 관별 단위의 조직(분관장 체제) 운영보다 한 명의 중간관리자(학예연구실장 체제)를 통한 미술관의 예술 전문사업 전반을 관리하는 전략이 선택되었다고 정리할 수 있다.

전문적인 전시 기획과 작품 수집에 기반을 마련하는 조사·연구 사업이 추진되어온 내용을 아래와 같이 요약할 수 있다. 2000년대 초반에는 미술관의 조사·연구 활동이 단순히 조사된 자료 건수의 결과보고에 머물렀으나, 점차 전문 인력의 연구 업무일/시간의 확보를 돕는 체제 도입으로 나아갔다. 그 결과 소장품 수집의 질적 강화를 이룰 수 있는 소장품 분과별 세부 조사·연구 사업이 추진되었다. 2009년 이후부터는 중장기적인 사업계획과 회의를 통해 의견소통이 활발히 이루어졌고, 특히 서울관 개관에 앞서 다양한 콘텐츠 기획이 요구되는 상황에서 기획회의를 통해 자유롭고 적극적인 의제발의가 이루어지는 효과를 나타냈다. 하지만 2011년부터 2014년까지 활발했던 중장기 전시기획회의는 미술관장 공백기로 볼 수 있는 2015년 이후로 축소되거나 사라지기도 했고, 2017년 이후부터는 조사·연구 활동 자체가 급격히 감소하는 현상이 나타났다. 이것을 2015년 12월의 최초 외국인 미술관장 임용과 2017년에 이루어진 학예연구실장 중심의 조직 일원화와 함께 해석해보면, 학예연구실이 미술관의 예술전문 활동 전체를 통솔하게 된 조직적 변화는 조사·연구 활동의 활성화 또는 업무의 확장보다는 연구, 작품수집, 전시 및 교육행사 기획 등 미술관의 본분과 핵심기능의 관리를 강화하고, 한 명의 중간관리자를 통한 조직 관리 단순화 및 수직적 체계화를 목표했다고 볼 수 있다. 조사·연구 사업의 변화분석을 통해 도출할 수 있는 결론은 미술관 조직을 이끄는 미술관장의 개인적인 배경이나 특성 역시 임기 중 상황이나 목표된 사업만큼 예술전문성 강화를 향한 미술관장의 접근법에 영향을 미칠 수 있다는 것이다. 따라서 미술관 환경에 대한 이해도와 예술조직 운영의 경험을 가진 미술관장 선정을 통해 효과적으로 예술전문성 증진의 주요 사업을 추진할 수 있는 조직 운영의 자율성을 부여하는 것이 국립현대미술관과 같이 전시기획과 교육 및 문화행사 기획, 소장품 관리·운용이 큰 부분을 차지하는 미술관의 발전에 핵심이라고 볼 수 있다.

국립현대미술관이 조직 운영을 통해 더욱 진취적으로 예술전문성 증진을 시도하기 위해 고려해볼 수 있는 측면을 제언하고자 한다. 비록 국립현대미술관을 관별 특수성을 살린 분관장 체제로 운영시키기 어렵더라도 각 관의 특별전시기획팀 또는 프로젝트사업팀, 재원조성지원팀 같은 독립적인 임시조직을 미술관장 차원에서 관리함으로써 현재의 단일 학예연구조직의 약점을 보완할 필요가 있다. 학예연구실장 중심의 예술사업 관리는 다양한 전문 업무의 통일된 방향 확보 차원에서는 긍정적일지라도 관별 운영책임자 임명이 가진 장점을 놓치는 것이기도 하다. 특히 과천관의 경우 덕수궁관, 서울관 그리고 청주관이 생기기 이전 수준의 관람객 유입을 위해 더 많은 노력과 관심이 요구된다. 또한 향후 국립현대미술관이 더 많은 분관을 다양한 지역에 설립할 가능성을 열어두고 중장기적으로 어떠한 중간관리자 체제를 마련하여 효과적으로 조직을 운영할 수 있을지에 대한 전략을 사전에 고려할 필요가 있다. 마지막으로 미술관의 예술전문성이라는 개념이 미술관장의 리더십과 임기별 변화에 가변적인 특성을 가졌을지라도 학예연구실장과 같은 전문직·중간관리자의 입지를 확고히 함으로써 중장기적으로 미술관 고유의 전문성을 지속적으로 관리할 수 있는 방안도 고려해볼 수 있을 것이다.

참고문헌

강승완. 「국립현대미술관 직제의 변천사 고찰을 통한 미술관 조직의 전문화 방안연구」. 『한국현대 미술 새로보기(오광수 선생 고희기념논총 간행위원회)』. 미진사, 2007, 382-403쪽.

국립현대미술관. 국립현대미술관 역대 관장 인터뷰. 『현대미술관연구』 17, 2006, 3-21쪽.

국립현대미술관(2000~2019). 『미술관 연보』.

김세희. "미술관 운영에 대한 책임운영기관제도 연구: 국립현대미술관 사례를 중심으로". 서울대학교 미술경영학과 박사학위논문. 2019.

예술경영지원센터. 『원로에게 듣는 예술경영 PRE STORY』. 예술경영지원센터. 2015.

김세희

코넬대학교의 복수학위과정을 통해 경제학 학사와 순수미술학 학사를 취득한 후 서울대학교에서 미술경영학 석·박사과정을 마쳤다. 국립현대미술관 서울관의 기획전시형 뮤지엄숍, '아트존(ArtZone)' 사업의 초기 2년 운영책임자이자 예술협력(Art Collaboration) 프로젝트 기획자로, 2016년에는 웰콤 퍼블리시스 주최 아트디너(Arts on Koreat Table) 행사의 초대 큐레이터로 활동한 바 있으며, 현재 서울대학교 행정대학원/정부경쟁력센터의 전임연구원으로 재직 중이다.

9장
국립현대미술관 청주관의 마케팅 사례

김병희

국립현대미술관 # 청주관 # 문화예술마케팅 # 연구 방법 # 마케팅믹스 8P 요인
보이는 수장고 # 개방형 수장고

2018년 12월 27일 개관한 국립현대미술관 청주관은 경기 과천, 서울 덕수궁, 서울 소격동에 이은 국립현대미술관의 네 번째 분관이다. 이 장에서는 청주관의 마케팅 커뮤니케이션 활동을 문화예술 마케팅믹스의 8P 요인에 따라 분석했다. 청주관은 기획 단계에서부터 장기적인 비전에 따라 체계적인 전략을 정립했고, 장소적 장점을 고려해 장소 마케팅 활동을 적극적으로 전개했으며, 차별적인 예술작품을 선정해 문화예술 마케팅의 8P 요인에 따라 현실적 적용 가능성이 높은 마케팅 활동을 전개함으로써 조기에 인지도를 높이는 데 성공했다. 중부권에 처음으로 개관한 국립현대미술관 분관은 도시재생사업 측면에서도 성공 사례로 평가할 수 있다.

1. 청주관이 마케팅 사례로 중요한 이유

국립현대미술관 청주관(이하 청주관)은 충북 청주시 청원구 상당로 314 청주첨단문화산업단지에 소재한다. 청주관은 국내 최초로 개방형 미술관을 표방한 21세기형 미술관이자 수도권을 벗어난 지방의 첫 국립현대미술관이다. 청주에는 대청호미술관, 백제유물전시관, 우민아트센터, 창작스튜디오, 청주시립미술관 등이 있지만 대부분이 시립이나 사립 미술관이다.

2017년 착공한 청주관은 총공사비 577억 원을 투입해 2018년 12월 27일 개관했다. 청주관은 1986년의 경기 과천, 1998년의 서울 덕수궁, 2013년의 서울 소격동에 이은 국립현대미술관MMCA: National Museum of Modern and Contemporary Art의 네 번째 분관이다(국립현대미술관, 2021). 프랑스 파리의 옛 기차역을 오르세Orsay 미술관으로 바꾸고, 영국 런던의 화력발전소를 테이트모던Tate Modern 미술관으로 탈바꿈시킨 사례가 청주관이 지향한 모델이었다(오윤주, 2018).

청주관 부지는 경성전매국의 연초 공장으로 1946년부터 담배를 생산하던 연초제조창이 경영난 때문에 2004년 가동을 중단한 이후 10년 넘게 방치된 곳이었다. 처음에는 국립현대미술관의 수장품을 보존할 국립미술품수장센터를 건립할 계획이었다. 그러나 청주시에서 국립현대미술관의 부속 시설 건설이 아닌 작품 전시도 할 수 있는 미술관 건립의 필요성을 적극적으로 주장했다. 그런 주장이 여론의 지지를 얻었고, 예비 타당성 조사를 통과함으로써 지금의 청주관을 개관하게 됐다.

국립현대미술관은 청주관을 별도의 미술관으로 설정하지 않고 국립현대미술관 산하의 미술관 네 곳을 하나의 미술관 체제로 운영하기로 결정했다. 전시 프로그램의 기획이나 소장품 수집 과정을 체계적으로 관리함으로써 세계 수준의 미술관으로 자리 잡겠다는 경영 방침에 따른 의사결정이었다. 청주관을 사례 연구의 대상으로 선정한 이유는 다음과 같다.

첫째, 청주관은 비수도권 지역에서 처음으로 국립미술관이 개관하면서 전국적인 관심을 유발했기 때문이다. 서울과 수도권에만 있던 국립현대미술관이 청주에 건립된다는 소식은 문화예술계는 물론 일반 국민의 주목을 끌었고, 개관 전부터 화제로 떠올랐다. 청주관은 기획 단계에서부터 문화예술 마케팅의 8P 요인의 하나인 장소성Place을 고려함으로써 쉽게 접근할 수 있는 곳이라는 인식을 심어줬다.

둘째, 청주관은 버려진 연초제조창 부지를 문화예술기관으로 탈바꿈시켜 도시재생의 모범 사례를 만들어냈기 때문이다. 영국 런던의 화력발전소가 테이트모던 미술관이 됐듯이, 폐건물로 방치됐던 연초제조창이 국내 최초의 수장형 미술관으로 다시 태어났다. 휴식과 문화 공간을 두루 갖춘 청주관은 문화와 예술을 바탕으로 시도하는 도시재생사업의 가능성을 보여준 모범적인 모델이었다.

셋째, 청주관은 개방형 수장고와 보이는 수장고를 국내 최초로 운영함으로써 미술관의 차별화에 성공했기 때문이다. 청주관은 전시 개념을 도입해 '개방형 수장고open storage'와 '보이는 수장고visible storage'를 지향해 관람객에게 문화예술 경험의 기회를 두루 제공했다. 관람객은 정부의 미술은행 소장품을 수장된 상태에서 직접 감상했는데, 국내의 다른 미술관에서 시도하지 못한 방법이었다.

넷째, 마케팅 활동을 적극적으로 전개해 조기에 청주관의 인지도를 높이고 방문객을 확보하는 데 성공했기 때문이다. 국립현대미술관은 청주관 개관을 전후해서 문화예술 마케팅 커뮤니케이션 활동을 적극적으로 전개하고 소통을 중시했다. 관람객과 적극적으로 소통한 결과, "가장 훌륭한 박물관은 관람객이 넘치는 박물관"(이보아, 2014)이라는 주장과 같이 관람객이 넘치는 미술관으로 조기에 자리매김했다.

2. 국립현대미술관 청주관의 마케팅

국내 최초의 개방형 수장고를 갖춘 청주관은 개관을 전후해서 독특한 문화예술작품과 서비스 상품을 개발했다. 국립현대미술관은 방문객을 늘리겠다는 목표를 갖고 기관의 이미지 제고를 위해 다음과 같은 세 가지 경영 방침을 정립했다. 청주관 역시 이러한 경영 방침에 따라 운영됐다.

첫째, 핵심 기능을 심화하고 확장시켜 세계적 미술관을 지향한다는 방침이다. 전시 기획력을 강화함으로써 작품 수집의 체계화와 보존의 안정화를 모색하고, 학술 프로그램을 구조화시키고 출판 시스템을 선진화한다. 그리고 한국 미술을 해외에 확산하고 유통할 수 있도록 핵심 기능을 심화시키고 세계적 미술관을 지향하는 방안이다.

둘째, 더 많은 사람이 참여하고 향유할 수 있는 열린 미술관을 두루 운영한다는 방침이다. 더욱 구체적으로 열린 교육과 문화 프로그램을 운영하고, 고객 중심의 미술관을 실현하기 위해 노력한다. 그리고 전략적 홍보와 마케팅 활동을 다각도로 전개하며, 미술은행 작품의 향유를 확대할 수 있도록 열린 미술관을 운영하는 방안이다.

셋째, 국가 대표 미술관으로서의 역할과 역량을 강화한다는 방침이다. 지역 미술관의 지원을 확대하고 역량을 강화하며, 미술 창작을 지원하고 창작 환경을 조성한다. 그리고 4차 산업혁명에 대응하는 미술관을 조성해 안정적이고 효율적인 기관 운영의 기반을 구축함으로써 국가 대표 미술관으로서의 역할과 역량을 강화하는 방안이다.

마케팅 커뮤니케이션 활동은 경영 목표를 효율적으로 달성하기 위해 필요한 수단이다. 표적시장에 적합한 메시지를 개발해 문화예술 마케팅믹스의 여러 요인을 활용해서 문화예술작품의 수용자와 의사소통을 해야 한다. 청주관의 마케팅 커뮤니케이션 활동을 문화예술 마케팅믹스의 8P 요인(작품, 가격, 장소, 촉진, 사람, 물적 증거, 과정, 생산성과 품질)에 따라(김병희, 2020) 좀 더 구체적으로 살펴보기로 하자.

1) 작품 요인

문화예술 마케팅 요인에서 작품Product은 핵심 작품과 확장 상품으로 구분한다. 핵심 작품은 목표시장에 가시적이고 중점적으로 제공되는 작품들이고, 확장 상품은 핵심 작품의 구매를 촉진하고 소비를 증가시키기 위해 마케팅 종사자들이 고안한 기능과 혜택이다. 관객은 전시 작품을 구경하며 문화예술 소비와 예술가의 생산 과정에 참여한다.

청주관의 핵심 작품 요인을 살펴보자. 청주관은 정부와 미술은행에서 제공한 소장품을 미술관의 2층, 3층, 4층에 '보이는 수장고' 형태로 전시하고 있다. 보이는 수장고에는 국내외 미술가들의 대표 소장품이 수장돼 있다. 관람객이 유리창을 통해 소장품의 수장과 보존 상태를 관찰할 수 있다는 점은 청주관의 대표적 특성이다. 1층과 3층은 개방형 수장고다. 소장품을 수장한 상태로 관람객에게 개방하는 개방형 수장고는 방대한 작품을 감상하며 미술관의 보이지 않는 기능까지 알 수 있는 확장된 개념의 미술관이다(〔그림 9-1〕 참조). 청주관 4

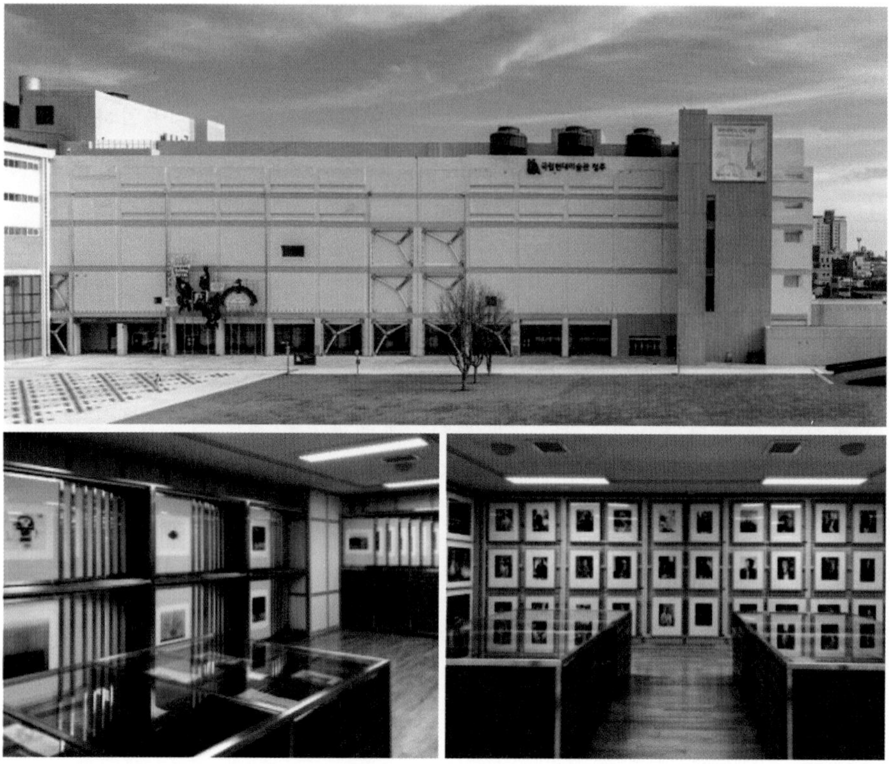

〔그림 9-1〕 기존 형태를 유지하며 재건축한 국립현대미술관 청주관

층에 있는 특별 수장고에는 국립현대미술관에 기증한 김정숙(1917~1991), 임응식(1912~2001), 한기석(1930~2011), 황규백(1932~)의 작품 800여 점이 수장돼 있다. 작품 연구를 원하는 모두에게 수장고를 개방하지만, 수장고의 특성상 시간당 10명 이내만 입장할 수 있고 어린이와 청소년의 단체 입장은 제한될 수 있다. 앞으로 청주관은 국립현대미술관의 소장품, 미술은행 작품, 정부의 미술품을 비롯해 1만 1천여 점의 작품을 보유할 계획이다.

청주관은 전시회도 기획했다. 국립현대미술관은 2020년 10월 29일부터 2021년 11월 14일까지 청주관 미술품수장센터에서 MMCA 첫 청주프로젝트 「권민호: 회색 숨」 전시회를 개최했다(〔그림 9-2〕 참조). 이 프로젝트는 청주관의 넓은 야외공간을 활용하는 설치 프로젝트로, 한국의 신진작가와 중견작가를 육성하기 위해 기획됐다. 권민호 작가는 1946년부터 2004년까지의 관련 자료를 참고해 1960~1970년대 한국 산업화 시대의 풍경을 압축적으로 표현했다. 「회색 숨」은 연초제조창의 공장 굴뚝에서 나오는 연기, 담배 연기, 노동자의 숨 같은 중의적 의미를 나타낸다.

전시회에서는 각각 다른 방식으로 제작된 3점의 회색 숨을 선보였다. 첫째, 실크스크린과 영상을 결합한 하나의 평면 작품을 로비에 구현했다. 둘째, 미술관 건물 외벽에 작품 일부를 인쇄해 옥외간판 형식(플렉스)을 이용해 1:1 스케일로 설치해 현장감을 더했다. 셋째, 평면 작품을 3D 증강현실AR 콘텐츠로 구현해 관람객이 애플리케이션을 내려받아 모바일 화면을 미술관 외벽에 비추면 작가의 평면 작품에 등장하는 공장기계, 운송 수단, 청주 시내 간판 등이 시대별로 등장해 산업화 과정을 몰입감 있게 감상하도록 했다. 증강현실 콘텐츠는 관람객이 직접 촬영해서 소장할 수도 있고, 브로슈어의 QR코드를 스캔하면 언제 어디서나 작품 맛보기 영상을 볼 수도 있다(남정현, 2020).

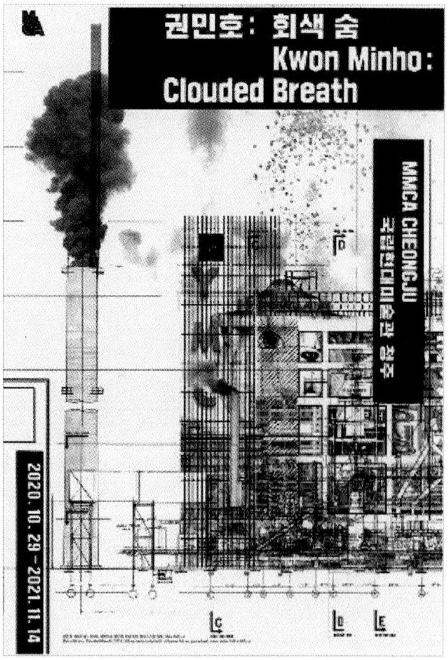

〔그림 9-2〕「권민호: 회색 숨」(2020) 포스터

2) 가격 요인

가격Price이란 문화예술작품과 서비스의 효용가치를 돈으로 환산한 것이다. 문화예술 소비에 막대한 영향을 미치며 막대한 비용이 투자된 문화예술작품은 소비자가 티켓을 구매해야 제작비 상당 부분을 보전할 수 있기 때문에 고가의 문화예술작품의 티켓 가격은 전시의 종류와 서비스 품질에 따라 달라진다. 협찬사의 확보 여부에 따라 가격이 결정되므로 소비자가 지출할 수 있는 가격의 선을 정하는 것이 중요하다(김병희, 2020).

청주관은 개장 이후 무료 관람료 정책을 유지해왔다. 간단히 회원가입을 하면 온라인으로 무료 티켓을 구매할 수 있고, 다양한 혜택을 누릴 수 있다. 전시 작품의 관람을 무료로 즐길 수 있고, 미술관 내·외부의 식음료 시설 할인, 미술관 내 뮤지엄숍 할인, 주차 할인도 받을 수 있다. 청주관에서는 전시, 교육, 행사 일정을 문자나 이메일로 알려준다. 회원에 가입해 티켓을 예매하고 관람하면 전시회원으로 단계가 올라가고, 그다음에는 일반회원과 특별회원으로 승격된다. 단계가 올라갈수록 혜택이 많아지는 구조인데, 국립현대미술관을 이용하는 관람객 수를 높이는 효과가 있다. 이러한 무가 정책은 청주관의 장점이며, 마케팅 활동에서 긍정적 요인으로 작용했다.

3) 장소 요인

장소Place란 고객이 문화예술작품과 만나는 접촉점으로 전시의 품질과 수익 규모의 결정요인이다. 전시장은 고객에게 예술작품에 쉽게 접근할 수 있게 하는 수단이자 문화예술기관에서 전시물을 제공하는 유통 장소다. 일반 마케팅에서의 유통 개념과는 차이가 있는데, 문화예술기관은 문화예술 소비자와 직접 접촉함으로써 작품 유통이 이루어지는 경우가 대부분이기 때문이다. 장소의 규모는 자연스럽게 전시 규모나 형태를 결정한다.

청주관은 문화예술 마케팅믹스의 8P 요인 중에서 장소적 장점이 가장 뛰어나다. 청주관은 청주시의 버스 대부분이 경유하는 문화제조창 버스정류장에서 하차해 도보로 1분 거리에 있고, 주차장도 매우 넓다(최고닷청주, 2020). 청주관 바로 옆에는 '원더아리아점'이 있는데, 1층과 2층에는 다양한 쇼핑센터와 커피숍과 식당, 3층에는 갤러리, 4층에는 각종 체험 공방들과 한국공예관, 5층에는 열린 도서관과 서점이 있다. 따라서 청주관에서 관람을 마친 다음 쇼핑과 휴식을 한 공간에서 해결할 수 있다는 장소적 장점이 뛰어나다.

4) 촉진 요인

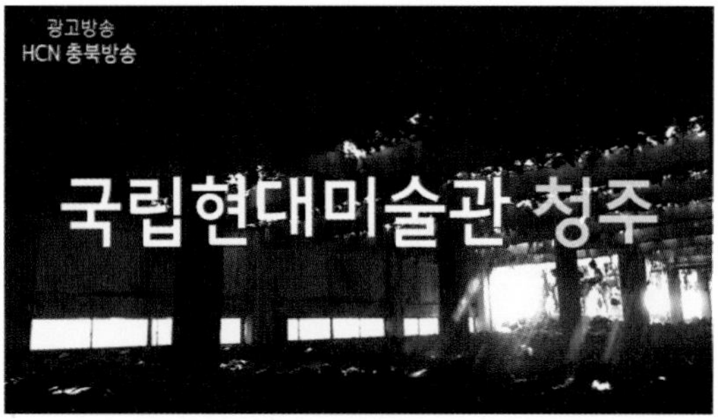

〔그림 9-3〕 국립현대미술관 청주관 개관 예고 광고 (2018)

촉진Promotion은 고객의 참여를 유도하는 마케팅 수단으로 인적 판매, 광고, 홍보 같은 활동이 대표적이다. 이 밖에도 직접우편DM, 이메일E-mail, 소셜미디어SNS, 스폰서십Sponsorship, 컬래버레이션Collaboration 같은 여러 가지 방법이 있다. 국립현대미술관은 청주관 개관을 앞두고 지역의 케이블TV에 〔그림 9-3〕과 같은 예고 광고를 했다. 개관을 앞두고 집행한 광고는 문화예술 소비자의 관심과 기대감을 환기하는 데 확실한 영향을 미쳤다.

국립현대미술관은 페이스북, 트위터, 인스타그램, 유튜브, 네이버TV 채널을 운영해 청주관의 전시 작품을 홍보했다. 동영상, 사진, 글을 통해 재미와 궁금증을 유발했다. 직접 방문하지 못하는 관람객에게는 가상현실VR 전시 관람 프로그램을 제공하고, 연령대별로 구분해 누구나 편리하게 온라인 미술관을 관람하도록 했다. 또한, 청주관의 참여형 문화 행사를 실시간으로 알림으로써 단기간에 인지도를 향상시켰다.

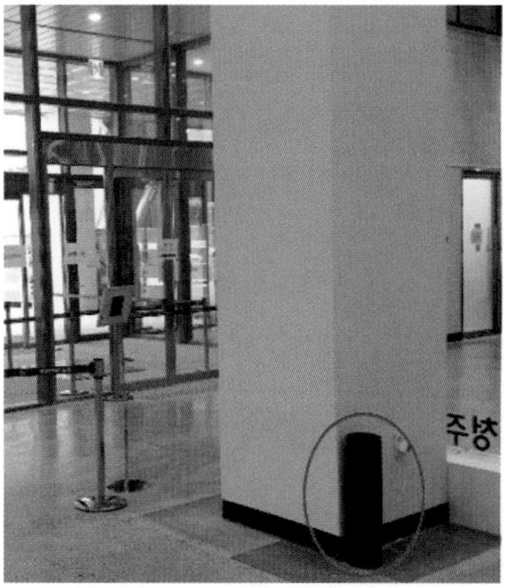

〔그림 9-4〕 시트러스 계열의 상큼한 향이 퍼지게 하는 장치

향기를 활용해서 마케팅 활동을 전개한 점도 특히 인상적이다. 향기 마케팅이란 인간의 감각기관에서 향기와 관련되는 코, 후각 기관, 뇌의 작용, 심리상태를 연구해 소비자의 구매욕을 자극하는 판매촉진 기법이다. 청주관에 가면 상큼한 대나무 향과 은은한 난초 향이 조화롭게 어우러져 미술관 전체가 울창한 대나무 숲 같다는 느낌을 준다. 〔그림 9-4〕에서 알 수 있듯이, 설치 장치에서 미술

관 구석구석으로 퍼지는 시트러스 계열의 상큼한 향은 작품을 감상하는 관람객에게 향긋한 느낌을 주기 때문에 관람객은 청주관에 대해 더 좋은 인상을 가질 수 있다.

5) 사람 요인

사람People이란 문화예술기관에서 합리적인 인사관리와 직원교육을 바탕으로 서비스 품질을 확보해 고객만족을 추구해야 한다는 마케팅믹스의 요인이다. 문화예술기관에서는 내부의 인적자원(직원과 경영진), 자원봉사자, 고객과 직접 접촉하는 직원들에게 관심을 기울이며 고객에게 감동을 줄 수 있도록 인력을 양성해야 한다.

청주관은 작품 해설자가 있어서 작품에 대한 설명을 자세히 들을 수 있다. 작품을 소비하는 과정에서 만나는 직원들의 태도에 따라 작품에 대한 관람객의 만족도가 달라지기 때문에 청주관에서도 사람 요인이 중요하다. 도슨트라는 전문 해설사는 미술 작품에 대해 해설해주고, 직원들은 친절히 응대해준다. 아무리 좋은 미술관이라도 서비스가 좋지 않으면 다시 방문하고 싶지 않을 텐데, 청주관의 직원들은 매우 친절한 편이다.

6) 물적 증거 요인

물적 증거Physical evidence는 작품의 생산 및 판매가 이루어지는 환경이자 서비스를 전달하는 기관의 유형 요소들이다. 고객은 눈에 보이는 가시적인 증거에 따라 문화예술 서비스를 평가하고 만족하는 경향이 높기 때문에 물적 증거는 마케팅믹스의 주요 요인이다. 물적 증거는 물리적 환경과 기타 유형적 요인을 의미하고 고객이 티켓 구매의 의사결정을 하는 데 영향을 미치며, 서비스 품질을 느끼게 하는 단서로 작용함으로써 문화예술기관 서비스에 대한 고객의 기대와 평가에도 영향을 미친다.

청주관의 물적 증거 요인 중 가장 중요한 것은 수장고형 미술관 시설이다. 청주관은 스위스의 샤울라거 미술관이나 프랑스의 루브르 랑스 박물관을 참고해 수장고형 미술관을 완성했다. 샤울라거 미술관은 '샤울라거Schaulager'라는 이름 자체가 독일어로 '보는 창고'라는 의미이고, 루브르 랑스 박물관은 프랑스 루브르 박물관의 소장품 일부를 따로 전시하는 별관이다. 청주의 국립현대미술관 미술품수장센터는 이국의 수장고를 참고했지만, 그보다 더 시민 친화적으로 만들었다(김은희, 2019).

청주관 건물은 모두 5층이다. 1층에는 로비와 안내데스크 및 수장고와 아트 존, 2층에는 〔그림 9-5〕 같은 관람객 쉼터와 보이는 수장고, 3층에는 보이는 수장고와 라키비움Larchiveum 및 보이는 보존과학실(유화, 유기분석, 무기분석), 4층에는 김정숙·임응식·한기석·황규백의 작품 약 800점이 있는 특별 수장고, 5층에는 다양한 특별 전시를 할 수 있는 기획전시실이 있다. 수장 공간 10개, 보존과학 공간 15개, 기획전시실 1개, 교육 공간 2개, 라키비움 및 관람객 편의시설을 갖춘 복합문화공간으로 조성돼 있다는 사실이 물적 증거로 가장 중요하다. 청주관은 관람객이 직접 들어가서 볼 수 있는 '개방형 수장고'와 유리를 통해 관람할 수 있는 '보이는 수장고' 등을 일반에 개방함으로써 물적 증거를 구체적으로 체험하게 했다. 물리적 환경인 건물 외관은 기존의 담배공장 형태를 그대로 유지한 상태에서 재건축했다. 통합주차장 같은 넓은 주차시설은 물론 각종 쉼터도 넉넉하다.

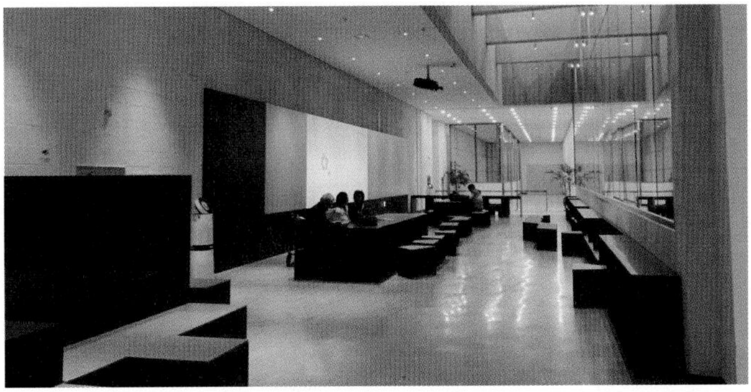

〔그림 9-5〕 관람객 쉼터

7) 과정 요인

과정Process이란 문화예술기관에서 작품을 전시하는 동안 고객의 만족도를 높이기 위해 서비스를 제공하는 일련의 흐름이다. 고객이 문화예술기관을 관람하기 위해 정보 탐색을 하고 티켓을 예매한 후 문화예술기관에 방문한 다음 티켓을 구매하여 팸플릿과 문화예술기관 관람과 문화예술작품을 관람한 후 귀가하는 모든 과정이다. 이 과정을 어떻게 관리하느냐에 따라 고객의 만족도가 달라지고, 고객의 재방문율을 평가하는 데 영향을 미친다.

청주관의 개관 초기에는 전시, 안내, 정보, 교육, 휴게 같은 기본적인 기능형 공간 안배와 수장고 내 전시 동선에 대해 우려하는 의견도 있었다. 특히 작품과 관람객 간의 거리가 확보되지 않아 작품 개방이 작품의 안전을 위협할 수도 있다는 문제점도 지적됐다(박남희, 2019). 그러나 청주관은 이런 문제점을 개선하기 위해 소장품과 관람객의 동선이 위험하게 조우하는 전시 공간을 개선했다. 그리고 인접한 비엔날레 행사장과 공간을 공유하는 문제를 보완했고, 1층에서 5층까지 이어지는 관람 동선도 자연스럽게 흐르도록 정리했다.

8) 생산성과 품질 요인

생산성과 품질Productivity and quality은 문화예술기관의 운영 성과를 높이기 위한 마케팅믹스 요인이며, 문화예술기관의 서비스 품질과 연계된다. 문화예술기관은 어떤 작품의 공연이나 전시를 할 때, 티켓 구매 전, 구매 도중, 티켓 구매 후의 모든 과정에서 고객의 기대치를 정밀하게 고려해 성과를 높여야 한다. 하지만 성과를 높여야 한다는 것에 지나치게 치중하면 서비스의 품질을 놓칠 수 있으므로 서비스의 품질 또한 항상 명심하고 진행해야 한다. 국립현대미술관 청주관의 생산성과 품질 요인은 현재 측정하기 어렵다. 개관한 지 오래되지 않았고 무료로 입장하기 때문이다. 그러나 앞으로 다양한 특별전을 기획할 경우에는 생산성과 품질 요인을 고려해야 한다.

3. 한국 예술경영에 미치는 시사점

이상에서 문화예술 마케팅의 8P 요인에 따라 청주관의 마케팅 활동을 살펴보았다. 청주관 개관 직후 100일 만에 7만 명이 다녀갔고, 주말에는 전국 각지에서 하루 2,500여 명이 몰리기도 했다. 개관 이후 1년 동안 21만 명의 관람객이 찾았을 정도로 청주관은 충청권의 문화 명소로 자리매김했다. 청주시는 2019년 8월 청주관 옆의 옛 엽연초 가공공장을 복합문화시설로 개조하고 '문화제조창C'로 명명했고, 그곳에서 2019년 10월 8일부터 11월 17일까지 청주공예비엔날레를 개최했다.

당시에 비엔날레를 찾았던 사람들은 도심에 10년가량 방치됐던 담배공장이 국제 문화 행사장으로 바뀌고 국립현대미술관이 개관해 문화집적 단지로 변신한 사실에 놀라움을 나타냈다. 이곳을 벤치마킹하려는 타 지역 자치단체와 지방의회 등의 방문도 이어졌다. 2020년 비엔날레에 35만 명이 방문한 것을 포함하면 50만 명이 훌쩍 넘는 관람객이 문화산업단지를 방문했다. 청주관이 개관하면서 연간 20만 명에 육박하는 관람객이 찾아와 지역 발전에도 기여했다. 청주관이 우리나라 문화예술경영에 제시하는 의미나 시사점은 무엇일까?

첫째, 청주관은 기획 단계에서부터 장기적인 비전에 따라 체계적인 전략을 정립했다는 사실이다. 청주관의 가장 큰 특징은 '개방형' 수장고 미술관이라는 점이다. 1층은 개방 수장고이며, 전면이 유리로 마감돼 있어 관람객이 밖에서도 내부를 볼 수 있다. 또한 정해진 동선이나 규칙이 없어 작품들을 끌리는 대로 감상한다. 수장고형 미술관은 세계적으로 널리 알려진 모델이지만, 국내에서는 청주관에서 처음으로 실현했다. 문화예술 소비자는 처음으로 경험하는 수장고형 미술관이라는 사실에 강렬한 첫인상을 가질 수밖에 없다. 결국 청주관은 개방형 수장고와 보이는 수장고 미술관으로 관람객의 호기심을 자극할 수 있었고, 문화예술 소비자는 청주관의 문화예술작품을 기존의 예술품보다 더 가까이 느끼며 문화체험을 할 수 있었다.

둘째, 청주관은 장소적 장점을 고려해 장소 마케팅 활동을 적극적으로 전개했다는 사실이다. 청주의 거의 모든 버스가 지나가는 '문화제조창' 버스정류장에서 하차하면 도보로 1분 거리에 청주관이 있다. 청주관의 바로 옆에 있는

'문화제조창'에서 진행하는 공예비엔날레나 프리마켓 같은 다양한 행사도 즐길 수 있고, 또 바로 옆의 '원더아리아'에 있는 쇼핑센터와 카페 및 도서관에서 쇼핑과 휴식을 즐길 수도 있다. 청주관 주변에 다양한 볼거리와 즐길거리가 있기 때문에 그곳에 온 사람들이 미술관으로 발길을 돌릴 가능성도 높다.

셋째, 차별적인 예술작품을 선정하고 현실적인 맥락을 고려해서 문화예술 마케팅의 8P 요인에 따라 구체적인 실행 활동을 전개했다는 사실이다. 청주관은 다른 미술관과 달리 문화예술작품 전시를 개방형으로 진행했고, 4층의 특별 수장고를 기증받은 유명 작가들의 작품을 수장·보존·관리하는 목적으로 활용했다. 그리고 보존과학실도 개관 초기에는 정보를 알리는 데 그치다가 관심이 높아지자 차츰 일반인이나 전문가를 위한 특별 프로그램을 기획해서 선보였다.

국립현대미술관 청주관은 기획 단계에서부터 장기적인 비전에 따라 체계적인 전략을 정립했고, 장소적 장점을 고려해 장소 마케팅 활동을 적극적으로 전개했으며, 차별적인 예술작품을 선정해 현실적인 맥락에서 문화예술 마케팅의 8P 요인에 따라 마케팅 커뮤니케이션 활동을 실행했다. 이러한 사실이 한국 예술경영계에 제시하는 시사점은 상상 이상으로 값진 의미를 지닌다. 또한 중부권에 처음으로 국립현대미술관을 개관해 상당한 성과를 거둠으로써 도시재생 사업 측면에서도 성공 사례로 평가할 수 있다.

참고문헌

김병희. 『문화예술 마케팅 커뮤니케이션 전략』. 학지사. 2020.

이보아. 『박물관 경영과 마케팅』. 김영사. 2014.

국립현대미술관 www.mmca.go.kr

김은희. '국립 현대 미술관은 왜 청주로 향했나'. 『ESQUIRE』. 2019.3.1 https://www.esquirekorea.co.kr/article/36999.

남정현. '국립현대미술관 최초 증강현실 전시: 권민호: 회색 숨'. 2020.10.28 뉴시스 https://newsis. com/view/?id=NISX20201028_0001213991&cID=10701&pID=10700.

박남희. '호기심의 방이 열리다: 미술관 패러다임의 변화와 국립현대미술관 청주'. 『SPACE』. 2019.2, 615쪽. https://vmspace.com/report/report_view.html?base_

seq=NDMw.
오윤주. '미술관이 된 담배공장: 청주에 들어선 한국판 테이트모던'. 한겨레. 2018.12.4.
최고닷청주. '청주 가볼만한 곳, 국립현대미술관'. 2020.1.26 청주시공식블로그. https://blog.naver. com/cjcityblog/221780223710.

김병희

현재 서원대학교 광고홍보학과 교수로 재직하고 있으며, 정부광고자문위원회 초대 위원장과 서울브랜드 위원회 제4대 위원장으로 봉사했다. 학계 활동으로는 한국PR학회 제15대 회장과 한국광고학회 제24대 회장으로 봉사했다. 저서에 『디지털 시대의 광고 마케팅 기상도』, 『문화예술 마케팅 커뮤니케이션 전략』, 『문화예술 8P 마케팅』, 『문화예술 PR』 등 50여 권이 있으며, 100여 편의 논문을 썼다. 한국갤럽학술상 대상(2011)을 수상했고, 정부의 정책 소통에 기여한 공로를 인정받아 대통령 표창(2019)을 받았다.

10장
문화다양성 시대 박물관의 변화와 비교문화 전시

홍경아

문화다양성 # 비교문화 전시 # 융합전시 # 박물관의 정체성

문화다양성 시대, 박물관의 전시는 서로 다른 문화의 전시품들을 소재로 무수히 많은 문화적 의미를 이해하고 융합하는 비교문화의 장이다. 전통적인 박물관 전시가 소장품을 통해 역사적 또는 미적 가치를 보여주었다면, 최근의 전시 사례는 작품을 통해 사회를 이해하는 담론의 장이 되고 있다. 박물관은 환경과 인종, 난민 등 새로운 사회를 맞이하는 다양한 목소리들을 위해 변화하고 있다. 아래의 사례들은 전 세계 이슈에 대한 인류적·개인적 관점을 제공하고, 이는 지역 사람들이 이해하는 데 도움이 되었다. 앞으로 비교문화 전시는 문화다양성 이해 교육을 위한 박물관의 새로운 대안의 하나로 자리하게 될 것이다.

1. 박물관의 사회적 의미와 지향

2020년은 코로나19로 인해 모든 사회가 일상의 변화를 겪게 된 해였다. 전 세계 90% 이상 박물관과 미술관의 문이 한꺼번에 닫히게 된 것은 박물관 역사에 기록할 만한 일이 될 것이다. 박물관의 3대 요소로 건축과 소장품, 관람객을 말하는데, 그중 중요한 한 축이 사라지게 된 사태에 박물관 종사자들은 앞으로 다가오게 될 다양한 환경과 미래에 대해 예측해야 했다. 박물관은 온라인 전시와 교육 등을 준비하면서 사회 안에서 박물관의 의미와 지향을 다시 한번 되새김하게 되었다.

같은 해에 또 하나의 사건이 있었는데, 미국에서부터 퍼져나간 인종 평등에 관한 대규모 시위다. 2020년 5월 미네아폴리스 경찰관에 의해 흑인 조지 플로이드George Floyd가 살해된 후 미국의 여러 도시와 세계 각지에서 Black Lives Matter('흑인의 목숨도 중요하다'라는 뜻) 시위가 벌어졌다.

시위가 한창이던 6월, 뉴욕시의 브루클린박물관은 이 도시에서 열린 Black Lives Matter 시위에서 시위대에게 로비 공간을 열어준 최초의 주요 공공기관 중 하나가 되었다. 극장과 박물관 등 문화공공기관이 시위를 돕기 위해 기관의 문을 여는 경우는 극히 드문 일이다. 브루클린박물관을 포함한 많은 장소는 전 세계적으로 확산된 코로나19 전염병으로 인해 대중에게 폐쇄된 상태였다. 'Open Your Lobby'라는 소셜 미디어 캠페인은 공공기관들에 대중의 접근을 허용하도록 요구했고, 처음으로 브루클린박물관이 응답하게 된 것이다. 코로나19로 인해 거의 모든 시설이 문을 닫은 시점에서 시위에 참여한 시민은 화장실을 사용할 수도 없었고, 잠시 해를 피하거나 쉴 장소를 구하기도 어려운 상황이었다. 박물관뿐만 아니라 공연장, 극장 같은 문화공공기관에서 시민을 위해 문을 열고 휴식의 장소로 배려하겠다는 결정은 박물관이나 미술관의 설립목적에 다가서는 일이라 판단되지만, 쉬운 결정은 아니었을 것이다. 온라인 전시 프로젝트와는 매우 다른 의미로 박물관들은 오지 않는 사람들과 오기를 원하는 갖가지 요구에 대해 고민하게 된 것이다.

21세기 박물관의 문화예술 분야에 대한 교육은 성숙한 시민을 양성하는데 기여해야 한다고 생각해왔다. 성숙한 시민이란 "생산적인 노동력을 제공할 수 있는 소양과 분별력을 지닌 사회의 구성원"으로 이를 위해 공동체 사회의 다른 사람들을 배려하고, 인간적이고 공정한 사회를 만들기 위한 개인적·사회적 행동을 하는 시민을 말한다. 박물관은 이를 지원해야 한다는 기조를 유지해왔으나 전염병, 인종차별 문제가 대두됨으로써 박물관 운영의 변화가 급작스럽게 느껴질 수밖에 없었다.

브루클린박물관이 2020년 시민과 소통하기 위한 오픈 로비 결정은 이 시기에 문화교육의 장으로서 역할을 다한 것이 아닌가 싶다. 교육은 교사와 학생 간의 지식전달에 있는 것이 아니라는 것을 그간 문화교육 역사를 통해 잘 알고 있다.

같은 해 6월에는 대영박물관 관장 하르트비히 피셔Hartwig Fischer가 성명서를 발표했다. "우리는 영국 흑인 공동체와 연대한다"라며 "Black Lives Matter의 정신과 영혼을 만지면서 박물관은 사회와 그들의 혼합된 역사를 더 잘 반영하기 위한 올바른 방법을 찾아야 한다"라고 언급했다.

문화다양성 시대에 박물관 안에서 문화를 통한 교육이 실현되려면 개별적인 존재인 사회 구성원 스스로 사회와 문화 통합의 주역이라는 사실을 박물관에서 느끼도록 하는 것이 중요하다. 즉 역사나 예술로 표현된 문화들로 현재의 우리 사회가 이루어진 것이며, 또다시 주체적인 개인들의 삶이 모여 우리 사회를 구성해나가고 있다는 것을 깨닫는 데 도움이 되어야 한다는 것이다. 그랬을 때 동시에 박물관에서 경험한 생소한 문화들에 대해 이해할 수 있으며, 감정과 느낌을 발전시킬 수 있다. 작가와 작품도 세상과 가까울수록 작업 안팎으로 교감이 이루어지는 것과 같이 박물관에서도 그 역할에 대해 조금씩 변화의 의미를 찾아가야 한다. 2020년 미국과 유럽 박물관들의 관심이 전염병에 대한 대책에서 흑인차별에 대한 문제, 더 나아가 문화다양성에 대한 더욱 큰 관심으로 변화하고 있는 것을 확인할 수 있었다.

관람객이 선택하는 근거들은 매우 다양할 것이다. 관람객의 고유문화 혹은 익숙하지 않은 문화에 대해 분명한 문화선호가 반영되고, 특히 당대의 사회적 이슈에 매우 민감하다. 관람객은 한 번의 방문만으로도 한 문화에서 다른 문화로 이동하여 이를 경험해볼 수 있으며, 자신의 생각을 만들어갈 수 있다. 이것이 박물관 경험과 문화적 교육으로서 중요한 특징이다.

2. 박물관의 문화다양성 정책과 실천 과제

"현대사회에서 박물관 정책연구의 필요성은 정책이 궁극적으로 인간의 존엄성 실현과 확보에 목적을 두고 현실적으로는 문제 해결을 위한 정책 과정의 합리화를 높이기 위한 것"이라 한 정책학자 라스웰Lasswell의 주장과 다르지 않다. 즉 박물관정책에서 문화다양성 교육과 활용방안에 대한 연구는 첫째, 박물관의 사회적 역할과 문제 해결을 모색하기 위한 것에서 나아가 학문적인 목적을 가져야 하며, 둘째, 문화다양성에 대한 이해와 인류문화의 존엄성을 구현하기 위해서는 정책에 대해 공유하는, 즉 실천적으로 적용하는 목적을 지녀야 한다.

국제박물관협회ICOM는 유네스코UNESCO가 2008~2013년까지 중장기 전략 중 하나로 명시한 '문화적 사명에 대한 목표'를 지지하면서 박물관의 정체성 확립과 문화다양성 증진을 전략적 과제로 삼았다. 이 전략에서 목표하는 바는 문화다양성 증진과 보호를 비롯하여 '문화유산의 역할이 정체성의 기초이며, 개발의 매개체이자 대화와 화해, 사회통합의 도구'라는 지향성을 실현하는 것이다.

ICOM의 중심 역할은 윤리강령과 기본원리 및 책임을 통해 박물관이 해야 할 역할과 기능에 대한 지식을 정의·발전·전파하는 것이다. 2008~2010년 전략계획에서는 다양성을 통한 결속을 실천하여 '새로운 책임'을 어떻게 받아들여야 할지를 결정했다. 전략계획에서 핵심가치는 지적·문화적·사회적 다양성에 기반한 세계적 담론을 중시하며, 문화 간 인권의 이해와 사회변화, 공공의 문제 참여라는 박물관의 사회적 책임을 인식한다는 것이다. 이러한 문제를 해결하기 위해 전체 박물관 사회에 포용성을 위한 운영을 촉구했다. 또한 2009~2010년을 문화다양성에 대한 현실적인 논의와 대안을 만들어내는 해로 정하여 활동했다. 이와 같은 계획들은 인류의 공동 유산으로서 문화적 다양성을 보호하려는 것을 말한다.

ICOM은 2009년 뉴스레터를 통해 박물관의 사회적 역할에 대해 주요하게 다루어 홍보했다. 여기에서 사회적 조화를 주제로 한 내용으로 음악 용어인 '하모니'를 들어 비유하고 있는 것이 인상적이다. 여기서 '하모니'는 제각기 다른 문화적 맥락을 말하는데, 만약 멜로디와 리듬이 수평적이라면 조화는 많은 유사화음 혹은 불협화음의 변화와 같이 수직적일 것이라 설명한다. 음악가들은 이 조화로움을 다양한 각도에서 해석하고 있다. 규모의 차이, 묘사의 다양성, 박자의 이동과 그것들의 균형을 만들어내기 위한 노력은 도전이 아닐 수 없다는 비유를 하는 것이라고 한다. 2020년에는 질병, 환경, 차별의 이슈가 극렬하게 대두되기 이전의 문화다양성에 대한 가장 활발한 담론이 만들어졌다.

2020년까지 몇 년 동안 미국, 유럽 및 호주의 박물관은 박물관의 탈식민화에 대한 담론이 많았다. 박물관에서의 탈식민지는 어떤 의미를 지니고 있는가? 이것은 지배적인 문화를 가진 백인사회적인 관점을 넘어서서 다양한 견해를 확대하는 과정으로 정의할 수 있다.

박물관이 소장하고 있는 작품 또는 유물은 식민주의에서 유래되어 보관된 것이 많았다. 예를 들어 영국의 대영박물관이 소장한 컬렉션들은 전 세계를 돌며 수집된 것들이라 할 수 있다. 당시의 수집가들은 토착문화를 보존한다고 생각하기도 했다. 그 과정에서 빼앗기거나 약탈을 경험한 소수민족들에 대해서는 생각하지 않았다.

또한 소장품 중 민속적인 것들은 예술품으로 분류되기보다는 민속적인 수집품으로 보관되고 전시되어왔다. 어쩌면 이러한 분류 자체가 소수의 문화가 지속적이지 않다는 것을 당연하게 결정해버리게 된 것일 수도 있다. 정책은 사회적 조화와 정의, 유대감에 대해 특별하게 명시하는 것이므로 다양성이 존중되고 가치를 지닐 수 있게 되는 중요한 일이다.

개별 박물관들 내에서 전시와 행사의 의미를 변화시키고 소수자들을 수용하는 프로그램을 만들기도 하지만, 원칙적으로 정책적 결정이 있다면 개개인의 생각을 변화하고 조화로운 시민의 공간을 만들어가는 데 도움이 될 것이다. 박물관은 사람들을 위한 공간이고 정보와 자원, 문화와 예술품들의 저장 공간일 뿐 아니라 해석하고 적용시키며, 때로는 부드러운 협상의 공간으로서 사회의 여러 단면을 지지하는 좋은 토양이어야 하는데, 이것이 궁극적으로 사회 조화를 위한 박물관의 역할이다.

정보 및 네트워크 사회, 문화경쟁, 이주자의 증가와 다문화사회에 대한 박물관의 발전적 시도는 작지만 지속적으로 이루어지고 있다. 그러므로 국가 문화다양성에 대한 정책의 목표와 더불어 조화를 이루는 박물관의 문화다양성에 대한 역할을 개념화할 필요가 있을 것이다.

문화다양성에 대한 이해를 바탕으로 전 세계적으로 그에 상응하는 정책을 펴고 있으며, 우리나라에서도 문화의 역할이 정체성의 기초이며 개발의 매개체이자 대화와 화해, 사회통합의 도구라는 명제를 중요하게 받아들여 각 부처의 정책방향에 영향을 주고 있다. 근본적으로 문화다양성에 대한 이해와 인류문화의 존엄성을 구현하기 위한 정책은 서로 간의 공유가 있을 때 실천적인 적용이 가능하다. 이러한 박물관정책은 박물관 현장에 반드시 적용되어야 한다. 이 정책들을 전시 또는 프로그램에 적용하는 과정에서 다시 정책과의 상호작용이 일어나 영향을 미치고, 또 다른 발전적인 정책들을 형성하기 때문이다.

3. 박물관의 비교문화 전시

"박물관에서는 시간이 공간이 된다. 다시 말하면 기억의 공간이 형성되어 그 공간 안에서 기억은 다시 구성되고 재현되며 숙달된다."(알라이다 아스만, 2011: 60)

박물관은 문화를 기억하고 저장하는 공간이며, 이러한 문화적 기억은 전시를 통해 다시금 현재 우리의 삶을 비춰볼 수 있게 한다. 비교문화 전시는 박물관 속 문화적 기억들을 씨줄과 날줄을 엮듯이 공간에 펼쳐놓는 전시 표현 형식이다.

박물관에서의 전시는 다양한 주제를 다루고 있지만, 그 시대 문화에 대한 이해와 더불어 전시를 만드는 사람의 의도가 반영되는 것은 필연적이다. 즉 전시의 기반은 당대의 문화와 시간, 장소, 혹은 박물관의 성격이나 전시의 유형에 따라 얼마든지 달라질 수 있으며 매우 다양하게 보일 수 있다는 것이다(Steven D. Lavine & Ivan Karp, 1991). 전시를 만드는 사람은 단순히 전시품을 진열하여 보여주는 것만 의미하지 않고 불특정 관람객을 배려하고 상호 간의 소통을 통해 전시의 목적한 바를 이룰 수 있도록 매번 새로운 시도를 하게 된다.

관람객이 전시 관람을 통해 경험한 것들을 자신의 삶에 창의적으로 반영하거나 적용하는 힘으로 발전시키는 것을 '박물관 효과'(Ivan Karp, 1991)라고 하며, 더 큰 의미의 관람효과에 대한 연구가 이어지고 있다. 전시품은 그 자체만으로도 독립적인 힘을 발휘할 수 있다. 또한 시설의 방식, 즉 디자인, 배열, 집합을 통해 소통하는 미묘한 메시지는 박물관에 전시된 물체나 이야기들을 시각적·문화적·사회적·잠재적 흥미의 이해로 감상하게 된다. 따라서 이러한 다양한 맥락을 연계하기 위해 문화학 관점과 비교문화적 관점에서의 전시는 더 넓은 의미의 박물관 효과를 내는 데 도움이 될 것이다.

비교행위는 여러 가지 이유로 사회학적 실천에서 중심적인 자리를 차지한다. 그중에서도 특히 다음 세 가지가 중요한 핵심이다. 우선 첫째로 비교는 과거에 존재했던, 그리고 현재 존재하는 사회제도들이 매우 다양하다는 것을 보여준다. 이것은 사람들이 서로 관계를 맺는 방식에 거의 무한한 변이들이 존재한다는 사실을 보여줌으로써 탈지역화를 실행한다고 볼 수도 있다. 둘째, 비교는 관찰 가능한 많은 변이의 계통적 속성을 보여주는 데 유용하다. 따라서 비교는 상이한 맥락에서 채택되는 사회변동의 경로가 넓은 의미에서는 유사하다는 사실을 인식할 수 있게 해준다. 셋째, 차이에 대한 비교사회학의 체계적 연구는 사회현상이 얼마나 다양한지뿐만 아니라 왜 그 같은 다양성이 발생하는지를 연구하는 데 핵심적인 역할을 한다.

비교문화란 역사적이고 사회적이며 다문화적인 현상과 더불어 연구가 이루어져야 함을 정의한다. 따라서 비교문화 전시 또한 대상에 대한 비교의 근거를 마련해야 하며, 어떠한 전시 방법을 취할 것인지 역시 중요하게 고려되어야 할 문제다. 이러한 방법적인 면에서 이제까지 비교전시의 일반적인 유형이라 하면 첫 번째는 단순하게 1차원적으로 비교의 근거를 가지고 있는 둘 이상의 전시품을 전시하는 방법이다. 두 번째는 비교대상이 되는 전시품이 서로 다른 문화권의 것인 경우로, 이때는 지역과 역사적, 또는 민족적인 인과관계의 연구가 바탕이 되어야 한다. 마지막으로 세 번째는 매우 개별적이고 타문화권의 독창적인 현대 창작품의 전시 또한 비교전시에 포함될 수 있다. 그러나 이 모든 것은 기획자가 작품을 어떠한 관점에서 해석하느냐에 따라 복합적이고 다원적일 수 있다. 그러므로 비교문화 전시는 위의 일반적인 비교뿐만 아니라 더욱 광범위하고 독창적인 특성들을 종합하여 조망할 필요가 있다. 예술에서 학제 간의 연구를 필요로 하듯이 비교문화 전시는 복합적인 사고와 경험이 요구된다.

국내에서는 주로 민속에 관련한 연구와 전시를 목적으로 대표적인 표본을 선정하여 전시물을 병렬전시 함으로써 관람객이 전시된 전시품 간의 유사성과 차이점을 발견하게 된다는 것에 적용해왔다. 전시의 단순 비교로 야기되는 문제들을 극복하기 위해 전반적인 사회문화 구조와 발전 과정에 대한 시·공간적 표현들을 살펴보는 것이 필요했다.

현대의 박물관 전시에서 비교문화 전시는 2개 또는 다수의 문화 비교를 통해 전통성 또는 전래적인 교류의 생활문화를 발견하는 데서 더 나아가 더욱 확장된 의미를 찾아야 한다. 이것이 문화다양성 사회에서 요구하는 전시의 의미일 것이다.

각기 다른 조건과 문화의 적응, 기술적인 변화에 의해 다양해지는 전시의 변화성에 대한 이해를 바탕으로 한 비교문화 전시의 형식은 변화와 개발로 풍부한 해석을 가능하게 해야 한다는 점에서 융통적인 해석이 필요하다. 전시를 만드는 사람이 가지는 비교의 관점 또한 2개의 문화를 자문화 중심에 두어 강조할 수 없다는 것은 현대에 지극히 당연한 원칙이다.

관람객이 박물관의 비교문화 전시를 통해 다른 문화 간의 공유되는 가치에 대해 이해하는 것을 목적으로 기획된 국내외 교류전시가 많아지고 있다. 비교문화 전시는 오래전부터 많은 박물관에서 행해온 전시 방법 중 하나다. 비교문화 전시들은 문화적 다양성뿐만 아니라 현대와 과거의 연계라는 사회적인 인식을 전제로 하여 만들어지고 있다.

이 연구에서는 관람객이 박물관의 비교문화 전시를 통해 다른 문화 간의 공유되는 가치에 대해 이해하는 것을 목적으로 필자가 기획한 국내외 전시 몇 건의 사례를 간단하게 소개한다. 여기에 사례를 든 전시들은 그중에서도 문화적 다양성, 현대와 과거의 연계라는 사회적인 인식을 전제로 하여 만들어진 것이다.

세 번의 해외전시 중 미국과 중국에서의 전시는 주로 전통과 현대의 비교문화적 요소를 갖추어 전통에 대한 오마주적 의미로 현대작가가 전통의 공예품으로부터 영감으로 재해석된 작품을 함께 전시했고, 남아프리카공화국에서는 어느 한쪽의 우열이 생기지 않도록 배려하여 두 나라 여성 예복의 공통점을 찾는 전시 방식을 취했다.

1) 남아프리카공화국 프레토리아 「Art is Connected: Korean and South African Women's Culture」전(국립디트송문화사박물관, 2018.7.25~8.26)

한국과 아프리카 국가의 외교관계 진흥과 남아프리카공화국 여성의 달을 기념하여 남아공과 최초로 전시문화교류사업을 추진하면서 기획되었다. 한국과 남아공의 첫 번째 공동 전시는 여성의 삶을 다룬 전통예술작품 교류를 통해 두 나라를 연결하고자 한 것이다. 남아프리카공화국과 우리나라 여성의 전통예복과 생활장식을 공통의 색으로 연결하여 전시했다.

"2개의 문화를 자문화 중심에 두어 강조할 수 없다는 것은 현대에 지극히 당연한 원칙이다"라는 명제를 중요하게 다루어 구현하게 된 전시였다.

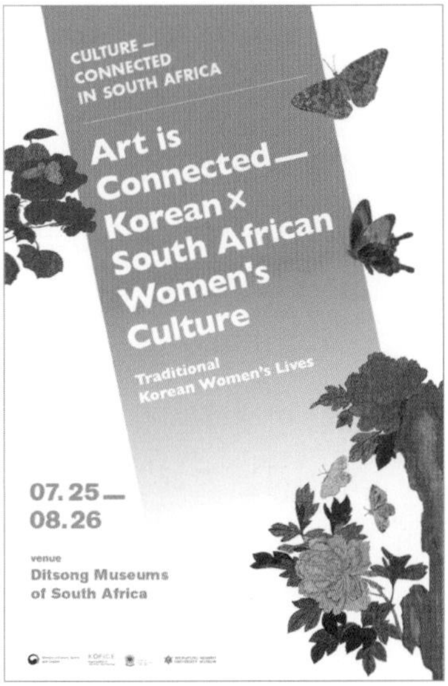

「Art is Connected: Korean and South African Women's Culture」전 포스터

2) 중국 베이징 「심상心象: 한국의 색」전(주중한국문화원, 2018.10. 15~30 / 베이징복장학원 민족복식박물관, 2018.10.15~11.7)

「심상心象: 한국의 색」전은 주중한국문화원과 베이징복장학원 민족복식박물관 두 곳에서 동시 개최되어 한국의 전통과 현대적 관점으로 재해석한 한국의 미의식을 보여주고자 한 전시다. 주중한국문화원에서는 「심상: 한국의 색-Contemporary」, 베이징복장학원 민족복식박물관에서는 「심상: 한국의 색-Traditional」을 주제로 색으로 연계한 전통과 현대의 만남, 전통

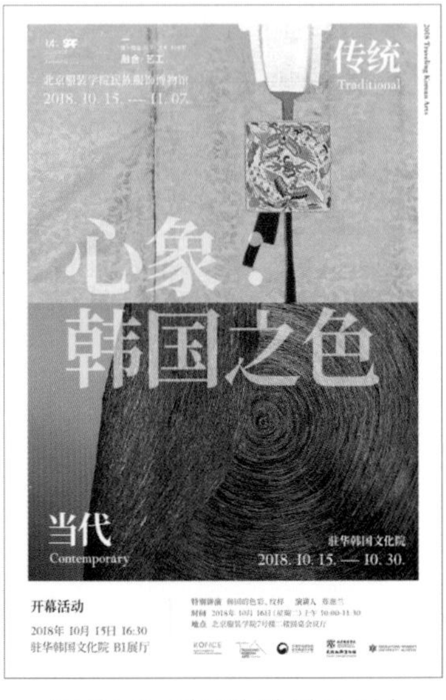

「심상心象: 한국의 색」전 포스터

을 재해석한 현대 작가의 두 공간으로 기획하여 한국의 멋과 색을 느낄 수 있는 작품을 전시했다.

3) 미국 워싱턴 D. C.「한국공예 어제와 오늘(Korean Craft, Yesterday and Today)」전(주미워싱턴한국문화원, 2019.5.3~6.21)

사대부가 일상에서 향유한 가구, 복식, 도자기를 현대 공예작가의 작품과 함께 재구성하여 전시했다. 선의 분할과 배치가 돋보이는 한국의 전통 사랑방 가구와 현대 공예, 미디어 설치 작품이 과거와 현대의 아름다운 조율을 보여주었다. '희고 푸른 한국의 정서'에는 한국의 청화백자와 푸른 관복에 맞춰 현대도자와 섬유작품 등이 전시되었으며, '한국의 선'에는 조선시대의 목가구 칠기가 현대 섬유작품과 함께 전시되었다.

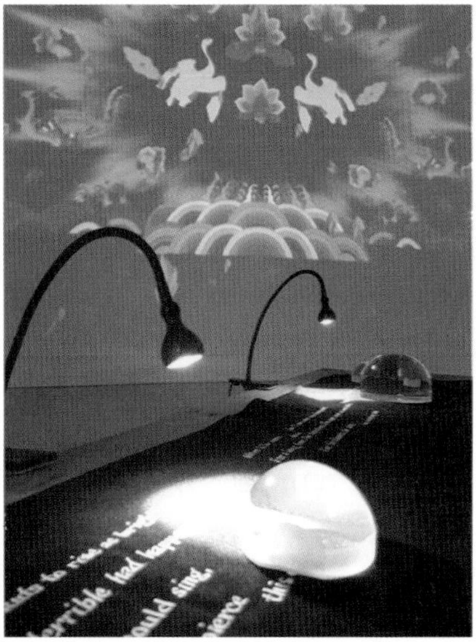
「한국공예 어제와 오늘」 전시 전경

"전시 속 작품들이 전통을 담고 있으면서도 현대적인 감각으로 재탄생했네요."

"한국의 과거 공예품들을 현대작가들이 만든 작품을 통해 볼 수 있다는 것은 매우 환상적인 경험이었습니다."

- 워싱턴 D. C.「한국공예 어제와 오늘」전 관객의 영상 인터뷰에서

덩Dung은 문화상대성 이론을 설명하면서 이와 같이 복잡한 이슈들을 드러내기 위해서는 '시각문화라는 렌즈를 통해 보는 예술 전시'라는 비유를 들어 다음의 요소들을 종합적으로 고려해야 한다고 했다. 고려의 대상은 기본적으로 이미지 자체를 들 수 있다. 대상이 어떻게 보이는가, 기술·물리적 재료들은 어떤 것인가를 살펴보는 것으로, 대상에서 표현 수단과 메시지 사이의 관계, 또는 형

식과 콘텐츠의 관계 또한 고려해야 한다. 다음으로는 대상을 만들어낸 사람들에 관한 것으로 민족적·성별·성적·인종적·종교적 정체성이 포함된 창작자의 이미지와 대상에 대한 설명, 논쟁을 위해 배경이 되는 언어의 본질, 역사적 맥락을 생각해야 한다. 마지막으로 대상에 대한 다양한 반응과 관람객의 정체성도 고려되어야 하며, 이후에도 끊임없이 일어나는 문화 교류와 사회적·정치적·문화적 기관들의 역할도 중요하다고 했다(S. Brent Plate, 2002).

4) 「이방인의 메아리: 난민」전(숙명여자대학교문신미술관, 2020.10.13~11.13)

「이방인의 메아리: 난민」은 창작을 통해 자신의 존재와 현실을 표현하는 '난민 예술가의 시선'에 대한 전시다. 벽화와 영상, 사진 작업을 하던 먼 나라의 예술가들은 한국이라는 낯선 곳에서 짐을 나르고 기계를 돌린다. 전통적인 회화로부터 멀티미디어 테크놀로지 같은 다양한 예술 영역에서 활동하던 그들은 팍팍한 생존의 날들에도 여전히 기억을 모으고 개념을 만드는 작업을 하고 있었다.

난민 예술가의 작업 방식은 난민의 삶처럼 한없이 초라하고 소소하기 그지없다. 그럼에도 그들이 예술작업을 지속하고 있는 것은 삶을 놓을 수 없는 것과 같다. 그 자체로 그들의 존재에 대한 확인이기 때문이다.

이 전시에는 난민 예술가와 한국계 외국 국적의 작가, 한국의 영상 프로젝트 그룹 등이 참여한다. 예술가들은 공간과 시간의 이탈, 과거·현재·미래라는

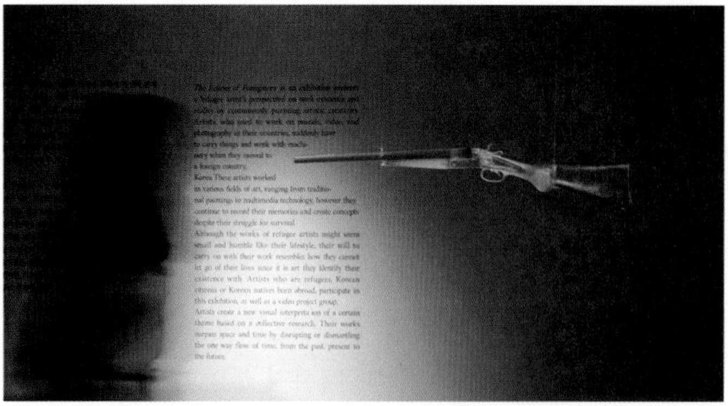

「이방인의 메아리: 난민」 전시 전경

일방통행적인 시간의 흐름을 전복하거나 해체시키는 공동의 탐구로 주제에 대한 새로운 시각적 해석을 만든다.

지구상에서 가장 취약한 사람들 중 하나인 난민. 인종·종교·정치·사상적 차이로 박해를 피해 탈출한 사람들. 그들 중에 예술가들이 있으며, 난민 생활 속에서도 창작으로 존재를 확인하며 살고 있다. 「이방인의 메아리: 난민」전은 문명에 기반한 인격적 가치를 또 다른 시각으로 발견하게 되는 상징적 공간이기를 바라는 전시다.

(1) 난민과 연결

영국 레스터시에 있는 뉴워크박물관The New Walk Museum은 2018년 난민 지수를 표시한 라벨링 프로젝트를 진행했다. 박물관은 지역 창작 작문 교실의 난민과 함께 일했다. 이 프로젝트는 현대 미술 개발 대행사인 'ArtReach'가 개발했다.

펜실베이니아대학의 고고학과 인류학 박물관The Museum of Archaeology and Anthropology은 난민이 자국에 대해 가지고 있는 지식을 활용했다. 이 박물관은 2018년부터 소수의 난민을 '글로벌 가이드'로 고용했다. 전시회의 맥락을 설명할 수 있는 사람들이고 박물관의 유물과 자신의 세계 사이를 연결하는 역할을 한다.

(2) 난민이 만든 예술 전시

「The Room to Breath」 전시는 2018년 11월 런던의 이주박물관에서 열렸다. 이 전시회는 전속 이주 예술가들을 위한 공간을 제공한다. 기획의 특징은 전시장마다 몰입적 경험에 있다고 한다. 이 프로젝트는 난민 경험에 대한 개인적인 이야기를 작업하여 전시했다.

이들 박물관은 난민 이야기가 긍정적인 역할을 한다고 말하고 있다. 박물관은 난민과 이민자를 새로운 지역사회에 맞이하는 데 도움을 줄 수 있다. 박물관은 그들에게 자신의 목소리와 사회를 연결할 방법을 박물관의 공간과 전시를 통해 할 수 있었다. 이는 전 세계 이슈에 대한 인류적·개인적 관점을 제공하고, 지역 사람들이 이해하는 데 도움이 될 수 있다고 한다. 결국 박물관은 역사를 통해 사람들의 이야기를 전하는 전문적인 공간이 될 수 있다.

우리나라 대학미술관에서 열린 「이방인의 메아리: 난민」전이 외국에서 열린 난민 전시 사례들과 다른 점이 있다면 난민 작가와 국내 작가들의 난민에 대한 생각의 교류가 작업을 통해 대화의 장을 마련하고자 한 것이다. 또 한 가지는 대학미술관으로서 사회적 역할에 대한 고민이 함께한다. 미국의 테너먼트 뮤지엄Tenement Museum은 "미래에 대한 가장 밝은 희망은 과거의 교훈에 있다"라는 인터뷰를 했다. 대학의 미술관은 '미래, 희망, 과거의 교훈'을 모두 포괄하는 곳이어야 한다는 생각이다.

4. 문화다양성 시대의 비교문화 전시

글을 마무리한다면, 비교문화 전시는 여러 문화를 병렬적 방식으로 진열하는 것을 의미하지 않는다. 또한 전시를 만드는 사람이 관람객이 어떻게 이해해야 하는가를 결정하지 않는다는 것이다. 그동안 기획자들이 이론적으로 제기하고 정의하는 내용을 통해 알 수 있는 비교문화 전시에 대한 핵심은 현대사회에서의 비교문화는 하나 또는 여러 종류의 전시품을 한 가지 비교의 틀에서 접근하기보다는 지역적이고 역사적인 배경 속에서 각기 다른 의미를 다양한 방법으로 전달해야 한다는 것을 시사한다.

박물관의 비교문화 전시는 서로 다른 문화의 전시품들을 통해 무수히 많은 문화적 의미를 받아들이고 이해하며, 해석 가능한 토대를 이루어 문화적 맥락을 융합하는 전시가 되어야 한다. 전통적인 박물관 전시가 소장품들을 통해 역사적 또는 미적 가치를 보여주었다면, 최근의 해외전시 사례는 관람객에게 문화적 연속성과 다양한 전시품 사이의 맥락과 차이를 보여주는 전시로 예술작품을 통해 사회를 이해하는 담론의 장이 되고 있다.

전시를 통해 다른 시대, 다른 공간, 다른 문화적 형태를 알고 경험하고 관점을 만드는 것은 대조와 비교에 의해 성취될 수 있다. 그러므로 비교문화 전시는 비교문화적 접근의 관점, 즉 환경과 생활양식 등 사회문화적인 차이로부터 발생한 변화를 문화 또는 예술적인 결과물들을 통해 연계성 있는 각기 다른 문화적 유형뿐만 아니라 시대와 역사를 포괄하여 이해할 수 있도록 하는 문화다양성 시대의 대안이라 하겠다.

참고문헌

(사)한국박물관협회. 『제13회 한국박물관국제학술대회 ICOM 한국위원회 미래박물관 위원회 결과 자료집』. (사)한국박물관협회. 2019.

(사)한국박물관협회·ICOM한국위원회. 『국제박물관협의회(ICOM) 교토 2019 세계박물관대회 참가 결과 보고 세미나: 일본 교토』. (사)한국박물관협회·ICOM한국위원회. 2019.

Assmann, A. *Erinnerungsraume: Formen und Wandlungen des kulturellen Gedachtnisses.* 『기억의 공간』. 변학수·채연숙 역. 그린비. 2011.

Ivan Karp. "Culture and Representation". In: Steven D. Lavine and Ivan Karp. *Exhibiting Cultures: the Poetics and Politics of Museum Display*, Washington: Smithsonian Institutation Press, 1991.

Steven, D. Lavine and Ivan Karp. *Exhibiting cultures: the poetics and politics of museum display.* Washington: Smithsonian Institutation Press, 1991.

Museums and Migration https://museumsandmigration.wordpress.com/category/exhibitions/

MuseumNext https://www.museumnext.com/article/brooklyn-museum-opens-its-lobby-to-blacklivesmatter/

홍경아

숙명여자대학교의 박물관·미술관 학예팀장으로 재직하고 있으며, 서울·북경 예술가 교류전(2016)의 예술감독으로 활동했다. 「Korean Craft Yesterday & Today」, 「Art is Connected Korean & South African Women's Culture」, 「꽃, 함축의 시간」, 「공존: 다문화이해를 위한 다섯가지 박물관 생각」, 「나의 초상」, 「디자인을 위한 영감: 선과 선이 만날 때」, 「진화, 우연한 변화의 시작」 등 한국·미국·중국·남아공·카자흐스탄 등에서 열린 150여 건의 전시를 기획했다. 주요 연구 분야는 문화다양성 전시, 박물관 경영, 박물관 교육 등이다.

11장
뮤지엄 내 전시미디어를 위한 디지털 리소스의 활용 전략

김선혁

디지털 뮤지엄 # 아카이브 # 디지털 리소스 # 전시미디어 # 큐레이션

최근 국내외 뮤지엄 전시에서 디지털 컬렉션을 바탕으로 디지털 미디어를 구현하는 사례가 늘어나고 있다. 본 사례연구는 뮤지엄의 다양한 디지털 활용 분야 중에서 디지털 리소스를 재료로 전시미디어를 구현한 국내 기관의 사례를 살펴본다. 국악아카이브 자료를 리소스로 하는 국악아카이브 미디어, 국립중앙박물관 소장 신라 금제유물을 리소스로 하는 신라실 아카이브 미디어, 안양공공예술프로젝트 작가 아카이브 자료를 리소스로 하는 안양파빌리온 아카이브 미디어 사례에 등장하는 디지털 리소스의 특징을 살펴보고, 이를 반영하는 전시미디어 설계 및 구현과정을 분석한다. 뮤지엄의 다층적인 전시경험 안에서 전시미디어의 목표, 리소스, 공간 맥락에 따라 리소스의 활용전략은 다를 수밖에 없다. 본 연구에서는 뮤지엄 환경 안에서 디지털 리소스가 갖는 공통의 특성과 가능성을 고려하여 각 사례를 통해 디지털 리소스의 활용 전략에 대해 논의한다.

1. 서론

최근 뮤지엄 전시공간에 대한 대중의 니즈가 다양해지고, 기대수준이 높아지면서 전시공간도 이에 맞추어 변화하고 있다. 특히 전시 내용과 대상에 따라 디지털 미디어를 활용하는 방법론의 차이는 있으나, 대부분의 전시공간에서 디지털 미디어를 발견할 수 있다. 본 사례연구에서는 뮤지엄 전시공간에 등장하는 전시미디어 사례를 뮤지엄 고유의 컬렉션과 아카이브로부터 출발하는 디지털 리소스 관점에서 살펴보고, 앞으로 뮤지엄 환경에서 디지털 리소스를 활용하기 위한 전략을 도출하고자 한다. 본 연구는 전시미디어가 단순히 디지털 스크린의 형태나 크기와 같이 공간 연출의 영역보다는 뮤지엄 리소스를 매개로 하는 정보 커뮤니케이션 채널 영역에 놓인다는 점을 전제로 한다. 왜냐하면 전시경험의 근간은 컬렉션 및 아카이브가 지닌 내용과 정보이고, 새로운 미디어 기술이 등장한다고 하더라도 이러한 경험의 근간은 쉽게 변하지 않기 때문이다. 특히 뮤지엄이 지닌 컬렉션 혹은 아카이브 중 콘텐츠 구현에 직접적으로 활용되는 자료 및 정보를 '리소스'라는 용어로 부르고자 한다. 예를 들어 유물을 디지털화하여 생산된 고해상도 이미지 데이터도 리소스인 동시에 유물의 특징을 서술하는 기본 메타데이터와 상세설명 내 텍스트 데이터도 전시미디어 구현을 위한 리소스로 보고 그 특징을 살펴본다.

디지털 컬렉션과 아카이브를 재료로 하는 전시미디어는 두 가지 특징을 중심으로 한 접근이 필요하다. 첫째, 뮤지엄에는 각자 고유의 컬렉션 리소스가 존재한다. 그래서 전시미디어의 물리적인 외관 형태보다 미디어에 등장하는 컬렉션 및 아카이브 정보가 관람객의 경험에 미치는 범위가 더욱 크다. 뮤지엄은 전시미디어에 등장하는 자료를 매개로 하여 관람객에게 전시 의도를 전달한다. 둘째, 뮤지엄 전시를 찾는 관람객이 전시미디어에 갖는 기대 영역이 일반적인 미디어와는 다르다. 전시미디어에 대한 관람객의 경험은 시청각적인 경험 층위보다는 내러티브와 정보 층위에서 작동한다. 이처럼 전시미디어는 상업공간이나 기타 장소에서 발견할 수 있는 체험미디어의 경험과는 다른 경험을 기대하는 관람객을 위해 별도의 전략을 고려해야 한다.

1) 뮤지엄 컬렉션의 디지털화와 지속 가능성

정보사회로의 진입은 뮤지엄을 포함한 문화기관들에 지속적으로 증가하는 디지털 형태의 유산Digital Heritage에 대한 다양한 논의를 촉진시키고 있다. 특히 디지털 자료들이 갖는 특성을 고찰하고, 문화기관의 정보체계가 지속 가능성을 갖추기 위한 전략과 가이드라인을 수립하고 있다(Choy, S. C. et al., 2016). 국내 또한, 국립중앙박물관을 비롯한 다양한 문화기관이 정보화, 디지털화, 기록화 등의 사업으로 기존 소장자료를 디지털 형태로 전환해오고 있다. 그리고 뮤지엄 관점에서 전시의 최소 단위라고 할 수 있는 디지털 리소스가 자연스럽게 데이터베이스에 축적되고 있다. 이는 문화기관의 디지털 전환을 준비하고자 하는 정책과 실행이 만들어낸 성과임에는 틀림없다.

진일보한 정보통신기술은 데이터와 네트워크가 지닌 가능성을 확인하는 동시에 이전까지는 당위성 차원에서 강조된 뮤지엄, 도서관, 아카이브 기관 간 협력을 구체화하는 실행 기반을 마련했다. 전 세계 디지털 유산의 보존과 활용 전략을 논의하는 유네스코 퍼시스트PERSIST 프로젝트도 세계기록관리협의회ICA, 국제도서관연맹IFLA, 국제박물관협의회ICOM와의 협업으로 진행된 결과다.[1] 특히 국외에서는 갤러리Gallery, 라이브러리Library, 아카이브Archive, 뮤지엄Museum의 앞 글자를 딴 '글램GLAM'이라는 이름으로 문화기관 공동의 대응 전략을 논의하고 있다. 가시적인 성과로 '유로피아나Europeana'와 같이 유럽 내 문화기관들이 연계된 데이터베이스와 정보서비스를 들 수 있다. 그러나 글램에 대한 논의는 기관과 기관 간 데이터베이스 연계, 공동의 전략과 실행 프로그램을 위한 논의에만 머무르지 않는다. 오히려 더 넓은 의미에서 우리 사회가 공유하고 있는 공공의 기억과 다양한 층위의 문화자원을 다가올 미래의 문화경험을 위한 인프라로 바라보는 시각을 강조하고 있다(Šola, T. S., 2018). 그중에서 데이터베이스와 디지털

---

1 디지털 문화유산의 장기 저장을 위한 유네스코 퍼시스트 프로젝트의 지침 "The UNESCO / PERSIST Guidelines for the selection of digital heritage for long-term preservation"이 공개되었다. 이 지침의 목적은 장기적으로 지속 가능한 보존을 위한 디지털 유산의 선택에 관해 MLA(Museum-Library-Archive) 등의 각 기관이 정책을 입안하기 위한 시작점을 제공하는 데 있다(KISTI, 2016).

리소스는 각 기관의 컬렉션을 디지털 형태로 전환한 결과물에 그치지 않고, 그 자체로 미래의 문화경험을 이끌어가는 독립적인 영역으로서 새로운 역할을 부여받고 있다.

2) 디지털 리소스 구축의 양적 목표에서 질적 목표로

정보화 사업을 통해 증가하는 디지털 리소스는 뮤지엄 전시에 새로운 목표를 제시한다. 디지털 리소스의 손쉬운 복제와 가공, 그리고 다양한 디지털 매체와의 결합 가능성은 뮤지엄 컬렉션을 활용하여 새로운 전시경험을 만들 수 있도록 한다. 이제 디지털 컬렉션 리소스는 '보존'이라는 1차적인 목적 외에 다양한 뮤지엄 공간과 채널에서 대중과 접점을 만들어 '활용과 확산'이라는 2차적인 목적을 수행한다. 즉, 현재의 디지털 컬렉션은 보존에서 한 걸음 더 나아가 적극적인 활용과 경험 창출이라는 영역으로 확장되고 있다.

국내 디지털 컬렉션을 보유한 상당수 기관은 디지털 컬렉션과 아카이브의 양적 성과를 강조하고 있는 데 반해 질적 차원에서 고유의 특징을 나타내는 경우는 드물다. 국가기록원, 문화재청 등 기록화에 대한 지침은 존재하나 기록화 과정이나 결과물의 형식적인 권장사항 외 정보 구조와 내용적인 측면에서 강조할 수 있는 품질에 대한 논의는 여전히 부족하다. 예를 들어, 뮤지엄 컬렉션을 고해상도로 제공하는 경우에는 확대와 축소라는 기능 차원에서의 경험 외에 고해상도 이미지와 관련된 풍부한 해석정보가 필요하다. 각 이미지의 세부 영역에 대한 메타데이터 정보가 함께 리소스로 제공되어야 컬렉션을 고해상도로 촬영하는 목적을 달성할 수 있고, 콘텐츠를 구현하는 단계에서도 새로운 시각화의 방식으로 경험을 설계할 수 있다. 이러한 논의의 배경 속에서 본 사례연구는 뮤지엄 컬렉션을 디지털화하여 생성되는 디지털 리소스의 품질에 대한 논의와 개선 과정을 논의하기 위한 시작점이다. 특히 구체적인 전시미디어 사례 안에서 발견되는 디지털 리소스의 요건과 특징, 그리고 시사점을 살펴본다.

2. 사례연구

1) 사례의 선정 기준

디지털 리소스를 바탕으로 뮤지엄 컬렉션을 활용하는 전시미디어의 범위는 넓으나 본 사례연구에서는 다음의 기준에 따라 필자가 전시미디어 구현 과정에 참여한 세 가지 사례를 선정했다. 선정 기준은 첫째, 디지털 리소스의 내용적 범위를 고려하여 최대한 다양한 주제 및 내용의 리소스가 등장하는 사례를 선정한다. 이를 통해 리소스의 주제 및 내용에 따라 리소스 활용 과정이 변화하는 양상에 대해 살펴본다. 둘째, 디지털 리소스의 형식 범위를 고려하여 다양한 리소스 형식이 등장하는 사례를 선정한다. 일반적인 촬영 이미지에서 스캔 이미지, 동영상까지 리소스 형식에서 오는 특징을 사례별로 살펴본다. 셋째, 전시미디어가 뮤지엄 공간 안에서 차지하는 맥락이 다양한 사례를 선정한다. 안내 기능을 하는 공간에서부터 야외공간 연계까지 다양한 공간의 맥락에서 오는 시사점을 사례별로 살펴본다.

〈표 11-1〉 사례의 선정 기준

선정 기준	국립국악원 아카이브 미디어	국립중앙박물관 신라실 아카이브 미디어	안양파빌리온 아카이브 미디어
리소스의 내용적 범위	국악아카이브	신라시대 금제 유물	공공미술 작가 아카이브
주된 리소스 형식	동영상	고해상도 촬영 이미지	스캔 이미지
전시미디어가 위치하는 공간 맥락	뮤지엄 도입공간	상설전시공간	편의 및 안내 공간

2) 디지털 리소스의 유형

디지털 리소스는 뮤지엄 컬렉션과 아카이브가 디지털화로 생성된 모든 결과물이며, 콘텐츠 구현에 사용된다. 일반적으로 고해상도 촬영 이미지, 2D 스

〈표 11-2〉 전시미디어 구현을 위한 리소스 유형

리소스 유형	설명	전시미디어 구현상 특징
이미지 (Image)	뮤지엄의 디지털 컬렉션과 아카이브가 가장 많이 보유하고 있는 유형으로, 대상을 촬영하거나 스캔하여 제공되는 리소스(jpg, png, gif 등)	전시콘텐츠를 구현하는 과정에서는 이미지를 구성하는 해상도의 품질이 전시미디어 설계에 적합한지에 대한 분석 필요
동영상 (Moving Image)	컬렉션 및 아카이브 주제에 따라 동영상 형태로 제공되는 리소스(mp4, mov, avi 등)	콘텐츠를 구현하는 과정에서는 동영상 리소스도 해상도의 품질이 전시미디어 설계에 적합한지에 대한 분석 필요
3D 모델링 (3D Modelling)	대상을 직접 3D 스캔하거나, 별도의 3D 모델링 과정을 통해 제공되는 리소스(obj, 3ds, dae 등)	보존용 3D 모델링을 특정 미디어에 활용하고자 한다면 3D 모델링 폴리곤과 텍스처의 해상도가 전시미디어 설계에 적합한지에 대한 분석 필요
기술 텍스트 (Description Text)	대상에 대한 직접적인 정보와 맥락에 대한 정보를 담고 있는 텍스트 데이터 형태로 제공되는 리소스(txt)	텍스트 리소스는 그 중요성이 간과되기 쉽지만 텍스트가 포함하고 있는 관점, 내용, 용어 등이 전시미디어 설계에 적합한지에 대한 분석 필요
연계정보 (Relation Information)	대상과 연계하여 함께 제공할 수 있는 자료의 위치정보를 포함하고 있는 리소스	DB시스템상의 정보이기는 하나 전시미디어의 풍부한 정보 경험을 위해서는 연계정보의 범위와 층위에 대한 분석 필요

캔 이미지, 동영상, 오디오, 3D 스캔 및 모델링 파일 등이 디지털 리소스에 포함된다. 보통 이들 리소스는 최종 데이터 형식에 따라 구분되어 컬렉션 및 아카이브 시스템에서 관리된다. 그리고 소장자료를 기술하는 텍스트도 매우 중요한 리소스다. 각 전문 분야의 학예사나 연구자가 기본 메타데이터 안에 입력하는 텍스트 데이터다. 특히 명칭, 생산일자, 생산자 등 관련된 기본 정보도 중요하지만 이보다 더 강조하고 싶은 부분은 상세 설명인 기술 텍스트Description Text다.

기술 텍스트에는 크게 두 가지 유형의 내용이 포함된다(Choy, S. C. et al., 2016). 첫 번째는 콘텐츠에 대한 데이터Data about content다. 유물의 외관을 구체적으로 묘사하거나 유물과 직접적으로 관련된 내용을 다루는 텍스트다. 두 번째는 맥락에 대한 데이터Data about context다. 맥락에 대한 데이터는 기술하는 대상의 사회문화, 미술사, 생활사 등 대상을 둘러싼 다층적인 맥락에 대한 기술 내용이다. 맥락에 대한 데이터는 그 데이터가 소실되었을 때 복구하기 어려운 영역이다. 마지막으로 기술 텍스트와 함께 중요한 리소스는 연결정보다. 대다수의 컬렉션 기반 전시미디어는 하나의 유물과 관련 자료들을 함께 제시하고 관람객이 이를 자유롭게 탐색할 수 있는 정보경험을 지향한다. 그러나 콘텐츠를 구현하기에 앞서 디지털 컬렉션이나 아카이브 시스템상의 연결정보가 미흡하면 관람객의 경험은 제한적일 수밖에 없다.

디지털 형태의 컬렉션 및 아카이브가 다양해지고, 디지털화 기술이 고도화되면서 새로운 유형의 리소스는 언제든지 등장할 수 있다. 아래는 본 사례를 중심으로 등장하는 전체 리소스의 일부이며, 광의의 디지털 컬렉션 차원에서는 더욱 세밀한 기준으로 리소스 유형 제시가 가능하다. 특히 고품질 디지털 리소스를 구축하기 위해서는 단순히 디지털화 결과물뿐만 아니라 메타데이터와 연계정보 등의 텍스트 데이터를 함께 고려해야 한다(NISO, 2007).

3) 디지털 리소스의 활용 단계

일반적으로 뮤지엄 컬렉션과 아카이브의 디지털 리소스는 전시콘텐츠 구현을 위해 아래의 단계를 거치게 된다. 가장 먼저 전시미디어의 재료라고 할 수 있는 리소스를 분석하고, 전시의 목적과 대상에 따라 기존의 리소스를 적절하게 재구성 및 재가공하여 의도를 더욱 명확하게 하는 큐레이션 과정이 이루어진다. 이후 리소스에 대한 충분한 분석과 큐레이션에 따라 관람객이 마주하는 리소스 기반의 전시경험을 설계한다. 이 단계까지가 전시미디어의 기획설계 단계라고 볼 수 있으며, 뮤지엄마다 전시미디어의 차별성을 확보하기 위한 필수 과정이다. 제작 및 구현 단계부터는 개별 전시공간에 따라 적용되는 상세 디자인과 개

〈표 11-3〉 전시미디어를 위한 디지털 리소스의 활용 단계

1단계	2단계	3단계	4단계	5단계	6단계
리소스 분석	리소스 큐레이션	전시경험 설계	제작 및 구현	현장설치 및 시범운영	피드백 및 보완

발 범위이고, 본 연구는 디지털 리소스에 집중하는 사례연구이므로 1단계 리소스 분석 단계에서부터 3단계 전시경험 설계 단계를 중심으로 사례분석 내용을 다룬다.

(1) 리소스 분석 단계

뮤지엄 전시미디어의 구현 과정도 여타 연구 분야와 동일하게 리소스에 대한 분석과 해석이 충분히 이루어진 후 세부적인 미디어 장비 혹은 시각화에 대한 설계가 이루어져야 한다(Eugene Ch'ng et al., 2013). 리소스 분석 단계에서 뮤지엄이 지닌 디지털 리소스의 특징과 함께 한계를 파악해야 전시미디어의 구체적인 콘셉트와 방향을 도출할 수 있다.

첫 번째 분석 사례인 국립국악원의 아카이브 미디어는 국악아카이브가 보유하고 있는 여러 포맷의 기록물에 대한 관람객의 접근성을 확대하고자 했다. 이를 위해 활용 가능한 리소스를 분석해보면 국악기와 국악 공연에 대한 사진 자료로 충분하나, 무엇보다 국악이 실연되는 과정을 기록한 동영상을 특징적인 리소스로 볼 수 있었다. 각 리소스에 대한 기술 텍스트는 이미 구축된 국악아카이브의 텍스트 리소스를 참고할 수 있는데, 내용의 적합성 측면에서는 주로 연

〈표 11-4〉 사례별 주요 리소스 분석 결과

리소스 유형	국립국악원 아카이브 미디어	국립중앙박물관 신라실 아카이브 미디어	안양파빌리온 아카이브 미디어
이미지(Image)	○ 촬영 및 스캔 이미지	○ 고해상도 촬영 이미지	○ 촬영 및 스캔 이미지
동영상 (Moving Image)	○ 실연 기록 영상	×	○ 촬영 동영상
3D 모델링 (3D Modelling)	×	×	×
기술 텍스트 (Description Text)	국악아카이브 내 연구자 작성 텍스트	디지털 컬렉션 내 기본 설명 텍스트	문서명, 생산일자 등 기본 메타데이터
연계정보 (Relation Information)	자료유형, 생산연도 등 기본사항만 가능	자료유형, 생산연도 등 기본사항만 가능	자료유형, 생산연도 등 기본사항만 가능

구자 관점으로 서술하여 관람객에게는 다소 전문적이고 익숙하지 않은 내용이 주를 이루었기 때문에 별도의 편집 과정을 필요로 했다.

두 번째 분석 사례인 국립중앙박물관의 신라실 아카이브 미디어는 신라실을 개편하면서 신라시대 유물 중 금제 유물만을 다루는 인터랙티브 미디어를 통해 금제 유물에 대한 관람객의 이해도를 높이고자 했다. 리소스 차원에서는 금제 유물을 고해상도로 촬영한 이미지 리소스가 존재했다. 그리고 앞선 사례와 마찬가지로 관람객 정보 경험을 고려하게 되면 기술 텍스트의 편집 과정이 필요했다.

세 번째 분석 사례인 안양파빌리온의 아카이브 미디어는 안양예술공원에서 정기적으로 이루어지는 안양공공예술프로젝트APAP의 참여 작가 아카이브를 관람객에게 제공하고자 했다. 제공되는 리소스를 살펴보면 공공미술 작품의 이해를 도울 수 있는 작가별 과정자료 및 문서를 스캔한 이미지가 주요 리소스다. 안양파빌리온의 경우 관람객 경험에서 시작 혹은 끝을 담당하는 일종의 안내센터이기 때문에 특수한 전시환경으로 접근해야 한다. 관람객의 주된 경험은 아카이브 미디어보다 안양예술공원을 자유롭게 돌아다니면서 만나는 공공미술작품이라는 점이 분석 단계에서 논의되었다.

(2) 리소스 큐레이션 단계

전시미디어 분야에서도 '큐레이션'이라는 용어가 이제는 낯설지 않다. 특히 문화기관 내 디지털 리소스가 급증하면서 정보를 관리·활용한다는 의미에서 '디지털 큐레이팅'이라는 용어가 등장하고(Šola, T. S., 2019), 큐레이션 과정이 점차 중요해지고 있다. 전통적인 의미에서 유물 및 작품을 둘러싼 맥락을 연구하고 하나의 전시를 만들어가는 의미에서 쓰이는 큐레이션과 온라인 플랫폼에서 이용자에게 맞춤형 콘텐츠를 제안하는 '디지털 큐레이션'이라는 단어가 등장 배경과 지향점에서 차이를 두기는 하나 전시콘텐츠를 구현하는 입장에서는 둘의 역할이 혼재되어 있다. 뮤지엄의 디지털 리소스에 대한 의미와 내용을 파악하여 전시미디어 안에서 새로운 배열과 배치를 통해 전시 메시지에 기여한다는 의미에서는 전자의 큐레이션이 지닌 역할이기도 하면서, 디지털 리소스에 대한 프로그래밍을 통해 세부 콘텐츠의 정렬·검색·탐색·추천 경험을 구현한다는 의미에서는 후자의 큐레이션이 갖는 역할도 지니기 때문이다. 그러므로 큐레이션 단계의 세부 진행과정은 분야별로 다양한 전문가가 참여하는 융합적이고 다학제적인 영역일 수밖에 없다. 본 사례에서도 국악사, 미술사, 고대사 등 분야별 전문연구자 및 큐레이터가 참여하기도 하고, UI/UX 디자이너, 데이터분석가, 프로그래머가 참여하여 리소스 큐레이션 단계를 함께 진행한다.

큐레이션 단계에서는 크게 세 가지 요소를 고려하게 된다. 첫째, 리소스 외적인 요소이나 가장 중요한 요소로 뮤지엄이 갖는 전시 목표다. 대부분의 뮤지엄은 전시 목표에 따라 디지털 리소스를 선정하여 활용한다. 목표의 구체화 과정 없이 뮤지엄 내에 이미 구축된 디지털 리소스가 있기 때문에, 혹은 연출할 수 있는 미디어 장비가 준비되어 있기 때문에 제작하는 전시미디어의 정보 경험은 그 한계를 드러낼 수밖에 없다. 둘째, 리소스 자체가 갖는 품질과 데이터의 특징이다. 디지털 리소스 중 이미지, 3D 모델링, 텍스트 등을 전시미디어에서 활용하기 위해서는 일부 재구성이나 편집이 필요한지 큐레이션 단계에서 논의해

〈표 11-5〉 사례별 리소스 큐레이션 방향

<table>
<tr><th colspan="2">리소스 큐레이션의 요소</th><th>국립국악원
아카이브 미디어</th><th>국립중앙박물관 신라실
아카이브 미디어</th><th>안양파빌리온
아카이브 미디어</th></tr>
<tr><td colspan="2">전시 목표의 차원
"리소스를 활용하고자 하는 전시의 목표에 부합하는가?"</td><td>국악아카이브의 접근성 확대</td><td>신라시대 금제 유물에 대한 이해도 향상</td><td>작가 아카이브 열람 및 공원 내 작품 위치에 대한 안내</td></tr>
<tr><td rowspan="2">리소스의 차원
"전시콘텐츠를 구현하기 위해 기존의 리소스를 어떻게 재구성하는가?"</td><td>재구성</td><td>키워드 탐색 및 연관자료 유입에 용이한 정보구조 구성</td><td>유물의 쓰임을 이해할 수 있는 콘텐츠를 위해 정보구조 구성</td><td>아카이브 기록물을 작품별 위치정보와 같이 살펴볼 수 있는 구조로 구성</td></tr>
<tr><td>추가</td><td>국악아카이브의 텍스트를 연계하되, 미디어용 편집시스템 구현</td><td>관람객 경험을 고려하여 새로운 분류 유형과 설명 텍스트 재작성</td><td>주제별로 큐레이션하여 직관적인 탐색 키워드 추가</td></tr>
<tr><td colspan="2">채널의 차원
"어느 채널을 통해 관람객이 리소스를 접하게 되는가?"</td><td>도입부 기능의 공간 내에 설치되는 전시미디어</td><td>실물 유물과 동일한 공간 내에 설치되는 전시미디어</td><td>안내기능을 담당하는 안양파빌리온 내에 설치되는 전시미디어</td></tr>
</table>

야 한다. 셋째, 리소스가 관람객의 경험과 만나게 되는 채널을 기획해야 한다. 여기서 채널은 전시공간의 세부적인 동선이나 위치처럼 공간의 채널일 수도 있고, 오프라인 혹은 온라인처럼 매체의 채널일 수도 있다. 동일한 전시 목표와 리소스를 재료로 하더라도 관람객과 어느 채널에서 어떻게 만나게 되는지에 따라 서로 다른 큐레이션 과정을 필요로 한다.

리소스 큐레이션 단계에서는 주된 리소스를 강조하는 동시에 리소스의 활용 목표를 명확하게 드러낼 수 있는 구조로 디지털 리소스를 재구성하거나 추가로 구축하여 활용하게 된다. 예를 들어 국립중앙박물관에서는 유물 보기의 확대·축소뿐만 아니라 각 유물의 쓰임과 위치를 그래픽 위에 표시할 수 있도록 추가적인 메타데이터를 구성했다. 기술 텍스트 차원에서도 국립국악원과 국립중앙박물관의 텍스트 데이터가 일반 관람객에게 적합하지 않은 요소가 있어 국립국악원의 경우 국악아카이브 텍스트 데이터를 자동으로 끌어와 편집할 수 있는 시스템을 구현하는 방향으로 접근했다. 국립중앙박물관은 학예사가 전시미디어만의 분류 유형과 기술텍스트를 추가했다. 안양파빌리온의 경우 파빌리온을 찾는 관람객의 특성을 고려하여 몇 개의 테마 키워드로 직관적으로 자료를 탐색할 수 있도록 정보 구조를 추가했다.

(3) 전시경험 설계 단계

리소스 큐레이션 단계에서 일부 리소스의 재구성 및 편집 단계를 거치고 난 후 관람객 입장에서 전시경험을 설계하게 된다. 전시미디어는 내적인 화면 디자인이나 인터페이스 설계뿐만 아니라 관람동선 및 순서에 따라서도 각기 다른 경험을 제시한다. 그러므로 전시미디어 구현은 전체 뮤지엄 전시의 맥락 안에서 구체적인 방향 설정이 요구된다. 리소스 큐레이션의 방향에 따라 크게 정보 및 내용 차원, 관람객 상호작용 차원으로 나누어 경험 설계의 특징을 살펴본다.

국립국악원은 정보 및 내용 구성 차원에서 시각적 이미지와 더불어 자료의 유형을 나타내는 키워드의 병렬적인 구성을 통해 국악에 대해 다소 익숙하지 않은 관람객도 친숙하게 자료를 탐색할 수 있도록 했다. 국립중앙박물관은 흔히 박물관 유물을 분류하는 연대나 유형의 키워드를 전면에 내세우기보다는 학예사가 시각적인 이미지와 해당 미디어만을 위한 유형 분류를 재구성하여 관람객이 리소스를 탐색하는 데 도움을 주었다. 이는 연구자를 위한 유형 분류나 키워드가 일반 관람객에게는 다소 어렵게 느껴지기 때문이다. 안양파빌리온은 개별 작품이 실제 공원 내에 위치하고 있다는 맥락을 제시하는 게 중요하여 위치정보를 전면에 내세우는 전시미디어를 구현했다.

상호작용 차원에서는 자료 검색 및 탐색을 위한 인터페이스는 기본으로 갖추되, 사례별로 리소스 활용의 목표와 리소스가 지닌 특징을 고려하여 설계했다. 국립국악원은 동영상 리소스 경험을 위한 헤드폰 등 감상 경험에 집중하고, 국립중앙박물관은 단순히 유물 이미지를 확대하고 축소하는 경험에 그치는 것이 아니라 금제 유물의 각 쓰임을 이해할 수 있는 세부 인터페이스와 체험 요소를 추가했다. 안양파빌리온은 공원 내 작품을 직접 찾아가볼 수 있도록 위치정보를 출력할 수 있는 기능을 설계했다. 특히 안양파빌리온 사례에서는 화면상의 터치를 통한 자료 탐색보다는 학예사와 함께 미리 도출한 주제 키워드를 물리적인 인터페이스로 설계하여 리소스 선택 상황에서 관람객이 쉽게 접근할 수 있도록 했다.

마지막으로 관람객 경험 차원에서는 드러나지 않으나 전시미디어의 디지털 리소스가 계속해서 추가되고, 업데이트될 수 있는지 여부가 중요하다. 본 사례 중에서는 국립국악원 사례만 국악아카이브와 이뮤지엄과 연계되어 있으며, 다른 사례에서는 이러한 점을 찾아보기 어렵다. 리소스를 관리하고 편집할 수 있는 시스템은 전시미디어 구현을 위한 예산과 사용 기간에 따라 도입 여부를 결정하게 된다. 그러나 장기적으로 뮤지엄의 디지털 리소스를 활용해야 하는 전시미디어라면 리소스 관리시스템이 매우 중요하다. 뮤지엄이 보유한 디지털 리소스의 관리가 곧 전시경험의 일부이기 때문이다.

〈표 11-6〉 리소스 큐레이션에 따른 경험 설계

구분	국립국악원 아카이브 미디어	국립중앙박물관 신라실 아카이브 미디어	안양파빌리온 아카이브 미디어
리소스 큐레이션 (Resource Curation)	동영상이 특징이므로 동영상 재생 및 감상에 용이한 구조로 구성	유물의 쓰임을 이해할 수 있는 구조로 구성	아카이브 기록물을 작품별 위치정보와 같이 살펴볼 수 있는 구조로 구성
	국악아카이브와 이뮤지엄의 자료를 연계하되, 미디어용 편집 시스템 구현	관람객 경험을 고려하여 새로운 분류 유형과 설명 텍스트 재작성	주제별로 큐레이션하여 물리적인 인터페이스로 구성

⬇

큐레이션에 따른 경험 설계

	키워드/이미지 병렬 구성	새로운 분류 유형 추가	공간상 위치정보 강조
정보 및 내용 (Information Plan)	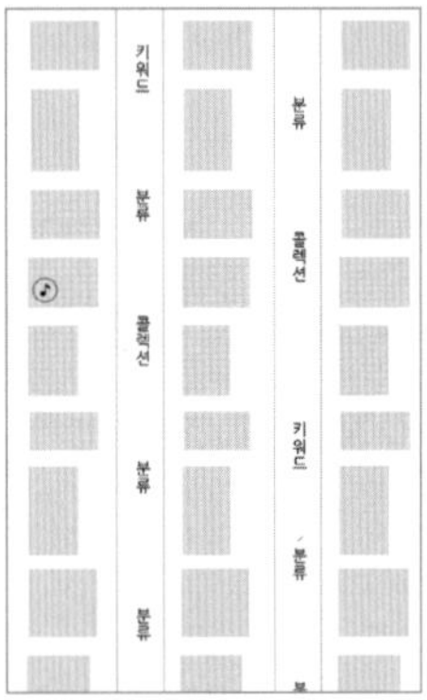 와이어 프레임	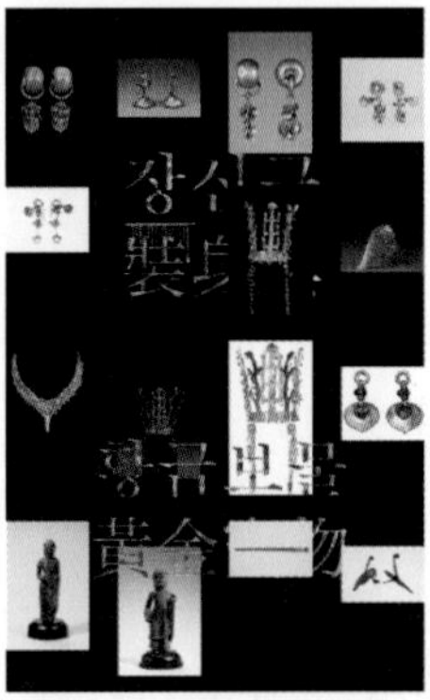 메인 화면	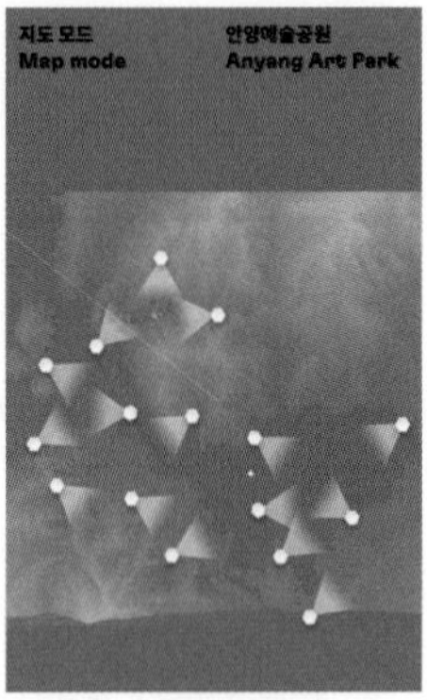 작품 위치
	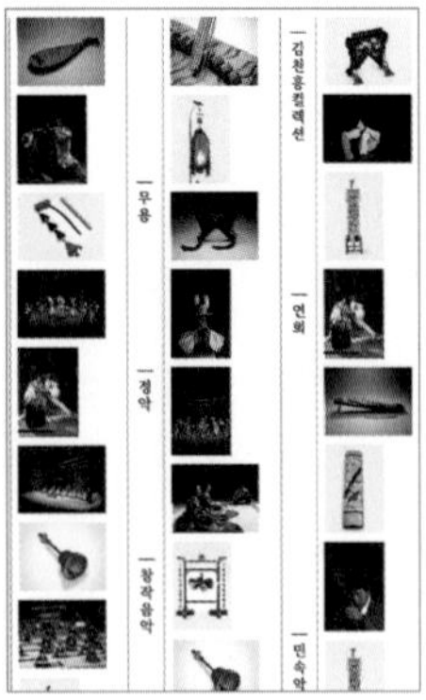 미디어 화면	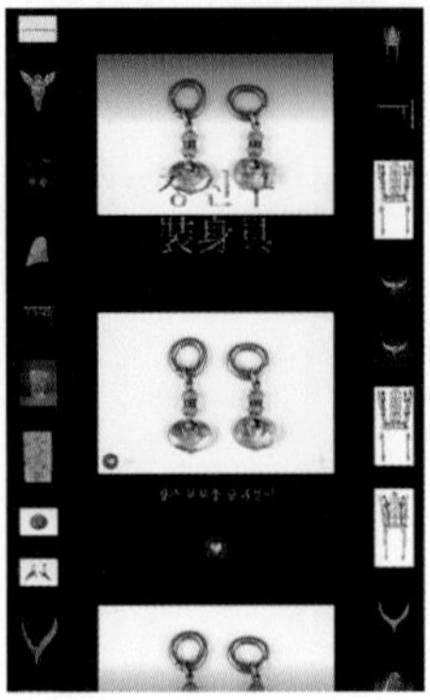 키워드 정렬	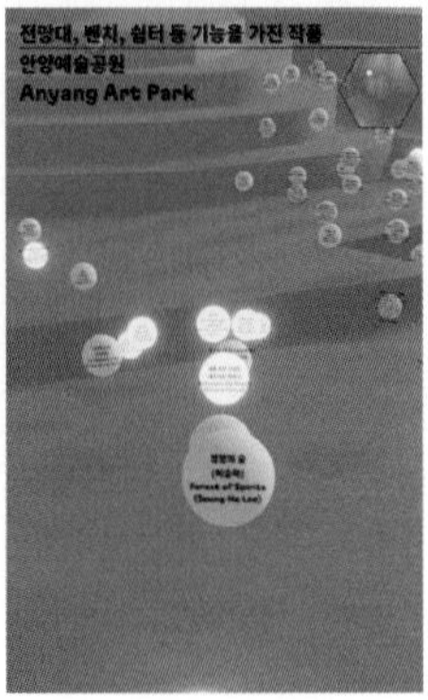 1인칭 시점

	헤드폰 등 감상을 위한 인터페이스	쓰임을 이해할 수 있는 인터페이스 구현	물리적인 인터페이스
관람객 상호작용 (Interaction Plan)	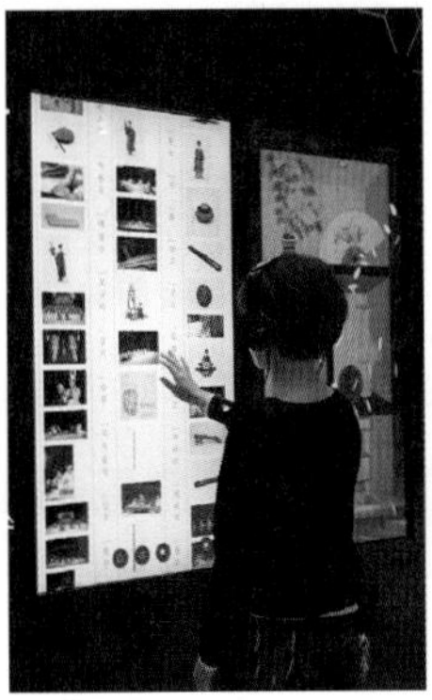	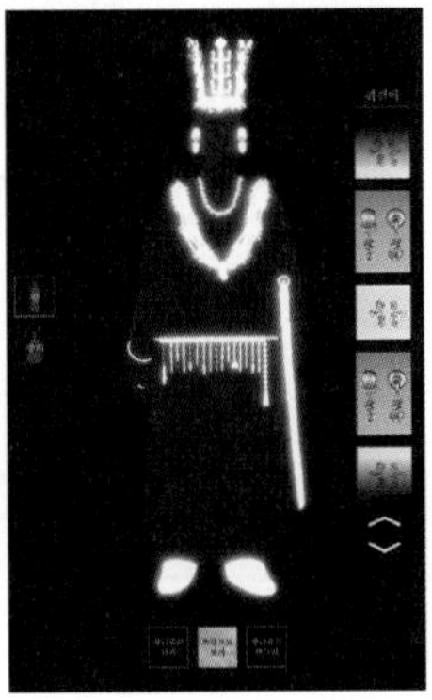 쓰임으로 보기 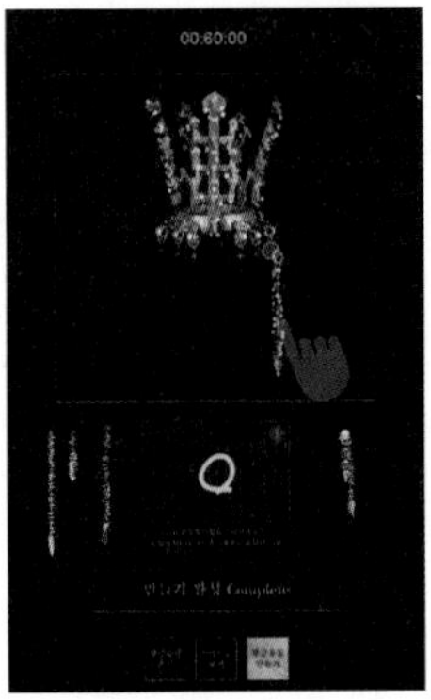 나만의 유물	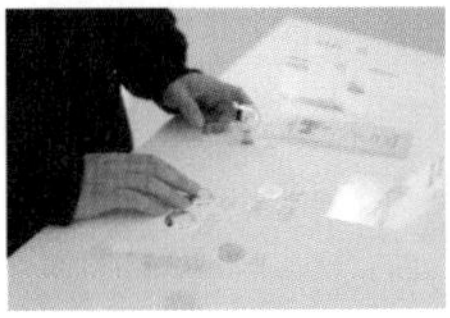 작품 위치정보 출력  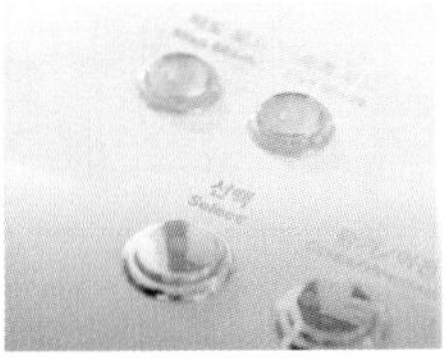

3) 뮤지엄 전시를 위한 디지털 리소스의 활용 전략

뮤지엄의 디지털 리소스를 전시미디어에서 활용하고자 할 때 다음의 공통 전략에 대한 논의가 필요하다. 첫째, 디지털 리소스의 가변성이다. 전시미디어를 위한 디지털 리소스는 가변적인 속성을 지니고 있으며, 전시의 목표와 환경에 따라 디지털 리소스에 대한 지속적인 연구와 해석 과정이 필요하다. 흔히 전시공간 내 전시미디어는 실물 유물 감상을 위한 보조적인 스크린 혹은 설명 정보를 표출하는 키오스크 정도로 생각하기 쉽다. 그러나 이 정도 수준의 활용을 위해 컬렉션 및 아카이브를 디지털화하여 리소스로 구축하지는 않는다. 디지털 리소스는 새로운 연구와 해석을 위한 시작이 되어야 한다. 그리하여 고해상도로 촬영한 이미지에는 그 이전의 이미지에서 발견하지 못한 설명 텍스트가 주석으로 연결되어 있어야 하고, 유물의 3D 모델링은 유물의 외양에 대한 스캔 결과가 아니라 전시 메시지를 전달하는 매개수단으로 자리 잡아야 한다. 결국 전시미디어의 재료가 되는 디지털 리소스를 하나의 유기적인 정보체계로 인식해야 한다. 그리고 그 정보체계는 하나의 생애주기를 가지며 끊임없이 변화할 수밖에 없다(Day, R. E., 2014). 뮤지엄이 구축하고 있는 디지털 리소스를 더 이상 들여다볼 필요 없는 완성형의 파일로 보기보다는 가능성이 풍부한 전시 재료로 보는 전략이 필요하다.

둘째, 디지털 리소스의 상호연결성이다. 디지털 리소스는 독립적으로 존재하지 않으며 언제든지 다른 리소스, 정보, 데이터와 연결되어야 한다. 뮤지엄의 모든 컬렉션과 아카이브는 서로 연결되어 있기 때문이다. 디지털 기술의 도입과 관계없이 뮤지엄 연구기관은 이들의 연결성을 기록할 수 있는 규칙에 대한 논의를 지속해왔다(Harpring, P. et al., 2006). 이제까지 각 연구자의 연구노트 혹은 암묵적인 지식 안에서 존재했던 상호연결성을 디지털 리소스의 가장 큰 특징으로 보아야 한다. 촬영, 스캔한 결과만을 디지털 리소스로 볼 것이 아니라 리소스와 리소스 간의 상호연결에 대한 데이터 자체를 리소스로 보아야 한다. 그리고 디지털 리소스를 활용하여 전시미디어를 구현하는 경우 리소스의 상호연결성은 개발화면상의 기능이나 시각적인 버튼에 머무르지 않는다. 영국 국립과학관이 시작하는 'Heritage Connector' 프로젝트는 디지털 리소스와 머신러닝 기술이 만나 뮤지엄 컬렉션 연구를 확장하는 분야를 시사한다(John Stack, 2020). 이처럼 리소스의 상호연결성은 기존의 컬렉션 및 아카이브 연구의 확장이자, 머신러닝 등 현재의 데이터 기술이 만날 수 있는 뮤지엄 연구 분야다.

셋째, 디지털 리소스의 참여 가능성이다. 디지털 리소스의 다양한 층위에서 새로운 연구자, 관람객, 대중과 상호작용할 수 있는 접점이 만들어지고 그 과정과 결과 모두 리소스의 일부여야 한다. 아무도 디지털 리소스를 읽지 않는다면, 뮤지엄은 리소스를 가지고 있다고 할 수 없다. 결국 '전시'라는 채널을 통해 미래세대가 디지털 리소스를 계속해서 읽어내야 한다. 단순히 전시실 안에서 이루어지는 미디어 체험을 뜻하지 않는다. 관람객의 경험 채널은 전시실, 외부공간, SNS, 웹 등 다층적이고 미래세대의 디지털 리소스에 대한 리터러시는 전과 비교할 수 없는 수준으로 진화하고 있다. 이제는 디지털 리소스를 구축하는 과정 자체가 변화해야 하고, 전문가 중심으로 닫혀 있던 메타데이터와 설명 텍스트는 대중과 관람객이 함께 만들어가는 대상으로 진화해야 한다(Alemu, G. & Stevens, B., 2015).

3. 결론

이제까지 뮤지엄을 비롯한 문화기관은 디지털 리소스 구축의 양적 목표를 최우선으로 했다. 그러다 보니 디지털 리소스가 전시미디어로 등장하는 사례들이 정보의 표출 혹은 시각화라고 하는 1차원적 활용 수준에 머물렀다. 앞으로는 지금까지의 리소스를 구축한 성과를 되돌아보고 디지털 리소스가 가지는 품질에 대한 논의가 필요하다. 본 연구에서 언급한 사례 또한 디지털 리소스의 가능성을 논의하기 위한 시작점으로서 제시했다. 극히 일부의 전시미디어 형태를 통해 디지털 리소스의 특징과 큐레이션 과정을 들여다보았지만, 사실 뮤지엄의 디지털 리소스는 더욱 다양한 채널에서 관람객을 만나고 이들의 참여를 이끌어 낼 수 있다. 전시공간 안팎, 오프라인과 온라인의 경계를 넘나들며 뮤지엄의 정체성과 메시지를 대중과 커뮤니케이션할 수 있는 매개가 바로 디지털 리소스다. 이러한 중요성에 비추어볼 때 디지털 리소스가 지닌 특성, 가능성, 현재의 한계점에 대한 더욱 다양한 분야의 관심과 논의가 필요하다. 어떻게 보면 정보통신기술의 산물인 디지털 리소스는 우리에게 문화예술 영역의 새로운 상상력을 위한 인프라이자 도로다. 그리고 디지털 리소스는 뮤지엄 컬렉션에서 탄생했지만, 그 종착지는 뮤지엄과 전시를 벗어나 더 넓은 목표를 향하고 있다.

참고문헌

AAlemu, G., Stevens, B. *An Emergent Theory of Digital Library Metadata*: Enrich then Filter. Cambridge: Chandos Publishing, 2015.

Ch'ng, E., Gaffney V., and Chapman, H. *Visual Heritage in the Digital Age.*: London. Springer, 2013.

Choy, S. C., Crofts N., Fisher R., Choh N. L., Nickel S., Oury C., and Ślaska K. *The UNESCO/PERSIST Guidelines for the Selection of Digital Heritage for Long-term Preservation*. United Nations Educational Scientific and Cultural Organization, 2016.

Day, R. E. *Indexing It All: The Subject in the Age of Documentation, Information, and Data*. Massachusetts: MIT Press, 2014.

Harpring, P., Lanzi E., and McRae, L. *Cataloging Cultural Objects: A guide to Describing Cultural Works and their Images*. American Library Association, 2006.

John Stack. *Interim Report: Heritage Connector*. Arts and Humanities Research Council, 2020.

KISTI. "유네스코 등의 UNESCO PERSIST 프로젝트, 디지털 유산 보존 지침 공개". 사이언스온 동향 상세정보, 2021.4.11. https://scienceon.kisti.re.kr/srch/selectPORSrchTrend.do?cn=IWT 201603027.

NISO. *A Framework of Guidance for Building Good Digital Collections*. Washington: Institute of Museum and Library Services, 2007.

Šola, T. S. *Mnemosophy: An Essay on the Science of Public Memory*. European Heritage Association, 2019.

______. 'Why GLAM invention is not only late but also insuficient', 2021.4.11. https://www. mnemosophy.com/post/2018/02/12/why-glam-invention-is-not-only-late-but-also- insuficient.

김선혁

KAIST 문화기술대학원에서 문화기획과 디지털 뮤지엄·헤리티지를 연구하고, KAIST 문화기술연구소에서 다수의 디지털 뮤지엄 프로젝트를 수행했다. 현재는 문화예술 영역의 디지털 아카이브를 바탕으로 새로운 형태의 전시·교육·체험 등을 제시하는 '레벨나인'의 대표이자, 작가그룹 '프로젝트-레벨나인'의 일원으로 활동 중이다. 그리고 고려대학교 문화유산융합학부와 숙명여자대학교 정책대학원에서 디지털 아카이브와 융합전시 등을 강의하고 있다.

12장
참여하는 미술관: MMCA예술놀이마당*

황지영

미술관 # 참여 # 미술관교육 # 예술놀이마당 # 예술과 자연

이 글은 자연을 품은 국립현대미술관 과천관의 야외 공간에서 열리는 프로젝트 'MMCA예술놀이마당' 사례를 소개하고 향후 미술관교육의 방향성을 모색하는 데 목적을 두고 있다. 2020년부터 추진된 'MMCA예술놀이마당'은 국립현대미술관 어린이미술관의 기능 강화와 '가족 중심'이라는 과천관의 특성화를 위한 전략의 하나다. 'MMCA예술놀이마당'은 예술·자연·놀이를 주제로 자연 속 예술놀이 공간을 조성하고 과천관의 야외를 새롭게 재해석함으로써 미술관교육 경험을 확장하고자 했다. 이를 반영하여 'MMCA예술놀이마당'은 예술가의 밭, 예술마루, 솔내음길, 하늘지붕으로 구성되었으며, 「예술가의 밭_산고랑길」, 「세 개의 기둥」이라는 장소특정적 설치 작품이 소개되었다. 예술과 자연의 성찰과 관람객 참여가 가능한 설치 작품이며, 어린이·가족은 작품을 체험하며 새롭게 해석된 야외 공간에서 다양한 현대미술과 자연을 발견하고 경험할 수 있다. 포스트 코로나 시대, 삶의 자세를 성찰하며 예술과 자연의 공존 가치가 담긴 과천관의 야외는 'MMCA예술놀이마당'을 통해 미술관 안팎을 연결하는 매

---

* 이 글은 『예술놀이마당 에세이(국립현대미술관, 2020)』에 수록된 필자의 「진정한 참여를 위하여: 예술놀이마당」을 일부 수정·보완하여 재구성한 것이다.

개 공간이자 열린 학습의 장으로 전환되었다. 과천관은 야외 공간을 미술관교육의 플랫폼으로 확장함으로써 포용적이며 경계 없이 '참여하는 미술관'이 되고자 한다.

1. 들어가며

국립현대미술관은 어린이미술관의 기능 강화와 '가족 중심'이라는 과천관의 특성화를 위한 전략의 하나로 'MMCA예술놀이마당(이하 예술놀이마당)' 프로젝트를 추진했다.

'예술놀이마당'은 자연을 품은 국립현대미술관 과천관의 야외 공간에서 열리는 프로젝트로, 과천관의 야외에 '예술·자연·놀이'라는 세 가지 주제가 공존하는 자연 속 예술놀이 공간을 조성하고 '예술놀이마당'으로 새롭게 재해석했다.

더불어 예술과 자연의 공존이라는 가치를 담은 장소 특정적 설치 작품을 전시하고 참여형 프로그램을 운영한다. 과천관의 야외는 '예술놀이마당'을 통해 미술관 안팎을 연결하는 매개 공간이자 열린 학습의 장으로 전환된다. 과천관은 야외 공간을 미술관교육의 플랫폼으로 확장함으로써 포용적이며 경계 없이 '참여하는 미술관'이 되고자 한다.

2. 사례연구 내용

1) 진정한 참여와 연관성의 예술이 담긴 미술관

니나 사이먼(2018)은 『연관성의 예술』에서 "진정한 '참여'의 목표는 공동체를 함께 형성함에 있고, 그 문은 '연관성'을 통해 열릴 것이다"라고 주장한다. 니나 사이먼은 "문화기관의 정체성, 문화기관에 소속된 전문가들의 정체성, 공동체와 참여자들의 정체성을 새롭게 바라보는 관점이 존재한다"라고 말했다. 바로 연관성을 토대로 한 참여와 공동체 형성에 주목한 것이다.

국립현대미술관의 4개관 중 영유아, 어린이, 가족 관람객의 방문이 가장 많은[1] 과천관은 미래 세대를 위한 성장의 공간으로서 미술관 안팎의 공간이 중요한 의미를 지닌다. 1987년 국립현대미술관 건립지에 따르면 국립현대미술관 건립의 첫 번째 기본 방침은 "우리 미술문화를 수용하고 표현할 수 있으며 야외조각전시장을 겸비한 미술종합센터로 건립한다"이다(박정현, 2019: 199). 국립현대미술관의 건립 배경과 건립 과정을 살펴보면 야외조각장은 국립현대미술관의 정체성이자 시작점임을 알 수 있다. 야외조각장을 겸비한 미술관으로 불리는 과천관의 야외조각장 역시 33여 년의 역사와 시간을 지켜왔으며, 현재 83개의 조각 작품이 설치되어 있다.

국립현대미술관 과천관이 가족 중심 미술관으로 발돋움하고자 하는 맥락 속에서 기획된 '예술놀이마당'이 미래 세대를 위한 공유지로서 작동하기 위해서는 과천관 야외에서 개인, 공동체의 참여와 연관성에 대한 이해가 무엇보다 중요하다.

이를 위해 미술관교육의 확장을 실천 과제로 인식하고 '예술놀이마당' 관람객이 야외 공간에서 스스로 느끼고 경험하고 참여하는 것을 이끌어내기 위한 거점으로서 작동하는 전략을 수립했다. 조경가와 에듀케이터는 기존의 야외조각장 시설과 환경을 개선하면서 무엇보다 관람객을 중심으로 관람객이 자신만의 의미를 스스로 구성할 수 있도록 했고, 가족 관람객의 자발적 참여를 유도하는 참여적 설계를 추진했다. 야외조각장 환경 개선을 위한 설계 연구가 선행되었으며, 4개의 공간으로 재해석된 공간이 야외의 조각 작품들과 관계 맺으며 소통할 수 있도록 했다. 또한 코로나19로 인해 대면 형식의 미술관교육 프로그램 운영이 불가능할 경우 참여와 경험을 어떻게 지속할 것인가를 끊임없이 고민했다. '예술놀이마당' 프로젝트의 운영 기간이 종료되거나 설치된 작품이 사라지더라도 지속 가능한 참여와 경험이 이루어지는 미술관의 바깥놀이 공간을 설계하고자 한 것이다. '예술놀이마당' 프로젝트에 참여한 조경가와 작가들도 이

1 국립현대미술관, 관람객 현황, 『국립현대미술관 연보』, 국립현대미술관, 2020, 329쪽. 2019년 국립현대미술관 어린이 관람객은 146,905명(전체 관람객의 5.3%)이다. 관별 어린이 관람객 현황을 살펴보면 과천 93,991명(14.5%), 청주 14,666명(6.6%), 덕수궁 11,332명(2.5%), 서울 26,916명(1.9%) 순이다.

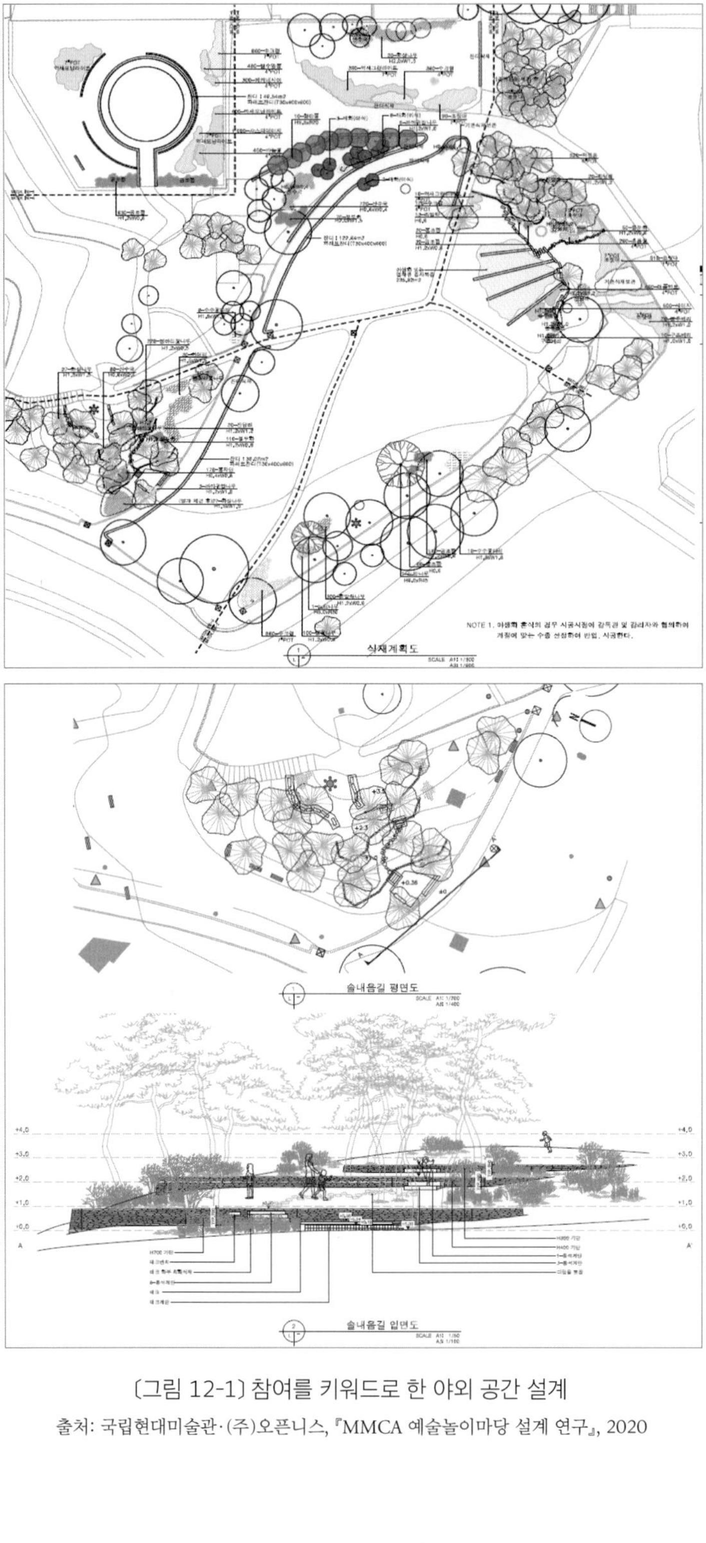

〔그림 12-1〕 참여를 키워드로 한 야외 공간 설계

출처: 국립현대미술관·(주)오픈니스, 『MMCA 예술놀이마당 설계 연구』, 2020

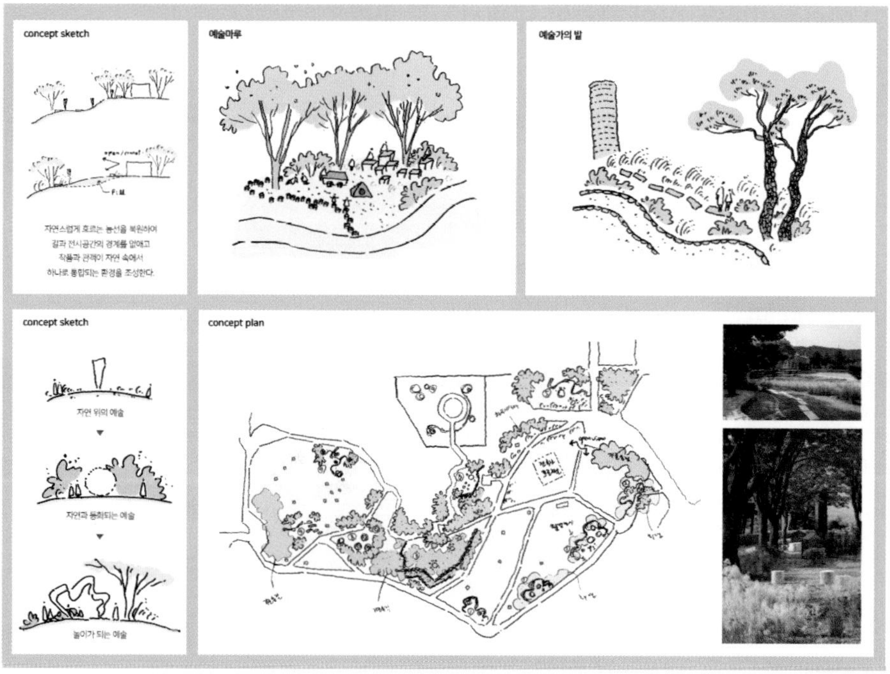

〔그림 12-2〕 MMCA예술놀이마당 설계 콘셉트 드로잉

출처: ⓒ 최재혁

러한 의도를 반영하여 과천관 야외와 소통할 수 있는 작품을 기획하고 예술·자연·놀이가 공존하는 각자의 이야기를 작품으로 표현했다.

이것은 존 듀이의 『경험으로서의 예술』에 나오는 한 구절처럼 좌대 위에 올라간 예술, 전시와 수집과 과시로 점철된 예술이 아니라 스스로 느낀 만큼 수용하고 향유하는 예술예술(이광준, 2012: 84)을 경험할 수 있는 공간이자 그 자체로 하나의 예술이 되기 위함이다. 앞으로 '예술놀이마당'은 어린이·가족 관람객이 자발적으로 예술과 자연을 향유하고 경험하고 놀이할 수 있는 환경을 만듦으로써 지속 가능한 미술공동체를 만들어갈 것이며, 미술관교육의 거점으로서 역할을 수행해나갈 것이다.

2) 예술놀이마당, 야외 공간의 재해석

'예술놀이마당'은 예술가의 밭, 예술마루, 솔내음길, 하늘지붕이라는 4개의 공간으로 나뉘어 구성된다. 첫 번째 공간은 발견하고 성장하는 예술이 담긴 '예술가의 밭'이다. 과천관의 야외 일부를 자연과 식물이 머무는 생태적 공간인 '예술가의 밭'으로 전환했다. 사계절 예술의 장소이자 공공의 장소인 미술관 앞마당은 생태적 공간으로 전환되며, 단순히 작품을 관조하는 곳이 아니라 직접 체험하고 경험하는 곳으로 변모한다. 두 번째 공간은 머물며 함께하는 예술이 있는 '예술마루'다. 느티나무 아래에서 식물을 관찰하며 작품을 감상하고 체험할 수 있는 공간으로 자리한다. '예술마루'에서는 식물을 관찰하며 수집한 자연 재료를 가지고 놀이 활동을 할 수 있다. 자연의 요소, 자연의 시간을 오감으로 체험하며 미술관의 자연과 작품을 감상하면서 자신만의 예술적 해석과 의미를 찾아가는 것이다. 세 번째 공간인 '솔내음길'은 과천의 대표 수종인 소나무로 숲길을 조성해 자연을 가까이에서 경험하고 향유할 수 있도록 했다. 네 번째는 '하늘지붕'이다. '하늘지붕'은 하늘과 가까운 정원이다. 빛과 바람이라는 자연의 가장 기본적인 요소가 풍부

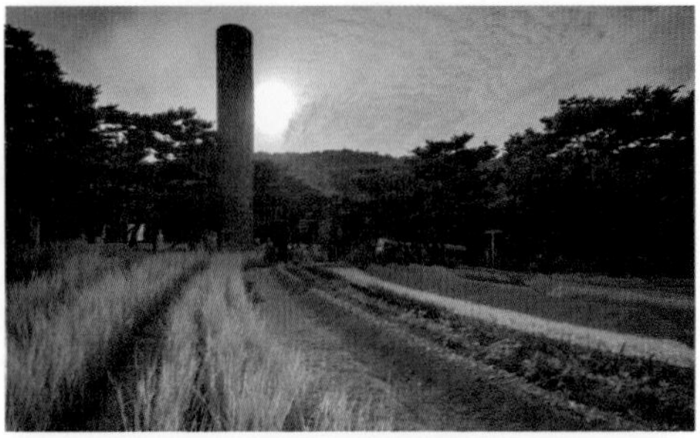

예술가의 밭

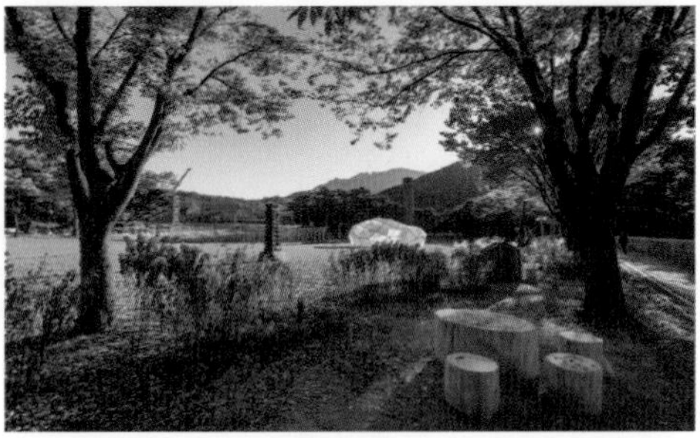

예술마루

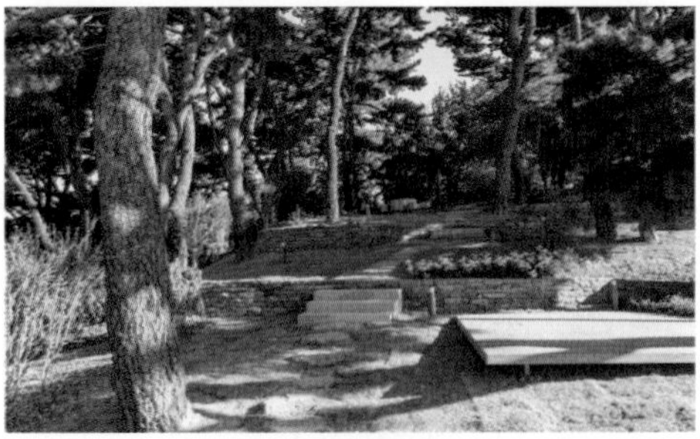

솔내음길

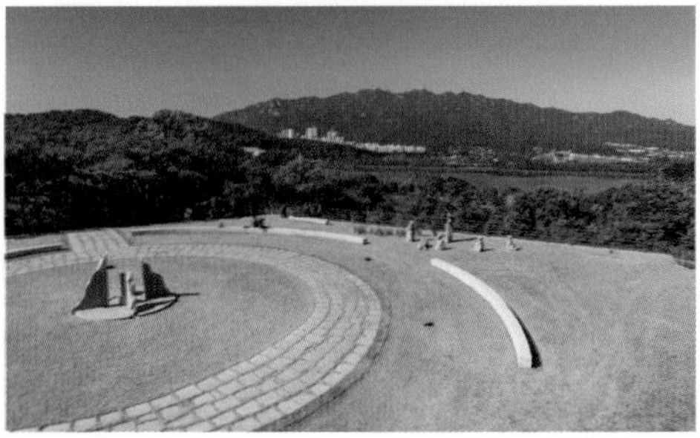

하늘지붕

출처: 국립현대미술관, ⓒ 우승민

한 공간으로, 편안한 쉼의 공간이자 예술의 공간이다. 넓게 열린 풍광을 바라보며 예술작품을 감상할 수 있다. '예술놀이마당'의 4개 공간은 야외 조경, 경계석, 도보길, 벤치, 조명 등의 환경 개선을 통해 예술·자연·놀이의 경계를 허물었다. 예술·자연·놀이가 공존하는 이 공간에서 어린이와 가족 관람객은 걷고 즐기며 예술을 경험하고 자연과 교감하고 놀이할 수 있다.

3) 예술·자연·놀이가 있는 작품

이번 프로젝트에서는 작가 김도희와 조경가 최재혁의 「예술가의 밭_산고랑길」, 작가 김주현의 「세 개의 기둥」 신작이 소개되었다. 두 작품 모두 관람객의 참여가 가능하며, 어린이·가족 관람객은 작품 체험과 놀이를 통해 현대미술과 자연을 접하고 경험할 수 있다.

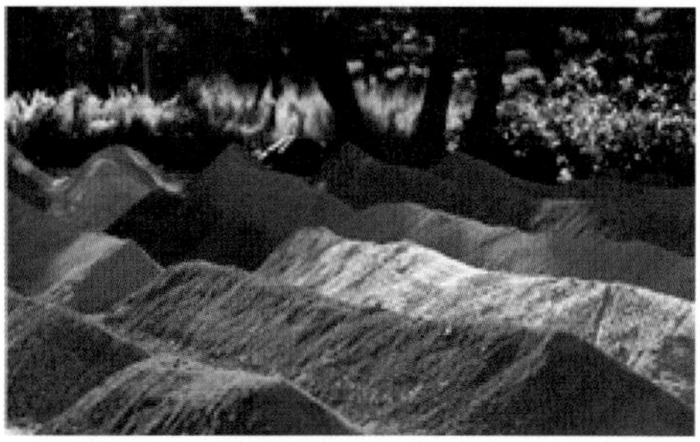

「예술가의 밭_산고랑길」

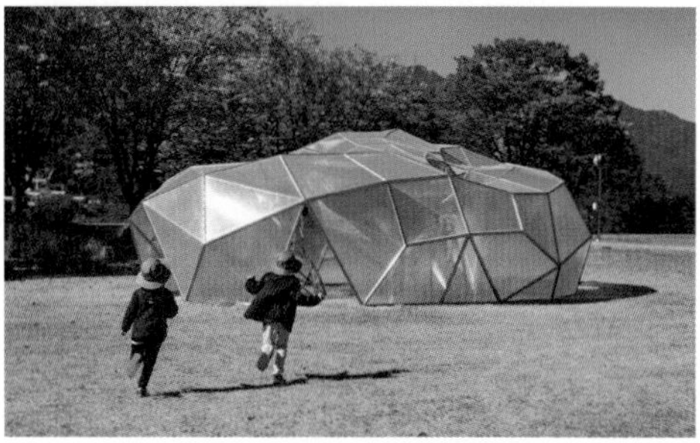

「세 개의 기둥」

출처: 국립현대미술관, © 우승민

김도희 작가와 최재혁 조경가의 「예술가의 밭_산고랑길」은 '예술가의 밭'에 위치하며 흙, 생명, 성장을 주제로 한 작품이다. 김도희 작가는 자연의 성장과 변화를 받아들이는 흙으로 산과 고랑, 길을 만들고 관람객에게 자연과 예술의 의미를 질문한다. 과천의 흙, 경상남도 하동의 적황토, 충청남도 보령의 황토, 경상북도 낙동강의 모래, 밭의 흙이 작품의 재료다. 흙은 다채로운 자연의 색을 띠며 환경의 변화에 따라 시시각각 달라진다. 흙으로 만들어진 밭고랑과 이랑의 구조는 순환과 연결의 이미지를 시각화한 것이며, 흙 자체만으로도 생명력과 대지의 힘을 느낄 수 있다. 더불어 최재혁 조경가는 산고랑길을 따라 자연과 식물이 머무는 공간과 경작 공간을 마련한다. 관람객은 갈대로 이어진 길을 따라가며 자연을 더욱 만끽하고 경험할 수 있다.

김주현 작가의 「세 개의 기둥」은 자연 속 미술관에서 쉼터이자 놀이 공간인 '예술마루'에 위치한 장소 특정적 설치 작품이다. 가족 관람객은 세 개의 기둥이 유기적으로 결합하여 만들어낸 공간의 안팎에서 예술과 자연을 감상할 수 있으며, 익숙한 사각의 구조가 아닌 예술가가 만든 상상의 공간, 다채로운 공간을 체험할 수 있다. 이 작품은 위상수학의 기본 개념인 도넛 모양의 토러스[2]를 응용하여 제작했으며, 유기적으로 결합한 세 개의 토러스 안팎에서 예술과 자연을 감상할 수 있다. 예술과 수학이 만나 만들어진 이 작품은 관람객에게 상상의 공간, 예술의 공간을 경험하도록 돕는다.

4) 예술과 자연: 마음을 살리는 미술관

철학자 한병철은 『땅의 예찬: 정원으로의 여행』에서 정원 일을 하면서 몸으로 사계절을 느끼며 디지털 세계에서 잃어가고 있는 현실감과 몸의 느낌이 되돌아왔으며, "모니터보다 정원이 더 많은 세계를 담고 있다"라고 한다. "정원의 시간은 타자의 시간이다. 정원은 내가 멋대로 할 수 없는 저만의 시간을 갖는다. 모든 식물은 저만의 시간을 갖는다. 정원에서는 수많은 저만의 시간들이 교차한다. 가을 크로커스와 봄 크로커스는 모습은 비슷해도 시간감각이 전혀 다르다. 모든 식물이 매우 뚜렷한 시간 의식을 갖는다는 것, 어쩌면 오늘날 어딘지 시간을 잃어버린, 시간이 부족한 인간보다 심지어 더욱 시간의식을 갖는다는 것이 놀랍다. 정원은 강력한 시간 체험을 가능케 한다. 누구든 정원에서 일하면 정원은 많은 것을 돌려준다. 내게는 존재와 시간을 준다. 불확실한 기다림, 꼭 필요한 참을성, 느린 성장이 특별한 시간감각을 불러온다."

코로나19로 야외 공간은 더욱 주목받고 있다. 사계절의 변화와 자연의 경

---

2 국립국어원 표준국어대사전(검색일 2020.12)에 따르면, 토러스(Torus)는 "평면 위에 있는 원을 이 원과 교차하지 않는 직선을 축으로 회전했을 때 만들어지는 도형의 곡면"이다.

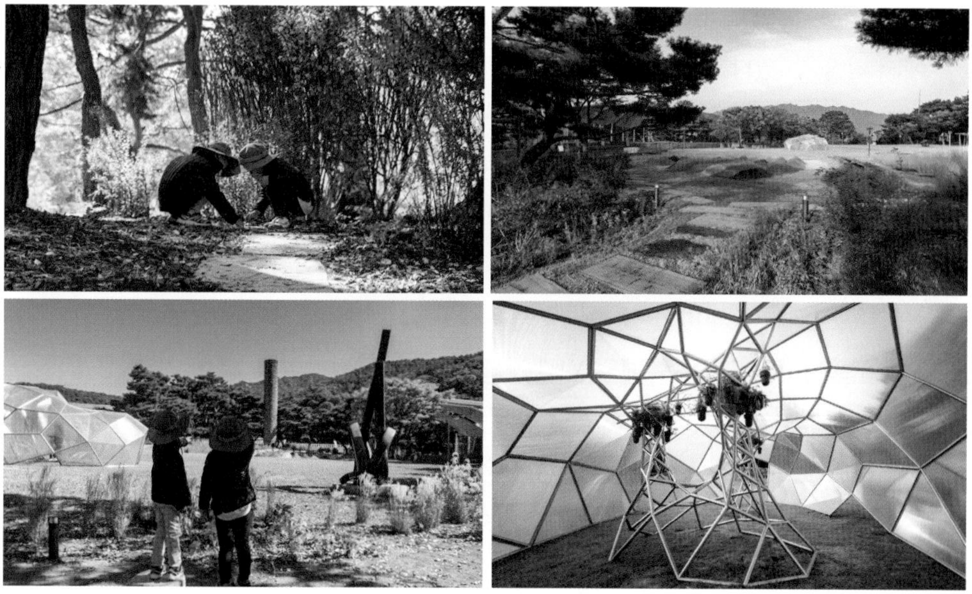

예술놀이마당
출처: 국립현대미술관, ⓒ 우승민

이로움을 느낄 수 있는 앞마당을 가진 과천관은 예술적 경험과 함께 자연을 가까이할 수 있는 장소다.

정신과 마음을 살리는 예술과 자연의 치유적 효과는 의학적으로도 증명된 바 있다. 어빙 비더먼에 의하면 "사람들이 보편적으로 선호하는 아름다운 경치나 노을, 숲 같은 풍경을 볼 때 엔도르핀이 분비되는 경로의 신경 세포들이 활성화되는 것을 발견했다. … 그뿐만 아니라 풍경에 색·깊이·움직임이 더해지면 그 경로를 따라 더 많은 신경 세포들이 활성화된다"라고 말한다(에스터M. 스턴버그, 2013: 76). 또한 산맥, 해안, 식물의 잎맥, 인체의 세포 등 자연에서 프랙탈[3] 구

3 네이버 시사상식사전(검색일 2020.12)에 따르면, 프랙탈 구조(fractal)는 "작은 구조가 전체 구조와 비슷한 형태로 끝없이 되풀이되는 구조"를 말한다. 부분과 전체가 똑같은 모양을 하고 있다는 자기유사성 개념을 기하학적으로 푼 구조를 말한다. 프랙탈은 단순한 구조가 끊임없이 반복되면서 복잡하고 묘한 전체 구조를 만드는 것으로, 즉 '자기유사성(self-similarity)'과 '순환성(recursiveness)'이라는 특징을 가지고 있다. 자연계의 리아스식 해안선, 동물혈관 분포 형태, 나뭇가지 모양, 창문에 성에가 자라는 모습, 산맥의 모습도 모두 프랙탈이며, 우주의 모든 것이 결국은

조를 찾을 수 있으며, 자연 풍경이 마음을 안정시키는 효과가 있는 이유를 여기에서 찾을 수 있다. 에스더 M. 스턴버그도 『공간이 마음을 살린다』에서 "창조적이거나 예술적인 작품에서 그런 패턴을 찾을 수 있다"라고 했으며, 하버드 의과대학의 심장학 교수이자 심박 변동성, 복잡성, 카오스 이론의 연구자인 에이리 골드버거는 "프랙탈이 인간 정신에 본질적으로 이롭다"라는 의견을 냈다(에스더 M, 스턴버그, 2013: 79). 그 밖에도 예술과 자연의 치유적 역할과 과학적 효과는 많은 연구 결과가 증명하고 있다.

코로나19가 찾아온 재난 시대에도 과천관은 변함없이 넓은 자연 풍경과 소리, 다채로운 색, 반복적인 프랙탈 구조, 예술작품, 놀이할 수 있는 앞마당을 가지고 있다. 마음을 살리는 예술과 자연 풍경을 담고 있는 과천관을 다시금 주목해야 할 이유는 충분하다. 어린이·가족 관람객이 과천 미술관의 안팎에서 기다림의 시간을 경험하며 마음을 살리는 힐링의 시간을 갖기를 바란다.

3. 나가며: 코로나19 시대, 미술관교육

2020년 열린 제1회 '코로나19 예술포럼'에서 박신의는 "예술의 다양화는 가속될 것으로 예상되며, 새로운 사회 체계 안에서 새로운 양식이 전개될 것이다. … 예술은 시대의 상황적 표현 양식이며, 위기와 재현을 넘어서 근본적인 질문과 사유를 강조한다. 지금 예술 생태계는 가혹한 현실을 맞이하고 있다. 현존과 대면이 존재한다는 점에서 공연장을 폐쇄하고 미술관 문을 닫는 것은 치명적이지 않을 수 없다. … 예술의 내면적 가치를 사회 변화로 연결하는 소셜 아트가 강화될 것이다"라고 말했다(박신의, 2020). 코로나19에 대한 정부의 대응 지침에 따라 국내 문화기반시설(박물관, 미술관, 도서관 등)의 휴관과 재개관이 반복되고 있다. 오프라인 교육 프로그램의 운영도 모두 취소되고 있는 상황이지만, 기존 사업을 재정비하고 방향성을 새로이 수립할 기회이기도 하다.

미술관의 문이 닫히더라도 미술관 야외 공간에는 관람객이 찾아올 수 있

프랙탈 구조로 되어 있다.

다. 야외 공간은 지속 가능성과 자발성을 고려할 때도 긍정적인 대안이 될 수 있다. 세계적 재난 상황 앞에서 국내외 문화기반시설들은 사회적 역할을 되새기며 앞 다투어 온라인플랫폼을 확장하고 콘텐츠를 적극적으로 공개했다. 이는 접근성을 확대하는 차원을 넘어서 팬데믹 상황에 문화기반시설이 예술을 통한 치유와 긍정의 메시지를 전달하고자 하는 의지, 위기의 시기에 미술관의 사회적 역할을 강화하고자 하는 의지의 표출로 해석할 수 있다. 포스트 코로나 시대에는 문화예술의 향유가 더욱 양극화될 것으로 예상된다. 더불어 패러다임의 변화는 문화예술 향유의 질과 방법에도 영향을 미칠 것이다. 이에 대비하여 미술관교육 분야도 미술관이라는 장소에 대한 경험, 물리적 경험이 부재한 상황 속에서 참여자와 진정한 상호작용을 할 수 있도록 노력을 계속해야 한다(황지영, 2020).

코로나19라는 어려움 속에서도 추진된 '예술놀이마당'을 통해 누구나 미술관 마당의 예술작품, 나무, 식물, 자연의 소리와 풍경들을 자신의 일상, 그리고 삶의 맥락과 연결 지을 수 있게 되기를 바란다. 진정한 참여와 연관성의 예술로서의 미술관교육은 참여자를 대상화하지 말아야 하며, 참여자와 함께 관계를 만들어가야 한다. 이러한 지향점을 바탕으로 미술관교육이 실천될 때 공동체에 미술관교육의 의미가 전달되며 그 의미가 다시 지속 가능한 예술적 경험으로 이어진다. '예술놀이마당'이 미술관교육의 가능성을 넓히는 계기가 되길 바란다.

참고문헌

박신의. 「일상적 위기의 시대, 예술의 가치와 회복력」. 제1회 코로나19 예술포럼. 2020.7.8. 한국문화관광연구원. 2020.

박정현. 「야외조각장을 겸비한 국립현대미술관의 건립배경과 과정」. 『국립현대미술관 1986 과천관의 개관』. 국립현대미술관. 2019.

양지연. 「뮤지엄의 성공 기준과 성과 지표에 대한 연구」. 『예술경영연구』 22, 2012. 171-194쪽.

이광준. 「문화예술교육의 사회적 의미에 대한 여섯 가지 시각과 배경 철학」. 『문화예술교육논집』.한국문화예술교육진흥원. 2012.

황지영. 「미술전문기관의 디지털 전시와 교육 사례」. 토론문, 제2차 경남문화포럼. 2020.12.03. 경남문화원. 2020.

황지영 외. 「진정한 참여를 위하여: MMCA예술놀이마당」. 『예술놀이마당 에세이』. 국립현대미술관. 2020.

국립현대미술관. 『국립현대미술관 연보』. 국립현대미술관. 2019.

______. 『국립현대미술관 연보』. 국립현대미술관. 2020a.

______. 「MMCA예술놀이마당 사업계획자료」. 국립현대미술관. 2020b.

______. (주)오픈니스. 『MMCA예술놀이마당 설계 연구』. 국립현대미술관. 2020c.

한병철. 『땅의 예찬 정원으로의 여행』. 안인희 역. 김영사. 2018.

______. 『시간의 향기 머무름의 기술』. 김태환 역. 문학과지성사. 2013.

Siomn, N. *The Art of Relevance*. 『연관성의 예술』. 이홍관 역. 연암서가. 2018.

Sternberg, E. M. *Healing Spaces: The Sciences Of Place And Well-being*. 『공간이 마음을 살린다』. 서경조 역. 더퀘스트. 2013.

국립현대미술관 https://www.mmca.go.kr.

한국문화예술교육진흥원 https://www.arte.go.kr.

한국예술경영학회 https://www.kartsnet.org/html/

한국학술지인용색인 https://www.kci.go.kr/kciportal/main.kci

황지영

중앙대학교 대학원에서 박물관·미술관 교육을, 박사과정에서 문화예술경영을 전공했다. 한국문화예술교육진흥원 설립에 참여한 창립 멤버로 교육개발팀장, 창의사업팀장을 역임하며 초기 문화예술교육 정책 수립에 참여했다. 2014년까지 문화예술교육 활성화를 위한 정책 수립, 전문인력 양성·연구, 문화다양성 교육 사업과 연구 사업 등을 진행했다. 현재는 국립현대미술관 미술관교육과에서 어린이미술관, 예술놀이마당 사업 등을 담당하고 있으며, 삶 속에서 예술교육의 역할을 고민하며 의미 있는 실천 사례를 만들기 위해 노력하고 있다.

13장
문화예술 분야 사회적기업 캔파운데이션의 운영사례 고찰

김성희

문화예술 사회적기업 # 캔파운데이션 # 재원 조성 # 사회적 가치 창출
새로운 미술 유통시장 환경

문화예술 분야의 사회적기업은 일반적으로 정부지원금이나 외부기금 의존도를 줄이면서 예술 활동의 독립성과 창조성을 통해 수익구조 창출 가능성과 잠재력을 보유한 조직으로 간주되고 있다. 본고는 문화예술 활동을 중심으로 예술계의 사회적 문제를 해결하려는 목적을 가지고 2008년 설립된 사회적기업 캔파운데이션을 대상으로 설립과 운영 현황 조사를 통해 사회적 가치 창출과 재원 확보라는 두 가지 목적을 구현해야 하는 캔파운데이션의 과제와 방안을 모색해보는 연구다. 법적 근거에 의하면 사회적기업은 수익의 70% 이상 사회적 가치실현을 위한 프로젝트에 투입해야 한다. 그렇기 때문에 생산자로서의 예술가, 소비자로서의 예술소비자, 유통기관으로서의 갤러리, 옥션, 페어 등 예술계 미술시장 유통구조에서 사회적기업의 등장과 확장은 미술 유통의 새로운 역할을 담당할 수 있을 것으로 여겨진다. 예술을 창조하는 예술가, 전시를 기획하는 큐레이터가 중요한 위치에 있듯이 여러 가지 해결 과제가 존재함에도 사회적 요구에 부응하는 사회적기업들 또한 예술계에 예술 담론과 생태계의 새로운 유통방식을 제시하는 역할로 자리매김할 수 있을 것으로 기대한다.

1. 서론

해외에서는 정부지원금이나 기부금에 대한 의존도를 줄이면서 예술 활동의 독립성과 창조성을 통해 수익구조 창출 가능성과 잠재력을 보유한 조직을 '문화예술 사회적기업'으로 간주하고 있다. 또한 상업적인 요구에 부응하여 독립적으로 생산·판매하는 환경을 조성하며, 특히 수익 배분에서 투명하게 운영하는 과정이 일반 기업과 차별된 특성이 있다고 본다. 국내에서는 "문화예술 활동을 중심으로 사회문제를 해결하려는 활동을 통해 영리를 추구하는 기업"(연수현, 2018: xi)으로 "공연, 음악, 미술, 종합예술, 전통문화, 지역문화 등과 같은 문화예술 활동을 중심으로 사회서비스를 제공하거나 일자리 창출 등과 같은 사회적 목적을 추구하면서 영리활동을 수행하는 조직"(류정아, 2011: v)으로 정의하고 있다. 이들이 해결하려는 문제는 크게 '문화예술 활동을 통해 사회문제를 해결하려는 유형'과 '문화예술 분야의 사회문제를 해결하려는 유형'으로 구분된다(문화체육관광부·예술경영지원센터, 2020).

사회적기업의 개념은 시대와 국가에 따라 다양하게 정의되어왔으나 한 가지 공통점은 '사회적 가치'를 추구하면서 '경제적 활동'을 하고 있다는 특색을 지니고 있다. 우리나라에서 이런 기업 활동이 시작된 것은 IMF 외환위기 이후이며, 목적은 일자리 창출과 사회서비스 제공으로 시작되었다. 한국사회적기업진흥원의 정의에 따르면 "영리기업과 비영리기업의 중간 형태로, 사회적 목적을 먼저 추구하면서 재화·서비스의 생산·판매 등 영업활동을 수행하는 기업으로 고용노동부 장관의 승인을 받은 기관"으로 정의된다.

국내에서 고용노동부 승인제도란 다른 나라에서는 찾아볼 수 없는 한국 특유의 사회적기업의 특징으로 나타난 인증제도를 말하는데, 2007년 첫해에 55개에서 2020년 3월까지 총 68차에 걸쳐 2,911개소가 인증을 받았다. 그 내용을 서비스 분야별로 살펴보면 '문화·예술'이 265개(10.8%)로 가장 많은 비중을 차지하고 있다. 만약 여기에 2020년 4월 한국사회적기업진흥원 기준에서 발표한 문화예술 영역에 속하는 '관광·운동'과 '문화재' 및 '기타'까지 포함하면 그 수는 훨씬 더 많아진다. 이렇게 문화예술을 기반으로 활동하는 사회적기업 수가 많아지게 된 이유는 1차적으로 문화예술이 가진 사회적 가치, 즉 '공공성' 때문이다. 그리고 제조업 같은 분야에 비해 초기 투입자본 비용이 상대적으로 적어 진입장벽이 낮아 기존 비영리 문화예술단체들이 사회적기업 영역으로 진입한 것이다. 더구나 2019년 10월부터 행정부처형 예비 사회적기업으로 '문화체육관광형'이 도입되었으므로 그 숫자는 예상보다 상당히 늘어났을 것으로 추정된다. 이런 까닭에 문화예술과 관련된 사회적기업의 활동 현황을 살펴보고 그 성과를 한 번쯤 되짚어볼 필요가 있다고 생각한다.

그래서 본고에서는 문화예술 활동을 중심으로 사회문제를 해결하려는 목적을 가지고 콘텐츠 사업을 통한 수익구조를 창출하고자 하는 사회적기업 캔파운데이션을 대상으로 설립과 운영 현황을 살펴보고자 한다.

2. 문화예술 사회적기업 캔파운데이션 현황

1) 설립 배경과 연혁

한국 현대미술계는 1999년 대안공간이 시작된 이래 괄목할 만한 성장을 해왔다고 할 수 있다. 그간 대안공간이 이룩한 성과는 크게 두 가지로 꼽을 수 있는데, 하나가 그동안 한국 현대미술계가 안고 있던 고질적인 문제, 즉 학맥 위주 공모 등의 제도적 상황에서 역량 위주의 젊은 작가군 육성을 위한 비좁은 등용문을 넓혀주는 역할을 했다는 점이다. 이렇게 배출된 작가들이 국내외 주요 비엔날레와 전시 등에 참여함으로써 한국 현대미술 지형의 변화를 일으킨 것도 사실이다. 이것은 당시 한국 문화예술계가 지향했던 하나의 시대적 소명에 '대안공간'이라는 시스템이 부응한 것이기도 하다.

이러한 시대적인 배경에서 2007년 시각예술 작가들을 후원하고자 한 3인이 모임을 갖기 시작했고, 2008년 6월 비영리 예술단체로 캔파운데이션이 설립되면서 먼저 베이징 레지던시인 '프로젝트 스페이스 베이징P.S.Beijng'을 오픈하고, 그해 12월 성북동에 전시공간 '스페이스 캔'을 오픈함으로써 예술가 창작지원활동으로 시작되었다. 이미 비영리 대안공간들에 의해 예술가 창작지원이 이루어지고 있었고, 전시뿐만 아니라 창작환경지원을 통한 국내외 네트워크 생성 등 다양한 지원이 필요한 상황이었으며, 이러한 지원을 통해 사회적 가치를 만들어내는 환경이 필요한 시기였다.

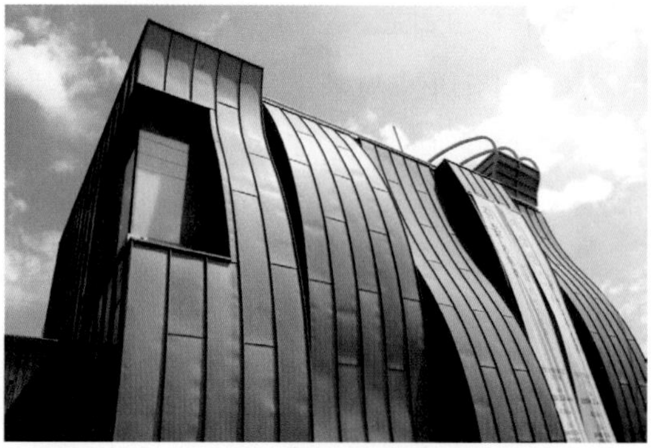
캔파운데이션 전면 모습

캔파운데이션은 이러한 시대적 요구를 바탕으로 현대미술 창작에 필요한 발표 공간 수의 부족함을 해소하고 젊은 예술가들에 대한 창작활동을 후원했다. 이후 캔의 지원을 받은 예술가들이 자신의 예술세계를 바탕으로 교육 콘텐츠를 기획하여 문화소외지역 청소년 대상 예술 체험교육을 재실행함으로써 후원하고 후원받는 선순환구조를 이루는 것이 캔의 설립 목적이었다. 예술창작지원 출발은 베이징 레지던시 프로젝트처럼 국내 젊은 작가들에 대한 베이징 창작공간 지원사업을 통해 해외 네트워크를 쌓을 기회를 제공하는 사업에서 시작되었다. 동시에 이런 현실을 직시한 지지자들의 성원과 뜻을 모아 이듬해 12월 비영리 문화예술단체로 출발했다.

이렇게 시작된 캔파운데이션은 2009년 1월 사단법인화하고 그해 6월 '아트버스 캔버스' 사업으로 고용노동부 인증 예비 사회적기업, 이후 2011년 사회적기업으로 선정되었다. 12월 지정기부금 단체로 등록한 이래 지난 10여 년간 매년 젊은 작가의 국내외 창작공간 제공 지원, 국내 전시 지원사업, 예술가 중심 창의체험 교육사업을 해오고 있다.

〈표 13-1〉 캔파운데이션 연혁

2007	02	3인의 설립자 회동 및 사단법인 추진
2008	06	단체 설립 중국 베이징 헤이차오 레지던시 'PSB(Project Space in Beijing)' 오픈
	12	전시공간 'Space CAN' 오픈
2009	01	사단법인 등록
	06	예비 사회적기업 선정 아트버스 프로젝트 '오! 재미(오! 재미있는 미술)' 시작

	09	‘PSB(Project Space in Beijing)’ 북경 따산즈 798로 이전 오픈
	12	서울문화재단과 협력사업 시작
		지정 기부금단체 등록
2010	09	전시공간 ‘오래된 집’ 오픈
		어린이 창작 스튜디오 ‘AKI Factory’ 오픈
2011	07	사회적기업 선정
		성북구청과 업무제휴
	11	독일 베를린 레지던시 ‘PSB(Project Space in Berlin)’ 오픈
2012	02	한국문화예술교육진흥원과 협력사업
	08	한국메세나협의회와 기업 매칭사업
2013	04	네이버문화재단과 협력사업
	12	(주)일산레저와 메세나 결연
2014	06	빈곤국 어린이 교육 관련 국제 비영리단체 Seeds of Empowerment와 MOU 체결
	07	독일 베를린 레지던시 ZK/U(Zentrum für Kunst und Urbanistik)와 MOU 체결
	11	ZK/U 레지던시 프로그램 시작
		(주)엠엘씨월드카고와 한국메세나대회 ‘Arts &Business’상 공동 수상
2015	12	국내 레지던시 ‘명륜동 작업실’ 오픈
2016	07	서울시 지원 융복합교육 프로그램 ‘캔미디어아틀리에’ 오픈
	11	네이버문화재단 연계 전시 오픈
2017	10	인천가톨릭대학교와 MOU 체결
2018	02	사회적기업 (주)마리몬드와 협력사업
	03	국내 레지던시 ‘마리몬드 하우스 with CAN Foundation’ 오픈
		한예종 융합예술센터 MOU 체결
	04	Airbnb와 협력사업 ‘착한 트립’ 오픈
2019	11	전시공간 ‘오래된 집’ 재개관
		CAN 설립 10주년 자료집 발간
2020	08	아산복지재단 사회복지 지원사업 선정 ‘artbus Canbus’ 프로젝트
		(재)청암문화재단 업무제휴 협약 체결
		태성문화재단 H아트랩 MOU 체결
		한성자동차 ‘드림그림’ 프로젝트 MOU
		도요타 ‘드림 카’ MOU 체결

2) 조직 운영

캔파운데이션은 설립자들로 구성된 3인의 이사회와 캔파운데이션의 목적 사업 전반을 후원하는 협력이사회 10인으로 구성되어 있으며, 운영 스태프진으로 전시팀 2인, 교육팀 2인, 회계 담당 1인, 홍보 담당 1인 등 일반적으로 5~8인으로 구성되어왔다. 이사회에서 사업 목적에 부합하는 사업 방향을 제시하고, 현장에서의 사업구상과 실현은 운영스태프들이 그 역할을 담당해왔다.

운영조직은 재원 조성의 활성화에 꼭 필요한 조직으로 단체의 원활한 재원 확보 역할을 담당한다. 설립자 3인은 모든 운영에 직접 참여하고 있으며, 협력이사회를 조직하여 운영함으로써 재원 조성 환경을 만들어가고 있다. 사회적 프로젝트를 운영하기 위해서는 재정적 문제가 매우 중요한 부분을 차지하기 때문이다.

사회변화에 따른 운영조직의 체계적인 시스템 구축이 무엇보다 중요하다. 예술단체 활성화는 스태프의 열정과 이사들의 적극적인 참여의식이 바탕이 되어야 한다. 이사회 활동 중에 주요한 역할이 후원 유치에 있다. 하지만 운영 연수가 14년째인 캔파운데이션 이사회의 활동 영역은 초창기 대비 질적·양적으로 하향곡선을 그리고 있다. 최근 코로나 사태 또한 활동 영역과 범위를 위축시키는 큰 요인이 되고 있다. 그로 인해 비대면 방식이 활성화를 위해 소통방식의 변화를 모색하고 있다.

캔 운영조직 중 행정적인 업무조직 현황은 다음과 같다.

〈표 13-2〉 사단법인 캔파운데이션 조직 현황

담당업무	협력이사	운영이사	기획이사	전시팀	교육팀	홍보팀	회계팀
인원 수	10인	2인	1인	2인	1~2인	1인	1인

설립이사 3인 중 1인의 이사가 운영기획을 맡고 있으며, 전시팀은 '스페이스 캔'과 '오래된 집' 전시 전반과 레지던시 운영업무를 담당하고, 교육팀은 '아트버스 캔버스' 기획과 실행을 담당하고 있다. 아트버스팀의 경우 주로 2인이

담당했으나 캔의 아트버스 프로그램 콘텐츠 기획은 주로 예술가 주최로 운영하기 때문에 최근 1인의 에듀케이터가 예술가들과 소통하며 진행하고 있다. 전시나 교육, 행사 등의 프로젝트들이 집중되는 시기에는 현재의 구성원으로 해결해 나가기 어려운 부분이 있으며, 더욱이 창의적 재원 조성을 위한 프로그램 기획과 후원자 관리를 위한 체계적인 업무분장에 어려움이 있다고 판단된다. 그 때문에 마케팅 전략 구사가 가능한 전문경영인 도입이 시급한 실정이다.

운영조직의 활동이 주로 재원 조성을 위한 움직임이라면, 행정 및 기획 조직은 내부적으로 단체 프로그램 기획과 실행을 담당하고 있으며 모든 프로그램은 예술가들과의 협업 중심으로 운영되고 있다. 설립이사 3인과 협력이사들은 비상임으로 운영되고 있으며, 설립이사 3인은 매주 회의를 거쳐 캔파운데이션의 방향과 기획 자문을 하고 있다. 매년 열리는 펀드레이징 프로그램을 위한 전체 이사회가 연 6회 진행됐으나, 현재 코로나 팬데믹으로 회의 횟수가 줄고 있다.

단체 운영을 위해 지자체 공공기금 확보와 프로그램 실행, 그에 따른 기금 활동 보고서와 증빙제출 등 실제로 스태프들이 담당해야 하는 업무가 과다한 상황이며, 이 외에도 기업을 대상으로 하는 다양한 펀딩 기획까지 병행하고 있는 현실이다. 당장 시급한 운영의 문제 해결에 집중할 수밖에 없는 상황에서 장기적인 계획수립과 실행이 어려운 점으로 부각되고 있다. 그렇기 때문에 수익구조 다변화 활동에 특화된 마케팅 전문 인력의 수급이 절실한 상황이다.

3) 프로젝트 현황

(1) 전시 및 연계 프로그램

2007년 베이징 레지던시 지원사업 이후 작가들의 보고전시를 위한 공간이 필요했고, 2008년 12월에는 서울시 성북구에 전시 공간 ‘스페이스 캔’을 설립하여 작가들의 전시활동을 적극적으로 지원한 바 있다. 또한 2010년에는 성북동 소재의 오래된 가옥 두 채를 전시공간으로 개조하여 ‘오래된 집’이라 명명하여 장소 특정적 전시를 기획함으로써 창작의 ‘결과’를 선보이는 전시활동 외에도 전시를 만들기까지의 ‘과정’에 주목해왔다. 전시장으로 스페이스 캔 서울,

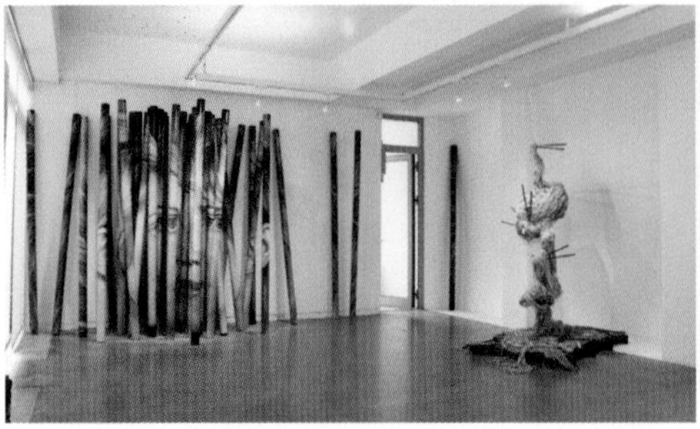

스페이스 캔 전시공간

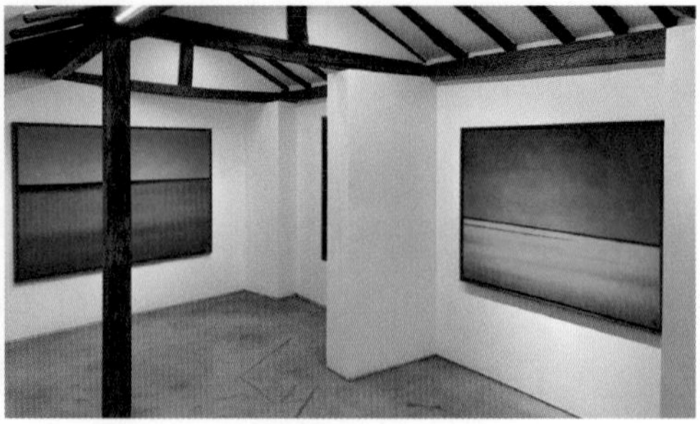

오래된 집 전시공간

스페이스 캔 베이징, 오래된 집 세 곳을 운영해오다가 2012년 베이징 레지던시 프로그램을 베를린 레지던시로 변경하게 되면서 중국 베이징 전시공간을 닫게 되어 스페이스 캔과 오래된 집 공간 두 곳에서 전시가 열리고 있다. 2020년까지 약 116회의 개인전과 단체전이 진행되었다.

(2) 창작 레지던시 프로그램

① 베이징 레지던시(Project Space in Beijing)

캔 사업에서 레지던시 프로그램은 중요한 프로젝트다. 캔의 설립 배경이 한국 예술가들의 창작지원을 목적으로 조직되었기 때문이다. 2007년 당시 중국의 개혁개방이 시작되면서 예술 중심도시인 베이징에 해외 기관이나 예술가, 예술전문인들이 집결하면서 활발한 교류가 시작되었다. 캔은 예술가들의 해외 교류에 교두보 역할을 하고자 베이징 헤이차오에 스튜디오를 임대하면서 매년 8인의 작가를 공모로 선정하여 창작과 교류의 산실을 마련했다. 첫해 베이징 헤이차오 창작촌을 임대해서 시작된 베이징 스튜디오 프로젝트는 2010년 전시공간과 레지던시 공간을 베이징 따산츠 798 예술특구로 이전하여 활발한 교류를 추진한 바 있다. 그 당시 따산츠 798은 국제적인 기관들과 서구 갤러리들이 진출하면서 뉴욕의 소호처럼 번창하고 있었는데, 그야말로 동서가 융합된 매력을 지닌 예술특구로 발전하는 지역적 특성을 보였다. 예술가들과 예술기관들이 모이면서 창작에너지가 넘치는 지역 예술촌은 시장을 형성하는 데 큰 역할을 담당하기 때문에 한국작가들의 진출이 필요한 시기였다. 이 시기 캔파운데이션은 매년 8인의 작가를 지원하여 중국 예술가들과 따산츠 798에 진출한 서구 유수 갤러리들과의 소통에 기회를 제공하고자 노력한 바 있다.

그러나 2014년 따산츠 유입인구의 급격한 증가와 시장화로 인해 임대료가 과중하게 상승하면서 비영리기관인 캔파운데이션은 건물 임대 유지가 힘들었으며 결국 공간을 닫게 되었다. 그 시점에 작가들의 관심이 증폭하는 베를린 레지던시를 조사하기 시작했다. 2014년 베이징 레지던시 종료 전까지 38명의 한국 작가가 참여했다.

② 베를린 레지던시(Project Space in Berlin)

2011년 스페이스 캔의 관심은 세계적으로 예술가들의 활동영역과 관심이 베이징에서 베를린으로 바뀌어가고 있는 환경에 부응하여 그해 11월 베를린에 레지던시 'P.S.Berlin'을 오픈했고, 2014년 베를린 창작공간 ZKU와 MOU를 체결하여 프로젝트 스페이스 베를린을 통해 지금까지 12명의 한국 예술가의 창작을 지원해왔다. 2019년 코로나 팬데믹으로 해외 프로젝트는 중단된 상태이지만, 국내외 상황이 호전되면 지속적으로 지원할 예정이다.

③ 명륜동 레지던시

캔은 2015년부터 종로구 명륜1가에 창작지원 공간인 '명륜동 작업실'을 운영 중이다. 명륜동 작업실은 각각 $66m^2$(20평), $33m^2$(10평), $23m^2$(7평)로 총 3개의 스튜디오로 구성되어 있으며, 연중 1회 진행되는 공모를 통해 미술 분야의 전문가들이 이를 심사하여 각 예술가들의 작업 특성에 따라 입주 공간을 배분하여 운영하고 있다. 캔은 이러한 활동을 통해 예술가들이 공간 등 작업환경에 구애받지 않고 창작활동에 전념할 수 있도록 전폭적인 지원을 하고 있으며, 입주기간 중 진행되는 프로그램 및 오픈스튜디오, 결과전 등의 다양한 활동을 통해 관객과도 깊이 있는 미적 소통을 추구하고 있다. 명륜동 레지던시는 지리적 조건으로 작가들의 선호도가 높은 편이며, 공모에도 매년 200여 명이 넘는 작가가 지원하고 있다. 그렇기 때문에 상대적으로 작업 경력이 많은 40대 작가들의 참여율이 높은 편이다. 현재까지 18명의 작가가 명륜동 스튜디오를 거쳐간 바 있다. 지금까지 캔파운데이션의 국내외 레지던시 프로그램에 참여한 예술가 수는 68명에 이르고 있다.

(3) 아트버스 캔버스

2009년 캔파운데이션은 사단법인 설립과 함께 아트버스 '오 재미!'라는 이름으로 대형버스를 창작실로 개조해 문화소외지역을 다니면서 아동과 청소년 대상으로 캔파운데이션에 창작지원, 즉 국내외 창작스튜디오나 전시 지원을 받은 예술가의 작업을 바탕으로 예술체험 프로젝트를 시작하게 되었다. 아트버스를 운영하기 위한 인건비 지원이 절실했고, 당시 고용노동부 주최 사회적기업인증제도가 도입된 시기에 맞추어 예비 사회적기업으로 인증받아 아트버스팀 5인 중 3인이 지원을 받으면서 사회적기업의 첫걸음을 내딛게 되었다. 캔의 예술가에 대한 창작지원과 연결하여 2009년부터 예술가들이 문화나눔 희망지역의 아동, 청소년을 직접 찾아가 함께 예술창작활동을 체험하는 아트버스 프로젝트를 시작했다. 2021년까지 전국 166개 지역, 429,422km, 6,294명의 아동, 청소년이 110명의 예술가와 함께하는 성과를 이루어내고 있으며, 디지털시대에 대비하는 코딩과 예술을 결합한 디지털 아트 프로그램인 '미디어 아틀리에' 등 다양한 방식의 교육 프로그램을 지속해서 연구·도입하고 있다.

'아트버스 캔버스' 프로젝트의 특성은 예술작업 경력이 풍부한 예술가들이 자신들의 창의적 시각을 대상 청소년들과 소통함으로써 예술을 통한 사회와의 소통 가능성을 체험시키는 프로젝트다. 지금까지 기획된 콘텐츠는 작가들의 예술세계와 세상을 바라보는 시각이 담긴 예술적 가치가 높은 프로그램으로 평가

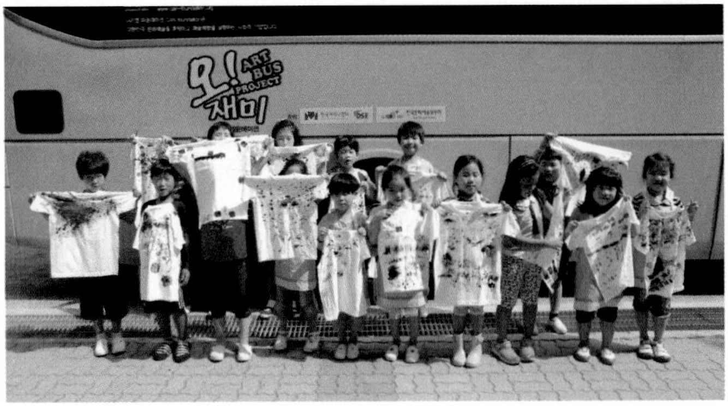

아트버스 캔버스 수업 모습

받는 것이 일반 미술교육 프로그램과의 차별점이다. 이 프로젝트는 대상 청소년뿐만 아니라 기획에 참여하는 예술가들에게도 자신의 예술작업을 다른 소통방식으로 체험함으로써 새로운 경험을 주고 있다. 이 과정을 통해 캔파운데이션은 단지 예술가들에 대한 창작지원에 그치는 것이 아니라 예술가들이 자신의 재능을 문화나눔으로 기부하는 선순환구조를 실행함으로써 사회적 가치 창출에 노력하고 있다.

4) 재원 조성

고용노동부 사회적기업 인증 기업인 캔파운데이션은 일반 사회적기업의 재정운영 규정에 따라 수익의 70% 이상을 사회적 가치창출을 위한 프로젝트에 재투자해야 한다. 그러나 매년 부족한 재정구조로 수익 대부분이 단체 운영에 쓰이고 오히려 부족한 재정을 메우기 위해 매년 기금마련 행사를 진행해온 캔파운데이션은 현재 재원 조성 해결이 가장 큰 과제로 남아있다. 캔파운데이션의 재정 현황은 수입 부문에서 정부와 지자체 지원금, 기업후원금, 개인후원금으로 분류할 수 있다. 또한 기업과의 MOU 또는 협업을 통한 수익, 교육사업을 통한 수익, 예술품 컨설팅 수익으로 크게 구분할 수 있다. 지출은 인건비와 운영비, 전시 및 교육 관련 지출, 기타로 구분할 수 있다. 2012년부터 2020년까지의 수입과 지출 현황은 〔그림 13-1〕, 〔그림 13-2〕와 같다.

2012년부터 2020년까지 9년간의 데이터를 보면 수입 부문에서 기업후원금이나 개인후원금 비율이 27%이며, 컨설팅사업 수익이 28%, 전시 관련 수익사업이 11%를 차지하며 주된 수입구조로 나타난다. 이는 사회적기업의 역할을 담당하기에 적절한 구조임을 보여주고 있다고 판단된다. 또한 이는 캔의 축적된 예술 관련 콘텐츠를 기반으로 전시 및 교육 컨설팅 사업의 활성화를 통해 수익구조를 확장하는 데 주력해야 하는 방향을 보여주고 있다고 생각된다.

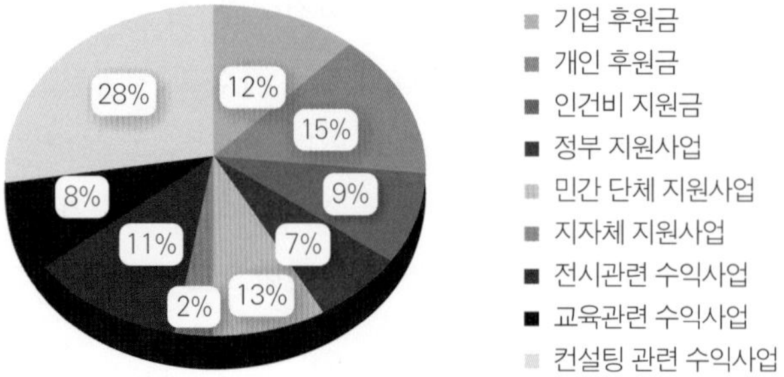

〔그림 13-1〕 캔파운데이션 수입구조: 총 5,573백만 원(2012~2020)

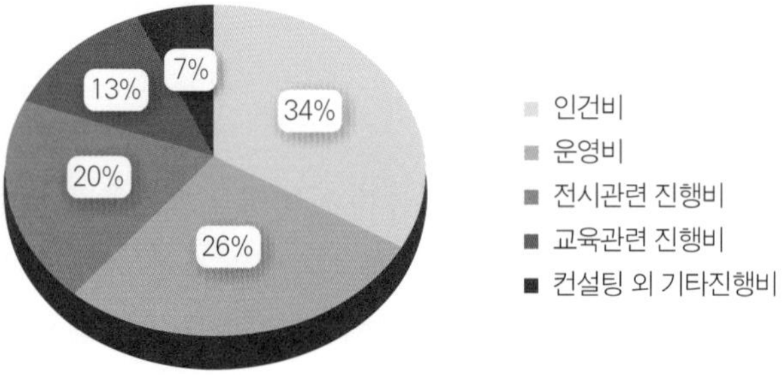

〔그림 13-2〕 캔파운데이션 지출구조: 총 5,639백만 원(2012~2020)

3. 캔파운데이션의 과제

1) 예술 콘텐츠의 지속적인 개발

(1) 다양한 실험 전시 개발(언택트 시대)

예술 단체나 기관의 가장 중요한 콘텐츠 개발은 예술적 가치 창출이 기본이 되어야 한다고 생각한다. 전시기획에서 시대적 변화를 읽어내는 기획과 그것을 통한 실험 과정이 반드시 선결되어야 한다. 그간 캔에서 활동한 예술가들의 역량이 캔의 이러한 노력의 성과라고 판단된다. 그러나 다변하는 현대사회에서 대중과의 소통과 예술적 가치를 구축해나가는 실험은 늘 부족한 상황이므로 시간적·인적 자원의 투자가 이루어져야 한다고 본다.

(2) 비평 프로그램 개발(예술담론 형성)

2019년부터 시작한 비평 프로젝트인 'A2A Artist to Artist'는 현장에서 활발하게 작업하는 40~50대 작가 4인과 20대 젊은 작가 20명의 그룹 토론 프로그램으로 마지막 결과전시를 선보였는데, 세대 간의 토론을 통해 작업 과정에 대한 담론 형성에 기여한 프로젝트다. 2020년 'C2A Critic to Artist'는 현장 활동이 활발한 비평가 4인과 20대 젊은 작가 20여 명이 네 그룹으로 나뉘어 예술가들의 창작 과정에서 일어나는 담론을 모아 마지막 전시와 비평글로 결과보고를 진행했다. 현대 미술계의 시스템과 미술시장 구조의 판도 변화로 비평의 영역이 점점 줄고 있는 현실이다. 그럴수록 젊은 예술가들은 자신의 작업 고민에 관해 토론할 수 있는 현장이 무엇보다 필요한 시점이었다. 그 때문에 비평에 대한 다양한 프로젝트 개발은 현대미술사회의 담론 형성이라는 주요한 역할을 담당할 것으로 생각된다.

2) 재정 확보 방안

(1) 기부·후원 활성화를 통한 재원 조성

캔파운데이션은 14년 동안 지자체 기부, 문화재단 기부, 협력이사회를 통한 기부가 큰 토대가 되어왔다. 그러나 단체로서는 다양하고 많은 프로그램을 운영하기 때문에 항상 운영재원이 부족한 상태다. 또한 더 시급한 과제로는 협력이사회의 확장과 개인후원 CMS의 확보를 들 수 있다. 현재 10인으로 운영되는 협력이사회 인원을 20인으로 확장할 계획이며, 다양한 홍보 마케팅과 후원자 프로그램 활성화를 통해 개인후원자 수를 확보할 계획이다.

(2) 기업재단 연계 프로그램 확대

정부·지자체 기금의 총액 비율이 큰 편이기는 하지만, 기금 확장은 한계가 있다. 이 외에도 기업이 운영하는 기업문화재단과의 협업과 재단사업 수행을 통해 재원 조성에 노력하고 있다. 또한 기업의 사회적 책임을 다하는 활동이 활발해진 상황에서 문화소외계층을 대상으로 하는 교육프로그램 사업을 제안하여 실행하려고 노력하고 있다.

(3) 작가 매니지먼트 시스템 구축을 통한 미술시장 확보

14년 동안 예술가 창작지원을 해온 캔파운데이션은 예술창작지원에는 전시 및 스튜디오 지원뿐만 아니라 이후 작가관리에 대한 지원이 절실하다는 판단 아래 작가가 활동할 수 있는 환경을 조성하기 위해 작가관리프로그램을 개발하는 중이다. 작가의 전시를 포함한 활동 이력 관리, 작품 리스트, 작품가격 조사, 해외 미술 기관과의 커뮤니케이션, 저작권 관리, 작품 판매에 필요한 모든 과정 관리 등 작가가 미술시장에 진입할 수 있는 환경 조성에 노력하고 있으며, 이를 통해 캔파운데이션의 사회 프로젝트를 위한 재원 조성에도 기여할 것으로 기대하고 있다.

(4) 적극적 홍보·마케팅을 통한 인지도 확보

단체마다 홍보 인원을 확보하고 있지 못한 상황에서 전시는 큐레이터들이, 교육프로그램은 에듀케이터들이 담당해왔기 때문에 단체의 통일된 브랜드 이미지 형성에 애로점이 많았고, 이러한 브랜드 정체성 확보 미숙은 재원 조성에 어려움으로 연결된다.

최근 캔파운데이션은 이러한 점을 보완하고자 브랜드 정체성의 일관된 추진을 위해 홍보인원을 확보한 바 있다. 단체의 정체성 재확립과 해당 분야의 인지도를 높이기 위한 브랜딩 전략을 구축하고자 한다.

3) 사회적기업으로서 비즈니스 모델 개발

(1) 기업 연계 콘텐츠 개발

최근 들어 기업의 사회적 책임에 대한 의식이 높아지고 있다. 기업과의 협업을 통한 사회공헌Corporate Social Responsibility의 하나로 문화소외지역 청소년을 대상으로 한 캔의 '아트버스 캔버스' 프로그램을 함께 진행해오고 있다. 기업들과의 협업은 한국메세나협회와 공동 진행하는 경우가 많았으며, 캔파운데이션은 기업과의 성공적 협업으로 2014년 한국메세나협회상을 수상하기도 했다. 이후 예술 후원에 관심이 있는 기업들의 요청으로 비교적 많은 프로젝트를 진행했으나, 예술 콘텐츠에 대한 기획비용 인정이 어려운 환경에서 예술단체가 기업과의 협업에 재정적 안정감을 찾기 어렵다는 것이 주된 문제점으로 지적되고 있다.

최근 코로나 사태로 대면 교육프로그램을 진행하기 어려워지면서 캔파운데이션은 예술가들과 아트키트를 제작해오고 있다. 예술가기획 아트키트는 지속적인 기업 연계프로그램을 실행하기 위해 다양한 형태로 제작됨으로써 비대면 형식으로 유튜브를 통한 키트kit 제작이 가능해졌다. 이로 인해 변화되는 사회적 상황에 맞는 새로운 콘텐츠 개발에 힘쓰고 있다.

네이버문화재단, 아산복지재단, 청암문화재단, 태성문화재단 등 기업문화재단과 MOU를 맺어 전시 및 공모사업, 교육사업을 진행해오고 있으며, 캔의 고유목적사업과 함께 새로운 기업형 프로그램 생산에 주목하고 있다. 하지만 기업 특성상 마케팅전략 효과를 극대화하기 위한 전략 연구 및 홍보전략 개발에 대한 투자가 선행되어야 지속적인 기업 또는 재단 연계프로그램 지원을 받을 수 있다. 따라서 단체의 규모나 담당 스태프 확장이 무엇보다 시급한 상황이다.

(2) 아티스트 매니지먼트 프로그램 실행

작가 매니지먼트 프로그램 실행을 통해 사회적 가치 실현을 위한 유통기관으로서 캔파운데이션의 직접적 역할을 수행하고자 한다. 현재 미술시장의 유통구조에서 1차 시장의 역할을 맡은 일반 상업 갤러리들의 작가들에 대한 프로모션 역량으로는 다수 작가들을 포용하기 어려운 국면이다. 20~30대 젊은 작가들은 여러 지원체계 안에서 창작지원을 받고 있지만, 지원체계에서 벗어나 시장을 형성해야 하는 40~50대 이상의 작가들은 자신을 프로모션할 수 있는 상업 갤러리들을 찾아야 하는 형편이며, 이미 갤러리를 찾은 작가들조차 작가관리 측면에서 불만이 많은 현실이다. 이러한 현실을 감안해볼 때 사회적기업인 캔파운데이션은 2021년부터 작가 매니지먼트를 위한 기초자료 제작에서부터 작가이력 및 작업관리, 전시관리 등 전반 운영과정에 필요한 업무 시스템을 구축하여 실행하고자 한다. 이 프로그램은 미술시장에서 작가와 작품 정보를 구축해줌으로써 소비자에게 전달해주는 전달자 역할을 담당하게 된다. 구축된 작가의 정확한 데이터는 국내외 갤러리, 미술관, 페어, 대중에게 전달자(매개자) 역할을 담당할 것이다. 캔파운데이션이 작가의 프로모션 및 관리를 담당함으로써 작가는 작업에만 전념할 수 있을 것이다. 이 프로젝트의 수익구조와 배분은 작가와 상호 협력하여 결정할 예정이다.

(3) 미술시장에서의 새로운 유통 방식 시스템 구축

최근 캔은 한국감정평가센터와 함께 '19419 19 artists for 19 artists' 프로젝트를 진행하고 있다. 19인의 중견 예술가가 19인의 캔 전시 작가를 지원하는 프로젝트로, 19인의 중견작가가 자신의 작품 이미지 저작권을 지원하고 캔은 네이버를 통해 이미지를 판매함으로써 그 수익은 캔 작가들의 전시 VR 제작비용으로 사용된다. 중견작가와 젊은 작가의 연대감을 조성하고, 지속적인 수익사업의 하나로 시도되는 사회연대 프로젝트가 될 것으로 기대된다. 이와 같은 방식으로 중견작가들과의 사회적 가치 창출을 위한 프로젝트를 지속 진행할 예정이다. 또한 작가들의 아트상품개발과 그에 따른 수익을 젊은 작가들의 전시나 홍보, 시장진입을 위한 비용에 투입할 수 있는 구조를 개발할 예정이다.

4. 결론

사회적기업에 대한 이해 없이 비영리단체로 시작한 캔파운데이션은 실제로 인건비 지원을 목적으로 사회적기업의 문을 두드렸고, 정부 지원과 동시에 사회적기업 시스템 안으로 진입했다. 물론 캔파운데이션의 '아트버스 캔버스' 프로젝트가 사회적 가치 창출의 역할에는 기여한 바 있었으나 재화 창출이라는 기업 운영인식이 부족한 상황이었다. 사회적 가치 창출과 재화의 획득이라는 두 가지 맥락을 이해하고 구현한다는 것은 14년이 지난 현재까지도 매우 어려운 과제로 남아있다. 영리 목적 사업을 추진함에 있어 어느 정도 상업성을 유지해야 함에도 비영리 목적 사업과의 갈등구조가 생성될 때 해결점을 찾는 것 또한 매우 어려운 일이다. 그러나 대표적 비영리기관인 미술관 자체도 펀드레이징

부문에 끊임없이 투자하고 주목하는 현실에서 사회적 가치 실현을 위한 사업에 대한 상업성 추구는 반드시 당위성을 갖고 추진해야 한다고 생각된다.

사회적기업의 법적 근거에 의하면 수익의 70% 이상이 사회적 가치실현을 위한 프로젝트에 투입되어야 한다. 그렇기 때문에 생산자로서의 예술가, 소비자로서의 예술소비자, 유통기관으로서의 갤러리, 옥션, 페어 등 예술계 미술시장 유통구조에서 사회적기업의 등장과 확장은 미술유통의 새로운 역할을 담당할 수 있을 것으로 기대된다. 또한 이러한 참여는 예술가와 지역사회를 위한 프로그램 운영이 질적·양적으로 풍성해지고, 나아가 예술계 전반의 건강한 토양을 제공할 수 있을 것으로 기대된다.

위대한 예술을 창조하는 예술가, 의미 있는 전시를 기획하는 큐레이터가 중요한 위치에 있듯이 여러 가지 해결 과제가 존재함에도 사회적 요구에 부응하는 사회적기업 또한 예술 생태계의 새로운 유통방식을 제시하는 역할로 예술계에 자리매김할 수 있을 것이라 기대한다.

참고문헌

노대협.「사회적기업의 지속 가능성: 문화로 놀이짱 사례」.『예술인문사회융합멀티미디어논문지』 7(1), 2017, 87-95쪽.

노영순.『문화·관광분야 기업의 사회적 책임(CSR) 확산을 위한 기초연구』. 한국문화관광연구원. 2016.

류정아.『문화예술분야 사회적기업 국내외 사례 조사 및 활성화 방안』. 한국문화관광연구원. 2011.

문화체육관광부.『문화체육관광분야 사회적경제 활성화 연구』. 2019.

문화체육관광부·예술경영지원센터.『문화예술 사회적경제 실태조사』. 2019.

______.『문화예술 사회적경제 조직 사회성과 측정 지표 개발 연구』. 2019.

문희원.「문화예술분야 사회적기업 연구동향에 대한 탐색적 연구」. 2020 한국문화예술경영학회 하계학술대회, 2020.6.26. 25-35쪽.

연수현.『문화예술분야 사회적경제조직의 지속가능성 연구』. 한국문화관광연구원. 2018.

유효선·김생수.「사회적기업의 개념과 유형에 관한 고찰」.『한국행정과 정책연구』

10(1), 2012, 23-45쪽.
이정환.『사회적기업과 비즈니스모델』. 박영사. 2019.
전효관.「문화예술 사회적기업의 현황과 전망」. 2011 한국문화예술경영학회 봄 정기학술대회, 2011.5.20. 95-102쪽.

김성희
이화여자대학교 미술대학 동양화과와 동 대학원 미술사학과에서 석사학위를 취득했고, 동 대학원 조형예술학과 박사학위를 마친 뒤 현재 홍익대학교 미술대학원 예술기획전공 교수이자 캔파운데이션 기획이사다. 2000광주비엔날레 특별전 큐레이터, 대안공간 Project Space 사루비아다방 디렉터, 2002 media_city Seoul 국제심포지엄 디렉터를 맡은 바 있다.

IV

예술정책 및 교육

14장
‘예술산업’ 정책의 부상과 예술경영지원센터의 역할*

정종은

예술산업 # 예술의 산업화 # 예술 스타트업 # 예술경영지원센터 # 표현문화

본고는 우리나라 예술 정책 현장에서 ‘예술의 산업화’ 또는 ‘예술산업’이라는 이슈가 등장하게 된 계기와 흐름을 살펴보고, 해당 정책의 전담기관으로서 (재)예술경영지원센터가 담당해온 역할을 고찰한다. 참여정부 시기 『창의 한국』과 『예술의 힘』 발간 이후로 시작된 예술의 산업화 지원 정책은 2016년 문화체육관광부의 예술산업 TF 발족과 함께 본격화되었다고 할 수 있다. 이러한 인식을 바탕으로 ‘예술의 산업화’ 담론 부상의 배경, 관련 개념들의 고찰, ‘예술산업’의 관계적 위치설정positioning, 예술산업 정책의 의의와 필요성 등을 가능한 한 분명하게 제시하고자 했다. 다음으로는 예술산업 정책을 집중적으로 개발 및 실행해온 예술경영지원센터의 설립 배경과 주요 연혁, 비전 및 조직 체계, 예산 구성의 변화 등을 살펴보았으며, 이를 근거로 ‘예술의 산업화’ 지원 사업의 흐름과 성과를 한눈에 파악해보고자 했다. 결론에서는 이제 기초예술, 예술산업, 문화산업을 아우르는 총체적인holistic 시각을 바탕으로 예술산업 정책의 영토를 분

* 이 글은 정종은, 「‘예술의 산업화’ 지원정책을 위한 비즈니스 모델 연구」, 『예술경영 연구』 43집, 2017; 정종은, 『예술분야 비즈니스 모델 분석을 통한 스타트업 지원 방안 연구』. 2016의 내용을 바탕으로 (재)예술경영지원센터에 대한 사례연구를 진행한 결과물임을 밝혀둔다.

명히 규정할 시점이 되었으며, 이를 지렛대 삼아 우리나라 '표현문화' 생태계 구축을 위한 체계적이고도 도전적인 시도들이 필요하다는 점을 구체적인 대안과 함께 주장하고자 했다.

1. 머리말

근대적인 '예술' 개념이 정립된 것은 18세기 중엽 프랑스에서 디드로와 달랑베르, 바퇴 등의 계몽주의자들이 백과전서 편찬을 위해 기존의 개념들을 수집하고 분석하여 정리하면서였다. 이후 예술 개념과 이론은 고전주의 시대의 모방론, 낭만주의 시대의 표현론, 20세기 이후의 형식론 등 '배타적 내러티브' 시대를 거쳐 20세기 중·후반에 이르러 제도론과 다원론 등 이른바 '예술의 종언 시대', 즉 예술에 대한 규범적 내러티브의 종말 시대를 맞이하게 되었다(오병남, 2003; 김진엽, 2007). 더욱이 1960년대 이후 가시화된 정보화의 물결이 20세기 후반 대중성과 편재성까지 획득하면서 정치적·경제적·사회문화적·기술적 환경의 다각적이고 유기적인 변화에 따라 예술을 둘러싼 기존의 창작 및 소비환경은 물론이고 정책 환경 또한 새로운 요구에 직면하게 되었다.

예술의 다변화 및 환경 다각화라는 시대적 흐름에 발맞추어 『창의 한국』(문화관광부, 2004)을 통해 처음으로 공식화된 '예술의 산업화'에 대한 정책적 요구는 이후 능동적이고 적극적인 정책(오양렬, 2007), 융복합 트렌드에 부합하는 통합적인 정책(정광렬 외, 2011), 새로운 예술창작 실험 및 예술유통·향유 환경을 개선하는 정책(박영정 외, 2013) 등에 대한 요구로 이어져왔다. 이러한 과정에서 문화체육관광부는 2016년 '예술산업 TF'를 발족하면서 본격적으로 예술의 산업화를 지원하기 위한 정책 방안을 수립하고 향후 관련 사업을 확장할 계획을 수립하게 된다(문체부, 2016).

이후 문체부는 기존의 보조금 지원 방식을 넘어서 투자적 지원을 확대하고, 창작 일변도 지원에서 '창작-유통-소비'를 아우르는 예술생태계의 분업화·체계화·전문화를 위한 지원정책 도입을 추구해왔다. 특히 2017년 5월 문재인 정부 출범 이후 청년실업과 일자리가 주요 국정과제로 제시되면서 예술 창업 또는 예술 스타트업에 대한 지원방안 마련이 예술경영지원센터의 사업 등을 통해 적극적인 의제로 제시되었다.

이러한 흐름은 향후 지속적으로 확대될 것으로 예상되지만, 아직까지는 예술산업 또는 예술의 산업화 테제에 대한 충분한 논의가 예술정책이나 예술경영 현장에서 이루어졌다고 보기는 어려운 상황이다. 이러한 문제의식을 바탕으로 필자는 우리나라 문화정책 환경에서 '예술산업' 정책이 부상하게 된 배경과 필요성 등을 더욱 자세하게 살펴보고, 이처럼 새로운 정책 요구에 가장 긴밀하게 대응해온 예술경영지원센터의 노력과 성과, 지향과 한계점 등을 검토해보고자 한다. 이를 바탕으로 향후 예술산업 정책 추진을 위해 보완 또는 새로이 추진되어야 할 과제를 예술경영지원센터의 역할이라는 차원에서 개략적으로 제시할 것이다.

2. 예술의 산업화: 배경, 개념 및 필요성

1) '예술의 산업화' 담론 부상의 배경

먼저 예술의 산업화 정책이 2016년 이후 문화체육관광부의 주요 정책 이슈 중 하나로 부상하게 된 배경에서부터 논의를 시작해보자. 서론에서 언급했듯이, 18세기 중엽 '아름다운 자연의 이상적인 모방'이라는 내용으로 시작된 예술 개념이 21세기 대한민국에서 '산업화' 담론과 만나게 된 것은 근대의 종언을 거치면서 급속화된 예술계 내·외부의 변화와 직접적인 관계가 있다. 아서 단토의 '다원론' 이후 규범적인 예술 이론은 완벽히 힘을 잃었으며, 4차 산업혁명 시대 인공지능의 예술창작이 일상화되는 시대에 이르러서는 창작과 향유의 기존 문법에 대한 전면적인 재고의 필요성이 여기저기에서 제기되고 있다.

예술계 내외의 환경변화를 바탕으로, 예술과 관련한 새로운 비즈니스 모델이 봇물 터지듯 쏟아져나오고 있다는 사실도 '예술의 산업화' 정책 추진의 주요 배경이 된다. '비즈니스 모델'이라는 개념은 1990년대 들어 인터넷의 대중화와 IT 기술의 발달, e-비즈니스 출현 등으로 산업 전반에 엄청난 지각변동이 일

	주요 내용	의의
예술의 종언 시대, 자유로워진 예술	• 18세기 중엽 태동한 예술 개념은 이후 모방론, 표현론, 형식론의 시대를 거쳐 다원론에 이름 • 예술 정의의 배타적 접근을 거부하는 '예술의 종언'시대, 다원론은 예술을 모더니즘적 강박에서 해방시킴	예술계 내부의 개념 및 이론의 변화
급변하는 PEST 환경	• 정치적·경제적·사회문화적·기술적 환경의 급속한 변화로 인해 예술활동은 물론 예술정책의 근원적인 변화에 대한 요구 축적 • 특히 인공지능/빅데이터가 견인하는 초자동화·초지능화·초연결성 시대가 4차 산업혁명 도래	예술계 외부 거시환경의 급속한 변화
예술관련 새로운 비즈니스 모델 부상	• 수공예품 거래 사이트 '엣시'증시 상장(1조 원) • 매트 오페라 영상물 사업 연수익 426억원 • 〈태양의 서커스〉, 1.7조 원에 중국계 사모펀드 매입 • 샤토 무통 로칠드 와인 라벨에 이우환 작품 게재	예술계 내외 새로운 트렌드 및 지향의 확산

〔그림 14-1〕 예술의 산업화 담론 부상 배경

출처: 정종은(2016). 필자 수정

어나면서 주목을 받기 시작했다(오스터왈더·피그누어, 2011 참조). 이러한 과정에서 1990년대 후반 이후 북미와 유럽에서는 새로운 비즈니스 모델에 입각한 예술 스타트업이 속속 생겨나며 성과를 거두어왔고, 우리나라에서도 2010년대를 전후하여 주목할 만한 사례들이 증가하고 있다.

〈표 14-1〉에서도 확인할 수 있듯이, 2013년과 2016년 사이 문화체육관광부의 대표적인 창업지원 사업이던 콘텐츠코리아랩과 문화창조벤처단지의 스타트업 지원사업 중에서 '예술기업'이 차지하는 비중은 적게는 20%에서 많게는 50%에 해당할 정도였다. 다시 말해, 이제는 예술계 내부의 이론적 지형이나 예술계 외부의 거시 환경 변화는 물론이고 예술대학을 졸업한 인력들의 목표와 지향 차원에서도 '전통적인 예술 활동 지원'을 넘어서서 예술의 산업화 정책을 추진하기에 충분한 여건과 환경이 마련되었다고 볼 수 있다.

〈표 14-1〉 문화체육관광부 스타트업 지원사업에서 예술기업의 비중

구분	연도	전체 기업 수	예술기업 수	구성비(%)
CKL 창업발전소	2013	10	5	50.0
	2014	15	3	20.0
	2015	18	5	27.8
문화창조벤처단지	2016	93	41	44.1

출처: 정종은(2016)

2) '예술의 산업화' 개념 설정

이와 같이 충분한 배경이 마련되었음에도 2004년 『창의 한국』과 『예술의 힘』을 통해 최초로 제시된 '예술의 산업화'라는 명제가 최근까지 뚜렷한 예술정책 의제로 등장하지 못한 까닭은 여러 가지가 있을 것이다. 그중 가장 대표적인 것으로는 예술의 산업화를 '예술의 상업화'와 동일시하면서 극단적인 경계심을 보여온 예술계 구성원이 엄존한다는 사실을 꼽을 수 있다. 물론 이러한 경계심이 전혀 근거가 없는 것은 아니다.

예술의 산업화가 수반하는 위험성을 경계하기 위해 아도르노와 호르크하이머는 제2차 세계대전 직후 '문화산업Culture Industry'이라는 용어를 고안해낸 바 있다(Adorno & Horkheimer, 1947). 이는 19세기 산업혁명이 본격화되면서 영국 산업노동자의 취향을 겨냥하여 확산되기 시작한 대량문화 또는 대중문화가 반성적 이성을 정수로 삼는 '문화'와 도구적 이성의 선봉인 '산업' 사이의 바람직하지 못한 결합을 확산하는 기제로 작동하고 있음을 경고하기 위함이었다. 그들이 미국의 문화산업에서 확인한 것은 독일의 나치와 이탈리아의 파시즘에 따른 대중 조작과 동원이 다소 부드러운 형태이기는 하지만, 그대로 되풀이되고 있다는 점이었다. 따라서 '문화산업'은 후기 자본주의 사회의 대중 기만 매체로서 사이비 개성화, 유아 언어, 사회적 시멘트 등의 부정적 외부효과를 일으키는 것으로 비판받았다(Adorno, 1991).

물론 20세기를 거쳐오면서 아도르노가 '문화산업' 개념을 통해 제시한 분

석들이 일정한 한계가 있다는 것은 분명해졌으며(정종은, 2013: 128-130), 문화산업 개념은 더 이상 부정적인 함의가 아닌 중립적인 의미를 갖는 용어로 전 세계에서 널리 사용되고 있다. 그럼에도 우리나라 예술정책의 새로운 어젠다로서 '예술의 산업화'라는 테제를 설정한다고 할 때, 프랑크푸르트학파가 제시한 통찰은 가볍게 취급되어서는 안 될 것이다. 예술의 산업화가 '모든 예술은 경제적 가치의 실현을 위해 상업화의 운명을 피할 수 없다거나, 상업화의 길로 적극적으로 들어서야 한다'라는 전체주의적이고 도구주의적인 명제로 해석된다면, 이는 실현 가능하지 않을뿐더러 문화적으로 파괴적인 결과를 낳을 공산이 크기 때문이다(O'Connor, 2007; Belfiore, 2002).

따라서 '예술의 산업화' 지원정책은 전체주의적인 관점에서 예술의 상업화를 목표로 삼아서는 안 되며, 경제적 가치와 더불어 문화적 가치와 사회적 가치 등 예술의 모든 가능성을 고려하는 가운데 "시장성 있는 일부 예술 분야에 대해서는 보조금보다는 투자적 지원으로 정책 방향을 전환하는"(문화체육관광부, 2016) 개념이라는 것을 분명하게 전제로 삼을 필요가 있다.

3) '예술산업'의 위치설정(positioning)

이처럼 예술의 산업화가 '모든 예술의 상업화'가 아니라 '예술의 특정 분야에 대한 산업적 지원의 도입'을 목표로 삼아야 한다고 할 때, '예술의 특정 분야를 어떻게 규정할 것인가?'라는 문제가 제기된다. 「문화산업진흥기본법」이나 「콘텐츠산업진흥법」에서 '문화산업', '콘텐츠산업' 등은 포괄적으로 규정되어 있어 현재의 법체계상에서는 그 독자적인 영역을 구축하기가 쉽지 않은 상황이기 때문이다.

이러한 상황에서 '예술의 산업화' 정책을 위한 전략적 접근은 크게 세 가지로 구상해볼 수 있다. 가장 합리적이고 깔끔한 전략은 콘텐츠산업정책과 예술정책을 '총체적으로 재구조화'하는 것이다. 기존의 콘텐츠, 미디어, 예술 등을 분류하기 위한 노력이 상당히 자의적으로 이루어졌음을 인정하고, 새로이 통합적 틀을 마련한 후 기존의 정책 대상들을 철저하게 헤쳐 모이게 하는 방식이다. 그러나 이를 위해서는 매우 복잡한 법 개정 절차가 필요하고, 담당 실국 간의 이해관계가 달라서 현실성이 높지 않다.

두 번째 옵션은 '절충적 확장' 전략이라고 부를 수 있는 것으로, 1990년대 후반 「문화산업진흥기본법」 제정 시 가장 기본적인 논리는 '기술 복제' 여부를 따지는 것이었기 때문에 이러한 관례를 엄격히 적용하여 '라이브 공연'이나 '이야기'와 같이 현재 문화산업정책에서 다루고 있는 부분 중 상당수를 가져와 예술정책의 범위를 확장하는 방식이다. 그러나 이 역시 투자유치 등에서 문화산업정책이 더욱 유리하기 때문에 민간을 설득할 수 있는 이관의 기대효과가 분명치 않은 상황에서는 쉽지 않아 보인다.

따라서 마지막 전략으로 콘텐츠와 예술 구분을 그대로 유지하되 예술 내부를 두 개의 트랙으로 구분하여 차별적인 정책 논리를 고안하는 '현행적 투트랙' 전략을 생각해볼 수 있다. 즉, 「콘텐츠산업진흥법」에 근거를 둔 콘텐츠산업정책과 「문화예술진흥법」에 근거를 둔 예술정책이라는 구분은 인정하되, 예술정책의 대상을 비영리섹터와 영리섹터로 나누고 후자에 대한 정책적 지원이 제대로 이루어진 바 없었기 때문에 새로운 지원방식 도입을 검토하자는 것이다. 이는 기존의 법체계상에서도 즉각적으로 추진이 가능하며, 여러 가지 실험을 통해 추후 정책의 보완이나 확장이 가능하므로 가장 현실성이 높은 옵션이라고 할 수 있다.

〈표 14-2〉는 이상의 논의를 바탕으로 현재 우리나라의 예술과 콘텐츠 진흥정책의 구조를 고려하여 예술의 산업화 정책의 대상 영역을 '예술산업'으로 설

〈표 14-2〉 예술의 산업화 정책을 위한 예술산업의 포지셔닝

	정책 대상	주요 장르	정책 지원	핵심 진흥기관
3층	문화콘텐츠산업	텔레비전, 영화, 대중음악, 연예, 게임, 캐릭터 등	예술산업과의 컬래버레이션 및 융합 촉진	콘텐츠진흥원, 영화진흥위원회
2층	예술산업 (영리섹터)	뮤지컬, 옥션, 디자인, 공예, 장르문학 등	사업자금 투자, BM 개발 지원, 전·후방 연관 산업 동반성장 지원	예술경영지원센터, 공예디자인문화진흥원
1층	기초예술 (비영리섹터)	클래식 음악, 미술, 순수문학 등	창작 지원, 판로 확대 지원	문화예술위원회, 예술인복지재단

출처: 정종은(2016)

정하여 포지셔닝한 것이다. 층별로 구분되는 정책 대상, 주요 장르, 정책 지원 방식, 핵심 진흥기관 등은 표와 같이 상정해볼 수 있다.

1층과 2층 간에는 '예술가가 핵심자원이 되는 활동'이라는 공통점이, 2층과 3층 간에는 '수익 창출을 위한 산업 활동'이라는 공통점이 존재한다. 따라서 1층과 2층 사이의 벽을 두껍게 할 것인지, 2층과 3층 사이의 벽을 두껍게 할 것인지는 향후 더 많은 고민이 필요한 사항이라 할 수 있다. 또한 비영리섹터와 영리섹터의 경계에 사회적기업이나 협동조합 같은 준영리섹터가 존재하는 것도 사실이다(양현미 외, 2012). 하지만 아직 영리섹터의 분할도 제대로 이루어지지 않은 상황에서 준영리섹터를 포함한 더욱 세부적인 분류는 추후 따로 다루어야 할 주제라고 하겠다.

4) 예술산업정책의 의의와 필요성

그렇다면, 이와 같은 예술의 산업화 개념 설정 및 예술산업의 위치설정은 과연 어떠한 의의가 있는 것일까? 다시 말해, 예술에 대한 산업적 지원방식을 도입하면서 과거 '문화예술'과 '콘텐츠산업'이라는 이분법적 구조를 넘어 (예술산업이라는) 새로운 전략적 지원 및 진흥 대상을 발굴하는 것은 우리 정책 환경에서 어떠한 실효성을 갖는 것일까?

첫째로, 예술산업은 우리나라 예술인력, 특히 예술대학을 갓 졸업한 청년들에게 새로운 비전과 방향을 제시해줄 수 있다. 우리나라는 인구 백만 명당 [예술교육과정] 재학생 수가 유럽에 비해 3~4배 정도 많다고 한다. 유럽의 예술 향유율이 우리나라의 3~4배 정도 된다는 점을 고려한다면, 예술시장은 작은데 예술인력은 지나치게 많이 배출되고 있는 셈이다(양현미, 2013). 이러한 이유로 국내에서 예술인으로 살아가기란 유럽에 비해 10배 정도 힘들다는 결론을 거칠게 내릴 수 있다. 그뿐이 아니다.

> *"국내의 연출가가 100명이라면 자신의 명성과 경력에 기대어 자유롭게 작품 연출을 할 수 있는 사람은 3명 정도라고 할 수 있다. 나머지 97명은 기존의*

예술계 관습을 벗어나 새로운 영역을 개척하고, 새로운 실험에 집중하면서 자신의 예술 역량 발휘를 통해 가능성을 찾아야 한다. 하지만 너는 예술가로서 '조물주'가 되어야 한다는 식의 모더니즘 교육밖에 받지 못했기 때문에 대부분 어찌할 바를 모르면서도 배운 대로만 작업하며 힘들어하고 있다."

- 필자가 진행한 연출가 인터뷰, 2017

요컨대, 예술산업 정책은 급변하는 환경 속에서 고답적인 교육에 갇혀 방황하고 있는 예술계의 많은 미래 세대에게 포화 상태의 기존 예술계를 넘어서는 새로운 활동의 장을 개척하도록 응원하는 역할을 할 수 있다. 헬조선, N포세대 등으로 상징되는 '청년' 예술가 및 기획자의 힘겨운 현실을 수세적으로 공감하는 것에 그치는 것이 아니라 이들이 가진 새로운 비전과 에너지를 결집할 수 있는 새로운 장을 조성함으로써 기존에는 존재하지 않았던 정책적 영역을 모색할 수 있다는 것이다.

둘째로, 예술산업 정책의 도입은 비단 청년 예술인 지원만이 아니라 예술계 전체의 혁신을 위한 중요한 계기와 자원을 제공할 수 있다는 점도 주목된다. 국내 미술시장 거래 규모(2012년 4,405억 원 → 2017년 4,482억 원)와 국내 공연시설 매출액(2012년 7,130억 원 → 2018년 8,232억 원) 추이를 살펴보면, 우리나라 예술시장의 발전이 상당히 더디다는 점을 어렵지 않게 확인할 수 있다. 이에 반해, 콘텐츠 시장 또는 문화산업 시장은 2015년 100조 원을 돌파한 이후 매년 5조 원가량 꾸준히 성장하고 있다.

이러한 과정에서 한편으로는 '예술인 창작권' 보장을 위한 복지 확대가 적극적으로 모색되고 있지만, 다른 한편으로는 '좀비 예술가'에 대한 냉정한 비판이 확산되고 있다. 예술대학의 근본적인 변화, 예술정책의 창조적인 혁신 등을 위한 전환점으로 예술에 기반한 활동을 통해 콘텐츠 시장을 두드리는 '예술산업' 테제가 유의미한 계기가 될 수 있다는 말이다. 예술산업이라는 새로운 정책 영역을 발굴하는 것은 예술생태계의 현실태는 물론 잠재태를 포함한 새로운 관점을 확보할 수 있게 해주며, 이를 바탕으로 지속 가능한 방식으로 예술의 창작과 향유를 확대하는 방안을 고민할 수 있게 해준다.

마지막으로, '예술의 산업화'를 위한 전략적 정책 대상이 분명하게 정의되고 다각적인 정책 방안이 실행되어나간다면, 오랫동안 공염불처럼 취급되었던 기초예술과 콘텐츠산업의 시너지 창출이라는 정책목표도 새로운 방식으로 실현될 수 있다. 〈표 14-1〉에서 살펴보았듯이, 문화체육관광부의 스타트업 지원 정책은 주로 청년층을 대상으로 콘텐츠진흥원의 사업을 통해 진행되어왔다. 하지만 2016년 당시 문화창조벤처단지에 입주한 93개 스타트업 중 예술 분야 연관 스타트업이 41개로 약 44.1%에 달하는 것을 확인할 수 있었다. 이들은 전통적인 예술계에서 활동하는 대신, 콘텐츠산업과의 경계를 허물고 예술산업의 선봉에 선 스타트업들이라고 할 수 있다.

한국문화관광연구원에서 이들을 대상으로 진행한 설문조사 결과는 〔그림 14-2〕와 같이 정리할 수 있다(정종은, 2016 참조). 즉, 예술 스타트업들이 자신의 전공영역을 살리기 위해 창업의 길을 택했다는 점, 비즈니스 모델 구축에 초

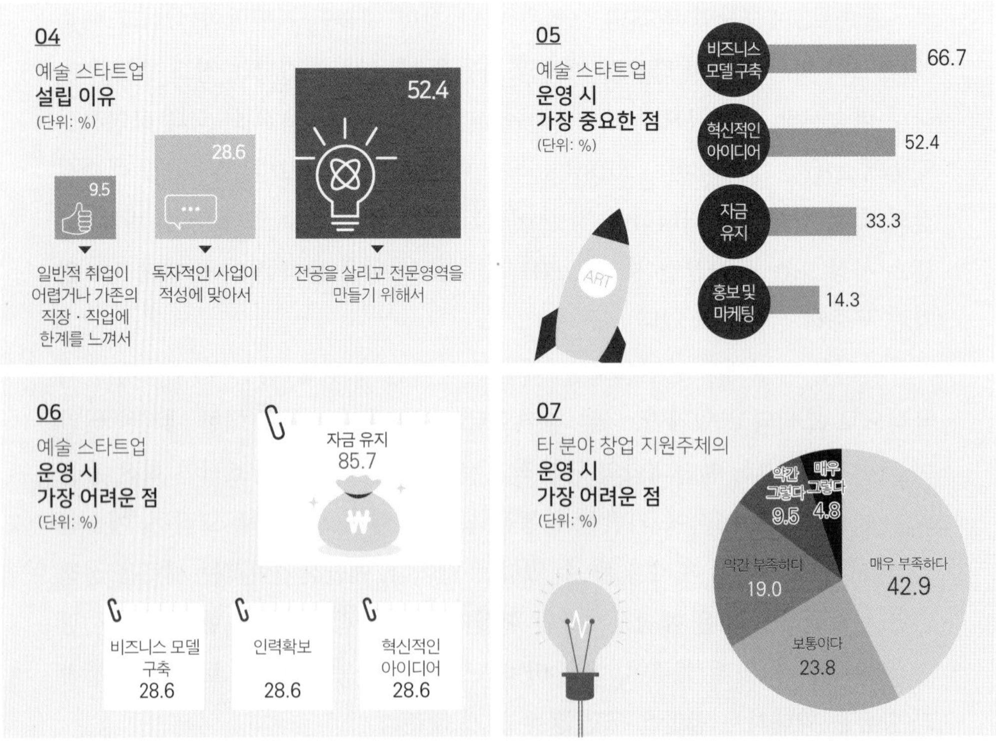

〔그림 14-2〕 예술 스타트업 설문조사 주요 결과

점을 맞추어 스타트업 운영을 진행하고 있으나 자금 유치에 어려움을 겪고 있고, 예술 스타트업의 특수성에 대한 충분한 이해가 없는 창업지원 주체들의 도움을 받아 미래를 도모하고 있음이 확인된다. 기존에 없었던 길을 걷고 있기 때문에 많은 어려움을 겪고 있기는 하지만, 이들이야말로 앞서 언급한 기초예술(1층)과 문화콘텐츠산업(3층)의 경계에서 양자를 아우르며 새로운 비즈니스 모델과 새로운 존재 방식을 실험하며 전진하고 있는 선구자들이라고 할 수 있다. 이들은 정체되어 있는 1층과 비대해지고 있는 3층을 연계하고 자극하는 주체들로서, 이들을 지원하고 육성하기 위한 정책 발굴은 양자의 선순환 구조를 촉진하는 정책의 서막을 의미한다.

3. 예술경영지원센터의 흐름, 현황 및 성과

(재)예술경영지원센터는 2016년 문체부가 시작한 '예술산업 TF'의 간사 기관이었으며, 그 이후로 예술산업 정책의 가능성을 적극적으로 검토하며 단계적으로 실험해왔다. 이러한 연유로 아래에서는 예술경영지원센터의 설립 배경과 연혁, 비전과 미션, 예술의 산업화 지원 사업의 흐름과 성과 등을 집중적으로 살펴볼 필요가 있다.

1) 예술경영지원센터의 설립 배경

참여정부 시기, 문화관광부는 2004년 『창의 한국』과 함께 『예술의 힘』이라는 정책 보고서를 발간한바, 이 보고서에서는 예술정책의 4대 기본 방향 중 하나로 '예술의 자생력 신장'이 설정되었으며, 14대 추진과제 중 하나로 '예술의 산업적 발전 지원'이라는 과제가 당당하게 제시되었다.

『예술의 힘』이 제시한 '예술의 산업적 발전 지원'이란 예술에 대한 일방적 지원에서 예술산업으로의 개념 변화를 추진함으로써 예술계의 구조적 개선을 꾀하고 순수예술의 가치를 다양화하기 위한 정책 방향으로 요약할 수 있다. 이러한 방향 아래 '예술의 산업적 기반 구축'과 '예술분야별 산업적 발전 지원'으로 예술시장의 기능을 강화하여 예술의 자생력을 확보한다는 비전이 설정되었고, ① 유통구조 개선 및 산업화 추진, ② 예술 관련 산업 정보교류 활성화를 위한 온·오프라인 기능 확대, ③ 문화산업진흥기금 활용, 예술 관련 산업 투·융자 재원 마련, ④ 전문성 확보를 위한 예술 관련 산업인력양성 및 전수 실태조사 실시, ⑤ 세계시장 진출을 위한 전략적 국제교류 강화가 5대 추진 방향으로 제시되었다.

예술 관련 산업의 개념과 영역의 명확한 기준이 부재하고, 관련 연구 성과가 부족하며, 체계적인 실태조사 및 정보 구축 체계가 없다는 문제의식을 바탕으로 다양한 정책적 아이디어가 제시되었음을 확인할 수 있는바, 당연히 이러한 새로운 과업을 전담할 기관이 필요하다는 인식이 등장했다. 바로 이 지점에서 예술경영지원센터의 설립 목표가 설명되는데, 예술경영지원센터는 "예술 유통 활성화와 예술기관 경쟁력 강화를 지원하여 예술현장의 자생력 제고를 도우려는 목적"으로 2006년 1월 설립되었다(예술경영지원센터, 2020).

다시 말해, 예술경영지원센터는 문화체육관광부의 예술산업 정책의 태동기에서부터 전담 기관의 역할을 부여받으며 출범했다. 당시의 문건을 살펴보면, 예술경영지원센터의 설립 배경에서 "열악한 예술 현장의 현실을 개선"하기 위해 기존 프로그램 위주의 "직접지원 방식에만 의존해서는 안 된다"라는 인식이 매우 중요했음을 알 수 있다. 설립 초기 예술경영지원센터의 사업 추진 방향은 "공공재원의 보조를 통한 창작활동 중심의 지원구조에서 탈피하여 예술 현장이 요구하는 다양하고 효과적인 지원체계에 대한 고민과 개발을 통해 예술활동 전반의 균형적 발전과 자생력을 확보하려는 의식적이고 체계적인 노력을 전개하는 것"으로 요약될 수 있다(예술경영지원센터, 2020).

2) 비전 체계와 조직 구조

2006년 설립 이후 현재까지 예술경영지원센터는 '현장/시장', '자생력/경쟁력' 등의 핵심적인 정책 키워드를 꾸준하게 유지해오고 있는바, 이는 비전 체

미션	예술현장의 자생력 제고			
비전	예술시장 활성화로 예술현장의 지속성장을 이끌어가는 기관			
전략목표	예술현장 성장기반 조성	공연시장 활성화 지원	미술시장 활성화 지원	사회적 가치 실현 경영
전략과제	❶ 예술현장의 기획·경영 인재 양성 ❷ 예술단체·기업·기관 기획·경영 인재 양성 ❸ 예술 분야 사회적 경제 활성화	❹ 공연시장 정보 생산·확산 ❺ 국내외 공연 유통 기반 조성 ❻ 공연 분야 해외진출 다각화	❼ 미술시장 활성화 지원 ❽ 국내외 미술 유통 기반 조성 ❾ 국내외 미술 소비층 확대	❿ 좋은 일터 만들기 ⓫ 사업의 내실화 및 공공성 확대 ⓬ 내·외부 협력체계 강화

〔그림 14-3〕 예술경영지원센터의 비전, 전략 및 과제(2020.12)

계와 조직 구조 등에도 그대로 반영되어 있다. '현장과 시장을 중심으로 예술계의 자생력과 경쟁력 제고를 지원하는 기관'이라는 예술경영지원센터의 설립 취지는 2020년 12월 현재 〔그림 14-3〕 같은 비전 체계로 전화(轉化)했다. 미션과 비전은 과거와 동일하며, 전략 목표상 공연시장과 미술시장이라는 양대 예술시장에 초점을 맞추고 있다는 사실이 눈에 띈다. 이를 실현하기 위해 〔그림 14-4〕 같은 조직 구조가 마련되어 현재 운용 중이다. 비전하우스상의 전략과제와 긴밀하게 연계된 조직 구조가 구축·운영되고 있음을 확인할 수 있다.

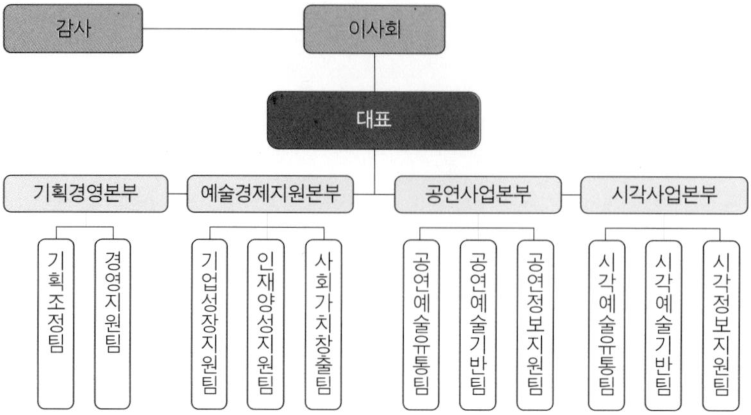

〔그림 14-4〕 예술경영지원센터의 조직 구조

출처: 예술경영지원센터 홈페이지(2020.12)

3) 주요 연혁 및 예산 흐름

앞 절에서 살펴보았듯이, 설립 이후 현재까지 '예술의 산업적 발전 지원'이라는 애초의 정책 취지와 지향은 예술경영지원센터의 비전 체계 및 조직 구조를 통해 지속적으로 견지되어왔다. 그러나 주요 연혁을 구체적으로 들여다보면, 시기에 따라 세부적인 정책적 강조점의 변화가 이루어져왔다는 사실도 어렵지 않게 확인할 수 있다.

〈표 14-3〉 예술 관련 정책 및 예술경영지원센터의 주요 연혁

연도	관련 정책	예술경영지원센터
2006	• '전통예술 활성화 방안 비전 2010' 발표	• 기관 설립 • 서울아트마켓 개최('06.10.11~14)
2007 ~ 2008	• 문체부 전략목표 - Ⅳ. 기초예술의 창조적 다양성 제고 - Ⅳ-3. 예술창작·유통의 경쟁력 제고	• 공연/전통예술 해외진출 사업 시행
2011	• 「국내 뮤지컬 산업현황 및 발전방안 연구」 발간	• 사회적기업 문화예술 분야 민간 지원기관 지정

연도	관련 정책	예술경영지원센터
2012	• 전통 및 현대한류 정책 발표 • 한류문화진흥자문위원회 발족, 한류 3.0 방안 모색	• 전통예술 기반 한류 콘텐츠 조성 '한류아카데미' 운영
2013	•「공연물(뮤지컬) 해외진출 지원 방안 연구」 추진	• 국제문화교류 전문인력 양성사업 추진
2014	• 콘텐츠산업진흥 시행계획 추진전략 3. 글로벌 시장진출 확대 • 2014~2018 미술진흥 중장기 계획 발표 [대통령 지시사항: 미술 분야 발전방안 강구(문체부 업무보고 시)]	• 뮤지컬 실태조사 시행 • 권역별 해외한국문화원 순회패키지 사업 • 생활문화센터 운영 활성화 기반 구축 사업 • 문화체육관광부 '국제문화교류 전담 기관' 지정
2015	• 한류 발전전략 발표 • 박근혜 정부 국정 2기 문화융성 국정기조 강조	• 미술창작 및 향유 지원, 미술시장 육성 사업 시행 • 우수프로그램 권역별 순회사업 추진
2015.10 ~ 2016.3	• 예술산업 미래 전략 연구 추진	• 예술산업 TF 구성·운영 • '예술산업 미래전략 포럼' 개최('15.12. 16~17)
2016	•「예술산업 진흥을 위한 법령 제정 방안 연구」 추진 • 예술의 산업화, 예술인 고용 확대를 위한 정책 비전 연구 추진	• 창작뮤지컬 사업 시행 • 생활문화 동호회 전국축제 등 활성화 지원사업 지역문화진흥원 이관 • '예술산업 미래전략 포럼' 개최('16.11. 25)
2017	• 문체부 전략 및 추진과제: 3. 모두가 누리는 문화, 10. 창작과 향유의 선순환 체계 구축	• 예술의 산업화 추진 사업 시행 • 국제문화교류 전문인력 양성사업 외 2개 사업 한국국제문화교류진흥원 이관
2018	• 문재인 정부 국정과제 69. 공정한 문화산업 생태계 조성 및 세계 속 한류 확산 • 2018~2022 미술진흥 중장기계획 발표 • 새 예술정책(2018~2022) 및 문화비전 2030 발표	• 공연예술통합전산망 운영 근거 마련(「공연법」 제2장제4조)
2020	• 문체부 전략 및 주요 과제: 4. [활기찬 문화·체육·관광] 지속 가능한 문화생태계 구축 ① 문화예술창작·유통 활성화	• 공연예술통합전산망 전담 기관 지정 (~'23.3.31)

출처: 예술경영지원센터(2020), (재)예술경영지원센터 기관소개(예경 내부자료, '20.12.1), 필자 재구성.

무엇보다 2006년 기관 설립과 동시에 전통예술과 공연예술에 대한 굵직한 사업들이 시작되었음이 주목된다. 2013년부터는 '국제문화교류 전문인력 양성' 사업이 본격적으로 추진되기 시작했다. 2014년에는 '글로벌 시장진출 확대' 사업과 '생활문화센터 운영활성화' 사업도 예술경영지원센터의 업무가 되었으며, 특히 문화체육관광부 '2014~2018 미술진흥 중장기계획'을 통해 공연예술에 더하여 시각예술(미술) 관련 사업이 조직의 중요한 영역으로 자리 잡게 된다. 한편 2016년 예술산업 TF는 '시장과 현장, 자생력과 경쟁력'이라는 추상적인 정책 기조 속에서 각양각색의 형태로 흩어져 진행되어오던 예술경영지원센터의 여러 사업을 하나의 렌즈로 살펴보고 돌아볼 계기를 마련해준 것으로 파악된다.

〔그림 14-5〕는 이러한 시간의 흐름 속에서 예술경영지원센터의 예산액이 주요 사업군별로 어떻게 변화되었는지를 잘 보여준다. 국제교류 사업과 지역문화 사업이 각각 국제문화교류진흥원과 지역문화진흥원 설립 이후 예술경영지원센터의 사업에서 분리된 점, 최근 들어 시각예술이나 공연예술 장르에 국한되

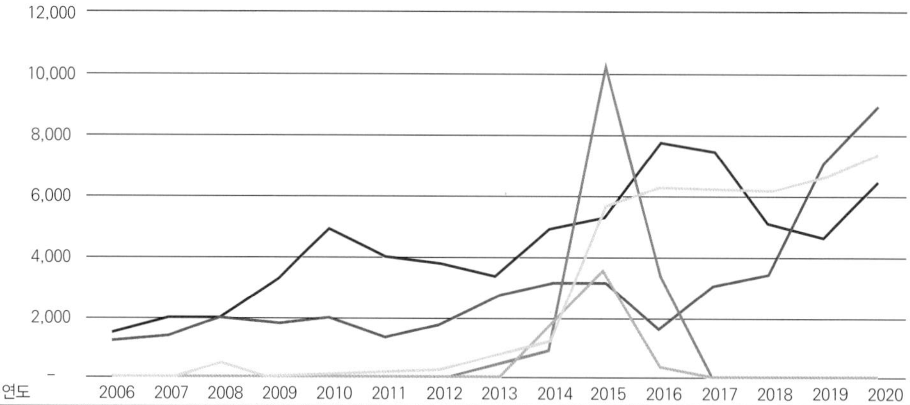

연도	2006	2007	2008	2009	2010	2011	2012	2013	2014	2015	2016	2017	2018	2019	2020
예술경제지원	1,260	1,412	1,985	1,826	2,005	1,363	1,750	2,680	3,122	3,072	1,597	3,027	3,406	6,990	8,919
공연예술사업	1,429	2,002	2,031	3,275	4,850	3,945	3,760	3,760	4,900	5,250	7,720	7,428	5,040	4,548	6,440
시각예술사업	4	78	-	83	100	240	220	220	1,200	5,637	6,205	6,091	6,168	6,643	7,358
국제교류지원	-	30	481	-	55	-	-	-	934	10,126	3,527	-	-	-	-
지역문화 향유 활성화	-	-	-	-	-	-	-	-	1,600	3,500	420	-	-	-	-

〔그림 14-5〕 예술경영지원센터의 예산 변화

출처: 예술경영지원센터(2020), (재)예술경영지원센터 기관소개(예경 내부자료, '20.12.1)

지 않고 '예술의 산업화' 관련 정책을 추진하고 있는 '예술경제지원본부'의 예산이 두드러지게 확대되고 있다는 점 등에 귀추가 주목된다.

4) '예술의 산업화' 지원사업의 흐름과 성과

이상과 같이 예술경영지원센터는 '예술의 산업화' 필요성에 대한 정책적 요구에 부응하여 설립되었으며, 설립 이후 꾸준하게 예술계의 '현장과 시장', '자생력과 경쟁력'이라는 목표를 향해 노력해왔다. 아래는 예술경영지원센터가 '예술의 산업화' 미션과 관련하여 지금까지 달성한 성과들을 『예술의 힘』 보고서에서 제시된 5대 추진 방향 차원에서 정리한 것이다.

『예술의 힘』 5대 추진 방향	
유통구조 개선 및 산업화 추진	• 총 1만 1천여 건의 예술단체 컨설팅(2006~), 전문예술법인·단체 등 비영리 조직(2006)을 넘어 사회적기업, 스타트업 등 영리섹터(2017~)까지 사업 영역 확장 • 공연예술통합전산망(2014~), 한국미술정보시스템(2016~) 등 구축
예술 관련 산업 투·융자 재원 마련	• 예술분야 민간 투자 활성화의 토대를 마련하고, 비즈니스 모델 시장 검증을 제공하고자 오픈 트레이트 플랫폼 개설 • 예술분야 투자형 크라우드 펀딩 사업 등 공공지원 외 다양한 투·융자 기회 확대 시도
산업 정보교류 활성화	• 공연예술통합전산망과 한국미술정보시스템 등을 필두로 예술경영웹진(2008~), 아프로(공연예술 국제교류 포털사이트, 2010~), 아트로(한국미술 글로벌 플랫폼, 2012~) 등 구축 • 다각적 정보 인프라를 통한 문화예술분야 정보 생산 및 확산 노력
산업인력 양성 및 실태조사	• 공연예술 실태조사(2007~), 미술시장 실태조사(2009~), 문화예술 사회적 기업 실태조사(2011~) 등 정례적 조사 및 발간 • 현장 종사자 1만 4천 명 교육으로 예술분야 기획·경영 문제 해결 노력
세계시장 진출 위한 전략적 국제교류	• 서울아트마켓(2006~)과 서울국제공연예술제(2016~)의 아시아 대표 공연예술 국제교류 플랫폼 역할 수행 • 연극·무용·전통예술·뮤지컬 등을 중심으로 해외 주요 축제 및 공연장 진출 거점 확보 및 해외 기관들 네트워킹

〔그림 14-6〕 예술경영지원센터의 '예술의 산업화' 지원 성과

애초 설정된 설립 미션에 충실하게 긴 시간에 걸쳐 점진적·단계적으로 많은 아이디어를 도출하고 실행해왔음을 확인할 수 있는 대목이다. 예술단체의 컨설팅 횟수, 다양한 포털과 플랫폼 구축, 정례적 실태조사의 도입과 통합전산망 사업, 서울아트마켓과 서울국제공연예술제의 브랜딩 등 어느 것 하나 중요하지 않은 성과가 없다. 또한 최근 들어 4차 산업혁명 기술과 예술 비즈니스 모델을 연결하는 해커톤을 개최하거나, 콘텐츠코리아랩의 '아이디어 융합공방 프로그램' 등과 비견할 만한 예술 스타트업 육성 프로그램을 도입하여 실행하는 등 예술정책 분야에서 선도적인 정책 사업들이 예술경영지원센터를 통해 실현되어 왔다는 사실도 주목할 필요가 있다.

하지만 예술경영지원센터가 예술산업 진흥정책을 위한 전담 기관으로서 예술계 내부의 실질적인 변화를 추동하기 위해서는 더욱 적극적인 역할이 필요하다는 목소리도 적지 않다. 향후 '예술산업 정책' 추진을 위한 예술경영지원센터의 역할 제고 방안을 살펴보는 것으로 이 글의 결론을 맺고자 한다.

4. 맺음말: 예술경영지원센터의 역할 제고 방안

2004년 『창의 한국』과 『예술의 힘』 출간으로 처음 거론되기 시작한 '예술산업' 지원이라는 정책적 의제는 2016년 문체부의 예술산업 TF 발족으로 인해 본격적인 추진력을 획득한 것으로 볼 수 있다. 하지만 국정농단 사태와 예술인 블랙리스트 사태 등으로 촛불혁명이 일어나고 새 정부가 출범하면서 '예술산업'보다는 문화예술정책 전반의 '적폐청산'에 정책적 우선순위가 주어진 까닭에 예술의 산업화 과제가 충분한 성과를 낳는 데까지는 나아가지 못한 것이 사실이다.

그럼에도 10여 년이 넘는 지난한 과정에서 '예술의 산업화'와 '예술산업'이라는 문제의식을 꾸준히 견지해온 유일한 기관이 바로 예술경영지원센터라는 사실에는 변함이 없다. 최초의 설립 이유rationales를 되새김질하면서 다양한 의제와 사업을 통해 조금씩 성과를 축적해온 예술경영지원센터의 지향과 노력에 대해서는 앞 절에서 충분히 확인할 수 있었다. 하지만 이러한 노력이 우리나라 예술생태계 전반을 촉진하고 진흥하는 결정적인 동력으로 작용할 수 있기 위해서는 더욱 새로운 관점과 시야를 바탕으로 혁신적인 사업 개발과 이를 위한 전폭적인 지원이 이루어져야 한다는 것이 필자의 결론이다. 이 결론은 크게 세 가지 차원에서 예술경영지원센터의 역할 제고를 위한 방안을 제안한다.

첫째, 앞서 개념적 고찰에서도 다루었듯이 이제는 기초예술, 예술산업, 문화산업을 아우르는 총체적인holistic 시각을 바탕으로 예술산업 정책의 영토를 분명히 규정하고, 예술산업 지원정책을 통해 기초예술과 문화산업의 (선언만이 아니라 실체적인) 동반성장을 추진해야 한다. 이와 같은 시각·관점·접근의 변화는 다소 추상적으로 들릴 수도 있지만, 향후 문체부의 사업 기획 과정이나 조직 구성 방식에 구체적으로 반영된다면 매우 큰 지각변동을 일으킬 수 있는 중요한 변화를 함축한다.

〔그림 14-7〕은 이와 같은 국가 문화정책의 구조 변화와 관련한 큰 틀을 모색하는 과정에서 도출한 시안이라고 할 수 있다. 「문화기본법」의 세 가지 가치

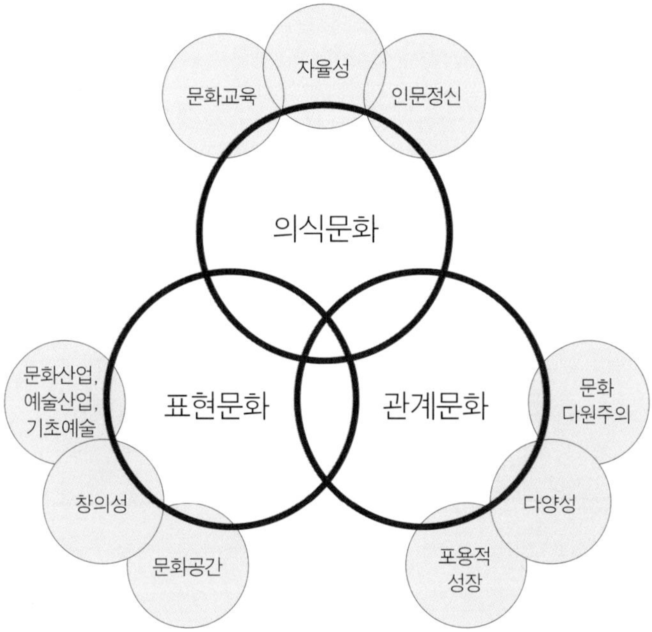

〔그림 14-7〕「문화기본법」의 세 가지 가치와 문화정책 대상 영역의 세 가지 층위

출처: 정종은·홍성태·강이수·한설아(2018). 필자 수정.

(자율성, 다양성, 창의성)를 각각 문화정책 대상 영역의 세 층위, 즉 개인의 의식문화, 공동체의 관계문화, 개인과 공동체가 빚어내는 표현문화와 대응하는 것으로 바라보고, '기초예술, 예술산업, 문화산업'을 표현문화의 대표적인 세 영역으로 정의한 것이다.

현행 문화체육관광부의 문화예술정책실 산하 3개 국을 떠올려보면, 문화정책국은 '의식문화' 전담국이고, 지역문화정책국은 '관계문화' 전담국이며, 예술정책국은 '표현문화' 전담국이라는 점을 유추할 수 있다. 다만 표현문화 중에서 덩치가 가장 큰 '문화산업'은 현재 '문화적/가치적' 특성보다는 '산업적/기업적' 특성이 강조되며, 기초예술이나 예술산업으로부터 분리되어 콘텐츠산업국에서 전담하고 있는 상황이다. 예술경영지원센터에 비해 20배가량 많은 예산을 확보하고 있는 콘텐츠진흥원의 사업 중에서 국민의 문화적 향유를 지원하는 사업인 '콘텐츠누림터' 사업을 제외하고는 언뜻 생각나지 않는다는 사실은 바로 이러한 어색한 '분리'로부터 비롯되는 것이다. 이러한 독자적·분리적 접근을 넘어서 '표현문화' 하위 영역 간의 긴밀한 연계·협력을 통해 문화생태계의 지속가능한 성장을 이루기 위해서는 기초예술과 문화산업의 연결고리 역할을 할 수 있는 '예술산업'의 전략적 육성이 필요하며, 이를 위해서는 예술경영지원센터의

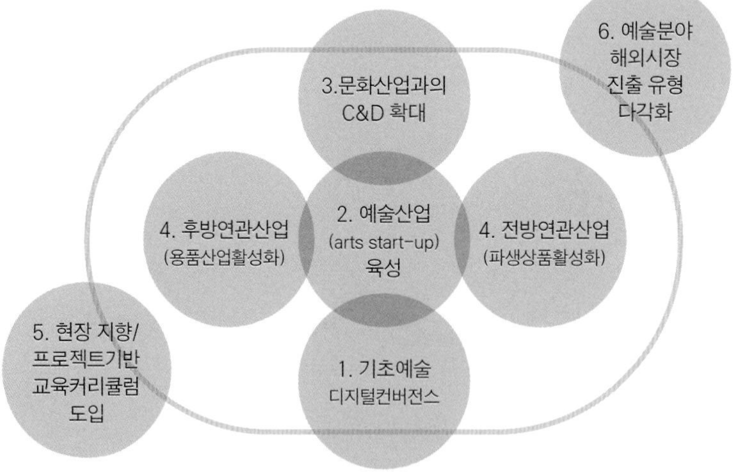

〔그림 14-8〕'표현문화' 생태계 진흥을 위한 주요 정책 과제

더욱 과감하고 혁신적인 사업 추진이 필요하다.

둘째로, '예술경영지원센터의 더욱 과감하고 혁신적인 사업 추진'은 현재까지 시각예술과 공연예술의 정보 인프라와 유통 인프라 구축에 집중되어온 경향이 있는바, 향후에는 더욱 직접적으로 예술산업 진흥을 위한 열정과 의지를 가진 개인 및 단체가 체감할 수 있는 지원정책에 방점을 둘 필요가 있다. 필자는 여러 연구 과정에서 예술산업 육성과 관련한 가장 효과적인 정책은 '예술 스타트업' 육성이라는 개인적인 확신을 갖게 되었으며, 다양한 문헌조사와 인터뷰, 설문조사 등을 통해 예술 스타트업 지원 방안을 구체적으로 제시한 바 있다(정종은, 2016).

하지만 예술 스타트업 지원정책만으로는 '예술산업의 진흥'과 이를 기반으로 한 '표현문화 생태계 진흥'이라는 과제를 실현할 수 없다. 우선 '종(縱)'으로는 (코로나 사태 이후) 급진전되고 있는 기초예술의 디지털 컨버전스를 지원하고, 문화산업과 예술 영역의 C&D Connect & Development를 촉진하는 것도 예술경영지원센터의 핵심적인 임무가 된다. 한편 '횡(橫)'으로는 예술 영역과 연계된 전·후방 연관 산업을 전략적으로 발굴하고 지원하기 위한 태세를 갖추어가는 가운데 예술계의 체력muscle을 키우고 다양한 종류의 개체가 번식할 수 있는 풍성한 생태계를 조성해나가는 데 기여해야 한다. 또한 '예술산업'과 관련한 새로운 커리큘럼이 국내 예술대학에 확산되어 새로운 인력 양성 패러다임이 자리 잡게 하는 것, 예술 분야 해외시장 진출 유형이 국가 간 공공교류 방식을 넘어 일상 속에서 자연스럽고 다각적으로 이루어지게 하는 것(김현경·정종은, 2018) 역시 현재의 정책 지형을 볼 때 예술경영지원센터가 주도적인 역할을 담당해야 할 과제라고 하겠다.

마지막으로, 이와 같은 거시적인 정책적 시각의 변화와 기관 임무의 재설정이 실질적인 성과로 이어지기 위해서는 지금까지와는 비교할 수 없을 정도의 자원과 수단, 신뢰와 격려를 결집하여 정책 효능감을 끌어올리는 데 집중해야 한다. '예술산업' 정책의 중요성에 동의할 수 있다면, 다른 무엇보다 (재)예술경영지원센터의 예산과 인력 보강을 통한 추진기관의 내실화가 시급하다. 이와 같은 실질적인 변화 없이는 앞서 논한 모든 변화와 혁신은 사상누각에 지나지 않게 된다.

이에 더해, 그간 여러 차례 시도되었으나 결실을 보지 못한 「예술산업지원법」 제정, 문체부 내 예술산업진흥과 설치 등의 과제들도 현실화되어야 한다. 다양한 유형의 온·오프라인 플랫폼(아트마켓) 확대를 통한 인식 공감 및 접근성 확대, 예술의 산업화와 관련한 정기적이고 체계적인 연구 추진도 보장될 필요가 있다. 국내 '예술산업'의 상징적 허브 공간 조성, 해외 진출을 위한 전략적 노드 구축, 예술산업 지원을 위한 투·융자 제도 체계화, 비즈니스 모델 피보팅 중심의 예술 스타트업 컨설팅/멘토링 확대, 예술협동조합 활성화를 위한 사례 발굴과 확산 등 중요한 과제가 넘쳐난다. 문체부 예술정책과와 (재)예술경영지원센터의 건투를 빈다.

참고문헌

김진엽. 『예술에 대한 일곱 가지 답변의 역사』. 책세상. 2007.

김현경·정종은. 「예술분야 해외시장 진출 활성화를 위한 탐색적 연구: '매개적' 진출을 중심으로」. 『지역과 문화』 5(2), 2018, 1-25쪽.

문화관광부. 『창의 한국』. 문화관광부. 2004.

______. 『예술의 힘』. 문화관광부. 2004.

문화체육관광부. 「예술산업 TF 운영계획」(문화체육관광부 내부자료, 2016.2.25). 문화체육관광부. 2016.

박영정 외. 『예술의 미래: 예술정책 중기 비전과 전략 연구』. 한국문화관광연구원. 2013.

송동현·유재필. 『인터넷 플랫폼 비즈니스 동향분석 및 정책적 제언』. 인터넷진흥원. 2014.

양현미. 「예술창작 활성화방안」. 『문화예술대토론회 자료집』. 문화체육관광부. 2013.

양현미 외. 『미래환경 변화에 따른 예술정책의 기본방향 연구』. 문화체육관광부. 2012.

예술경영지원센터. 「(재)예술경영지원센터 기관소개」(예술경영지원센터 내부자료, 2020.12.1). 예술경영지원센터. 2020.

오병남. 『미학강의』. 서울대학교출판부. 2003.

오양렬. 「문화예술 환경의 변화와 문예정책의 새로운 방향」. 『문화정책논총』 19, 2007, 111-133쪽.

정광렬 외. 『미래환경 변화에 따른 문화정책의 과제와 방향』. 한국문화관광연구원. 2011.

정종은. 「영국 창조산업 정책의 형성: 개념들의 변천에 관한 고찰」. 『문화정책 논총』 27(1). 2013, 123-145쪽.

______. 『예술분야 비즈니스 모델 분석을 통한 스타트업 지원 방안 연구』. 한국문화관광연구원. 2016.

______. 「'예술의 산업화' 지원정책을 위한 비즈니스 모델 연구」. 『예술경영 연구』 43. 2017, 155-184쪽.

정종은·홍성태·강이수·한설아. 『지역혁신생태계 조성을 위한 지역문화정책 연구』. 국가균형발전위원회. 2018.

Adorno, T. & Horkheimer M. *Dialectic of Enlightenment*. London: Verso, 1947/1997.

Belfiore, E. "Art as a Means of Alleviating Social Inclusion: Does it Really Work?". *International Journal of Cultural Policy*, 8(1), 2002, 91-106.

O'Connor, J. *The Cultural and Creative Industries: A Review of the Literature*. London: Creative Partnerships, 2007.

Osterwalder, A. & Pigneur, Y. *Business Model Generation*. 『비즈니스 모델의 탄생』. 유효상 역. 타임비즈. 2011.

정종은

학부에서 미학과 종교학을, 석사과정에서는 미학과 미디어경영학을, 박사과정에서는 문화산업 정책을 전공했다. (주)메타기획컨설팅의 부소장을 역임했고, 한국문화관광연구원에서 근무했으며, 현재는 상지대학교 문화콘텐츠학과 교수로 재직하고 있다. 연구재단 인문학대중화 운영위원, 장애인 정책조정위원, 문화도시 컨설턴트 등을 역임했고, 현재 정부 미술품 운영위원, 문화영향평가 전문위원, 원주 유네스코 창의도시 부위원장 등으로 활동하고 있다.

15장
예술행정 부족 간 직업정체성의 차이와 이해: 행정인, 기획인, 예술인 비교

장석류

예술행정 # 직업정체성 # 예술인 # 기획인 # 행정인

본 사례는 예술행정의 주요 참여자인 행정인, 기획인, 예술인의 직업정체성을 심층 인터뷰 방식으로 연구한 것이다. 본 사례는 연구자의 박사학위논문 『문화행정의 가치충돌에 관한 실증연구: 행정인, 기획인, 예술인 비교』(장석류, 2020) 일부와 해당 주제로 기고해온 칼럼 내용을 재구성하여 예술행정에 참여하는 행정인, 기획인, 예술인의 직업정체성의 차이와 이해를 확장할 수 있는 사례를 소개해보고자 한다.

1. 사례 소개 및 선정 이유

행정이 예술을 만났을 때, 좋은 행정은 무엇일까? 굴릭(Gulick, 1937)이 말하는 전통적 관료제에서 좋은 행정은 계층제적 통제, 전문화, 명령계통의 통일, 명확한 규정과 절차를 의미한다. 하지만 행정이 문화예술을 만났을 때, 명령계통의 통일성과 명확한 규정, 절차로 다루기에는 다양성을 추구하는 문화예술의 본질적 속성과 잘 맞지 않을 수 있고, 예술인을 비롯한 주요 정책참여자를 규정과 제도로 통제하고 관리하기도 어렵다. 예술은 기본적으로 계량화·정형화하기 어려운 가치 영역이다. 예술행정 집단은 행정인,[1] 기획인,[2] 예술인[3]이 주요 직무참여자다. 목표를 수립하고, 수단을 선택하고, 집행하는 과정에서 정부, 시장, 예술의 관점에서 상호주관성이 공존한다. 이러한 직무 집단 간에 중요하게 생각하는 가치의 관점 차이는 직업정체성의 차이를 배경으로 한다. 집단 내에서는 상식적인 가치가, 집단 간에는 상식적 가치의 충돌이 생길 수 있다. 본 사례연구가 집단 간 상호이해를 통해 예술이 행정을 만날 때, 행정이 예술을 만날 때 서로 간 협력의 기제를 찾아내는 데 도움이 되길 바란다.

2. 문화행정 직무 집단별 직무의 차이와 조직문화

행정인의 업무는 통상 운영과 관리업무를 수행하게 되는데, 기본적으로 보수적인 관료제적 특징을 가지고 있다. 해당 부서조직은 기획조정, 인사, 재무, 대외협력, 시설 등의 업무를 담당한다. 운영예산의 30~100%까지 정부 재정이 지원되기 때문에 조직 정원과 예산에 대해 정부 통제를 받게 되고 규정 변경, 예·결산, 사업계획 등 주요 업무에서 해당 부처의 승인을 받는 절차를 밟게 된다. 주요 업무가 관행routines적이고, 비슷한 제도적 환경 속에서 유관한 조직과 비슷해지는 동형화isomorphism 정도가 강하다. 조직 운영의 규정과 정책수렴에

---

1 본 사례연구에서 '행정인'은 문화예술 분야 정부 관료와 소속기관, 책임기관, 기타 공공기관에서 경영기획, 운영지원, 시설관리 분야에 종사하는 사람으로 한정한다. 행정인의 경우 문화체육관광부, 서울시 문화본부 소속의 공무원과 문화예술위원회, 서울문화재단, 국립극장 등 기관 행정 분야에서 업무를 맡은 사람으로 나눌 수 있다.

2 '기획인'은 문화예술 분야 공공기관에 소속되어 조직의 미션을 달성하기 위한 사업을 실행하는 사람을 말한다. 공연, 전시, 축제 등을 기획하고, 예술인의 창작과 제도적 환경을 지원하는 업무를 맡은 사람을 지칭한다.

3 '예술인'은 공공기관을 통해 사용되는 예산으로 작품을 창작하거나 실연하는 사람을 지칭한다. 창작예술가는 작가, 작곡가, 안무가, 디자이너 등 창작물을 생산하는 사람을 지칭하고, 실연예술가는 이미 창작된 작품을 연기나 연주를 통해 재현하는 배우, 무용가, 연주가 등이 있다. 예술인의 연구범위를 공공 예술기관 소속 예술인과 기관의 지원으로 창작에 참여한 예술인으로 제한한다.

대한 타 문화예술 조직을 살피면서 조직의 정당성legitimacy과 생존survival 가능성을 끊임없이 높이려고 한다. 행정인이 직무를 수행할 때, 자기조절의 기준으로 삼는 것은 제도 중심적 성향이 강하다. '예산이 가능한가?', '규정에 맞는가?', '감사에 문제가 없는가?' 등의 사고체계를 갖는데, 이러한 정부 관점의 공적 책무성 가치의 주관성이 강할 경우 시장에서의 적극적인 경쟁 시도와 예술적 도전을 제약할 수 있다.

기획인의 업무는 조직의 주요 사업을 담당한다. 보통 문화·공연·축제 등의 사업부, 학예연구, 마케팅·홍보, 예술지원 등의 부서명을 가지고 있다. 조직의 미션 방향에 따라 예산담당 부서와 조율된 범위 내에서 각종 집행 절차와 규정을 준수하며 사업을 진행한다. IMF 금융위기 이후 문화예술 조직도 성과주의 가치가 강화되면서 효율성 관점의 사업 성패가 중요해졌다. 사업의 성패는 곧 리더의 성패로 이어진다. 리더의 관점에서 조직관리 및 대외협력 관계도 중요하지만, 시장 관점의 핵심 사업 부문의 결과에 따라 평가를 받는 정도가 강해졌다. 유료점유율, 관람률, 이용률, 총매출 등의 지표관리와 시장변화에 원활하게 대응할 수 있는 조직문화가 필요하다. 또한, 주요 사업의 정책적 경로 의존성은 강해도 매년 진행되는 사업은 차별화 요구를 받게 되어 사용자 중심 사고와 유연성 있는 조직문화가 요구된다. 시장 관점에서 직무를 수행하는 기획인의 자기조절 기준은 '고객(시민)이 무엇을 원하는가?', '목표 매출, 객석점유율 확보는 가능한가?', '콘텐츠가 훌륭한가?' 등의 사고체계를 가지고 있다. 주로 예술인과의 관계에서 예술의 대중성과 효용성을 강조하는 경우가 많으며, 행정인과 관계에서는 관리통제에 대한 자율성 요구와 공공성과 상업성 사이에서 딜레마 관계를 형성한다.

예술인은 가장 개인적인 성향을 지닌 집단이다. 외부환경보다 주어진 개인의 예술관과 과제 중심으로 생각하는 경향이 강하다. 예술 분야 리더에게는 높은 자율성이 보장되는 경우가 많지만, 하위 스태프 조직의 경우 높은 집권화 문화를 가지고 있다. 또한, 지휘자 혹은 예술감독의 위치에 있는 사람에게는 행정인과 기획인 중 핵심 의사결정권자들도 해당 예술가에게 전권을 위임하는 경우가 많다. 예술감독을 정점으로 1차 협업 예술가와 2차 협력 스태프로 나눌 수 있다. 1차 협업 예술가는 안무, 미술감독, 음악감독, 영상감독, 조명감독 등 작품이 다양한 협력이 필요할 경우 부문별로 본인의 분야에서 상당한 권한을 위임받으며 예술 리더와 협업한다. 2차 협력 스태프의 경우 요구되는 업무를 철저하게 수행해야 하는 경향을 보인다. 예술인의 직무는 결과물에 대한 예측 가능성이 작고, 조직보다는 예술가 개인의 명성과 인지도가 중요한 특징을 가지고 있다. 예술가가 직무를 수행할 때, 자기조절 기준은 '어떤 작품을 만들 것인가?', '어떻게 만들어야 훌륭한 예술작품이 될 수 있을까?', '예술적 기량을 어떻게 향상하고, 어떻게 하나의 목표로 만들 것인가?' 등이다. 예술인의 의사결정에서 예술정책 제도와 시장적 외부환경까지 고려해줄 것을 요청받으면 업무의 창의적 공간이 상당히 제한될 수 있다. 〈표 15-1〉은 상기 논의를 바탕으로 예술행정 직무 집단별 주요한 조직문화를 요약한 것이다.

〈표 15-1〉 예술행정 직무 집단별 특징과 조직문화

	행정인	기획인	예술인
업무 분류	• 경영본부, 총무관리, 재무·예산, 대외협력, 인사관리, 전략조정, 시설·정보관리	• 공연기획, 학예연구, 문화 • 사업, 축제기획, 마케팅·홍보, 예술지원	• 예술감독, 연출, 지휘, 대본, 안무, 디자인, 무대, 음향, 예술단, 배우
역할	• 정책목표-세부 사업 연결 • 상위기관 업무보고 • 예산 설득-예산분배 • 평가, 이사회 진행	• 주요 사업 계획 및 추진 • 창작예술 기획, 판매/예산집행 • 예술인 지원 및 육성	• 문화예술창작 및 실연(공연, 미술, 음악, 문학 등)
문서	• 행정문서, 공문, 기안 • 수입-예산서 등(개조식)	• 사업 계획서, 홍보마케팅 • 문서, 보도자료, 목표매출-지출 계획서(전략적 기술)	• 대본, 악보, 콘티, 시나리오 • 디자인 문서 등(전문적)
핵심 동기	• 승진, 권한 확대 • 언론과 상관의 인정 • 성과 평가를 통한 인정 • 정년에 대한 욕구	• 예술계에 영향력 발휘 • 고객에게 인정받는 결과 • 언론과 상관의 인정 • 승진과 권한 확대	• 표현하고자 하는 예술 욕구 • 인정받는 문화예술작품 • 존경과 명예에 대한 욕구
직무 초점	• 정부 초점 • 의무, 규범, 책임에 민감 • 예산이 가능한가? • 부처·국회 설득이 가능한가? • 규정에 맞는가? • 감사에 문제가 없는가?	• 시장 초점 • 고객 반응, 성장, 조정에 민감 • 고객(시민)이 무얼 원하는가? • 목표 매출(관객)이 가능한가? • 재미있는 콘텐츠인가? • 행정, 예술과 조율이 가능한가?	• 예술 초점 • 이상, 성장, 아름다움에 민감 • 작품을 어떻게 만들까? • 어떻게 기량을 향상할까? • 어떻게 감동을 줄 수 있을까?

	행정인	기획인	예술인
조직 문화	• 책임 회피적, 명분 중요 • 보수적(규정 준수) • 관행(routines)과 비교조직과 동형화 정도 강함	• 사업의 성패로 평가 • 시장환경과 정책변동에 따른 변화 대응 문화 • 사업은 차별화 요구	• 리더 예술인 집권화 경향 • 결과 예측이 어려움 • 개인 네임밸류(Name value) 중심 • 다양성과 개인주의 공존
자기 방어[4]	• 규정과 예산에 맞지 않음 • 예술인의 창작 이기주의	• 정부 조직의 지나친 간섭 • 예술인의 창작 이기주의	• (정부) 부족한 지원 • (정부/시장) 지나친 간섭

3. 집단 간 직업정체성 인식에 관한 이해의 확장

정부 지원 예술조직은 크게 행정인, 기획인, 예술인으로 분류할 수 있으며, 3개의 직무 집단이 존재한다. 본 사례연구에서는 집단 간 직업정체성 인식을 비교하기 위한 심층 인터뷰를 진행했다. 연구참여자는 〈표 15-2〉와 같이 정부행정인 집단에서 문화부 국장급 1명과 예술정책과에서 예술인복지 정책을 담당한 서기관 1명, 서울시 문화본부 실무 주무관을 대상으로 인터뷰를 진행했다. 지원기관 행정인의 경우 문화예술위원회, 서울문화재단, 예술경영지원센터 팀장급 이상 직무자와 국립예술단체에서 행정파트 팀장을 인터뷰했다. 기획인의 경우 국립중앙극장, 국립정동극장, 국립발레단, 서울문화재단 소속 남산예술센터와 예술단체 직무자를 인터뷰했다. 예술인은 국공립 조직에 있는 예술단체 예술감독과 지도위원을 인터뷰했고, 예술지원금 체계에서 계약관계를 통해 창작사업을 경험했던 예술인을 대상으로 민간 예술단체 대표, 극작가 겸 연출가, 문화민주주의 실천연대에 소속되어 있는 예술인을 인터뷰했다.

직무 집단별로 서로 다른 리더십 스타일, 사용하는 언어의 차이, 상식적이라고 생각하는 관행에도 차이가 있다. 마치 각기 다른 언어와 문화를 가진 부족이 모여 예술행정이라는 범주에서 함께 직무를 수행하는 것과 같다. '정체성 identity'은 자신이 인식하는 자아로 자신과 타인을 구분함으로써 '나다운 것'과

4 자기방어는 직무를 추진할 때, 주요하게 자신을 방어할 때 사용하는 논거를 의미한다.

〈표 15-2〉 심층 인터뷰 피면접자 현황

피면접자	집단	성별	조직유형	직급/역할[5]
A	중앙정부 행정인	남	문화부 1	국장급
B		여	문화부 2	서기관
C		남	서울시 문화본부	주무관
D	지원기관 행정인	남	지원예술기관 1	책임자급
E		여	지원예술기관 2	관리자급
F		여	지원예술기관 3	책임자급
G		남	국공립 예술단체 1	관리자급
H	기획인	남	국공립 극장 1	책임자급
I		여	국공립 극장 2	책임자급
J		여	국공립 극장 3	관리자급
K		여	국공립 극장 4	관리자급
L		여	국공립 예술단체 2	관리자급
M		여	국공립 예술단체 3	실무자급
N		남	국공립 극장 5	관리자급
O	예술인	여	국공립 예술단체 4	책임자급
P		남	국공립 극장 6	관리자급
Q		남	민간 예술단체 1	책임자급
R		남	민간 예술단체 2	극작가
S		여	문화민주주의 실천연대	예술가

관련된 감성과 성향, 무의식을 포함하는 것으로 주로 심리학적인 자아정체성ego identity과 관련을 맺고 있다(정준영, 1998). 학문적으로는 심리학적인 자아정체성

5 직급/역할에서 문화부와 서울시 문화본부는 국장급, 서기관, 주무관으로 분류했다. 예술기관에서 기관장, 예술단장, 사무처장, 본부장 직급은 책임자급로 분류했다. 단위사업 팀장, 예술단 지도위원은 관리자급로 분류했고, 실무자는 실무자급으로 분류했다.

연구와 구분되는 조직정체성organizational identity, 직업정체성occupational identity, 사회정체성social identity 등으로 분화되었다(정주용 외, 2015).

직업정체성에 대해 그린우드와 히닝스(Greenwood & Hinings, 1993)는 “개인이 자신을 전문직 역할로 정의하는 것과 관련된 속성, 신념, 가치, 동기와 경험 등이 안정적이고 지속적으로 결합된 것”으로 정의했다. 최윤경(2003)은 직업정체성을 “전문직 구성원이 스스로 전문직업인이라고 내리는 주관적 평가”라고 정의했고, 정주용 외(2018)는 “전문직에 종사하고 있는 종사자가 스스로 인식하는 자신의 주체성과 이에 따른 신념과 역할의 집합”으로 정의했다. 서로 간 직업정체성 차이의 맥락을 살펴보기 위해 〈표 15-3〉과 같이 연구참여자의 직업과 직무를 선택한 동기, 일을 통한 보람, 다른 집단에서 받고 있는 역할에 대한 기대, 고객에 대해 어떻게 인식하고 있는지 물어보았다. 가다머(Gadamer, 1990)가 해석학에 관한 저서 『진리와 방법』에서 출발점으로 삼은 명제는 “이해한다는 것은 무엇보다 서로를 이해하는 것을 뜻한다”였다. 이해한다는 것은 무엇보다 ‘상대방의 생각으로 들어가서 이해’하는 것이고, 사람들을 결속해주는 모든 본질적 문제에서 서로를 이해한다는 것을 뜻한다. 이해 과정에서 발생하는 행정인, 기획인, 예술인 간의 ‘지평의 융합fusion of horizons’은 어느 한쪽의 관점을 관철하고 상대방의 입장을 무력화하는 것이 아니라 대화 이전의 상태와 달라진 새로운 공통의 세계 속으로 진입하면서 서로가 변화를 겪는 과정이다.

〈표 15-3〉 집단 간 직업정체성 인식에 관한 질문

질문-당신의 ‘직업정체성(occupational identity)’과 역할은 무엇인가요?
• 당신은 어떤 (행정인, 기획인, 예술인)이 되고 싶으신가요? • 당신이 되고 싶은 (행정인, 기획인, 예술인)에 대한 동기(motivation)는 무엇인가요? • 당신의 동기가 충족되어 보람을 느낀 적이 있다면 언제였나요? • 다른 집단으로부터 당신의 역할은 어떤 기대를 받고 있다고 생각하시나요? • 당신이 생각하는 고객은 누구인가요? • 당신은 고객의 기대를 어떤 방법으로 판단하나요?

현장 예술인에게 비교적 신뢰를 많이 받고 있는 문화부 서기관인 연구참여자 B에게 어떤 행정인이 되고 싶은지 물었다.

> 연구참여자 B: *"현장에 있는 예술인의 어려움에 귀 기울이고 해결책을 찾아 현장의 어려움을 해결하거나 현 제도의 문제점을 조금이라도 개선해서 예술인의 창작 환경을 조금이라도 개선하는 데 도움이 되고, 그들의 신뢰를 받는 행정인이 되고 싶습니다."*

이 같은 당연해 보이는 답변은 행정인이 갖춰야 할 직업정체성의 근간을 말하고 있다. 행정의 시작은 현장을 듣는 데서 출발한다. 자기 생각과 감정을 던지는 투수로서의 직업정체성보다는 귀를 열고 현장을 듣는 포수의 역할이 좋은 행정의 기본이 된다. 현장을 자신의 뒤에 두고 생각을 소신껏 던져야 할 때는 상관이나 타 부처의 협조와 설득이 필요하다.

문화부 국장급 연구참여자 A에게 정부 행정인이 받는 역할에 대한 기대를 물었다.

> 연구참여자 A: *"기본적으로 예술인은 전체적인 국가보다는 자기 분야, 자신에 대한 지원을 많이 해주길 바라죠. 다만, 그걸 우리가 받았을 때, 소화를 잘해야죠. 그런 맥락에서 예술인은 자기 중심 성향인 경우가 많죠. 이건 예술인에게 국한된 문제가 아니라 일반 민원인이 다 그래요. 거시적으로 일치되는 경우도 많지만 때로는 상충되거든요. 그런데 그 사람들한테 형평성 있게 생각하라고 요구하는 것은 무리라는 생각이 들어요."*

연구참여자 A는 예술기관의 기관장, 예술감독, 장르와 역할에 따른 협회장, 예술학과 교수, 언론계 등 다양한 지점의 이해관계자가 만나려고 한 직위에 있었다. 예술인이 정부에 기대하는 것은 자기 분야에 지원을 많이 해주기를 바란다는 것이다. 그러한 기대가 예산총액, 정책 방향성과 거시적으로 상충할 수 있기 때문에 이것을 조정하는 역할을 언급하고 있다. 정부 행정인과 다르게 2차 예술지원 기관에 소속되어 있는 행정인은 조금 다른 맥락에 위치한다. 문화부의 관리감독을 받는 문화예술위원회, 예술경영지원센터와 서울시의 관리감독을 받는 서울문화재단의 경우 정부에서 1차 분배한 예산을 다양한 지원사업 프로그램을 통해 현장으로 2차 분배한다. 2차 지원기관 행정인은 공무원 신분은 아니지만, 정부 행정인에 비해 좀 더 현장과 가까운 위치에서 행정 직무를 수행하게 된다.

지원기관 2에서 관리자 직급으로 있는 연구참여자 E에게 물었다. "당신은 어떤 행정인이 되고 싶은가요?"

> 연구참여자 E: *"담당 직원이었을 때는 기획의 역할을 좀 더 많이 했고, 그때는 돋보이는 기획을 많이 하고 싶었는데, 중간관리자로 일하고 생각보다 현장이 빠르게 바뀌는 것을 보면서 현장을 따라갈 수 있는 행정이 되어야 한다는 생각을 많이 해요. 그 부분에서 소통이 원활하고 현장과 맞닿아서 현장에 있는 것을 행정으로 반영할 수 있는, 행정을 위한 행정이 아니라 현장에 있는 것이 행정으로 갈 수 있는 그런 창구가 되고, 소통의 역할을 하는 행정가가 되고 싶어요."*

연구참여자 E가 실무자였을 때는 기획인으로서의 정체성이 강했지만, 중간관리자로 있으면서 가까이에서 보는 예술 현장의 변화를 행정에 반영할 수 있는 행정인의 정체성이 혼합되었다. 2차 지원기관의 직무자는 현장의 기획인, 예술인과 업무 접점이 생기는 경우가 많고, 중간관리자 이상은 상위조직에 있는 정부 공무원과 의회 등의 요구에 대응해야 하는 경우가 많다. 정체성이 혼합되어가는 과정은 집단 간의 차이를 이해하고 협력하는 과정에서 직무환경에 대한 적응, 혹은 생존을 위한 성장으로 해석해볼 수 있다. 또한 혼합형이 집단 간의 소통을 매개하거나 갈등을 조정하는 역량이 높고, 그러한 역할이 기대될 것이라 가정해볼 수 있다.

연구참여자 D는 지원예술기관 1의 책임자급으로 정년까지 공무원 신분을 보장받는 정부 행정인과는 다른 양상의 직업정체성을 드러내고 있다.

> 연구참여자 D: *"행정 안에서 하는 얘기를 들으면 답답한 것도 있어요. 그 체계 안에서는 되게 합리적인데, 왜 그래야 하냐고 질문하면 아닐 수 있는 거예요. 어떤 규율을 위한 합리성일 수도 있어서 그런 부분들을 조금씩 바꿔가*

는 게 한국 행정에서 굉장히 중요하다는 생각을 해왔어요. 개인적으로 민간에서 이런 공적인 일에 들어갔을 때, 기존 시스템에 능란하거나 잘하는 행정가가 되고 싶다는 생각을 해본 적은 없어요. 그 안에서 민간인이 공무원이 되거나 이런 일을 맡기는 이유는 기존 행정 시스템 안에서 사고하는 게 있다면, 안과 밖의 경계 지점에서 사고해서 정책이나 지원을 진화시켜야 한다고 생각해요. 전문가와 행정의 논리를 합친 것만으로 되지 않기 때문에 집단지성, 권한 분배 등을 사고하지 않고는 행정의 진화가 있을 수 없어요. 그래서 사실 중앙정부 권력을 자치분권 하자는 얘기도 그렇고, 지방정부가 가지고 있는 권한을 시민 참여를 통해 넘겨주자는 얘기도 그렇고, 그런 점에서 사실 행정실험을 계속해야만 어떤 서비스가 개선된다고 생각해요."

연구참여자 D는 임기직 행정인으로 기존의 행정 시스템에 따라 전문가와 행정 논리로 추진되는 행위가 현장 개선에 미흡하다는 문제 의식을 가지고 분권적 행정혁신을 추구하는 행정인의 정체성을 가지고 있다. 빈센트 오스트롬(Vincent Ostrom, 1971)은 "전통적인 행정학 교육을 받은 행정실무자가 그렇지 않은 실무자들보다 훨씬 더 비효율적인 방법으로 사회문제를 해결할 가능성이 크다"라고 경고했다. 연구참여자 D도 기존의 행정 시스템에서 탈피하여 새로운 행정실험의 필요성을 강조했다. 문화예술위원회, 서울문화재단 등이 2차 분배를 통한 지원 사업을 주로 한다면, 국립극단, 서울시향 같은 예술단체와 세종문화회관, 국립정동극장 등은 기관 자체 사업을 주로 한다. 자체 사업을 하는 예술단체와 극장에도 경영본부, 경영관리팀, 경영지원팀 등의 이름으로 조직의 인사와 예산을 관할하는 행정업무를 하는 부서가 있다. 이 부분에 속하는 행정인은 2차 지원기관에 소속된 행정인과 조금 다른 정체성을 가지고 있다.

연구참여자 G는 행정인 정체성을 가지고 예술감독을 대표로 하는 국공립 예술단체에서 경영관리팀장 직무를 수행하고 있다.

연구참여자 G: *"예술행정을 하면서 어떤 상을 갖고 있지는 않습니다. 우리 단체가 지금 처해있는 환경에서 가장 효율을 증대하기 위한 행정을 하고자 하죠. 행정적인 것을 잘 모르고 그냥 사업적인 측면만 강조되어 진행했을 때, 나중에 책임의 소재, 일이 잘되고 안 되고를 떠나서 책임소재가 생길 수 있어요.*

행정적인 처분을 잘하면 일이 그냥 편안하게, 쉽게 갈 것을 잘 모르면 어렵게 에너지를 낭비하게 되죠. 그 사업을 가장 저비용·고효율로 이끌어가기 위한 행정적 절차를 만들고 보완해왔다는 생각이 들거든요."

연구참여자 G는 현재 행정 시스템에 숙련되어 있고, 소속 예술단체의 효율 증대와 조직의 의사결정이 다방면에서 책임소재가 생기지 않도록 진행될 수 있게 행정지원 역할을 해내는 예술기관 전문행정인의 정체성을 가지고 있다. 그래서 조직에 소속되어 있는 기획인, 예술인은 연구참여자 G가 맡은 팀에서 행정적 지원과 조언을 받을 수 있다. 이에 반해 현장 예술가의 경우 이런 역할을 하는 사람이 가까이에 없어 상대적으로 행정과 거리감을 느끼게 된다. 하지만 연구참여자 G의 위치도 상위기관인 문화부 담당 행정인과 연결되어 지휘감독을 받게 된다.

그렇다면 예술인은 본인들의 직업정체성을 어떻게 언급할까? 예술인은 상대적으로 개인적인 성향을 가진 집단이다. 외부환경보다 개인의 예술관과 과제 중심으로 생각하는 경향이 강하다. 예술가들이 직무를 수행할 때, 자기조절 기준은 '어떤 작품을 만들 것인가?', '예술적 기량을 어떻게 향상시키고, 예술적 목표를 어떻게 공유할 것인가?', '관객과 어떤 방법으로 소통할 것인가?' 등이다. 이러한 예술인에게 행정인이 요구하는 예산, 제도의 관점, 기획인이 요구하는 시장적 관점의 틀이 요구될 때, 가치충돌과 갈등이 생길 수 있다.

연구참여자 O는 국공립 예술단체 4의 단장이다.

연구참여자 O: *"저는 안무 및 연출가로서 좋은 작품을 이끌어내는 예술가가 되고 싶죠. 제가 생각했을 때는 제가 좋아하는 무용이라는 장르가 소외당하고 있고, 대중의 사랑을 받는 작품이 많지 않다는 생각이 들어요. 정말 좋은 요소가 있는데, 그것을 가지고 좀 더 사랑받는 작품을 만들어야겠다는 생각을 가지고 작품에 임하게 되고, 그것에 단원들을 동참시키죠. 내 생각을 브리핑하면서 좋은 결과가 나왔을 때 보람은 엄청나죠. 그런데 100% 만족할 수 없는 이유는 해나가는 데 있어 장애요소가 굉장히 많죠. 이걸 어떻게 해결할 것인가를 많이 생각해요."*

연구참여자 O가 속해 있는 예술단체의 예술인은 정원이 정해져 있고, 결원이 있으면 절차에 따라 예술적 기량을 심사받고 채용된다. 프로젝트에 따라 연출, 안무, 연주, 연기 등의 역할로 작품당 계약을 맺는 예술인에 비해 예술단체 소속 예술인은 행정조직의 통제를 받고, 단체가 추구하는 예술성에 자신을 맞춰야 한다. 예술단의 단장은 임기가 정해져 있고, 기간 동안 단체가 추구하는 예술적 결정권을 가진다. 연구참여자 O의 언급을 통해 안무가이자 무용단장을 맡은 예술인의 책무를 확인할 수 있다. 예술인은 행정인, 기획인 직무에 비해 정책이나 사업을 통해 직간접적으로 누군가를 지원하는 역할이 아닌, 스스로 창작을 포함한 예술 활동을 하는 주체로서 직업정체성을 가지고 있다.

또 다른 예술인 연구참여자 R은 극작가이자 연극연출가다. 연극을 제작하는 국공립 및 민간극장에서 작업요청을 받지만, 연구참여자 O처럼 예술기관에 소속되어 있는 예술가는 아니다. 이러한 유형의 예술가는 기관에 소속된 예술가에 비해 창작의 자율성을 더 많이 갖는 데 반해 불안정한 수입으로 과외 활동 등을 병행하는 경우가 많아 창작활동에 매진하기 어려운 환경에 있는 경우가 많다. 행정인의 직업 동기는 보수와 안정 등 외재적 요인이 가장 강한 동기부여 요인인 데(김호정, 2000) 반해 안정성과는 거리가 먼 극작가로서 연극을 하는 예술인의 직업적 동기는 어디서 온 것인지 연구참여자 R에게 물었다.

> 연구참여자 R: *"제가 되고 싶어 하는 것은 극작가인 것 같아요. 극작을 잘하기 위해 연극연출을 하는 것 같아요. 연극을 만든 최초의 동기는 '돌아가신 어머니를 만나고 싶다'였어요. 너무 엄마가 보고 싶은데, 나의 기억 속에 있던 엄마와 했던 말들, 장면들을 쓰고 연습하고 초기작들은 거의 그런 거예요. 일종의 이산가족이거든요. 어렸을 때 마을이 수몰되어 파괴되고, 가족이 파괴되고, 개인이 파괴되었던 경험을 개인의 가족사적 관점에서 재구성해보는 작업이었어요. 지금은 일종의 사회의 재구성 작업, 제가 각종 사회활동에 관여되는 것들이 자연스러운 흐름이긴 해요."*

연구참여자 R은 어린 시절 살았던 곳이 담수의 효율성 관점에서 댐이 건설되고 이에 따라 마을이 수몰되는 경험을 했다. 해체된 가족과 마을을 예술을 통해 재구성하고자 하는 내적인 욕구에서 극작가로서의 정체성 형성이 시작되었다. 연구참여자 R은 블랙리스트 진상조사위원으로 참여하여 조사 내용과 제도개선 내용을 담은 백서를 작성하기도 했는데, 이 과정을 '사회적 기억' 사업으로 설명했다. 2018년 5월 블랙리스트 사건조사와 제도개선 내용을 담은 내용을 발표했지만, 연구참여자 R은 극작가로서 이 사건을 또 다른 시선으로 바라보고 있었다. 극작가의 시선에서 예술인과 행정인의 직업정체성 차이를 확인할 수 있다.

> 연구참여자 R: *"예를 들어 블랙리스트 진실규명 작품을 쓴다고 하자. 거기엔 가해자가 있고 피해자가 있다. 그런데 그사이에 두부 자르듯 잘리지 않는 부분이 있다. 선명하게 나뉘지 않는 영역이 있고, 관계가 역전되는 영역도 있고, 규범과 사실이 충돌하는 영역도 있고, 법적 판단과 도덕적 판단이 교차하는 영역도 있다. 나는 그 지점이 극작가의 영역이라고 생각한다. 블랙리스트 진상위원회에서 무수히 많은 자료를 보고 정리해 해석을 붙여 보고서를 쓰는 게 일이었다. 그런데 자료를 보다 보면 보고서에는 쓸 수 없는, 희곡에나 쓸 수 있는 말들을 만나게 된다. 인간의 삶이라는 건 증거로 환원될 수 없지 않나. 소위 그때 가해자와 피해자가 어떤 마음이었는가, 어떤 정신적 상태에 있었는가 등은 보고서에 담을 수 없다. 그래서 난 지금 연극의 공간에 들어와 있다고 생각한다."*[6]

규범과 사실이 충돌하고, 법적 판단과 도덕적 판단이 교차할 때, 관련자들이 당시 어떤 마음이었는지 보고서에는 쓸 수 없는 말들을 좀 더 예민한 예술인의 감수성으로 느끼고, 그것을 극작을 통해 드러내고 싶은 욕구가 행정인의 정체성과 차이가 나는 지점이다. 이러한 예술가의 영혼은 행정이 풀지 못하는 다른 차원의 소통을 통해 사회적 공감과 치유를 이끌어낼 수도 있다. 그것이 예술의 역할일 것이다.

기획인의 업무는 조직의 주요 사업을 담당한다. 보통 문화, 공연, 축제 등의 사업부, 학예연구, 홍보마케팅, 예술지원 등의 부서명을 가지고 있다. 조직의 미

6 '공연계 변호인' 윤영선연극상 수상, "블랙리스트, 누가 했는지 규명해야"(한겨레 인터뷰, 2017.8.24)

션 방향에 따라 예산담당 부서와 조율된 예산 범위 내에서, 각종 규정과 절차를 준수하는 범위에서 사업을 진행한다. 직무를 수행하는 기획인의 자기조절 기준은 '사업 규모와 방법을 어떻게 설정할 것인가?', '만족도, 관람률, 방문율, 목표 수익을 달성할 수 있는가?', '행정지원을 어떻게 끌어낼 것인가?', '어떤 예술가와 협력하여 예술성을 끌어낼 것인가?' 등의 사고체계를 가지고 있다. 기획 부문 직무에 종사하는 참여자들은 행정과 예술직무 참여자에 비해 직업정체성의 분포가 가장 다양했다.

연구참여자 J는 국공립 극장 3에서 예술단체 작품의 기획 직무를 수행하고 있다. "당신의 직업정체성은 무엇이라고 생각하시나요?"

> 연구참여자 J: *"예술가형 기획인, 창작자형. 뭔가를 오더해서 오퍼레이팅하는 기획인이 아닌 정말 내가 하고 싶은 기획을 짜서 아이디어를 내고 예산 받고, 그것을 운영하고 결과물까지 내면서 연속성 있는 사업을 만드는, 판을 만드는 기획인이 되고 싶습니다. 동기라면 제가 어렸을 때부터 음악을 했기 때문에 예술가의 꿈을 꾸다가 예술가보다는 판을 만드는 것이 나한테 더 맞겠다는 판단으로 전향한 것이죠. 예술가일 때도 예술을 하면서 내 무대를 만들 수 있겠다 싶었지만, 둘 다 하기는 버겁다는 생각을 했어요. 그래서 둘 중 하나를 선택한다면 후자를 선택하겠다 했던 것이 계기가 됐어요."*

연구참여자 J는 가야금을 전공했다. 연주자로서 정체성이 있었지만, 연주자를 그만두고 전문기획인으로 전향하여 한국무용, 창극, 국악 등 전통예술 분야 기획인으로 10년 이상 국공립 극장에서 근무하고 있다. 연구참여자 J처럼 기획인의 경우 예술 분야를 전공하다가 연출자, 연주자, 무용가, 배우 등 예술적 역량보다 기획 제작과 홍보마케팅 직무가 더 맞는다고 판단하여 전향한 경우가 많다. 이러한 경우를 예술가형 기획인 정체성으로 분류해볼 수 있다. 예술가형 기획인은 예산이나 제도와 관련된 행정권에 대한 관심보다 예술적 결정권artistic decision-making authority에 영향을 미치는 것을 더 선호하며, 예술인과 좀 더 긴밀하게 소통하길 원한다. 예술가형 기획인 중에서도 행정영역에 대한 이해도와 업무 역량은 차이가 있을 수 있다.

연구참여자 I는 국공립 극장 2의 책임자급으로 예술가형 기획인 정체성을 갖고 있지만, 행정역량이 높은 혼합형의 직업정체성을 가지고 있다.

> 연구참여자 I: *"저는 행정을 알고 있지만 행정 전문가가 되고 싶지는 않아요. 기획 중에서도 제작에 대한 부분이 더 강해요. 프로듀서적인 관점이 강하고, 프로듀서들 내에서도 예를 들면 마케팅, 홍보 여러 가지 있잖아요. 저는 크리에이터에 상당히 가까워요. 자질적인 측면에서 드라마투르그적인 감각이 더 발달해 있어요. 제가 그 부분을 좋아해요. 그리고 독립적으로 있었을 때, 공공조직, 민간조직을 거치면서 가장 잘 쓰였던 능력이에요. 공공조직에 왔을 때 행정능력이 없는 크리에이터가 많아요. 저는 이걸 알고 있기 때문에 섞어서 할 수 있는 극장장 같은 포지션, 예술감독과 행정감독을 같이할 수 있는 사람이 별로 없잖아요. 재원의 한계가 있거나 실질적인 문제를 풀어야 하는데, 미학적으로도 승부하고 싶어. 그럴 때, 그런 지점에서 그게 장점이라고 생각했어요. 그게 정체성이겠죠."*

연구참여자 I는 행정감독과 예술감독을 병행할 수 있지만, 스스로를 크리에이터에 가까운 기획인으로 규정하고 있다. 행정인은 직무에서 기획인, 예술인의 역량을 직접적으로 요구받거나 계발하려는 경우가 거의 없다. 단지, 개인적인 예술적 취향이 있거나 현장에 다가간다는 입장에서 관심을 갖는 정도일 뿐 직업정체성을 기획인, 예술인으로 확장하며 넓혀가는 경우는 적다. 하지만 2차 예술기관에서 기획인 직무를 시작한 사람은 직위가 올라갈수록 행정적 역량을 깊게 사용할 수 있어야 한다. 상위직급일수록 상위기관에 있는 정부 행정인과 행정언어로 소통할 수 있어야 한다. 예산의 필요성과 기관과 관련되는 제도 운영에 대해 설명책임과 설득할 수 있는 역량이 필요하다. 그래서 기획인은 생존과 필요에 따라 행정언어를 습득하고, 행정인의 정체성을 추가하면서 직무의 지평을 넓혀간다. 만약 그것이 어렵거나 맞지 않는 기획인은 예술기관에서 민간으로 이직하거나, 중간관리자로 가지 않고 현장 중심에서 직무를 수행하는 경우가 많다. 기획인 연구참여자의 진술을 통해 확인할 수 있는 행정인과 구분되는 특징은 새로운 것을 만들어내기 위해 아이디어를 내고, 결과물을 만들어내고, 결과에 대한 반응을 통해 보람을 느끼는 성향이 강하다. 기획인은 예술기관에서 직무를 좀 더 잘하기 위해 행정력을 갖추고자 하는 것일 뿐 기획인의 직업정체성을 내려놓고 행정인이 되고자 하는 경향은 잘 나타나지 않았다.

국공립 예술단 2에서 홍보마케팅 팀장으로 있는 연구참여자 L의 경우 예술가형 기획인과는 다른 특징을 보인다. 국공립 공연장, 예술단체의 경우 공공기관이지만 예술적 성과에 대한 질적인 평가뿐만 아니라 시장을 통해 사업의 수익성, 방문객 수, 만족도 지표 등으로 효율에 대한 성과책무를 요구받는다. 이러한 요구에 맞춰 마케팅팀, 홍보팀, 홍보마케팅팀 등의 직제에서 시장과 예술을 연결하여 직무를 수행하는 시장형 기획인이 있다. 연구참여자 L은 공공극장과 민간 기획사에서 홍보마케팅 중심의 직무경력을 거쳤다.

연구참여자 L: *"콘텐츠를 홍보해서 티켓판매, 협찬까지 연결하는 데 지향점을 두고 있는 것 같아요. 이곳 예술단체에 와서는 '티켓을 팔기 위한 행위들을 왜 해야 해?'라는 분위기가 있었어요. 왜냐하면 다 팔아주니까. 60~70% 파는 것에 만족하고, 지출이 이만큼일 때 수입을 이만큼 벌어야 한다는 개념이 제일 약한 곳이 국립예술단체 같아요. 물론 국가가 지원하는 단체이고, 세계적으로도 자체 수입률 30% 정도 외에는 국가지원이 맞다고 생각하지만, 30%는 어떻게 할 건데. 공연사업 말고 수익을 창출할 수 있는 뭔가를 하려면, 소극적이고 그만하라 하는 거에 이해가 안 됐죠. 왜냐하면 내가 외부에 있을 때는 티켓을 안 팔면 안 되는 상황에 놓여 있다가 티켓을 파는 것에 대해 관심이 덜한 상황을 만났어요. 그래도 매진시켰을 때, 뿌듯한 거 같아요."*

수익과 관객 지향이 강한 시장형 기획인과 예술가형 기획인 사이에서는 시장과 예술이라는 가치에서 갈등이 생길 수 있다. 이러한 이유로 기획인 최상위 책임자는 시장형 기획인과 예술가형 기획인 두 성향의 역할을 조정하고 통합할 수 있는 역량이 필요하다. 연구참여자 L은 설문조사에서 당위적으로 형평성에 비해 수익과 고객 중심적인 효율성 가치를 가장 강조한 유형이었다. 예술가형 기획인은 예술인을 중심으로 한 창작자의 입장을 대변하는 경향이 강하지만, 시장형 기획인은 유료관객과 협력관계사 등의 입장을 강조하는 경우가 많다. 행정인과 예술인은 역할에 대한 기대가 상대적으로 분명한 데 비해 기획인에 대한 역할기대는 다양하게 인식될 수 있다.

국공립 극장 3에 몸담고 있는 연구참여자 J에게 기대되는 역할을 물었다.

연구참여자 J: *"예술인과 행정인은 본인의 포지션이 매우 확실하다고 생각해요. 기획인은 그들의 확실한 포지션 외의 모든 역할에 대해 기대를 받는다고 생각해요. 그들이 하지 않는 모든 것을 사실 기획인이 한다고 생각하고, 모든 잡다한 일을 한다고 안 좋게 생각할 수 있지만, A부터 Z까지의 프로세스에 기획자가 들어가지 않는 곳이 없고, 모든 프로세스를 관장해요. 그 안에서 행정가와 코워크, 예술가와 코워크를 주체적으로 프로젝트를 기획하면서 협업한다고 생각하지 내가 어느 부분을 한다고 생각하지 않아요. 아이디어의 시작부터 정산과 향후 발전 가능성을 예측하는 것까지 모든 것이 기획자의 역할이라고 생각하면서 행정가의 도움이나 역할, 예술가들이 어떻게 빛날 수 있을지, 예술가와 협업하는 것까지 고려한다고 생각해요."*

연구참여자 J는 조직 내부에 있는 행정인과 예술인으로부터 받는 기대를 언급했다. 확실한 업무 성격을 가진 행정인, 예술인이 하지 않는 모든 직무에 대해 기획인은 역할기대를 받는다고 했다. 연구참여자 J는 조직 내에서 기획인의 파워가 가장 약하다고 언급했다. 그래서 기획인은 힘으로 행정인, 예술인을 누르면서 직무를 수행하기 어렵다. 하지만 사업의 시작부터 끝까지 모든 프로세스를 관장하는 역할을 하기 때문에 이를 위해 힘이 강한 행정인의 도움을 요청하고, 사업의 결과물 자체가 되기도 하는 예술인이 빛날 수 있게 협업을 끌어낼 수 있는 역량을 요구받는다. 이러한 구조에서 하위직급 기획인은 파워가 강한 행정인과 예술인 사이에서 협력을 이끌어내기 어려워 역할에 대한 정체성 설정이 어려울 수 있다.

본 사례연구에서는 예술이 행정을 만났을 때, 행정이 예술이 만났을 때 직무집단별로 서로 다른 직업정체성을 바탕으로 상호주관성을 이해해보았다. 행정인은 현장의 문제를 반영하여 제도적으로 해결책을 찾는 역할에 대한 직업정체성을 가지고 있었다. 다른 집단에서 행정인에게 기대하는 것은 자신의 분야에 지원을 많이 해주기를 바라지만, 그러한 기대가 예산총액, 정책이나 사업 방향성과 상충할 때, 이것을 조정하는 역할 인식을 가지고 있었다. 지원기관 행정인은 하위직급에 있을 경우 현장 예술인과의 접점에서 예술지원에 대한 구체적인 단위사업 수행에 대한 기획인의 정체성을 가지고 있었고, 상위직급으로 올라갈수록 정부 행정인, 외부기관과 협력해야 하는 상황에서 행정인의 정체성으로 변해갔다. 공공극장과 예술단체 지원부서에 있는 행정인은 본인이 소속된 조직의 효율증대와 의사결정이 다방면에서 책임소재가 생기지 않도록 진행될 수 있는 전문행정인의 정체성을 가지고 있었다. 행정인과 기획인이 정책이나 사업을 통해 직간접적으로 누군가를 지원하는 역할이 아닌, 예술인은 표현하고자 하는 내적인 욕구를 예민한 감수성을 통해 창작을 포함한 예술활동을 하는 주체로서 직업정체성을 가지고 있었다. 예술인 중에서도 기관에 소속된 예술가는 안정된 창작환경이 제공되지만, 외부 예술가에 비해 창작의 자율성은 상대적으로 낮게 나타났다. 기획인은 행정인과 예술인에 비해 직업정체성의 차이가 다양했고, 본인의 직업정체성을 혼합형으로 응답한 비율이 상대적으로 높았다. 기획인의 직업정체성은 예술적 결정권에 영향을 미치는 것을 선호하고, 예술인과 좀 더 소통하길 원하는 예술가형 기획인, 수익과 관객 지향이 강한 시장형 기획인이 존재했다. 기획인은 하위직급에 있을 때는 기획인의 정체성만 갖고 있지만, 직위가 올라갈수록 행정인에게 행정언어로 설득할 수 있는 역량의 필요성으로 행정인 정체성을 추가하는 혼합형 정체성을 구축하는 경우가 많았다. 하지만 이러한 경우에도 자신을 행정인으로 인식하기보다 행정을 아는 기획인이라는 직업정체성을 가지고 있었다. 기획인은 행정인과 예술인이 하지 않는 모든 직무에 대해 역할기대를 받는다고 했고, 힘이 강한 행정인의 도움을 요청할 수 있으며, 사업의 주체가 되는 예술인이 빛날 수 있게 협업할 수 있는 역량을 요구받았다.

참고문헌

김호정.「공무원과 회사원의 동기부여 요인 비교」.『한국행정논집』12(2), 2000, 265-285쪽.

장석류. "문화행정의 가치충돌에 관한 실증연구: 행정인, 기획인, 예술인 비교". 성균관대학교 박사학위논문. 2020.

정주용·하민철·안승구.「나는 연구자인가? 공무원인가?: 국공립연구기관 연구직 종사자들의 정 체성 인식」.『지방정부연구』21(4), 2018, 341-367쪽.

Greenwood, R. & C. R. Hinings. Understanding Strategic Change: The Contribution of Archetypes. *Academy of Management Journal*, 36(5), 1993. 1052-1081.

Gulick L. Notes on the Theory of Organization. *Classics of organization theory*. 3, 1937, 87-95.

Hans-Georg Gadamer. *Wahrheit und Methode*, 『진리와 방법』. 임홍배 역, 문학동네. 1960.

Ostrom, V. & Ostrom, E. Public choice: A different approach to the study of public administration. *Public Administration Review*, 31(2), 1971, 203-216.

장석류

학부 때 연극영상학부에서 연출을 전공했고, 조직과 연결망 중심의 사회학(M.A), 협력적 거버넌스 영역을 중심으로 공공문화 행정학(Ph.D) 분야에서 연구를 해왔다. 정동극장에서 13년 동안 기획제작 PD, 마케팅팀장, 경영관리팀장 등으로 근무했고, 최근 스타트업 액셀러레이터 (주)시드앤파트너스 이사, 서울문화재단 예술청 운영위원, 연세대 행정대학원 사회문화 강사 등으로 있으면서 다양한 문화정책 연구와 교육에 참여하고 있다.

16장
'기업을 위한 예술경영' 교과개발: 한예종 예술경영과 사례*

전수환

기업을 위한 예술경영 # 교과개발 # 자기기술지 # 사례연구

1996년 한국예술종합학교(이하 한예종) 무용원에 예술경영전공이 개설된 후 한예종에서 예술경영 프로그램이 운영된 지 4반세기가 되었다. 공연 현장을 위한 창의적 전문예술경영인력 육성을 목표로, 무용원과 연극원의 예술경영 예술사(학부)와 전문사(석사) 프로그램이 협력체계로 운영되고 있다. 예술경영 커리큘럼은 '예술을 위한 경영'에 관련된 본연의 교과과정을 중심으로 구성되어 있으나, 예술과 다른 영역과의 융합 교과개발도 함께 추진하고 있다. 이 사례는 2007년부터 현재까지 한예종 전문사 예술경영과에서 '기업을 위한 예술경영'을 탐구한 사례를 정리한 것이다. 그동안 한국의 예술경영학과들은 나름의 방식으로 예술경영의 확장을 위해 노력해왔다. 한예종의 융합 교과목 운영에 대한 자기기술지를 통해 한국대학에서의 예술경영 교육의 자생적인 진화 시도 중 한 사례를 살펴볼 수 있을 것이다.

* 이 글은 필자의 한국예술인복지재단 국제세미나(2017.9.22.) 발표문 「조직을 위한 예술적 개입: 한국사례(2007~2017)」의 내용을 수정·보완한 것이다.

1. 들어가며

2007년 한예종 전문사(석사과정) 예술경영과 졸업논문으로 「기업 내부마케팅 사례연구: 문화적 접근」이 제출되었다. 당시 문화재단에 재직 중이던 전문사 학생이 기업 내부 조직원들을 위해 '행복한 일터'를 조성하려는 문화적 내부마케팅 사례들을 조사한 논문이다. 전통적인 예술경영 분야의 논문 주제가 아닌 기업과 관련된 예술경영 논문을 쓰고 싶다는 학생의 뜻에 따라 색다른 연구가 진행되었다. 이 논문을 시작으로 한예종에서 기업을 위한 예술경영에 대한 졸업논문이 이어지고 있다.

필자는 2007년 10월 문화예술교육진흥원이 개최한 문화예술교육박람회에서 '기업환경에서의 문화예술교육'이라는 주제의 세미나 기획을 요청받았고, 기업 내부조직원을 위한 문화예술 사례로 린나이 팝스오케스트라, 삼성전자 PRO패밀리, 풍류일가 사례 발표를 매개했다. 문화예술교육진흥원에서 주관한 이 세미나는 문화예술교육을 활용한 기업의 사회공헌 사례들도 함께 소개했다. 하지만 기업 내부 조직원들을 위한 문화예술교육 활동을 본격적으로 다루었다는 점에서 기존 세미나들과 차별된다. 이 세미나 이전까지 한국에서 '문화예술과 기업의 만남'에 대한 논의에서는 주로 기업으로부터 어떻게 문화예술이 후원을 받을 수 있을지에 대한 내용이 중심이 되었으나, 이 세미나에서는 문화예술이 어떻게 기업을 위해 도움을 줄 수 있을지에 대한 관점을 제기했다. 이처럼 문화예술이 마케팅, 기업전략, 인력양성, 사회공헌 활동 등 기업의 전반적인 경영활동과 접점을 넓혀나가는 현상은 2000년대부터 확대되기 시작했다. 이는 창의성에 기반을 둔 창조경영에 대한 한국기업의 새로운 관심이 반영되었기 때문일 것이다.

2008년 필자는 직원들을 위한 예술교육 사례로 유명한 픽사 스튜디오를 직접 방문할 기회를 얻게 되었다. 픽사 애니메이션 스튜디오는 직원들의 교육을 위한 'Pixar University'라는 교육 프로그램을 운영하고 있었는데, 교육 내용 중에는 영화 만들기, 연극하기, 그림그리기 같은 문화예술교육과정을 활발하게 운영하고 있었다. 창조적 기업으로 유명한 픽사의 사내 예술교육과정 운영에 대한 실제 사례 확인 후, 한국에서도 창조경영이 활성화된다면 직원을 위한 예술교육

과정에 대한 수요가 확대될 것이라고 예측할 수 있었다.

이러한 기업의 니즈를 일찍이 파악하고 한국에서는 2000년대 중반부터 기업을 위한 문화예술교육을 전문적으로 제공하는 전문 에이전시 회사들의 창업도 시작된다. 또한, 같은 시기부터 기업의 경영진이나 조직원 중에서 기업을 위한 예술경영을 연구하기 위해 한예종 전문사 예술경영과정에 지원하는 사례들이 발생한다. 그들은 기업경영에 예술을 접목하고자 하는 자생적인 필요를 채우고자 예술경영과의 문을 두드린 것이다. 당시 대부분의 재학생은 예술경영가나 문화기획자로 이미 활동하는 사람들이었는데, 그들 중에서도 예술공간이나 예술단체에 관련된 예술경영을 넘어 좀 더 사회의 문제 해결과 연결된 새로운 예술경영의 가능성을 탐색하고 싶다는 경우들도 등장했다. 이러한 새로운 요구를 반영하여 한예종 예술경영과에서는 기업을 위한 예술경영을 다루는 교과목을 운영할 필요성을 느끼게 되었다.

그래서 2009년부터 전문사 과정에 '기업과 문화예술'이라는 과목을 통해 기업의 변화에 도움을 주는 문화예술을 함께 공부하기 시작했다. 그 결과 2012년부터 학위논문과 학술지 논문으로 연구성과들이 축적되기 시작했다. 대부분 실제 기업을 위한 예술경영 프로그램을 실행해보고 그 과정과 결과를 사례연구로 정리한 논문들이다.

〈표 16-1〉 '기업을 위한 예술경영' 관련 한예종 학위 논문 내용

저자(연도)	학위논문	내용 요약
김보영(2007)	전문사	문화를 활용한 기업조직원을 위한 내부마케팅 사례를 문화예술동아리형, 문화예술체험형, 문화공간형, 문화조직형으로 나누어 사례조사
최윤정(2012)	전문사	PR회사 직원들의 표현력 제고를 위해 기획된 연극적 기법을 기반으로 한 문화예술교육 프로그램 운영 및 평가 사례연구
최선일(2012)	전문사	관객 참여를 활용한 공연 제작 선행 사례 조사 및 서울대 간호대학 대상 관객참여 뮤지컬 공연 제작 및 평가 사례연구
김정주(2012)	전문사	창업자 주도의 게임회사 넥슨의 조직원 창의성 제고를 위한 미술품 창작 및 전시 프로그램 운영 사례 개발 및 평가
도옥림(2013)	예술사	예술경영 학부 전공생이 넥슨의 예술, 인문, 스포츠 교육 프로그램인 '넥슨포럼' 담당자로 일한 경험을 사례로 소개함

저자(연도)	학위논문	내용 요약
양재현(2015)	전문사	뮤지컬 활용 신제품 제작 발표회, 온라인 가상극장 운영, 환경영화제 개최 등 창업자가 주도한 기업의 예술기반경영 사례연구
전정환(2017)	전문사	학생, 조직원, 지역혁신가의 관점에서 예술을 통한 변화의 길을 찾아온 연구자의 자기기술지 연구
이윤승(2018)	예술사	예술경영 학부 전공생이 스마일게이트의 사회공헌 일환으로 청소년 창의력 증진 프로그램인 'Future Lab' 운영 사례를 소개함
홍연우(2019)	전문사	사내 아이디어 공모대회에 조직을 위한 예술적 개입 프로젝트를 세 차례 제안하고 실현을 위해 노력한 한 조직원의 고군분투 사례연구
김해리(2019)	전문사	불문학 학부 졸업생이 예술경영과에 입학하여 다양한 예술경영의 시행착오를 통해 자기 방식을 찾아가는 자기기술지 연구

〈표 16-2〉 '기업을 위한 예술경영' 관련 학술지 게재 논문 내용

저자(연도)	게재 학술지	내용 요약
최선일·전수환(2012)	『문화예술경영연구』	고객 참여 공연을 통한 기업의 공연 프로그램 개발 사례를 내부고객참여형과 외부고객참여형으로 나누어 사례연구
최윤정·전수환(2012)	『문화예술경영연구』	기업문화예술교육 프로그램 8개의 실행 과정 및 결과 분석 사례연구
임혜경 외 (2013)	『예술경영연구』	한국문화예술진흥원과 기업이 협력하여 개발한 소외아동 대상 문화예술교육 프로그램 사례를 분석하고 발전방안 제시
신소영·전수환(2013)	『한국예술연구』	액션러닝 방법론을 활용하여 교과목 수강생과 함께 개발한 기업문화예술교육프로그램(4개) 사례연구

2. 아르꼼(ARCOM)과 예술적 개입(Artistic Intervention)

2011년부터 3년 동안 정부 연구 예산 지원을 통해 기업과의 실행 프로젝트를 운영하고 사례 연계 교과과정을 개발했다. '아르꼼ARCOM'이라는 프로젝트 이름으로 12개 참여기업과 조직원들을 위한 문화예술교육 프로젝트를 기획하여 운영했는데, 이 기간 동안 사업에 참여했던 기업들과 프로젝트 내용은 다음과 같다.

〈표 16-3〉 아르꼼 참여기업과 프로젝트 내용

연도	참여기업과 프로젝트 내용
2011	• 서울대학교병원: 뮤지컬 만들기 • 넥슨코리아: 그리기/다큐멘터리 교육 • 인컴브로더: 연극교육 • 한국가스공사: 다문화교육 • 기아자동차: 다원예술 • 밀레니엄서울힐튼: 무용교육 • KOG: 음악 • 에이스힌지텍/새싹: 공예
2012~2013	• 다음커뮤니케이션: 조직원 주도의 창조적 삶 디자인 • 넥슨: 직장인 재즈 빅 밴드의 사회공헌 • 린나이코리아: 조직원 예술강사의 사내 예술교육(2012) • 넥서스 커뮤니티: 영화제를 통해 조직비전 소통

아르꼼 기업 실행 프로젝트는 기업과 다양한 분야 예술교육과의 만남을 시도했다. 첫째, 아르꼼 프로젝트에 적극적인 참여 의지와 지원을 약속한 기업들을 선정했다. 둘째, 한예종 교수 및 학생과 참여기업의 조직원이 함께 실행공동체Communities of Practice를 구성하고 기업의 니즈를 분석하여 프로젝트를 기획했다. 셋째, 기업 니즈에 적합한 예술가들을 초청하여 프로젝트를 함께 수행했다. 넷째, 시험 프로젝트의 결과를 평가하고 사업 성과를 정리했다.

아르꼼 프로젝트를 수행하며 얻은 지식과 정보들을 웹사이트arcom.kr를 통해 공유했고, 한예종, 경희사이버대학교, 국민대학교에도 사업 소개 교과과정을 만들어 운영했다. 또한, 세 차례 오픈포럼을 개최하여 기업을 위한 예술경영의 새로운 이론과 사례 동향을 소개했다. 특히 2013년 국제 오픈포럼을 통해 '조직 내 예술적 개입Artistic Interventions in Organizations'이라는 학술 개념을 도입하여 아르꼼 프로젝트 사례분석을 위한 이론적 근거로 활용했다.

아르꼼 프로젝트의 의미는 크게 세 가지로 정리해볼 수 있겠다. 첫째, 기업을 위한 예술경영의 화두를 제시했다는 것이다. 그간 예술경영은 예술가나 예술단체 같은 예술영역을 위한 합리적 경영방식을 제공하는 '예술을 위한 경영'을 중심으로 인식되어왔다. 더불어 예술교육, 도시재생 같은 '예술을 통한 경영' 분

〈표 16-4〉 아르꼼 오픈포럼

날짜 및 주제	발표 내용과 발표자
2011.11.29. "기업과 예술의 새로운 만남"	• 픽사유니버시티 사례: Adrienne Ranft(픽사) • 넥슨 예술교육 사례: 이재교 이사(넥슨) • 기업업무공간의 변화: 이종호 교수(한예종) • 예술경영기반경영: 장대철 교수(KAIST) • 예술적 마케팅: 안성아(추계예대)
2013.1.18. "문화예술을 통한 기업공헌: 사회공헌과 창의학습"	• 자생적 통합기업공헌 사례 - 다음커뮤니케이션, 전정환 본부장 - 넥슨코리아, 양은숙 팀장 - 넥서스 커뮤니티, 양재현 대표 - 린나이코리아, 고석구 팀장 - 예술기반경영의 전망 - 경희사이버대학교, 강윤주 교수 - 연우시, 김의연 대표 - 평택대학교, 서나영 교수 - KAIST, 장대철 교수
2013.11.20. "기업혁신, 예술에서 길을 찾다: 예술@창조경제"	• 변화된 비즈니스 환경에서의 예술의 역할과 가치: 런던예술대학(UAL), Giovanni Schiuma 교수 • 유럽의 조직 내 예술적 개입 배경과 현황, 그리고 의미: 베를린 사회과학연구소, Ariane Antal 교수 • [스페인] 하이브리드에서 혁신으로: Conexiones Improbables, Arantxa Mendiharat 매니저 • [스웨덴] '나는 만 가지 잘못된 방법을 배웠다': TILLT, Pia Areblad 디렉터 • [중국] 중국 기업경영에 예술이 미치는 영향과 실행사례: 난징대학교, Gu Jiang 교수 • [한국] 기업, 예술에서 대안을 찾다: 서울문화재단, 한지연 문화교류팀장 • [베트남] FPT 혁신과 예술 개입: 베트남 FPT 사내대학, Le Anh Tuan 학장

야로 확대되고 있었다. 그러므로 예술경영의 범위가 '예술적 경영'까지 확장될 수 있다는 가능성을 탐색한 것이 아르꼼 프로젝트의 주요한 의미다. 국내외 현존하는 이론과 사례를 발굴하여 소개함으로써 '기업을 위한 예술경영'을 가시화했다.

둘째, 한국 사회에 잠재된 기업을 위한 예술경영의 동력을 확인하고 연결 마당을 제공했다는 것이다. 한국기업의 근본적 변화에 예술이 필요하다고 생각하는 기업의 경영자와 조직원, 예술가, 매개자들에게 아르꼼 프로젝트는 서로 만나서 소통할 기회를 제공했다. 그들은 기업을 위한 예술의 가능성을 믿고 있었으나 자기 분야 안에서는 고립되어 조직을 위한 예술적 개입을 발현하는 데 한계를 느끼고 있었다. 하지만 아르꼼을 통해 새로운 가능성과 가치를 확인하고 연결망들을 맺고 협력하는 관계를 구성하여 함께 성장할 수 있었다.

셋째, 교과목 개발과 운영에서 개방형 혁신Open Innovation과 '학습조직' 방식을 적용해보았다. 답이 없는 모름Not Knowing에서 시작하여 호기심을 기반으로 Curiosity-Driven 시행착오를 겪으며 신규 예술경영 교과목을 구성해나갔다. 이로써 학교, 기업, 예술가가 함께 문제를 해결하는 학습조직 방식으로 운영하는 열린 학습 모델을 실험할 수 있었다. 나아가 정해진 목표와 프로세스를 효율적으로 수행하는 것이 아니라 도전적인 공동의 가치를 향해 질문을 던지고, 미래를 그려보며, 비전을 모델링을 하는 예술적 생각하기Art Thinking의 가능성을 확인했다.

3. 한국의 예술적 개입에 대한 성찰

필자는 아르꼼 프로젝트 종료 이후 2015~2016 연구년 기간 동안 네덜란드 위트레흐트 예술대학에서 조직을 위한 예술적 개입에 대해 네덜란드 연구자들과 공동연구할 기회를 갖게 되었다. 공동연구를 마치고 한국의 예술적 개입에 대한 다음과 같은 문제의식을 느낄 수 있었다.

첫째, 한국의 기업을 위한 예술적 개입이 추구하는 가치가 제한되어 있다는 것이다. 네덜란드의 연구자들에게서 예술적 개입의 주요 목표는 기업에 새로운 관점과 질문을 던지는 것이라는 이야기를 들었을 때 한국의 상황과는 상당한 차이를 느낄 수 있었다. 아르꼼 프로젝트에 참여한 대부분의 기업들은 조직원들에게 휴식, 치유, 복지, 즐거움을 주는 수준에서 예술적 개입을 활용하는 경우가 많았다. 그래서 유럽 학자들에게 한국의 예술적 개입은 조직을 위한 원만한 조화Sound Harmony를 추구하는 것 같다는 코멘트를 듣기도 했다. 또한, 한국기업을 위한 예술적 개입은 마케팅, HRD, 사회공헌 같은 특정 영역에서의 단기적인 조직 성과 달성을 위한 도구로 활용하는 측면이 있었던 것도 사실이다. 그러나 향후 기업의 기존 존재 방식에 의문과 새로운 관점을 제기하는 예술적 개입의 필요성이 한국에서도 커질 것이다.

둘째, 사회 문제 해결과 관련된 예술가 역할 확대가 필요하다는 것이다. 네덜란드에서 참관한 한 디자인예술대학 졸업작품전시회의 주제 영역은 세 가지로 구분되어 있었다. 즉, 자율적 예술Autonomous Art, 사회적 예술Social Art, 상업적 예술Commercial Art의 영역 중에서 학생의 졸업작품 주제를 정하게 하는 방식이었다. 상업적 예술 주제로 발표된 졸업작품들도 기후 문제나 쓰레기 처리 문제 등과 같은 사회이슈와 연결된 경우가 대부분이었다. 사회 문제와 관련된 예술적 개입에 활발히 활동하는 유럽의 예술가들로부터 그들이 사는 지역 공동체에서는 역사적으로 예술가가 사회의 문제 해결에 줄곧 리더 역할을 해왔던 전통이 이어지고 있다는 이야기를 들은 기억도 남는다. 한국에서도 사회적인 문제해결과 자신의 예술작업을 연계하려는 예술가들이 점차 늘어나고 있다. 하지만 사회적 예술에 도전하는 예술가들의 경험이 충분히 축적되기 위해서는 시간이 필요할 것이다. 사회적 예술가들을 위한 육성 및 지원체계가 필요하며, 무엇보다 앙트프러너십Entrepreneurship을 보유한 예술가들의 성장을 지원하는 예술대학의 변화가 필요함을 거듭 확인했다.

셋째, 기업에서의 예술적 개입 시도 이전에 시민의 일상과 결합한 예술적 개입 시도의 확대가 필요하다는 것이다. 네덜란드의 예술적 개입을 주도하는 연구자와 실무자들을 만날 기회를 얻게 된 후, 그들의 넘치는 활력에 깊은 인상을 받게 되었다. 자연스럽게 어떻게 그런 좋은 에너지를 유지하고 있는가에 대해 질문하게 되었고, 한결같이 여가를 통해 개인의 풍족한 예술적 개입 경험을 하는 것이 활력있는 삶의 원천이라는 대답을 들을 수 있었다. 충분한 여가를 확보하고 업무 외에 자발적으로 몰입하는 예술활동 등의 취미활동을 통해 삶을 충만히 영위할 힘을 얻고 있다는 것이다. 결국 예술을 통한 사회변화가 가능하려면 예술을 통한 개인 삶의 변화 체험이 선행적으로 축적되어야 한다는 시사점을 얻게 되었다. 자기존중, 자기변화, 수평성, 개방성, 도전정신, 다양성, 유연함 등 한국 사회에 필요한 삶의 방식이 예술적 개입을 통해 체화되는 진정한 '생활예술'이 활성화될 때 진정한 사회의 변화도 자연스럽게 가능할 것이다.

4. 나오며

기업조직을 위한 예술적 개입에 대한 연구와 실천은 지속되고 있다. 예술경영 분야에서 예술적 개입 연구를 수행하고 있지만, 경영 분야에서도 '경영예술' 같은 예술적 혁신에 대한 연구가 함께 시도되고 있다. 정부정책의 지원을 받아 예술가를 기업조직에 '파견(예술인 파견사업)'하거나 '배달(직장문화배달사업)'하는 프로젝트들도 지속되고 있다. 주로 예술인 복지, 일자리 창출, 향유기회 확대 등의 정책적 목표 안에서 그간 예술가와 기업조직의 만남의 장들은 확대되어왔다. 2007년 이후 아르꼼 프로젝트까지 예술과 기업의 만남에 대한 연구와 실행의 선도 역할을 해야 한다는 부담을 느꼈던 시기에서 벗어나 관조적 성찰의 위치에서 관련 영역의 연구 방향을 탐색하고 있다. 그리고 연구 방법, 연구주제에서 다음과 같이 변화를 추진하는 중이다.

첫째, 연구 방법에서 개인의 실행과 스토리텔링을 중시하게 되었다. 그래서 학생의 논문지도에도 연구자가 직접 예술적 개입을 시도하고, 그 과정에서의 성공과 실패 경험을 담담히 서술하는 미시적 연구의 가치를 확인하고 있다. 구체적으로 실행연구와 자기기술지 연구 방법론의 결합을 시도하고, '진리'로서의 예술적 개입보다는 '일리'나 '무리'로서의 예술적 개입 연구를 추구하고 있다(김영민, 1998). 현실의 문제의식을 느끼고 실천을 수행한 모험가의 여행기로서의 연구방법이 예술경영 분야에 적합하지 않을까 하는 생각이다.

둘째, 연구자의 삶과 결합된 다양한 예술적 개입을 연구주제로 삼는 것을 격려하게 되었다. 아르꼼 프로젝트에 참여하여 함께했던 졸업생들이 유기농 요리사, 로컬 혁신 정책가, 마을 오케스트라 기획자, 독립 뮤지컬 창작자, 조직문화 연구자, 미디어 아티스트로서 자생적으로 경력을 변환하며 다양한 삶의 방식을 실험하는 것을 지켜보고 있다. 그들은 경제적인 성장을 목표로 한 시대에서 벗어나 감성과 이성이 조화되고, 일과 휴식이 공존하며, 다양성과 수평적 협업이 기반이 되는 새로운 한국인의 삶의 존재방식을 발현하기 위해 계속 고군분투 중이다. '삶 속에서 예술적 개입 시도하기'가 한국 예술경영의 연구주제로 자리 잡기를 기대한다.

한국대학의 예술경영과들은 그간 인재 양성과 실천적 지식 창조에 많은 노력을 해왔다. 한국 맥락에 조응하는 살아있는 연구와 교육의 산실로 의미 있는 성과들을 축적해왔다. 한국예술경영학회 20주년을 맞이하여 각 학교 예술경영과의 교과 운영 사례들을 공유할 기회가 많아지길 기대한다.

참고문헌

김보영. “기업 내부마케팅 사례 연구: 문화적 접근”. 한국예술종합학교 전문사 학위논문. 2007.

김영민. 『진리 일리 무리: 인식에서 성숙으로』. 철학과 현실사. 1998.

김정주. “조직원 예술 참여 프로그램 연구: (주)넥슨의 ‘보더리스 전시 사례를 중심으로”. 한국예술종합학교 전문사 학위논문. 2012.

김해리. “밀레니얼 예술경영자의 무경계 실천사례연구”. 한국예술종합학교 전문사 학위논문. 2019.

김효근·최혜지·이우현·박지연·윤아영·이찬현. 『경영예술』. 도서출판 독서광. 2017.

도옥림. “조직원 문화예술교육 프로그램 연구: (주)넥슨의 ‘넥슨포럼’ 사례를 중심으로”. 한국예술종 합학교 예술사 학위논문. 2013.

신소영·전수환. 「액션러닝을 활용한 기업문화예술교육 교과개발」. 『한국예술연구』 7, 2013, 125-159쪽.

양재현. “예술기반경영 사례 연구: 넥서스커뮤니티 예술기반경영 사례”. 한국예술종합학교 전문사 학위논문. 2015.

이윤승. “기업 사례공헌 사례연구: Smilegate Future Lab를 중심으로”. 한국예술종합학교 예술사 학위논문. 2018.

임혜경·전수환·최윤서. 「기업협력형 문화예술교육프로그램 개발 사례연구」. 『예술경영연구』 28, 2013, 113-136쪽.

전정환. “예술을 통한 변화의 길 찾기: 교육, 기업, 지역의 영역에서”. 한국예술종합학교 전문사 학위논문. 2017.

최선일. “관객 참여를 활용한 공연 제작 방안과 효과에 대한 연구”. 한국예술종합학교 전문사 학위 논문. 2012.

최선일·전수환. 「고객 참여를 통한 기업의 공연 프로그램 개발 사례 연구」. 『문화예술경영연구』 5(2), 2012, 63-85쪽.

최윤정. “기업 업무역량 향상을 위한 예술교육프로그램 적용방안에 관한 연구: ‘프리젠테이션 씨어터’ 적용 사례를 중심으로”. 한국예술종합학교 전문사 학위논문.

2012.
최윤정·전수환. 「기업 문화예술교육 시범사례 프로그램 분석 및 쟁점」. 『문화예술경영 연구』 5(1), 2012, 72-91쪽.
한국예술인복지재단. 『국제세미나 '예술을 통한 혁신적 가치창출' 자료집』. 2013.
홍연우. "조직원 주도의 예술적 개입 사례 연구". 한국예술종합학교 전문사 학위논문. 2019.
Sköldberg, U. J., Woodilla, J., and Antal, A. B. (eds.). *Artistic Interventions in Organizations: Research. Theory and Practice*: London and New York: Routledge, 2016.

전수환
현재 한국예술종합학교 무용원 예술경영 교수로 주 관심 연구 분야는 예술과 다른 영역(경영, 기술, 생활)과의 융합이다. 경영과의 융합과 관련해서는 아르꼼(arcom.kr) 프로젝트를 주관하는 등 경영과 예술의 공생과 공진 네트워크를 연구했다. 기술과의 융합과 관련해서는 한예종 미래교육준비단 부단장과 아트콜라이더랩(artcollider.kr) 소장을 거치며 한예종 교수 및 학생을 위한 융합예술창작과 교육 지원체계 마련을 모색해왔다. 동시대 시민의 일상과 예술과의 통섭적 결합에 뜻을 두고 생활예술 탐구와 실행을 이어가고 있다.

17장
문화교육을 통한 국제문화교류 사례연구

고정민·박수진

문화예술교육 # 국제문화교류 # 한글산책 # 인도네시아 패션인재양성 사업
글로벌문화꿈나무사업

본 연구는 한국 문화기관이 추진한 교육을 통한 국제문화교류 사례연구다. 사례로서 한국문화산업교류재단과 한국관광공사 자회사가 추진한 인도네시아 패션인재양성 사업(YCIFI)과 2017년 외교부에서 선발한 글로벌문화꿈나무사업의 '프랑스-한글산책'팀의 사례를 다루었다. 각 사례에 대해 사업 전 과정을 살펴보며, 기존의 한국 국제문화교류 문제점에 어떻게 대응했는지를 평가했다. 그 결과, YCIFI의 경우 양국 외 협력 기관들의 적극적인 지원에 힘입어 관련기관의 협력 부족이라는 문제점을 극복했고, '패션'이라는 장르를 국제문화교류에 도입하여 많은 수료생을 배출하여 현지에 정착하게 하는 성과를 거두었다. 외교부의 지원금을 받고 선발된 개인단체인 한글산책팀은 준비단계에서 절차상·행정상의 어려움을 겪었으나 주한프랑스한국문화원에서 진행한 전시와 교육프로그램은 한국에 관심이 적었던 프랑스인에게도 '한글'이라는 우리 언어문화의 조형성과 역사를 전달하는 성공적인 교육이라 평가된다.

국제교류 프로그램 중 문화예술교육의 요소를 포함했지만, 사업목적과 내용이 중첩되지 않은 두 사례를 선별한 것이다. 공통적으로 두 사례는 두 곳 이상의 기관과 협업하여 구성된 프로그램을 진행했으며, 국내 사업이지만 해외에서 진행되었고, 몇 년을 계속하여 꾸준하게 이어지고 있다는 특징이 있다. 비교적 최근에 이루어진 두 사례는 진행 중 한계점을 생생하게 분석하고, 현지화의 지속성을 측정하는 데 유익할 것으로 예상되어 선정하게 되었다. 기존 연구가 거의 없어 본 연구가 교육을 통한 국제문화교류 사례연구를 활성화하는 데 기여할 수 있을 것으로 기대된다.

1. 서론

과거의 외교는 가시적인 수치로 성장을 평가할 수 있는 분야인 경제와 정치를 활용한 하드파워에 비중을 두었다. 그러나 세계적으로 산업화가 진전되어 정착된 이후부터 새로운 가치관이 등장하게 되면서 인간의 본질적인 속성인 감성에 가치를 두게 되고, 감성의 파급으로 발생하는 긍정적인 효과가 재조명되기 시작하자, 외교적으로도 하드파워보다는 감성을 고려한 소프트파워를 지향하게 되었다(경제인문사회연구회, 2019). 즉, 두 국가를 연결하는 매개체로 '문화'라는 요소가 수단으로 활용되었다. 국가 간 문화가 교류됨으로써 생활권에 스며들며 상대국 국민의 감정을 자연스럽게 움직일 수 있기 때문에 효과적이다. 더 나아가 국가 간의 친밀도를 향상시키고 대상 국가의 긍정적인 이미지를 형성한다. 매력적인 국가 이미지를 구성하는 요인들이 다양하지만, 가장 특징적이고 핵심적인 요소는 문화다(고정민, 2016; 심재웅 외, 2005).

외교적인 목적뿐만 아니라 순수한 국가 간 교류에서도 문화를 수단으로 하는 국제문화교류가 부각되고 있다. 이에 부응하여 우리나라에서도 1991년 법률 제4114호로 「한국국제교류재단법」이 제정되어 한국국제교류재단KF이 설립되었고, 2017년에는 부산에 아세안문화원이 설립되었다. 또한, 2003년에는 한국국제문화교류진흥원KOFICE이 설립되어 다양한 문화산업을 통해 민간교류를 지원하고 있다. 대표적으로 국제문화교류적 기반구축을 위해 2012년부터 해외문화 ODA 사업을 추진하고 있다. 이와 관련하여 문화체육관광부는 2017년 9월 「국제문화교류진흥법」을 제정했고, 2018년에는 '제1차 국제문화교류 진흥종합계획'을 발표했다(문화체육관광부, 2018). 문화부, 외교부를 포함한 한국문화예술교육진흥원, 한국국제문화교류진흥원, 한국국제교류재단 등의 기관에서는 해당 법이 제정되기 전부터 이미 주도적으로 문화교류 프로그램을 개발하여 활발하게 실행하고 있다.

국제문화교류를 위해 다양한 방법이 사용된다. 수교기념국가 간 문화교류, 정부산하 공공기관에서의 국제문화교류, 지자체에서의 국제문화교류 등 다양한 주체가 국제문화교류에 참여하고 있고, 최근에는 민간의 역할도 증대되고 있다. 국제문화교류 분야로는 공연예술, 미술, 문학, 콘텐츠 등 점차 다양화되고 있고, 형태로는 공연, 전시 등을 통한 교류나 양국민의 참여를 유도하는 참여형태, 상대국의 문화를 이해시키기 위한 문화예술교육 등이 있다(문화체육관광부, 2020).

특히 문화예술교육을 통한 국제문화교류는 문화예술교육 교류를 통해 사회적·개인적으로 다양한 정서적 효과를 얻을 수 있어 그 효과가 크다. 즉, 문화예술교육은 안정적이고 질서 있는 사회 환경을 조성하는 데 영향을 미치고, 더 나아가 개인이 스스로 자아 형성을 할 수 있도록 사고하는 힘을 길러주며 창조성을 키울 수 있게 한다는 점에서 국제문화교류 수단으로서 그 의미가 크다.

본 연구에서는 인도네시아 패션인재양성 사업YCIFI과 2017년 외교부에서 선발한 글로벌문화꿈나무사업의 '프랑스-한글산책'팀 등 교육을 통한 국제문화교류 사례 2개를 선정했다. 여러 국제교류 프로그램 중 문화예술교육의 요소를 포함했지만, 사업목적과 내용이 중첩되지 않은 두 사례를 선정했다. 공통적으로 두 사례는 두 곳 이상의 기관과 협업하여 구성된 프로그램을 진행했으며, 국내사업이지만 해외에서 진행되었고, 몇 해를 지속하여 꾸준하게 이어지고 있다는 특징이 있다.

본 연구는 또한 2018년 5월 문화체육관광부가 발표한 '제1차 국제문화교류 진흥종합계획(2018~2002)'에서 문제점으로 지적되고 있는 ① 국제문화교류 지원 기관들 간의 협력 부족, ② 지역과 민간의 문화교류 활동에 대한 지원 부족, ③ 국제문화교류 대상 국가 및 권역의 편중, ④ 국제문화교류 기반 미흡 등에 비추어 두 사례의 사업추진서와 보도자료, 결과보고서, 사업에 직접 참여한 팀원의 진술 등을 바탕으로 사례분석을 했다.

2. 사례분석

1) 인도네시아 패션인재양성 사업(GKL: Young Creator Indonesia Fashion Institute)

(1) 목적과 사업내용

인도네시아 패션인재양성 사업은 한국문화산업교류재단KOFICE과 한국관광공사의 자회사 그랜드코리아레저GKL 사회공헌재단 주관으로 추진되었으며, 인도네시아의 주요 인사를 배출하여 유명해진 반둥의 반둥공과대학교 예술대학과 합의각서MOA: Memorandum of Agreement를 통해 공동으로 추진된 사업이다. 2015년 8월 인도네시아의 조코 위도도 대통령은 패션산업과 창조경제가 자국의 경제자립에 기여할 것으로 보고 국가적인 육성전략을 발표했다. 이와 같은 발표가 이루어진 다음 해인 2016년 5월, 한국과 인도네시아 양국 사이의 정부 창조산업협력 중 패션분야를 성장시키고자 상호 합의가 이루어진 것이 이 사업의 설립배경(김태훈, 2019)으로 볼 수 있다. 정식 사업 명칭은 'GKL: Young Creator Indonesia Fashion Institute(이하 YCIFI)'로, YCIFI의 목적은 한국과 인도네시아 패션산업에서의 동반성장을 추진하며, 인도네시아 청년들의 역량을 증진하고, 그들의 경제적 자립을 돕는 데 있다.

한국관광공사는 장기적인 해외공헌 활동을 지원하고자 2016년부터 3년간 재정지원을 담당했다. 또한, 삼성전자 인도네시아 법인의 후원으로 패션교육센터의 부속시설인 '한류체험공간K-Lounge with Samsung Smart Library'이라는 멀티미디어 라운지가 마련되어 인도네시아 국민이 IT 기자재를 활용해 한국문화를 즐길 수 있게 되었다. 이는 양국의 우호적인 관계를 희망하는 정부 외 기업 차원의 지원으로 평가된다. 더불어 정부 차원의 노력으로는 인도네시아 신진 디자이너를 발굴하여 그들의 패션쇼와 전시회, 마켓 등 패션 비즈니스 프로그램 성장을 도와주는 '글로벌 패션 멘토단' 선발 사업을 추진했다. 제1차 사업의 글로벌 패션 멘토단은 한류스타들이 사랑하며 2015년 서울시 대표 디자이너로 선정된 홍혜진 디자이너, 해외시장에서 남성복 디자이너로 인지도를 갖춘 권문수 디자이너, 패션 매거진 「W」의 최유경 디렉터, 「LEON」 매거진의 전효진 부편집장, 롯데백화점의 윤나미 총괄 MD 등 뛰어난 능력을 갖춘 신진 전문가로 구성되었다.

2018년에는 강요한, 아구스테 소아사스트로, 데덴 시스완토 같은 한국과 인도네시아 양국 최고의 디자이너들로 멘토단을 재정비하여 YCIFI 교육 수준의 경쟁력을 높였다. YCIFI는 설립 이후부터 최고의 강사진과 12주간의 정규 전문 커리큘럼, 네트워크, 멘토링 프로그램을 보유하며, 연 80명의 패션 디자이너를 양성하고 있다.

또한 YCIFI는 인도네시아 패션계를 넘어 동남아 지역에서도 최고 규모의 명성 있는 행사 '자카르타 패션위크'와 공식 파트너십을 체결하여 우수한 성적의 YCIFI 수강생들에게 패션쇼 참가 기회를 부여하고 있다. 2018년 「YCIFI @ 2018 자카르타 패션위크」에 참여한 2기 수료생 베르다 뿌스삐따Bertha Puspita는 한글과 한류 스타일의 디자인을 활용하여 큰 주목을 받았으며, 캐나다 밴쿠버 패션위크와 Vouge UK에도 소개되어 자랑스러운 YCIFI 수료생 중 한 명으로 알려졌다(이영희, 2019). 2019년 10월에는 「자카르타 패션위크 2020」이 개최되는 동시에 한국특별세션(패션쇼)도 운영되었다. 이는 YCIFI 설립목적과 같이 양국의 패션산업 교류가 활발히 진행되고 있음을 보여주는 바다.

(2) 평가

YCIFI는 현재까지도 참여한 수강생들에게 교육으로 개인적인 자립 능력을 심어주며, 양국의 패션 경제 성장을 가져온 성공적인 문화교류 사업이다. 본 사업은 일회성으로 끝나는 일반적인 국제문화교류 형태가 아니라 장기적으로 지속성을 가지고 있다는 점에서 의미가 크다. 즉 현지의 교육기관과 연계하여 패션인력을 양성하는 시스템을 전수하고, 이를 현지기관이 지속적으로 수행할 수 있도록 체계를 구축했다는 점에서 큰 의미를 갖는다. 일반적으로 국제문화교류는 공연이나 전시 등 일회성 행사로 끝나는 것이 일반적이지만, 본 사례는 지원하되 지속성을 갖도록 유도하고, 교육과정을 거친 현지 인력이 인도네시아에서 패션활동을 하며 패션업계를 리드할 수 있도록 지원했다는 점에서 문화 ODA 같은 성격의 국제문화교류라 할 수 있다.

본 연구에서는 문화부의 '국제문화교류진흥종합계획(이하 종합계획)'이라는 4년간의 국제문화교류 중장기 법정계획에서 지적되었던 문제점을 어떻게 극복했는지를 평가해본다. 첫째, 국제문화교류 지원기관들 간의 협력 부족이라는 문제점에 대한 대응이다. 초기 YCIFI의 설립 당시 인도네시아 대통령의 중장기 육성정책 공표와 더불어 체계적으로 구성된 양국 정부 기관들이 지원단으로 구성되어 있어 탄탄한 협력체계를 구축하고 있다. 또한 교육 시스템의 연속성을 담보하기 위해 현지 유수 교육기관과의 협력으로 MOA를 맺어 공동으로 추진했다. 이러한 협력 결과, 이 사업 시스템은 한국-인도네시아의 패션산업을 연결하고 쌍방향 파트너십을 이루는 허브 역할을 하고 있다.

둘째, 지역과 민간의 문화교류 활동에 대한 지원 부족 문제점에 대한 대응이다. 지원 부족이라는 문제점을 극복하기 위해서는 우선적으로 국가 내부적 차원에서 지역에 거주하는 국민에게 문화교류의 중요성에 대한 인식을 심어주는 것이 필요하다. 국제문화교류에서는 현지화 또는 현지 이식이 중요한데, 이는 교류를 장기적으로 이어갈 수 있는 토대가 되기 때문이다. 아무리 단기적으로 사업효과가 크더라도 현지 실정에 맞지 않는 사업을 전개하면 지역기관 혹은 지역주민이 이를 흡수하기 어려울 수 있다. 따라서 외부에서 국제문화교류를 위해 특정 단체가 방문할 경우, 곧바로 프로그램을 실행하기보다 기존의 지역주민과 자연스럽게 교류하는 시간과 노력으로 그들의 특성을 먼저 파악해야 한다. YCIFI의 경우, 2016년부터 지역 대학교와의 협력으로 수강생을 자연스럽게 모집하는 등 현지화에 성공한 사례라 할 수 있다.

2) 글로벌문화꿈나무 '프랑스-한글산책'

(1) 목적과 사업내용

외교부는 공공외교 활동을 두 가지로 분류한다. 국가 간의 공공외교 사업과 외국인을 대상으로 하는 사업이다. 후자의 경우에는 한류 확산, 국민 공공외교 프로젝트, 한국주간행사/매력한국 알리기, 민간외교단체 커뮤니티 등으로 구성되어 있다. 이번 사례에서 다루고자 하는 '프랑스-한글산책'(이하 한글산책)팀은 국민 공공외교 프로젝트 중에서도 '글로벌문화꿈나무'사업에 속한다. 글로벌문화꿈나무는 문화가 충분히 꽃피지 않은 개도국에 우리나라의 인재들로 구성된 문화봉사단을 파견하여 현지의 문화예술 문화꿈나무를 발굴하고자 하는 목적으로 문화, 예술 및 체육 교육을 시행한다. 처음 시작된 2013년부터 2016년까지는 한국예술종합학교와 협력하여 참가하는 팀을 꾸리는 형태였지만, 2017년부터는 더 많은 청년 예술가에게 넓은 활동무대 기회를 마련하자는 취지로 대국민 공모를 실행하며 참가팀 선발 과정에 변화를 주었다. 이 프로그램에서 선발팀은 주체가 되어 직접 시행하고자 하는 공공외교 프로젝트를 기획할 수 있다는 점이 매력적이다.

한글산책은 2017년 실행된 사업의 선발팀이다. 팀의 구성은 20~30대의 혼성 9명으로 이루어졌다. 그해 8월 17일부터 25일까지 총 9일 동안 프랑스에 위치한 프랑스한국문화원에서 장소를 제공받아 「한글산책Promenade Hangeul」전을 개최했다. 주최와 주관은 주프랑스한국문화원과 대한민국 외교부이며, 팀이 지원받은 총 1천만 원의 금액으로 진행되었다. 한글산책은 전시에서 예술과 문화의 도시라는 명성을 가진 프랑스에 우리의 문화와 언어인 한글을 알리고자 시각적인 방법을 적극적으로 활용했다. 전시 주제는 '한글의 미적 가치'이며, 전시품은 왕성하게 활동하는 한국 타이포그래피 작가들을 모집하여 준비했다. 코우너스 스튜디오팀과 픽토그래피 폰트로 유명한 영국의 디자인 잡지 「wallpaper」 표지에 소개된 적 있는 조규형 디자이너, 시립미술관 아이덴티티 전시를 디자인한 오더너리 피플팀, 홍익대학교 한글꼴 소모임 등이 작가로 참여했다. 전시내용에는 한글의 뿌리를 알리자는 취지로 훈민정음 편찬 때의 초기 한글부터 오늘날의 한글 변화 과정까지 설명하여 담았다. 전시 관람 후 관람객이 참여할 수 있는 미술교육 연계 프로그램을 준비하여 관람객이 전시를 좀 더 친숙하게 접할 수 있도록 소통적인 측면도 고려했다.

한글산책팀은 두 가지 각기 다른 프로그램을 6~10세 어린이와 그 가족, 그리고 성인을 대상으로 연령을 세분화하여 다양한 연령대에 맞춰 교육프로그램을 마련했다. 8월 18일과 22일의 '한글, 손으로 만들어봐요!'라는 제목의 교육프로그램은 주제인 한글의 조형성에서 아이디어를 얻어 관람객이 자유롭게 떠오르는 입체 작품을 클레이 모빌 형태로 제작하고 그 안에 자신의 이야기를 담아볼 수 있도록 했다. 8월 21일과 23일의 '한글과 함께하는 여름 바캉스' 프로그램은 부채 위에 캘리그래피를 활용하여 한글을 직접 써보며 조형미를 느끼고, 이러한 시도를 바탕으로 엽서를 제작하는 내용으로 구성되어 있다. 한글산책팀

〈표 17-1〉 한글산책팀의 준비 및 프로그램 내용

날짜	내용
2017.3.	교육 콘텐츠를 리서치하는 프로그램 아이디에이션
2017.4.	교육프로그램 재료 선정 및 업체 스트로비 섭외(팸플릿 로고 부착 조건)
2017.5.	• 전시 작가 섭외(코우너스팀, 오혜진, 조규형 그리고 오더너리 피플팀) • 촬영 장비 대여업체 조사 • 프랑스로 국가 변경
2017.6.	• 주프랑스한국문화원 장소 섭외 완료 • 주프랑스한국문화원 페이스북 프로그램 홍보 • 네오룩, 아트 허브 웹사이트에 추가 작가 모집 공고 • 홍익대학교 한글꼴 소모임 제작의 작품, 전시소개 시트지 수령 • 인쇄물, 도록 등 제작 완료
2017.7.	• UPS를 통해 프랑스로 작품 운송 시작 • 추가 교육프로그램 기획: 블록놀이 • 재료 제공 업체 스트로비 섭외(팸플릿 로고 부착 조건)
2017.8.14	파리 도착 및 오리엔테이션
2017.8.15	전시 설치, 아트상품 패키징
2017.8.16	전시 설치, 촬영 및 기록
2017.8.17	전시 오프닝
2017.8.18	한글산책 전시 연계 교육 프로그램 '한글 손으로 만들어봐요!' 진행
2017.8.19	프로젝트 점검 및 피드백
2017.8.20	교육 프로그램 준비
2017.8.21	한글산책 전시 연계 교육 프로그램 '한글과 함께하는 여름 바캉스' 진행
2017.8.22	한글산책 전시 연계 교육 프로그램 '한글 손으로 만들어봐요!' 진행
2017.8.23	한글산책 전시 연계 교육 프로그램 '한글과 함께하는 여름 바캉스' 진행
2017.8.24	전시장 도슨트 활동
2017.8.25	전시 철수 및 작품 포장, 배송 준비
2017.8.26	전시, 교육 결과 회의
2017.8.27	출국 준비: 짐 정리

출처: 한글산책팀(2019), 「글로벌 꿈나무 결과보고서」

은 이러한 계획적인 시스템을 통해 문화교류의 내용을 풍부히 전달하고자 교육 분야에 세심한 계획을 수립했음을 알 수 있다.

(2) 평가

한글산책팀의 프로젝트는 앞의 사례 YCIFI와 달리 9일 동안 프랑스 현지에서 진행되었다. 하지만 이 팀은 9일간의 진행을 위해 5개월 전부터 준비해왔으며, 참가한 프로그램인 '글로벌문화꿈나무'는 매년 새로운 지원팀을 받으며 진행되고 있다는 점에서 장기적이라고 판단된다.

'제1차 국제문화교류 진흥종합계획(2018~2022)'의 문제점으로 지적된 내용을 중심으로 본 사업의 대응을 평가하면, 첫째, 국제문화교류 지원기관들 간의 협력 부족에 대한 대응이다. 한글산책은 정부기관 내의 사업에 지원하여 선정된 구조이지만, 선정된 팀이 개별적으로 프로그램을 기획하고 준비해야 하기 때문에 타 공공기관 혹은 일반 업체의 협조가 쉽지 않았다. 따라서 2017년 4월 한글산책팀이 교육프로그램 아이디어를 구체적으로 설정하고 사용할 재료 등을 준비하는 동시에 재료를 후원해줄 수 있는 업체를 자체적으로 조사했다.

조립완구 업체인 스트로비를 섭외했고, 프로그램 현장에서 관람객에게 배포할 팸플릿 상단에 업체의 로고를 부착하는 조건으로 스폰서 계약을 했다. 5월, 전시작가 접촉 단계에서는 팀원들이 네오룩과 아트허브 등 미술 관련 웹사이트에 전시작가 모집 공고를 내어 코우너스팀, 오더너리 피플팀 등을 섭외했고, 프로그램에 필요한 촬영 장비 대여업체의 조사도 이루어졌다. 이때 발생하는 계약금과 지불대금 등에 대한 신속한 지원금 조달이 필요했다. 일반적으로 정부 혹은 재단으로부터 지원금을 받을 경우, 지원금 사용 절차 등이 엄격하며 행정적으로 까다로운데, 한글산책도 같은 과정을 겪었다. 이러한 한계점을 극복하기 위해서는 국민을 대상으로 다소 낯설게 느껴질 수 있는 행정절차에 관한 교육을 제공함으로써 절차 과정의 필요성과 이해도의 상승을 돕는 방안이 필요한 것으로 보인다(고정민 외, 2019).

둘째, 지역과 민간의 문화교류 활동에 대한 지원 부족에 대한 대응이다. 한글산책팀의 현지화를 위해서는 주프랑스한국문화원만이 도움을 줄 수 있는 기관이었다. 주프랑스한국문화원의 경우에는 YCIFI 사례에서 인도네시아 반둥공과대학교와 같이 고정적인 수강생이나 교육 커리큘럼을 보유하고 있지 않았다.

부족한 환경에서도 문화원은 민간 차원과의 문화교류를 이끌기 위해 사전에 소셜미디어를 활용하여 자체 페이스북 페이지에 한글산책의 포스터와 소개 글을 올리며 홍보했다. 한글산책팀은 예산과 시간의 제약으로 인해 주프랑스한국문화원 관계자들과는 8월 이전 이메일과 전화만으로 내용을 전달하며 업무를 처리할 수밖에 없었고, 직접 대면하여 사전 환경을 파악하고 예상외의 문제를 예측하기에는 어려운 상황이었다. 진행 중에 예상보다 2배 이상의 인원이 방문했지만, 선파악이 이루어지지 않아 호응에 비해 재료 준비가 충분하지 못한 안타까운 일이 발생했다. 앞으로는 지적한 문제점과 같이 문체부가 현지기관에서 문화교류를 적극적으로 홍보하며 효율적인 성과를 거둘 수 있도록 지원하는 방안 개선이 필요하다고 분석된다.

셋째, 국제문화교류 대상 국가 및 권역의 편중에 대한 대응이다. 글로벌문화꿈나무 사업의 경우, 국가 편중 불균형을 해소하기 위해 여러 심사위원이 참가하여 참가팀과 기획안에 대해 2차 심사에 걸쳐 프로그램 자체의 효과와 문화예술 형태의 다양성까지 고려하여 선발한다. 과거 프로그램에 선정된 팀을 보면, 활동국가는 한 해에 동일한 지역이 겹치는 경우가 드물었으며 아이슬란드, 케냐, 프랑스, 베트남, 몽골, 코트디부아르, 덴마크 등 다양한 국가에서 진행되었음을 파악할 수 있었다. 하지만 다른 사업의 경우, 국가 혹은 지역이 편중될 우려가 있어 정확한 심사 기준을 마련해야 한다.

한글산책은 한류와 시너지 효과가 발생하여 많은 프랑스 현지인의 관심을 얻는 데 성공했다. 전시를 계기로 프랑스 일반인에게 알려질 기회가 적은 한국의 예술가와 디자이너들도 인지도를 높일 수 있었으며, 한글 자체의 표현법과 구성 등의 미적인 가치도 전달했다. 대부분 관람객은 전시를 통해 시각적인 흥미 외에도 다양한 매체를 활용한 전시품과 프로그램으로 조선시대부터 이어진 한글의 역사성 등 심도 깊은 정보를 얻을 수 있었다며 호평했다. 한글산책은 인터랙티브 아트 등의 다양한 시도를 통해 문화적인 소통을 이끌어내 이러한 긍정적인 경험을 관람객에게 제공했다.

3. 성과

YCIFI는 한국과 인도네시아 양국 패션산업 동반 성장과 개인에게 패션 교육을 통해 자립을 키워주는 목적을, 한글산책은 우리나라의 언어이자 문화인 한글을 외국에 알리자는 취지를 각각의 교육 방식에 의해 성공적이고 효과적인 국제문화교류 사례로 평가된다. 국제문화교류에서 교육은 일방향적이고 일회성이 강한 공연이나 전시에 비해 특정 문화가 기존 생활권에 자연스럽게 안착하게 하여 그 지속성을 강화하고 현지화에 도움을 주는 데 효과적이라 판단된다.

YCIFI의 성공적인 교육 효과는 지금까지 운영되는 패션교육센터의 커리큘럼과 증가하는 수료생 추이, 그리고 자카르타 패션위크라는 대형 활동무대에서 우수한 성과를 거두는 수료생들에 관한 한국과 인도네시아 언론들의 보도를 통해서도 짐작된다. 인도네시아 창조경제위원회 부원장 리키 요셉 페식Richky Joseph Pesik도 “YCIFI는 상호 교류를 통한 놀라운 성과를 만들었으며, 이와 같은 프로그램의 발전을 기대한다”라며 긍정적으로 평가한 바 있다(기태훈, 2019). YCIFI는 인도네시아 국민이 열광해온 기존의 한류 드라마와 케이팝 등의 문화를 넘어 패션에 대한 관심까지 확대하는 역할을 하며 두 국가 사이의 문화교감을 효과적으로 이끌어냈다.

한글산책의 경우에는 교육적 성과 측정을 위해 사업이 종료된 이후 현장에서 관람객 대상 만족도 조사를 인터뷰와 설문지 형태로 진행했다. 설문에 참여한 27명에 의해 4.83점(5점 만점)의 높은 만족도를 기록했다. 응답자들은 인터뷰 방식을 통해 처음에는 한국에 대한 배경지식과 흥미가 없었지만 프로그램에 참여함으로써 관심이 생겼고, 앞으로 개인적인 차원에서의 공공외교를 실천할 의지가 있음을 밝혔다. 추가로 프로그램 참여자들은 한글산책팀에게 한국 역사에 대한 교육프로그램 연장 진행을 요청했는데, 이러한 반응에 비추어 문화교류의 만족스러운 교육적 효과를 추론할 수 있다. 한글산책팀은 사업이 종료된 후에도 해외문화홍보원 홈페이지와 외교부 홈페이지, 2017년 글로벌문화꿈나무 성과발표회의 자료를 통해서도 그 성과가 알려졌다. 그뿐만 아니라 많은 다른 팀 사이에서도 한글산책팀은 아리랑TV가 마련한 방송 프로그램에 출연하여 그간의 진행과정과 한국의 문화콘텐츠 확산을 위해 현지인의 흥미를 유도한 적극적인 공공외교와 교육프로그램 개발 필요성에 대해 언급했다.

이렇게 기획자들과 참여자들의 의견을 종합하면, 소프트파워의 핵심인 감정 나누기로 타국과 자국민의 문화예술교류를 위한 교육적 활동을 통해 공감대 형성과 문화적 지식 습득이 가능했다고 판단된다.

참고문헌

경제인문사회연구회.「글로벌소프트강국 실현」.『협동연구총서』 19-11-01. 2019.

고정민·장신정·장윤정.「문화예술지원사업 추진상의 쟁점과 정책방향」.『예술경영연구』 52, 2019, 39-73쪽.

고정민.「한류의 공공외교 활용을 위한 정책방향」.『공공외교: 이론과 실천』 1(1), 2021, 1-16.

______.『한류와 경영』. 푸른길. 2016.

문화체육관광부.「제1차 국제문화교류 진흥 종합계획(2018~2022)」. 2018.

______.『수교기념 문화행사의 발전방안에 대한 연구』. 2020.

심재웅·신성현·지혜진.『세계화시대의 국가마케팅 전략을 위한 국가이미지 조사』. 2005.

한글산책팀.「글로벌 꿈나무 결과보고서」. 2019.

김태훈. “한-인도네시아 창조산업 협력 방침… ‘한국은 혁신적인 국가’”. 아시아타임즈. 2019.12.04 https://asiatime.co.kr/news/newsview.php?ncode=065586287791104

이영희. “자카르타 패션위크서 ‘한국특별세션’ 펼쳐”. 한국섬유신문. 2019.10.29 https://www.ktnews.com/news/articleView.html?idxno=112932.

고정민

홍익대학교 문화예술경영대학원 교수로 전공분야는 콘텐츠 산업, 한류, 예술 경영이다. 또한 문화 분야의 연구 및 컨설팅 서비스를 하는 미래산업전략연구소 소장으로 재직하고 있다. 현재 기획재정부 재정사업평가위원이고 한국문화경제학회 회장 등 다양한 분야에서 활동하고 있다. 홍익대학교에 근무하기 전에는 24년간 삼성경제연구소(SERI)에서 산업일반, 문화산업, 한류를 전공한 수석연구원으로 일한 바 있다. 『문화콘텐츠산업의 이해』(2021), 『문화콘텐츠 경영전략』(2019), 『한류와 경영』(2016), 『창조지구』(2009) 등의 저서와 「문화콘텐츠산업 국제화에 대한 연구」(2013), 「불법복제를 고려한 영화채널 간 배급시기 및 가격결정 모형」(2013) 등 많은 논문을 발표했다.

박수진

Art Institute of Chicago에서 학사를 졸업했고, 전공은 fine art다. 홍익대학교 대학원 문화예술경영학과에서 「미술관 도슨트 안내를 경험한 관람객 반응 연구(지오르기 현상학적 방법론을 사용하여)」로 석사학위를 받았다. 주요 관심분야는 문화예술경영, 국제문화교류, 문화예술교육으로서 현재도 문화예술교육과 관련된 일을 하고 있다.

V

지역문화와 헤리티지

18장
지역사회와 동행하는 예술: 지역 기반 문화예술기획 사례

이병민·정수희

지역 기반 예술활동 # 사회적 예술활동 # 어반플레이 # 플러스마이너스1도씨 # 유쾌한

5G, 실감콘텐츠 등 급격한 기술환경의 변화와 코로나19로 인한 팬데믹은 우리의 일상에 많은 변화를 초래했다. 우리 삶의 공간과 관련된 물리적 한계가 극복된 한편, 작은 일상의 공간에 대한 제약이 동시에 일어나고 있다. 이러한 흐름 속에서 우리가 살아가는 일상의 공간으로서 지역이 새롭게 인식되고 있다. 지역에 대한 관심은 지역을 기반으로 한 다양한 문화예술활동으로 이어지고 있다. 지역을 기반으로 활동하며, 지역의 문제에 관심을 갖고, 지역과 함께 다양한 활동이 이루어지고 있다. 이 글에서는 지역을 기반으로 활동하는 대표적인 문화예술기획자들의 사례들을 소개하고자 한다. 서울을 기반으로 각각의 지역에서 활동 중인 세 팀의 문화기획자들을 소개하며 활동배경과 목표, 주요 활동, 활동의 의의를 살펴보고자 한다. 대상 사례는 지역과 밀착하여 지역 문제에 집중하는 플러스마이너스1도씨, 공공예술을 통해 지역과 소통하는 (주)유쾌한, 도시 콘텐츠의 발견과 연결을 통해 도시의 문화생태계를 재편하고 있는 어반플레이다. 이들의 활동을 살펴봄으로써 지역에서 문화예술활동의 의미와 역할을 다시금 모색해보고자 한다.

1. 서론

급격한 기술환경의 발달은 물리적 공간의 개념을 전환시켰다. 이제 우리는 5G의 인터넷 환경과 SNS라는 매체를 통해 지구 반대편 패션 셀러브리티의 일상을 실시간으로 들여다보는 것이 더 이상 낯설지 않다. 그뿐만이 아니라 이제는 현실과 가상마저 혼재되고 있다. 많은 사람이 주목하는 메타버스metaverse 같은 새로운 공간 개념은 지도상의 물리적 거리가 더 이상 사람들의 관심과 네트워크를 한정시키지 못한다는 것을 역설적으로 보여준다. 뉴욕이나 파리 같은 세계의 대도시에 살고 있지 않다고 해도 파리의 유명 디자이너의 사생활과 할리우드 배우의 영화 촬영 현장, 브라질 리우 삼바축제의 생생한 현장의 소리에 이르기까지 실시간으로 삶과 문화를 공유하고 있다. 이제 전 세계 사람들은 같은 관심과 취향을 갖고 있다면, 물리적인 거리와 상관없이 다양한 형태의 소통과 교류가 가능한 시대를 살아가고 있다.

한편으로, 2020년 전 세계에 닥친 예기치 못한 팬데믹 상황은 우리의 일상 속 가장 가까운 물리적 공간에서의 활동을 제약하는 원인이 되고 있다. 집과 학교, 일터 같은 가깝고 당연하게 받아들였던 공간에서의 제약은 이제껏 경험해보지 못한 일상의 파괴라는 결과를 초래하고 있다. 물론, 우리는 1년 넘게 지속되고 있는 팬데믹 상황 속에서 나름대로 평정을 찾고 또 다른 일상을 찾아가고 있다. 비대면의 일상이 익숙해지고, 외부로의 확장된 관계가 아닌 나와 가족, 동네, 주변 같은 일상적 관계에 더욱 집중하고 있다. 그중 주목할 만한 변화 중 하나는 동네의 발견이다. 주거와 소비의 공간이 분리되어 있던 이전과 달리 일상 속 물리적 활동 반경에 제약이 발생하면서 이전에는 스쳐지나갔던 우리의 동네를 새롭게 발견하고 있다. 특히, 'MZ세대'라고 지칭되는 20~30대의 젊은 층을 중심으로 '동네'를 즐기는 또 다른 문화가 형성되고 있다.

이러한 상반된 두 환경의 변화는 모두 우리의 일상 속 공간인식과 관련이 있다. 이와 함께 우리는 일상의 공간으로서 지역을 새롭게 인식하기 시작했다. 즉, '로컬local'에 주목하고 있다. 로컬은 상대적인 개념으로서 지역을 의미하는 용어다. 이 용어는 서울의 상대적인 개념으로 지방도시들을 의미한다. 한편으로, 보편적인 문화소비 공간이던 홍대, 강남 등과 같은 중심지와 대비되는 일상의 공간으로 우리의 '동네'를 의미하는 개념이 되기도 한다. 즉, 어떤 의미로든 우리가 매일을 살아가는 가장 친숙하고 소소한 공간을 의미한다. 지금 우리는 이 로컬을 특별한 시각으로 바라보고 있다. 아직 일부 현상이기는 하지만, 로컬에서의 삶에 대한 동경과 이를 실현하기 위한 움직임이 나타나기 시작했다.

예술가 또는 문화기획자들 역시 로컬에 주목하고 있다. 사실 이러한 움직임은 이전부터 진행되어왔다. 이들은 지역에 주목하고, 지역을 대상으로 다양한 활동을 펼치고 있다. 이들에게 지역은 활동의 근거지이며, 대상이다. 또, 함께 만들어나가는 상생의 공간으로 인식된다. 사실 어떤 면에서 이들의 활동은 순수예술로서의 가치와 목적을 최우선으로 지향하는 기존의 예술행위와는 다소 차이가 있어 보이기도 한다. 그렇기 때문에 이를 기존 예술의 영역에 유입할 수 있을 것인지, 혹은 이들을 새로운 예술의 한 장르로 새롭게 분류할 것인지 등에 대한 고민이 생긴다.[1] 하지만 이들을 무엇이라고 부르고 분류하건 간에 중요한 것은 '지역'을 대상으로 하는 이들 문화기획자의 문화적 고민과 행위로 인한 과정과 결과들이다. 이들의 활동으로 인해 지역이 변화되고, 살아나고 있기 때문이다.

여기서는 지역을 기반으로 다양한 활동을 펼치는 세 팀의 문화예술기획 단체의 활동을 살펴보고자 한다. 이들은 모두 서울을 기반으로 활동하고 있다. 그러나 각각의 이유로 문화의 중심지로서의 서울이 아닌, 서울 안의 또 다른 특정 '지역'을 기반으로 활동 중이다. 이들은 왜 지역으로 모여들었을까? 또한, 지역에서 무엇을 기대하는가? 이들이 지역을 기반으로 활동하는 이유와 목표, 그 활동내용을 살펴봄으로써 지역을 기반으로 이루어지는 다양한 문화예술활동의 유형을 살펴보고, 그 의의를 찾고자 한다.

---

1 이러한 예술활동의 다변화 현상과 관련하여 서울문화재단은 2017년부터 지속적으로 관련된 연구와 지원사업들을 운영했다. 이 중 예술의 범주와 관련된 논의는 다음의 자료를 통해 확인할 수 있다. 서울문화재단. 『2017 예술활동의 다변화와 사회적 실천』. 2018; 서울문화재단. 『2018 서울을 바꾸는 예술: 하이라이트(HIGHLIGHT) 1부 포럼』. 2018.

2. 사례연구 내용

이 글에서는 지역을 기반으로 활동하는 세 팀의 문화예술기획 그룹을 소개하고자 한다. 이들은 모두 서울의 특정 지역을 기반으로 활동한다는 공통점을 갖고 있다. 그러나 활동의 계기, 목적, 추구하는 가치 등에 따라 이들의 활동 방식과 과정, 결과는 다양한 형태로 나타나고 있다. 여기서는 세 팀의 사례를 대상과 활동목표, 추진방식 등에 따라 분류하여 소개해보고자 한다. 이들의 활동유형은 다음과 같이 구분하고자 한다.

〈표 18-1〉 지역 기반 문화예술활동의 유형과 대표 사례

유형	활동 팀명	대표	활동 지역	주요 활동
지역공동체형	플러스마이너스 1도씨(±1℃)	김지영 유다원	양천구 목2동	마을축제, 마을카페, 마을협동조합, 지역연구 등
지역예술실험형	유쾌한	신윤선	성수동, 옥수동 등	공공예술 거점공간 기획 및 운영, 커뮤니티아트 등
로컬크리에이터형	어반플레이	홍주석	연희동, 전국	도시콘텐츠 아카이빙, 공간사업, 도시축제 등

1) 지역공동체형: 플러스마이너스1도씨(공동대표: 김지영, 유다원)

플러스마이너스1도씨는 문화를 통한 지역사회와 일상 속의 다양한 관계 맺기를 고민하는 예술그룹으로, 양천구 목2동을 중심으로 2011년부터 활동을 이어오고 있다. 이들은 지역사회가 직면한 일상 속의 문제에 깊숙이 관여한다. 이 문제들을 삶의 일부분으로 수용하고 고민하며, 이를 다양한 문화예술활동을 통해 해소하고자 한다.[2]

목2동은 거대한 아파트단지가 형성되어 있는 목동 일대에서 조금은 낯선

2 '플러스마이너스1도씨'라는 이름은 "지구의 온도는 1℃ 낮추고 사람(사이)의 온도는 1℃ 올리는 활동을 디자인하겠다"라는 의미를 담고 있다.

느낌의 주택밀집지역이다. 그래서 혹자는 이 마을을 '난장이마을' 또는 목2동을 소리 나는 대로 적은 '모기동'이라는 별칭으로 부르기도 한다. 이 지역은 주변 환경에 비해 상대적으로 평범하고 오래된 동네이지만, 서울 안에 흔치 않은 동네의 정취가 남아있다. 플러스마이너스1도씨를 이끌고 있는 김지영·유다원 대표는 이전부터 공공예술 작업에 참여했다. 이들은 예술이 지역의 문제를 해결할 수 있는 하나의 방법이 될 수 있다고 생각했고, 이와 관련된 여러 활동을 이어왔다. 그러나 이 과정에서 포괄적인 사회문제에 접근하는 예술적 접근에 대한 한계와 회의를 느끼게 되며, 좀 더 개인의 삶에 밀접한 일상 속의 예술에 관심을 가지게 되었다고 한다. 이러한 문제의식과 함께 목2동에서 활동 거점을 옮겨 실제 지역에 거주하며 문화기획자이자 지역의 구성원으로서 지역과 개인의 삶에 밀착된 예술활동을 펼치고 있다.

카페 숙영원은 플러스마이너스1도씨의 활동이 이루어진 주요한 무대다.[3] 이 공간은 2010년 김지영 대표를 비롯한 문화기획자 4인이 목2동에서 활동을 시작하면서 그들의 활동거점이자 마을카페 성격을 갖고 있다. 지역 안에 산재해 있는 다양한 문제를 고민하고 논의하는 공론장이자 지역을 연결하는 플랫폼으로서 기능한다. 처음에는 이들 스스로 지역에 뿌리내리는 동시에 자립의 목적으로 시작한 카페였다. 이 공간은 점차 주민이 편하게 드나드는 사랑방 겸 문화공간이 되었고, 인문학 강의, 영화 상영, 소규모 인디공연 등이

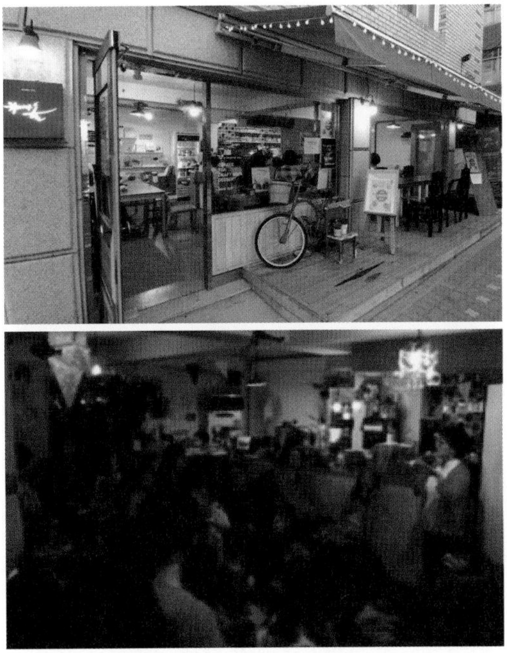

카페 숙영원 전경과 모임 모습

출처: 플러스마이너스1도씨 블로그

3 현재는 사무실을 인근 용왕산으로 이전하고, 기존 카페 공간은 2016년 6월부터 지역주민을 중심으로 구성된 '카페마을'협동조합이 운영하고 있다.

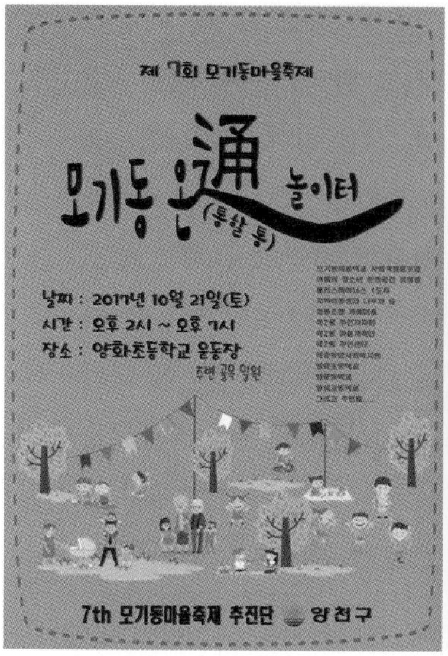

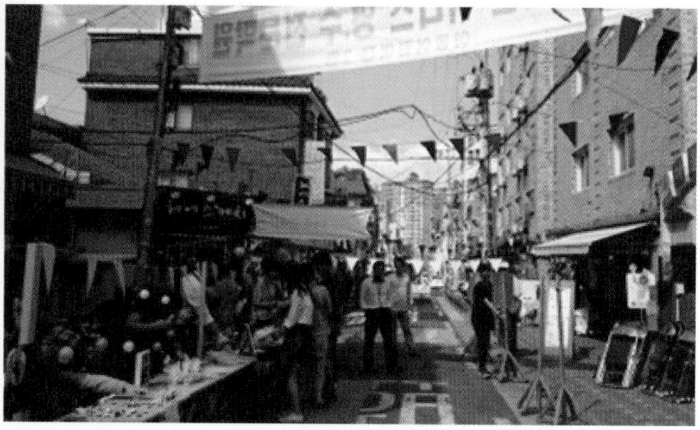

모기동마을축제 포스터와 현장
출처: 플러스마이너스1도씨 블로그

이어지면서 마을만들기와 지속 가능한 대안적 삶에 관심을 가진 이들이 주축이 되어 자연스럽게 네트워크가 형성됐다.

플러스마이너스1도씨의 활동 중 가장 잘 알려진 것은 '모기동마을축제'다. 2011년 시작되어 10여 년째 지속되고 있는 마을축제로, 지역주민의 적극적인 참여로 진행되고 있다. 동네의 작은 골목축제 형태로 시작되어 현재는 지역의 초등학교, 관련 문화기관, 주민모임 등 50여 명의 다양한 지역주체들이 참여하는 준비위원회가 꾸려질 만큼 규모적으로 확대됐다. 또한, 축제의 풍성한 기획과 재미가 외부로 알려지면서 현재는 2천여 명 이상(2017년 기준) 참여하는 서울을 대표하는 마을축제로 성장하기도 했다.

최근까지 이들의 활동은 다방면으로 확장되고 있다. 여전히 지역구성원으로서 지역 안에 산재된 여러 문제를 다양한 문화적 방식을 통해 해결하고자 노력 중이다. 이들이 특히 주목했던 부분은 주거와 관련된 문제였다. 불안정한 주거 문제를 해결하기 위한 공동의 해결방안을 모색하고, 그 결과로 주택협동조합을 만들고 공동주택을 지어 입주하여 생활하고 있다. 이처럼 이들은 지역에서 실제로 일어나고 있는 문제들에 주목하여 직접적인 방식으로 문제를 해결하기 위해 노력한다. 이 문제들은 결국 대상으로서의 지역 문제만이 아니라 스스로의 문제이기도 하기에 그 고민의 깊이와 심각성을 더욱 인식하고 있다. 지역주민의 다양한 소통과 표현의 창구로서 마을미디어 활동을 진행하고, 마을공동체사업의 하나로 마을학교를 운영한다. 또한, 문화재단 등과 결합하여 지역과 연계된 다방면의 문화적 실험과 연구를 진행하고 있기도 하다.

플러스마이너스1도씨의 활동 의의는 무엇보다 문화기획자들 스스로 지역의 일부가 되어 1인칭 시점으로 지역과 상생하기 위한 방안들을 모색하려는 노력에서 찾을 수 있다. 자신들의 활동 의미와 범주를 예술이라는 기존의 가치에 국한시키지 않고, 더욱 포용적인 태도로 지역과 호흡하려는 시도가 눈에 띈다. 기존 공공예술의 상당수가 지역을 프로젝트의 대상으로 인식하는 것과 달리 지역 속 예술을 지향하며, 철저히 지역에 필요한 예술과 문화적 활동을 중심으로 접근하고 있는 점이 특징이다. 이는 이들 스스로가 지역이며, 지역구성원 자체이기에 가능한 부분이다. 그렇기 때문에 플러스마이너스1도씨의 활동은 또 다른 지역구성원들의 적극적인 호응과 관심을 끌어모을 수 있었다. 또한 그렇기에 이들의 활동은 처음 목표로 한 바와 같이 지역의 유효기간을 연장하는 기반을 만들어가는 힘을 갖고 있는지도 모른다.

2) (주)유쾌한(대표: 신윤선)

(주)유쾌한(이하 유쾌한)은 성수동에 문을 연 디지털콘텐츠와 예술 기반 문화단체인 (주)유쾌한 아이디어 성수동 공장이 그 전신이다. 이들은 성수동이 문화예술가들에게 주목받기 시작할 무렵이던 2015년 성수동 연무장길 작은 공장을 임대하여 디지털콘텐츠 예술 기반 문화단체로서 활동을 시작했다. 예술과 기술을 결합한 여러 프로젝트를 진행하며 당시 문화예술스타트업으로 많은 주목을 받았다.

이들은 2017년 2월 (주)유쾌한으로 이름을 변경하고 사업의 방향성을 정비했다. 이후에는 기존 성수동 공장 시절 주력했던 디지털 융복합 콘텐츠 기업의 정체성과 더불어 지역과 연계하는 공공예술 프로젝트에 더욱 주력하며 사업을 확장 중이다. 현재는 지역사회에 예술적 사회서비스와 교육서비스를 제공하는 문화예술사업부와 첨단공연산업에 필요한 3D 콘텐츠를 연구하고 개발하는 문화기술연구개발부의 2개 부서를 중심으로 운영되고 있다.

유쾌한의 신윤선 대표는 홍대를 중심으로 활동하다가 성수동으로 활동 거점을 이동하여 지금의 옥수동, 영등포에 이르기까지 동시대 문화적 중심지의 선두에서 다양한 예술적 실험을 시도해온 문화기획자 중 한 명이다. 여러 도시의 변화 과정에서 공공미술, 지역연계 프로젝트 등 다양한 형태의 예술활동을 수행해왔다. 좀 더 지속적으로 지역과 호흡하며 활동하기 위해 성수동으로 터전을 옮기고, 그 이후 디지털 융합기술과 결합한 특화된 예술활동과 더불어 지역을 기반으로 하는 공공예술 프로젝트들로 그 영역을 확장했다.

유쾌한이 진행 중인 사업은 지역연계 공공예술 프로젝트인 '만아츠만액츠 10000Arts10000Acts', 디지털기술을 활용한 융합형 예술교육활동인 'ART+TECH 상상공장', 서울시 서울문화예술철도사업의 하나로 진행 중인 'ART ON THE MOVE SEOUL-영등포시작역 is ON!'의 3개로 크게 구분할 수 있다.

이들 활동 중 지역을 기반으로 하는 활동은 '만아츠만액츠'를 중심으로 이루어진다. 만아츠만액츠는 "1만 개의 예술이 1만 개의 활동으로 이어진다"라는 의미를 담고 있다. 예술을 통해 공동체 활동을 추구함과 동시에 도시의 문제를 고민하고 예술로 해결하려는 새로운 형태의 공공예술 프로젝트다. 2017년과 2018년에는 성수동 골목의 구성원들과 함께 주민참여형 공공미술 프로젝트가 진행됐다. 성수동의 다양한 주민이 참여하여 지역구성원들이 가진 지역에 대한 고민을 공유하고, 예술로써 이를 표현하려는 여러 시도가 이루어졌다. 2018년 이후에는 활동무대를 옥수동과 영등포시장역으로 확장했다. 특히 주목할 만한 활동의 특징은 지역이 가지고 있는 기존의 환경, 인프라, 지역의 사람들과 지역성에 더욱 초점을 맞춰 특화된 예술활동을 지향하고 있다는 점이다. 옥수역광장 일대에서 진행 중인 '옥수역 고가 아래 신나는 예술놀이터-Playful'은 지하철역의 고가 하부공간이 가진 특징과 한계를 뛰어넘어 예술가들과의 협업을 통해 지역주민의 새로운 소통공간으로 재탄생시켰다. 공간의 예술적 재구성뿐만 아니라 실제로 변화된 공간을 활용하여 지속적으로 지역주민과 함께하는 다양한 문화예술활동을 진행하며 커뮤니티아트로서 확장될 수 있는 기반을 마련하는

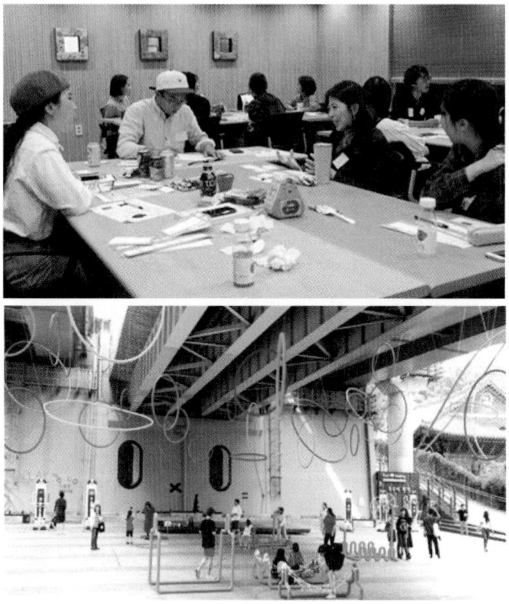

성수동 주민참여형 공공미술 워크숍(2017) 현장과
'옥수역 고가 아래 신나는 예술놀이터-Playful' 전경
출처: 유쾌한 홈페이지

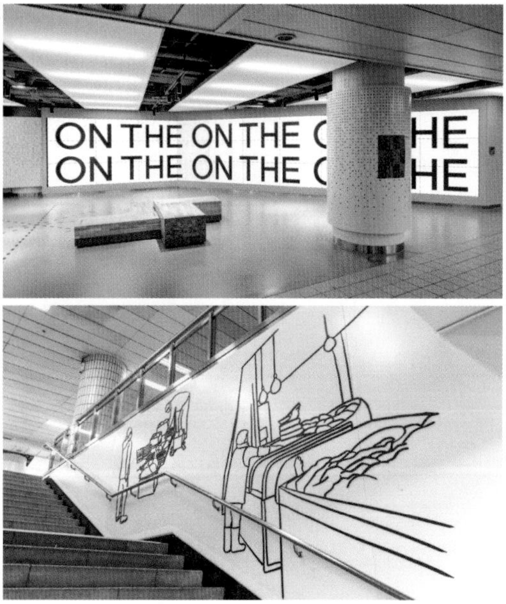

영등포시장역사 내 문화공간 조성 및 전시작품 설치
출처: 서울문화예술철도 홈페이지

데 초점을 맞추고 있다.

이들이 진행 중인 또 다른 사업 중 낙후된 지하철 역사를 열린 예술공간으로 탈바꿈하는 공공미술 사업도 주목된다. 지하철 5호선 영등포시장역 일대에서 진행되고 있는 'ART ON THE MOVE SEOUL-영등포시장역 is ON!' 역시 지하철역을 오가는 시민의 일상 속에 문화예술적 경험을 제공하는 데 주력하는 사업이다. 이 사업은 서울문화예술철도사업의 하나로 노후한 역사의 환경을 개선하는 동시에 지하철역을 지역 문화예술활동의 거점으로 조성하기 위한 시범사업의 성격을 갖고 있다. 유쾌한은 이 사업의 공간운영기관으로 선정되어 '시장'과 연관된 공간의 장소성을 연계하여 다양한 예술활동을 펼치고 있다. 역사로 오가는 계단은 '시장'의 의미를 재해석한 작품들을 전시하고, 역사의 연결도로는 크리에이터들의 작업을 소개하고 생산자와 수요자를 연결하는 콘텐츠 마켓을 조성했다. 그 밖에 'CREATIVE샘', 'LOUNGE사이', 'PLATFORM미술관' 등 역내 공간들을 활용하여 각각 예술창작소, 커뮤니티 공간, 전시공간 등

기능적 공간을 조성하여 운영하고 있기도 하다.

유쾌한의 활동은 공공예술이 가진 목적성을 지역사회와 더욱 밀접하게 연결 짓고 있다. 또한, 다양한 실험적 활동을 추진하며 공간과 활동의 범주를 지속적으로 확장시켜나가고 있다는 점에서 의의가 있다. 그들이 주력하는 공공예술이 예술성 혹은 공공성만이 강조되어 지역과 분리된 형태의 보여주기식 예술이 아닌, 지역과의 소통과 참여의 유도를 통한 지역밀착형 공공예술의 새로운 모델을 제시하며 성장하고 있다는 점 역시 주목된다. 또한, 이 과정에서 지역이 가진 다양한 현황과 문제를 이해하고 이를 공유하고 표현하며, 문제를 해결하는 방식으로 이를 적극적으로 활용하고 있다. 유쾌한이 진행 중인 지역 기반 공공예술 프로젝트들은 분명히 기존에 볼 수 없었던 낯설고 새로운 시도들이다. 그러나 이러한 시도의 초점이 지역과 지역사회, 그들이 가진 동시대의 고민과 연결되어 있다는 점에서 지역과 밀착된 예술활동이라는 점을 그 특징으로 찾을 수 있다.

3) 어반플레이(대표: 홍주석)

어반플레이는 최근 가장 주목받는 지역 기반 콘텐츠기업 중 하나다. 2013년 도시문제 해결을 위한 스타트업으로 시작하여 현재는 도시의 다양한 콘텐츠를 발굴하고 컨설팅하는 로컬콘텐츠 매니지먼트 기업으로 성장하고 있다. 이들은 도시를 하나의 콘텐츠로 바라보며, 도시콘텐츠를 아카이빙하고, 도시 안의 새로운 이벤트와 콘텐츠를 제안하고 기획한다. 도시가 콘텐츠가 가득한 놀이터가 되기를 꿈꾼다고 자신들의 활동을 설명한다.[4] 콘텐츠 중심의 지역 라이프스타일 서비스 구축을 통해 지속 가능한 도시를 실현하는 것을 목표로 한다.

초기에 어반플레이는 연남동, 연희동 일대를 기반으로 다양한 문화예술활동을 기획하고 운영했다. 시작은 연남동의 반지하 집을 빌려 콘텐츠 소개 전시 중심으로 활동했다. 그러다가 점차 다양한 문화기획과 프로젝트들을 수행하며

---

4 서울문화재단에서 진행한 「예술의 사회적 개입 라운드테이블」(2017) 기록자료 중 발췌하여 인용했다.

활동 기반을 넓혀가게 됐다. 이후 연희동으로 활동 기반을 옮겨 '연희 걷다' 프로젝트를 수행하게 되었는데, 이때 지역 내 예술가와 기획자, 소상공인들이 연결되는 도시의 네트워크를 구축하는 코디네이터로서 역할을 담당했다.

어반플레이의 활동은 도시를 통한 소통을 지향한다. 이들의 대표적인 성과들은 이러한 방향성을 잘 보여준다. 도시의 다양한 콘텐츠를 연결하여 도시 안의 다양한 문화 네트워크를 구축하는 방향으로 발전 중이다. 『아는동네』 시리즈 같은 도시 아카이빙 사업, 연남방앗간과 연남장 같은 공간사업, '연희 걷다' 등의 지역사업, 다양한 지역을 대상으로 하는 로컬콘텐츠 기획 및 매니지먼트 사업들은 모두 이러한 맥락에서 접근하고 있다.

『아는동네』 시리즈는 어반플레이가 초기부터 주목해오던 도시 아카이빙 사업의 하나로, 온·오프라인상에서 접근할 수 있는 동네 매거진을 발행하는 사업이다. 국내에서는 다소 낯선 지역잡지 발간 사업으로, 특정 동네를 둘러싼 환경부터 주민의 일상과 공간, 물건에서 추출한 소프트웨어까지 하나의 동네가 가진 다양한 모습을 통해 동네를 경험하는 새로운 기준을 제시하고자 했다. 『아는동네 아는연남』을 시작으로 을지로, 이태원, 성수 등의 동네 혹은 강원, 인천 등 도시들을 대상으로 하는 지역매거진 발행을 통해 새로운 관점으로 지역을 소개하는 역할을 한다. 이 밖에 지역을 기반으로 하는 '로컬' 개념을 소개하는 책들을 출간하며 콘텐츠로서 '지역(도시)'의 매력을 알리기 위한 노력을 활발히 진행 중이다.

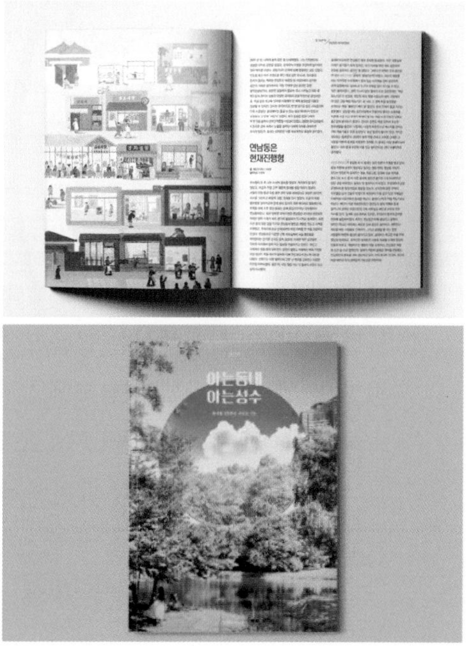

『아는동네 아는연남』 세부 페이지와
『아는동네 아는성수』 표지
출처: 어반플레이 홈페이지

이들이 사업을 확장하는 과정에서 주력한 부분 중 하나는 동네의 문화공간을 만들어가는 것이었다. 연남방앗간, 연남장, 연남대공원, 정음철물 등은 이들의 주 활동무대였던 연남동과 연희동에 위치한 문화공간이다. 기존 동네를 구성하는 여러 공간을 재해석해 이를 동네를 연결하는 네트워크의 거점이자 새로운 도시의 콘텐츠로 재생하는 공간 프로젝트의 하나다.[5] 연남방앗간은 기존 동네 방앗간의 역할을 식음료 기반의 동네 경험 공간으로 재해석하고, 2층 양옥집을 개조해 창작자를 위한 동네 편집상점으로의 새로운 역할을 부여했다. 이 공간은 주 이용층이 20~30대로 기존 카페로서의 기능과 함께 젊은 세대에게 여러 로컬푸드 및 공예품 등의 로컬브랜드를 소개하고 유통한다. 연남장은 유리공장을 개조해 만든 로컬크리에이터를 위한 라운지로 카페, 레스토랑, 전시장, 스튜디오, 공유사무실 등을 갖추고 있다. 이 공간은 여러 지역의 로컬크리에이터들을 소개하고 연결하는 '장(場)'으로서의 복합문화공간의 역할을 지향한다. 그 밖에 동식물 관련 크리에이터들의 콘텐츠를 경험할 수 있는 연희대공원, 오랫동안 연희동의 동네 사랑방 역할을 했던 정음전자를 건축 및 디자인 크리에이터를 위한 동네 철물편집상점으로 재해석한 정음철물 등의 공간사업 역시 주목된다. 현재, 이들의 공간사업은 연희동과 연남동을 넘어 마포구 일대, 서울의 기타 동네, 여러 지방도시들을 대표하는 로컬라운지 조성사업으로 확대되고 있다. 공간을 통해 사람과 사람을 연결하고, 사람과 지역을 연결하고, 공간과 공간, 지역과 지역을 연결하는 다차원적 상생효과를 발생시키고 있다.

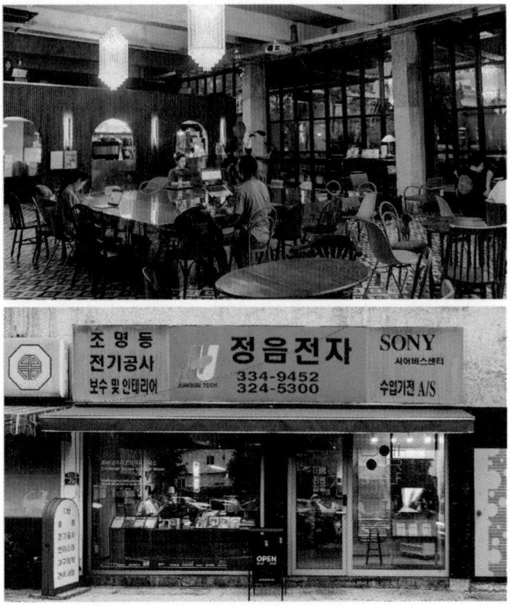

연남장 내부 전경과 정음전자 외부 전경
출처: 어반플레이 홈페이지

'연희 걷다'는 이들을 외부에 본격적으로 알려준 사업 중 하나다. 연희동과

5 이러한 공간거점을 연결하여 연남동과 연희동 일대에 로컬비즈니스 생태계를 구축하는 쉐어빌리지 사업으로 확장하고 있다.

연남동 일대의 소상공인, 다양한 분야의 크리에이터들과 협업하여 만드는 지역 축제로 2015년부터 지속해오고 있다. 지역의 구석구석을 축제의 콘텐츠로 재해석하고, 지역을 걷고 경험하는 행위를 통해 지역을 문화적으로 소비하도록 유도한다. 이 행사는 골목을 탐방하며, 골목에 숨은 다양한 이야기를 소개한다. 20~30대 젊은 세대들에게 단순한 소비공간으로 알려져 있던 연희동과 연남동을 새로운 방식으로 바라보고 이해할 수 있는 경험을 제공하는 것을 목표로 한다. 그런 경험을 통해 지역의 소상공인과 예술가들을 소개하고, 이들을 '연희동'이라는 동네브랜드로 연결한다. 실제로 이 행사는 지속 가능한 마을예술축제(2017)를 넘어 문화적 소비의 대상으로 연희동을 알린 성공적인 마을축제로 평가할 수 있다.

그 밖에도 어반플레이의 사업은 다방면으로 확장되고 있다. 더 이상 특정 지역을 기반으로 활동하는 문화기획자로 이들의 역할을 한정 짓기 어렵다. 이들은 그동안 조성한 공간과 네트워크들을 기반으로 새로운 지역의 로컬콘텐츠를 발굴하고, 콘텐츠를 기반으로 지역과 지역을 잇는 지역 매니지먼트를 수행하고 있다.

어반플레이는 다소 추상적이고 한정적으로 여겨져온 특정 지역의 자원들을 '도시콘텐츠'라는 개념으로 이해하고, 이를 매력적인 도시의 새로운 콘텐츠로 재해석해낸다. 걷고 기록하며 도시의 매력을 발견하고, 도시의 곳곳을 연결하여 도시가 '문화'라는 브랜드로 연결될 수 있는 기반환경을 구축하고 있다. 작은 동네에서 중소도시에 이르기까지 콘텐츠로서의 도시를 발견하고 연결하는 데 주력한다. 이를 통해 사람들이 좀 더 쉽고 감각적으로 도시를 이해하고 소비할 수 있는 도시문화의 소비패턴을 변화시키고 있다. 이들의 앞으로의 행보가 더욱 주목되는 이유다.

3. 시사점

이상으로 지역을 기반으로 활동하고 있는 세 팀의 문화예술기획 단체의 사례들을 살펴봤다. 이들이 지역을 기반으로 활동하게 된 계기와 목표, 활동 방식은 제각각이다. 그럼에도 세 팀 모두 지역에 대한 고민을 바탕으로 지역의 이야기에 주목하고, 이를 문화예술을 통해 표현하고 해결하려는 노력을 진행 중이라는 점에서 공통점을 갖고 있다.

문화기획자가 지역을 문화적으로 접근하는 방식은 다양하다. 플러스마이너스1도씨와 같이 지역과 일체가 되어 지역 문제를 적극적으로 해결해나가는 방식을 취하기도 하고, 유쾌한의 작업처럼 좀 더 예술적인 방식으로 지역에서의 예술적 경험을 유도하기도 한다. 또는 어반플레이와 같이 지역 자체를 콘텐츠로 인식하고 이들을 연결하고 즐겁게 소비하는 방식을 알려주는 작업을 진행하기도 한다. 각각의 방식은 다르지만, 이들은 공통적으로 지역과의 소통을 가장 큰 원칙으로 하여 자신들의 활동을 진행하고 있다. 지역에서 이루어지는 예술활동이 예술을 위한 예술로 국한되지 않도록, 또는 공공이라는 이름으로 문화예술이 지향하는 원래의 목표를 상실하지 않도록 최소한의 방향성을 안내하는 길라잡이 역할을 제시해주고 있다. 이들 그룹은 지역에서 이루어지는 다양한 문화예술 활동이 더욱 지역답게, 지역과 상생할 수 있도록 연결하는 매개자 역할을 하고 있다. 그렇기에 이들의 활동은 우리가 사는 동네를, 도시를, 지역을 지속 가능하도록 하는 문화적 환경을 만들어가는 초석이 되고 있다.

최근에는 앞에서 소개한 세 팀 외에도 지역을 기반으로 활동하는 문화예술 기획자들이 꾸준히 늘어나고 있다. 사회문화적 환경의 변화 속에서 새로운 일상과 가능성의 공간으로서 지역을 재인식하게 된 결과일 것이다. 또, 한편으로 '문화'라는 이름으로 오히려 획일화되어가는 기존 문화공간의 한계를 극복하기 위한 대응적 움직임일런지도 모른다. 그 이유가 무엇이든 이러한 활동은 지금 우리가 사는 지역을 변화시키고 있는 것만은 분명하다. 일상의 공간에 대한 재인식, 일상을 통한 문화적 향유, 문화를 통한 일상의 변화가 이들이 추구하는 근본적인 목표가 아닐까 되새겨본다.

참고문헌

서울문화재단. 『2017 예술활동의 다변화와 사회적 실천』. 2018.

______. 『2018 서울을 바꾸는 예술: 하이라이트(HIGHLIGHT) 1부 포럼』. 2018.

10.18.

김소정. '뜨거운 관심을 이끌어낸 고가 아래 신나는 예술 놀이터'. 이데일리, 2019.10. 21. https:// news.naver.com/main/read.nhn?mode=LSD&mid=sec&sid1=103& oid=018&a id=0004497069

김재중. '영등포시장역, 문화·예술이 어우러진 열린공간으로 변신'. 국민일보, 2020.8.3. http:// news.kmib.co.kr/article/view.asp?arcid=0014871219&code=61111311 &cp=nv%EA%B5% AD%EB%AF%BC%EC%9D%BC%EB%B3%B4

서울문화예술철도 http://artonthemoveseoul.org.

어반플레이 www.urbanplay.co.kr.

오미환. '마을 속 예술로 일상의 감각을 깨우다'. 한국일보, 2017.6.24. https://www. hankookilbo. com/News/Read/201706240486962153

유쾌한 http://delightfull.co.kr

플러스마이너스1도씨 블로그 https://blog.naver.com/plusminus1c

이병민

현재 건국대학교 문화콘텐츠학과 교수로 재직하고 있다. 글로컬문화와 공감사회, 지역브랜딩, 융합콘텐츠, 문화기반 도시재생 등을 연구하고 있다. 산업클러스터학회 회장을 역임했으며, 현재 한국경제지리학회 편집위원장으로 활동 중이다. 『서울의 문화발전소: 홍대앞』, 『서울의 공간경제학』 등을 엮었고, 최근에는 「Strategy and Social Interaction for Making Creative Community:Comparative Study on Two Cities of Crafts in South Korea」, 「Korea's cultural industry clusters 20 years on: evolving policy and practice」의 저자로 활동하는 등 다양한 논문과 저서를 집필하고 있다.

정수희

현재 덕성여자대학교 미술사학과 교수로 재직 중이다. 학부와 석사에서 미술사를 전공하고, 문화콘텐츠학으로 박사학위를 받았다. 글로컬문화전략연구소, 일본 릿쿄대학 글로벌도시연구소, 경기도자박물관 등에서 근무했다. 문화재생, 지역브랜딩, 지역문화정책, 콘텐츠투어리즘, 문화유산 활용, 디지털미술사 등을 연구하고 있다. 대표 연구로는 「문화콘텐츠를 통한 도시의 지역다움 연구」, 「콘텐츠 투어리즘의 구성요소와 한국형 모델 연구」, 「도시의 문화자산으로서 공예와 공예도시 연구」 등이 있다.

19장
감자꽃스튜디오: 분교의 진화

이선철

예술 # 자연 # 지역 # 공간 # 기획 # 응용학문

감자꽃스튜디오는 강원도 평창의 폐교(옛 노산분교)를 재생한 소규모 복합문화공간으로, 건축가 이종호의 설계 하에 옛 학교 건물의 원형은 존치하면서 전면에 아트리움을 증축하고 교실 내부를 개조하는 콘셉트로 재생되었다. 1층은 도서관과 박물관 및 목공실과 주방, 2층은 극장 겸 스튜디오와 레지던시 공간으로 꾸며져 있다. 또한 별도의 마을갤러리와 함께 작은 숲과 마당이 조성되어 있다. 감자꽃스튜디오는 다양한 장르의 예술가와 작가의 창작 및 작업 공간으로 활용되고 있으며, 주민에게는 예술교육과 생활문화를 위한 공간으로, 방문자에게는 탐방 시설로 쓰이고 있다. 공연, 전시, 축제, 음반, 출판, 디자인, 레지던시 등 전문예술 프로그램과 프로젝트를 기획해왔으며, 최근에는 지역 청년의 창업 거점이자 대외 네트워킹의 거점 공간으로 활용되고 있다. 또한 평창동계올림픽 유산을 활용한 프로젝트와 지역관광 활성화를 위한 사업에도 적극적으로 참여하고 있다. 감자꽃스튜디오는 평창군이 소유한 공유 자산으로 위·수탁 계약 형태로 운영되고 있으며, 문화예술공간 기능으로 감자꽃스튜디오가 숙박과 식사, 판매는 주민 업소와 연계하는 파트너십을 구축함으로써 지역자원 활용과 협업 및 지역경제 기여에 노력하고 있다.

1. 개요

1) 연혁

감자꽃스튜디오는 강원도 평창의 산촌 폐교(옛 노산분교) 건물을 재생한 소규모 복합문화공간이다. 교실과 운동장 그리고 부속 건물로 이루어진 전형적인 농촌 폐교로, 작지만 오랜 역사를 가지고 있다. 학교는 1938년 설립되어 1999년 폐교되었으며, 2002년 현 운영자가 교육청에서 유상 임대하여 개인 주거용으로 사용했다. 2004년 지자체의 제안으로 문화공간으로 조성하기로 협의하고 평창군이 자산 매입 후 강원도, 평창군, 문화부의 지원과 운영자 일부 자체 투자로 건축가 이종호의 설계 하에 리모델링 작업이 이루어져 '감자꽃스튜디오'라 명명하게 되었다.

옛 학교 건물의 원형은 존치하면서 전면부에 아트리움을 증축하고 교실 내부를 개조한 디자인으로, 1층에는 교육과 모임을 위한 도서관과 옛 분교의 역사를 보존한 박물관 및 목공실과 주방이 있으며, 2층은 공연과 녹음, 각종 강의를 위한 강당 겸 스튜디오와 레지던시 공간으로 꾸며져 있다. 또한 작가나 주민의 예술작품을 전시하거나 각종 교류와 홍보 활동을 위한 마을갤러리도 있으며, 야외 활동을 위한 작은 숲과 마당이 조성되어 있다.

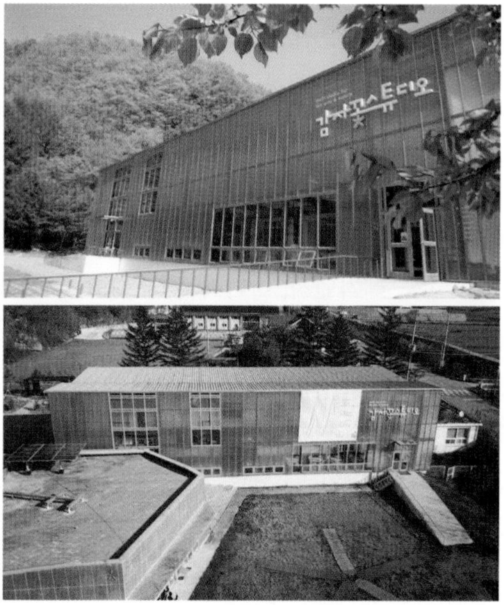

감자꽃스튜디오 전경

감자꽃스튜디오는 다양한 장르의 예술가와 작가에게는 창작 및 작업 공간으로 활용되고 있으며, 주민에게는 예술교육과 생활문화를 위한 공간으로, 방문자에게는 탐방과 체험 시설로 쓰이고 있다. 봄소풍(청년파티), 분교캠프(방학캠프), 가을운동회(레포츠), 성탄극장(송년회) 등 옛 분교 시절 열리던 절기별 행사를 문화행사로 바꾸어 개최하고 있으며, 공연, 전시, 체험, 음반, 영상, 디자인, 출판, 생태, 레지던시 등 다양한 문화예술 프로그램과 프로젝트를 수행해왔다.

또한 문화예술 공간의 기능은 감자꽃스튜디오가 수행하며, 숙박과 식사 및 체험은 마을주민 업소와 연계하는 파트너십을 구축하는 방식으로 운영하여 지역 주민자원의 활용과 협업 활성화 및 지역경제 기여를 위해 노력해왔다. 또한 지역의 청년 창업 플랫폼이자 대외 네트워킹 거점 공간으로 활용되고 있으며, 2018 평창동계올림픽 이후 올림픽 유산 활용 프로젝트와 지역관광 활성화를 위한 사업에도 적극적으로 참여하고 있다.

2) 비전(vision)

감자꽃스튜디오의 핵심 가치는 예술arts, 자연nature, 지역community 세 가지라 할 수 있다. 또한 감자꽃스튜디오의 자원으로는 공간space, 콘텐츠contents 그리고 네트워크network다. 즉 자연 친화적인 환경에서 유휴시설을 활용한 공간을 기반으로 독창적 문화예술 콘텐츠를 창작하고, 이를 보급하는 것을 목적으로 하는 공간이다. 또한 온·오프라인을 넘나드는 네트워킹 활동으로 다양한 영역의 고객과 성과를 공유하는 것을 목적으로 한다.

공간 철학에서도 시설의 원형은 존치하여 지역의 정서와 감성을 존중하되 과감한 현대적인 디자인으로 미래를 지향하면서 기능적인 시설의 조성에도 창작, 레지던시, 미디어 등의 활동에 최적화할 수 있도록 강화했다. 이를 기반으로 지역의 앵커이자 노드로서의 역할을 다하고 마을과 지역사회에 문화예술 거점으로 랜드마크화할 수 있도록 역할과 역량을 강화해왔다.

3) 사업(commitment)

공간 조성 후 자산은 평창군이 소유하고, 예술창작스튜디오에 관한 조례에 의거하여 위·수탁 계약을 통해 운영은 감자꽃스튜디오가 수행하는 구조를 수립했다. 이를 기반으로 감자꽃스튜디오는 다양한 사업을 펼쳐왔는데, 그 형태는 기획사업, 용역사업, 보조사업 세 가지로 나누어볼 수 있다. 또한 수익 사업과 공익사업의 성격으로 구분해볼 수 있고, 기획사업은 자체적으로 제작하는 전문 프로그램과 콘텐츠를 뜻하며, 이 성과를 통해 축적된 역량이나 평판과 관계를 통해 교육, 자문, 출판 등의 방식으로 간접 수익을 올려왔다. 이렇게 조달된 재원은 공간의 운영과 프로그램 제작비 또는 이에 연계된 인건비로 충당해왔다. 정부나 지자체 및 기관과 기업의 프로젝트를 용역 또는 위탁 형태로 수행해오기도 했다. 아울러 문화예술교육이나 공공 목적의 비영리사업은 보조금 또는 지원금의 형태로 수행하며, 예산 내에서 인건비와 실경비 등을 충당해왔다.

위와 같은 사업의 효율적 운영을 위해 공간은 복합적이고 가변적으로 활용해왔으며, 탄력적인 조직 구축과 운영을 통해 경영의 내실화를 꾀해왔다. 홍보와 마케팅 등에도 매체 활용과 인적 네트워크 구축에 힘을 쏟아왔으며, 지역사회와의 소통과 협업으로 성과와 실적에서 그 결실이 지역으로 돌아갈 수 있도록 하고, 적절한 수준의 참여와 기여를 통해 호의적인 여론과 평판을 조성해왔다.

4) 전략(strategy)

감자꽃스튜디오의 전반적인 운영전략은 크게 공간전략, 프로그램전략, 경영전략, 마케팅전략으로 나누어볼 수 있다. 특히 별도의 예산 지원이 없는 것을 전제로 자생적 존립이 가능할 수 있도록 전략 요소를 적용했다. 또한 내부 시스템 구축과 함께 대외 홍보와 협력을 위한 네트워크 구축에 힘을 쏟아왔다.

공간전략으로는 지역 환경과 주민 정서를 존중하되 디자인이나 기능에서는 혁신성을 추구하여 소규모 랜드마크이자 지역의 문화예술 생태계의 허브 또는 앵커 역할을 할 수 있도록 조성했다. 프로그램전략은 사업 유형별로 재원 조성과 수행방안을 수립하고 자체, 외부, 협력 등의 방식으로 구분하되 전문가와 작가의 협업으로 지역 수준을 뛰어넘는 최고의 프로그램이 되도록 노력했다. 경영전략으로는 조직의 효율성과 구성원 역할의 다양성을 전제로 자체 지속 가능한 경영 실천방안을 수립했으며, 마케팅전략으로는 홍보와 교류 등을 통해 인지도와 평판을 구축하고, 인적 네트워크의 활용으로 브랜드 자산을 발전시켜왔다.

이를 통해 매년 세부 실천방안을 계획하여 마을, 지역, 행정, 중앙 등과 연계한 사업 또는 운영에 필요한 자원을 확보하고, 탄력적이며 효율적인 운영계획을 실천해왔다. 외부 인력과의 파트너십을 구축하고 기관 특성에 맞는 조직을 갖춤으로써 최대한 핵심 역량 외에 지역과 외부를 굳이 구분하지 않는 탄력적인 형태를 유지해왔다. 각종 공모사업이나 용역이 있을 경우 예산 내에서 적합한 팀을 꾸리고, 구성원의 개성과 역량 및 상황을 고려한 업무 형태를 갖추어 운영해왔다.

2. 시설 소개

1) 이곡리극장(강당)

감자꽃스튜디오 2층에는 옛 학교 시절 나름의 강당이 있었다. 시골 분교는 규모상 따로 강당이 없어 교실 두 칸을 접이식 문으로 중앙을 막아 각각 교실로 쓰다가 필요 시 문을 좌우로 젖혀 개방한 후 입학식, 졸업식도 하고 각종 학교 행사를 하는 강당으로 쓰곤 했다. 리모델링 작업 후 이곳은 주로 음악, 연극, 무용 등의 창작이나 연습, 특히 녹음 작업을 할 수 있는 기자재와 악기를 갖추어 예술가의 작업이나 주민의 각종 동아리 모임 장소로 쓰이고 있다. 특히 이곳에서는 평창의 미탄아라리와 둔

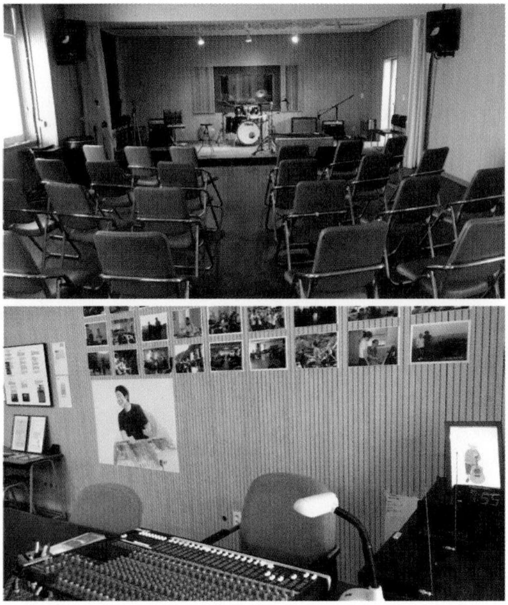

이곡리극장(강당)

전평농악 등 지역의 전통예술 아카이빙 음반이 녹음되기도 했으며, 지역 음악가는 물론 서울과 타 지역에서도 음악가들이 찾아 녹음작업을 해왔다. 다양한 장르의 공연이 열리며 마을극장 역할도 수행해왔고, 방학에는 청소년과 어르신을 대상으로 하는 캠프 장소로도 쓰였다. 연말에는 '성탄극장'이라는 이름의 주민 송년잔치와 지역 청년의 문화 행사장으로도 활용되고 있다. 아울러 방문팀을 위해 강의나 체험 또는 워크숍과 교육 및 모임의 장소로도 쓰여왔다.

2) 감자꽃책다방(도서실)

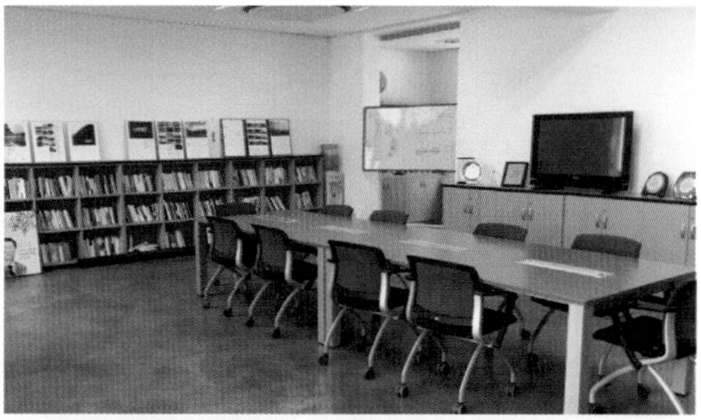

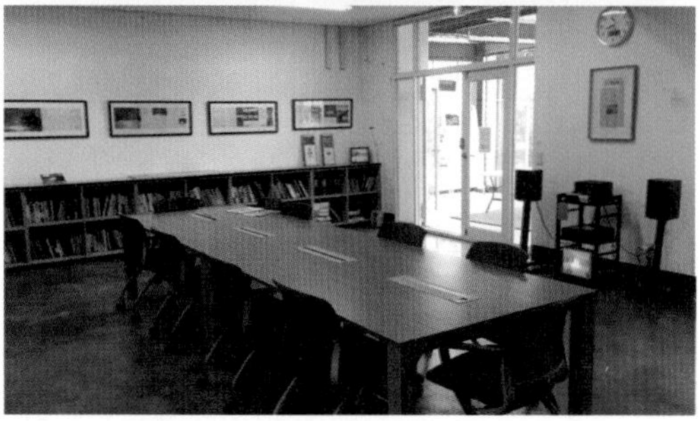

감자꽃책다방(도서실)

감자꽃책다방은 도서관이자 마을 사랑방으로 활용되는 공간이다. 지금의 감자꽃스튜디오가 조성되기 전 대표자와 함께 머물던 영월 출신의 동화작가 이남영의 작품이 2003년 강원일보 신춘문예에 당선되었는데, 이 작품의 제목이 「감자꽃」이었다. 이를 자축하고 기념하기 위해 교실 하나를 수리하여 작은 어린이도서관을 만들던 중 전체적인 리모델링 작업을 하게 되어 지금의 감자꽃스튜디오가 되었다.

이 취지를 살려 전체 공간 중 하나를 할애해 '감자꽃책다방'이라는 이름의 도서관을 만들게 되었는데, 주로 문화, 예술, 생태, 영농, 관광, 마을 등을 주제로 한 도서를 구비하고 있으며, 관련 정책 자료와 음반 등을 구비하고 있다. '책다방'이라는 이름처럼 독서 외에 차를 마시는 휴게 공간이기도 하며, 연구나 교육 또는 모임의 용도로 누구나 이용할 수 있도록 항상 열려 있다. 또한 마을주민의 모임, 교육 또는 각종 생활문화 동아리 활동 공간으로도 두루 쓰여왔다.

3) 노산분교박물관(교실)

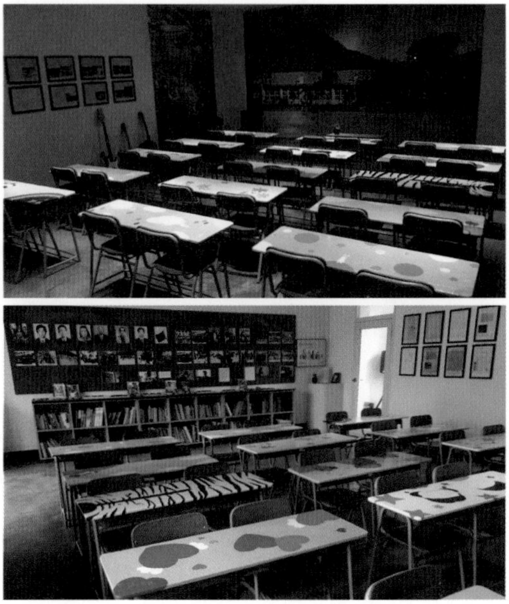

노산분교박물관(교실)

노산분교박물관은 이 학교의 옛 이름인 노산분교 시절의 기록과 흔적이 있는 물품을 모아놓은 일종의 학교 기념관이다. 학교의 역사와 함께 옛 학생들과 교사의 모습도 보여주고 있어 이 학교 출신에게는 동문회관이자 이곳이 모교인 대부분 마을주민에게는 추억과 향수가 있는 공간이다. 뒤 벽면에는 오래된 시절과 폐교 직전 시기까지의 사진들이 걸려 있으며, 앞 벽면의 대형 흑백사진은 학교의 초기 모습, 옆 사진은 당시의 신 교사다. 측면 벽에는 옛 지적도, 연혁, 자산대장 등 각종 행정서류, 반대편에는 나비를 채집한 표본상자가 걸려 있다. 또한 책장 위에는 사진과 졸업앨범 그리고 교가 악보 등이 전시되어 있다.

특히 첫 직장으로 이 학교에 취직하여 37년간 평생 이 학교의 소사(관리자)로 봉직하다가 돌아가신 고 이돈각 선생의 사진과 추모 편지가 놓여있다. 또한 마을 어르신들의 한글교실과 미술체험 프로그램의 결과물들이 전시되어 있다. 이 공간은 주로 강의와 교육 등이 이루어지며, 방문자를 위한 오리엔테이션 공간으로도 쓰이고, 주민의 모임이나 회의 장소로도 활용되고 있다.

4) 이종욱키친(식당)

이종욱키친은 주방을 겸한 식당으로 감자꽃스튜디오 관계자나 레지던시 예술가, 워크숍이나 탐방을 위해 방문한 팀에게 식사와 휴게 장소로 활용되고 있다. 또한 이 주방은 지역의 특산물로 만든 각종 메뉴 개발과 음식·음료와 관련된 연구와 발표 등이 벌어지는 프로젝트 키친이기도 하다. 특히 지역주민이나 방문객이 함께 어울리는 소셜다이닝 행사가 틈틈이 열리고 있기도 하다.

아울러 이 공간은 음식이나 식재료 관련 교육이나 실습에도 쓰이고 있으며 주민을 대상으로 요리, 음료, 제과·제빵 교실 등을 열기도 했다. 벽면은 갤러리 형태로 되어 있어 지역 작가나 주민 또는 예술가의 작품이 전시되기도 하며, 각종 소규모 문화행사에도 쓰이고 있다. '이종욱키친'이라는 이름은 스튜디오 조성 당시 지금의 주방기구를 기증한 백조씽크 이종욱 대표의 호의에 대한 감사의 표시로 명명되었다.

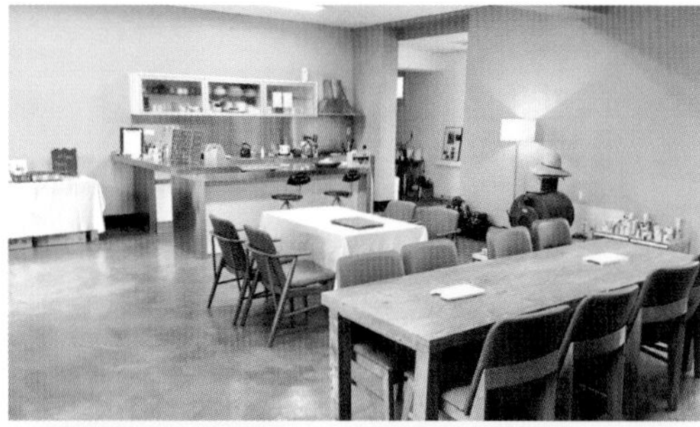
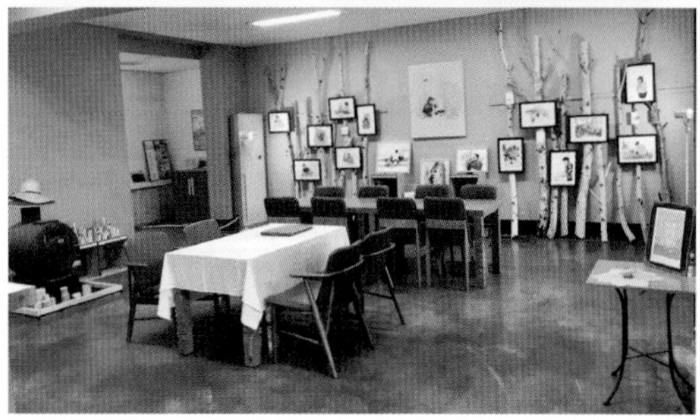

이종욱키친(식당)

5) 목공방(소사실)

목공방은 목공을 중심으로 각종 공작과 공예 활동을 위해 조성된 공간이다. 다양한 장비와 기구를 갖춘 시설로 목공에 관심 있는 지역주민이면 누구나 자유롭게 이용하며 자신의 취미나 작업을 위해 사용할 수 있

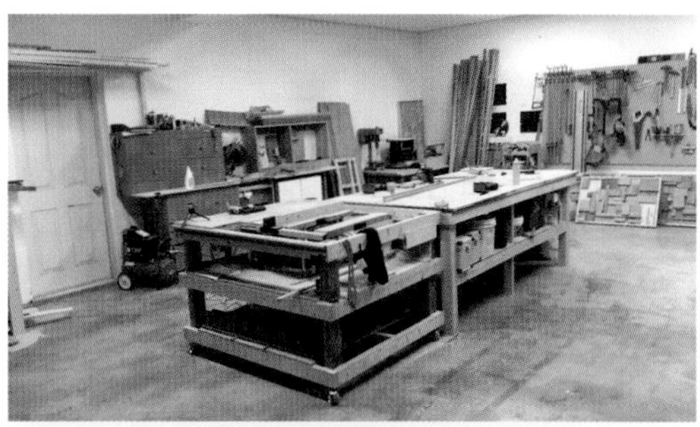
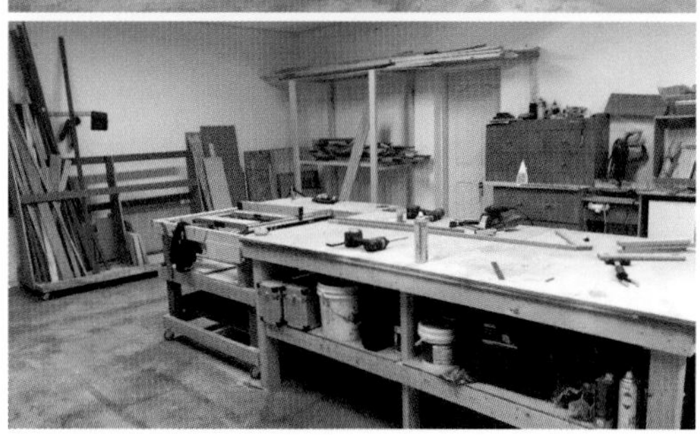

목공방(소사실)

다. 가구, 소품, 악기 등의 제작은 물론 간단한 실내인테리어 작업을 할 수 있는 곳이다. 또한 공연용 무대장치나 미술 전시용 가벽과 프레임 등을 제작하기도 한다. 특히 지역 청년창업단체의 사업 및 작업 공간으로 활용되고 있기도 하다.

6) 스튜디오(음향실)

극장과 붙어있는 스튜디오는 음원 및 영상의 레코딩과 믹싱 및 편집 등을 할 수 있는 전문 시설이다. 이곳에서는 지역 전통예술의 아카이빙과 기록은 물론 지역 음악가와 외부 전문 예술가들의 음반이나 영상작업도 할 수 있는 시설과 기자재를 갖추고 있다. 또한 집중적인 창작작업이나 연구작업을 위한 레지던시 형태로도 활용되고 있다. 아울러 지역 청소년의 방과후교실이나 동아리 및 교육공간으로도 쓰이고 있으며, 지자체나 지역기관의 음원·안내 방송 녹음작업도 이루어지고 있다.

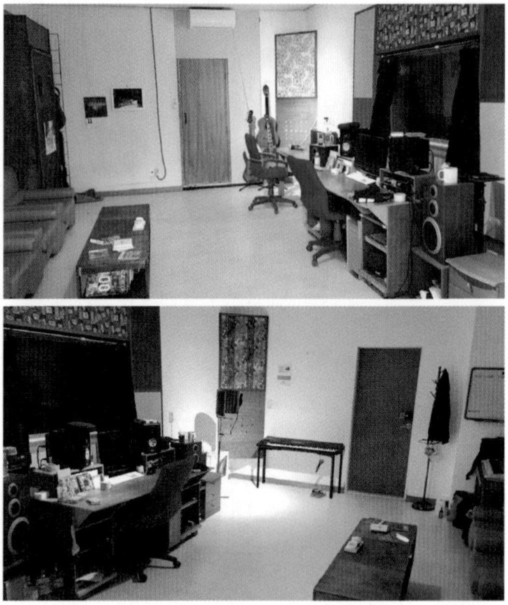

스튜디오(음향실)

7) 마을갤러리(전시실)

감자꽃스튜디오의 본관이 폐교의 원형을 보존하며 개조한 건물이라면, 앞부분의 마을갤러리는 새로 건축한 별관 성격의 시설이다. 이 건물은 마을을 소재로 한 전문 예술가의 작품이나 주민의 예술활동 결과물을 전시하는 공간으로, 지역의 자연과 문화를 보여주는 마을전시장 역할도 하고 있다. 또한 마을주민이

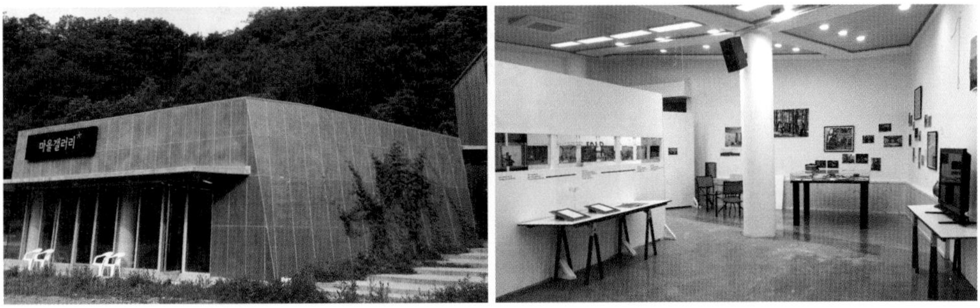

마을갤러리(전시실)

나 청소년을 위한 시각예술 교육공간으로도 쓰이고 있으며, 전시 외에도 공연이나 파티 또는 교류 등 다양한 목적으로 쓰이고 있다. 앞면의 감자꽃마당은 야외행사나 옥외 활동의 장소로 활용되고 있다.

3. 주요 성과

1) 공간 조성

농촌의 유휴시설인 옛 폐교 건물을 재활용하여 건물의 역사성과 지역의 고유성 보존을 위한 리모델링 계획을 세운 후, 건축가와 디자이너의 참여로 독창적인 아우라를 창출하고, 환경친화적인 설계를 통해 지역의 기후와 특성을 감안한 초저비용 시공으로 조성되었다. 원 건물의 보존과 새 공간의 개발을 염두에 둔 설계로 원형의 존치와 현대적 탈바꿈의 조화를 이루고자 한 시도다.

특히 재원에 있어 기초와 광역 지자체의 지원으로 기본 골격을 갖추고, 중앙부처의 지원사업으로 세부 시설과 기자재를 확충하여 조성했다. 이후 자산의 소유는 공공이, 운영과 기획은 민간이 분담하는 형태의 위·수탁 계약을 맺어 협업 구조를 구축해왔으며 각각의 장점을 살려 시너지 효과를 내왔다.

디자인과 기능성의 조화를 이뤄 창의적 시도와 사용상의 편의성 및 운영의 효율성 추구가 가능해졌다.

지역의 정서와 외부의 시각을 모두 고려하여 학교의 유산 보존과 디자인 및 공법의 혁신성을 꾀했다. 운영과 관리 측면으로는 저비용 시공과 관리상의 비용 절감 및 지속 가능한 운영을 가능하게 했다.

2) 예술창작

기본적으로 예술창작활동을 최우선으로 배려하는 전략으로 공간 활용을 극대화하여 음악, 미술, 연극, 무용, 영상, 사진, 공예, 디자인 분야의 예술가 및 작가의 스튜디오와 레지던시 역할에 충실해왔다. 운영 초기 공간의 존재를 알리는 홍보와 함께, 지역에서는 마을 풍광을 사진으로 담아 디자이너가 제작한 마을달력 작업으로 마을과 주민과의 지속적인 소통과 교감을 가지려 노력했다. 또한 지역의 민요와 농악 등 지역의 전통예술 아카이빙 작업을 수행했다. 지역과 지자체의 필요 시 문화 관련 정책 사업과 행사, 공간 활용에 자문 및 교육을 진행해왔다.

이러한 작업의 성과와 실적이 외부에 알려져 현장을 찾아오는 다양한 분야의 방문자와 단체를 위한 프로그램을 개발하여 워크숍, 탐방, 체험, 캠프, 견학 등을 진행해왔다. 이러한 과정에 숙박이나 식사 또는 판매 등은 직접 수행하지 않고 지역의 주민 업소와 단체를 활용하여 연계함으로써 방문의 혜택이 주민에게 돌아가는 구조로 만들어놓았다. 또한 본격적인 마을 개발 공공사업의 중심이자 자문 및 전문영역의 역할도 수행해왔다.

3) 예술교육

개관 초기 문화체육관광부에서 적극적으로 추진되던 문화예술교육 정책에 부응하여 감자꽃스튜디오는 학교문화예술교육사업과 사회문화예술교육사업을 모두 시범사업이나 공모사업 형태로 참여했다. 시범사업을 활용하여 지역의 초·중학교 학생들을 대상으로 전교생 국악교육 프로그램을 수행했으며, 고등학교 동아리 지원과 학교축제 및 방학캠프도 수행하고, 교사 및 학부모에게까지 대상을 넓혔다. 이 과정에서 지역 거주 예술강사가 없는 상황에서 서울 및 인근 도시의 청년 예술강사 자원을 활용하여 네트워크를 구축하게 되었고, 이후 이 강사진은 모두 해당 분야의 중견 리더들로 성장하여 지역과의 지속적인 관계를 유지하며 그 역할을 이어갔다.

이 시기에 지역교육청과 학교 경영자의 적극적인 협력을 끌어내면서 지역에서 문화예술교육에 대한 가치와 역할을 인식시키는 데 큰 역할을 하게 되었다. 또한 당시 수혜대상이던 청소년들이 성장하여 지역 청년자원으로 다양한 분야로 진출했으며, 학교에서의 문화예술교육 활동을 통해 쌓은 소양과 추억을 활용하는 성과로 이어졌다.

4) 생활문화

학교에서의 문화예술교육 사업을 계기로 지역의 일반 주민을 대상으로 하는 문화예술교육 프로그램도 생활문화나 문화복지의 성격으로 병행되었다. 공연예술은 물론 시각예술이나 전통예술을 활용한 체험형 생활문화 활동은 주민의 일상에서 자연스럽게 확산되어나갔다. 특히 전문시설이나 강사자원이 부족한 강원도 산촌의 한계를 해소하기 위해 감자꽃스튜디오는 교회나 보건소, 복지관 등 주민 친화적인 기관이나 단체와 협업하여 공동으로 수행하기도 했다.

또한 찾아가는 문화행사나 마을축제 등에서도 감자꽃스튜디오에서의 문화활동에 적극적인 주민은 협력과 참여의 주체로 성장하며 지역 전반의 문화성과 문화역량을 강화하는 주역이 되어왔다. 이후 감자꽃스튜디오는 이러한 활동이 자발적 조직화로 발전하여 직접 기획하고, 재원을 조성하며, 과정을 수행하고, 공간 플랫폼으로 공간의 제공과 대외 협력을 돕는 수준으로 변화해왔다.

5) 마을 거점

감자꽃스튜디오는 마을주민의 문화예술교육 공간으로 활용되는 것을 계기로 문화예술활동이 아닌 부분에서도 통합 커뮤니티센터 역할까지 확장해왔다. 마을의 행사나 모임의 공간으로도 활용되며, 마을의 각종 공공사업 계획과 수행 시 거점 공간으로 활용되어왔다. 특히 최근 청년그룹의 활동 거점과 농촌관광 및 도농교류의 앵커시설로도 활용되고 있다.

24시간 자율적으로 개방하는 방식으로 운영되어 누구나 사전에 일정 조정만 하면 특별한 절차 없이 편리하게 이용할 수 있고, 또 평창 관내의 주요 행사에도 활용되어왔다. 지역의 문화 관련 대소 행사에 늘 우선적으로 활용되어왔으며, 마을의 다른 주민 업소와 함께 호의적 관계를 구축하여 사업적 시너지 효과를 거두어왔다.

6) 지역축제

감자꽃스튜디오는 옛 학교의 절기 행사 명칭을 재연하되, 그 성격을 문화행사로 바꾸어 자체 기획을 해왔다. '산나물마을축제'로 시작하여 최근에는 청년 네트워크 축제로 개최된 '봄소풍', 방학을 맞은 지역 아동을 위한 예술체험 캠프인 '분교캠프', 지역의 산림자원을 활용한 레포츠 축제 '가을운동회', 옛 학예회의 취지를 살려 주민이 다 같이 공연으로 준비하는 송년회 '성탄극장' 등을 개최해왔다.

축제 기획에서 주민은 동아리 공연, 향토음식 준비, 특산물 판매를 담당하고 감자꽃스튜디오는 행사 기획, 홍보 마케팅, 전문가 섭외를 맡아 역할을 효과적으로 수행하며, 감자꽃스튜디오 네트워크를 통해 재능기부나 자원봉사 및 컬래버레이션 등으로 행사가 가능해졌다.

7) 국제교류

감자꽃스튜디오는 지역을 기반으로 조성되고 지역 중심으로 활동을 수행해왔지만, 그 성격상 국제적인 프로젝트나 프로그램의 기획에도 전문성을 발휘하여 수시로 해외 아티스트나 문화예술 전문가의 방문 또는 교류가 이어져왔다. 그러나 규모나 성격상 가장 백미는 2018 동계올림픽 문화프로그램의 하나로 수행된 '첩첩산중 평창'이라 할 수 있다. 16개 나라에서 온 음악·미술·무용 분야 30여 명의 국내외 청년 아티스트가 한 달여간 감자꽃스튜디오와 마을에 머물며 공동작업을 하고, 그 결과물은 국립극장 공연과 행화탕 전시로 마무리한 행사가 문화올림픽 프로그램 중 독보적인 평가를 받았다. 이는 감자꽃스튜디오의 기획이 아니라 청년 프로듀서 그룹의 작품이었으며, 감자꽃스튜디오는 공간 제공과 함께 지역 자원의 연계와 기획 자문을 맡음으로써 효율적인 역할 분담이 있었다.

이 행사도 전문 창작 시설은 감자꽃스튜디오를 활용하되 숙박이나 식사, 교류 또는 체험 등에는 주민의 시설이나 업체 또는 단체가 수행하도록 구조를 갖춤으로써 행사를 통해 지역 예술가와 청년 및 주민도 글로벌 스탠더드에 부응하는 경험을 쌓게 되었으며, 이를 영상 또는 출판 콘텐츠로 발전시켜 향후 사례 발표나 성과 공유를 통해 홍보와 지속적인 프로젝트로 이어지도록 했다.

8) 지역문화

감자꽃스튜디오는 강원도 산촌 특유의 산림자원이 풍부하여 예술과 자연이 결합한 콘텐츠를 만드는 데 매우 최적화되어 있다. 음악, 미술, 사진, 영상 등 생태 지향성 예술 콘텐츠 창작작업이 이어지고 있으며, 이는 여타 지역의 문화공간과 차별화하는 요소로 작용해왔다.

또한 마을문화와 지역문화 관점에서 물리적 공간으로서 거점 이상의 유무형 자원의 기지이면서 대외 네트워크를 활용한 지역 홍보와 활성화에 실질적으로 기여할 수 있었다. 상대적으로 취약한 전문성이나 전문인력을 지역과 오랜 관계를 맺은 외부 인력의 적극적 활용으로 극복해왔으며, 이는 영농이나 관광 또는 가공 창업 등의 분야에 문화성 강화라는 바람직한 파트너십의 모델을 만들기도 했다.

또한 지역의 문화예술재단과 문화원 그리고 문화도시 같은 국책 사업의 자문 역할의 수행을 통해 지역 기여도를 높여왔으며, 지자체와 공공기관 그리고 각종 사회단체와의 협력에도 적극적으로 참여함으로써 문화 관련 조력자로서의 책임을 다해왔다.

9) 청년자원

감자꽃스튜디오와 연계된 지역 청년자원은 사실 그 인연의 시작을 오래전으로 거슬러 올라가야 한다. 감자꽃스튜디오의 개관 초기 문화예술교육을 접한 아동과 청소년들이 성장해 청년그룹을 형성하며 다양한 분야로 진출하게 되었다. 서울 또는 도시로 나가 학업이나 취업 또는 창업을 하는 청년들도 어린 시절 감자꽃과의 인연을 이어가고 있다. 또한 지역으로 귀환 또는 정주하면서 생활하는 청년들에게는 여전히 문화와 창조 공간으로서의 역할을 하고 있다. 또한 직접 문화예술활동을 하거나 지역의 로컬 크리에이터로서 창업한 청년들도 감자꽃스튜디오와의 관계를 이어왔다.

예술, 외식, 영농, 관광, 제조 등 다양한 분야에서 일하는 청년자원들은 감자꽃스튜디오를 직간접적으로 활용하며 교육과 자문, 교류와 협력의 거점 또는 교두보로 활용해왔으며, 감자꽃스튜디오를 방문하는 많은 인적자원과 네트워크를 공유함으로써 그들의 네트워크로도 확장해갈 수 있었다.

10) 농촌관광

이 같은 활동의 결과로 감자꽃스튜디오는 문화, 교육, 농촌 등 다양한 분야 단체들의 탐방 및 워크숍이 이어지면서 이들을 위한 맞춤형 프로그램을 기획하게 되었다. 대표의 강의 또는 사례 발표를 중심으로 지역탐방, 자체회의, 멘토링과 컨설팅, 교류와 체험 등으로 구성된 프로그램이 가능해졌다. 이런 방문자 수요에 부응하여 숙박이나 식사 및 체험은 지역주민의 업체나 단체를 활용하도록 하여 감자꽃스튜디오의 방문 수요가 자연스럽게 지역의 소득이나 활성화로 이어지는 구조를 만들었다.

감자꽃스튜디오 내에서 원스톱으로 해결하는 방식이 아닌 '거점과 연계' 방식으로 코스를 구성함으로써 문화공간도 지역경제에 기여하는 주체가 될 수 있다는 증명을 해왔다. 이는 공간에 대한 시설 투자의 수준을 훨씬 넘어서는 매출증대와 소득 창출을 수치로 입증하고, 구체적인 실적 증명으로 이어졌다. 특히 농촌의 마을 활성화나 마을 관광의 실체적 성과로 인식되면서 농촌의 시설이나 행사에 과도하게 지원한 후 방치 또는 유휴화되는 것에 대비되는 모델로도 소개되어왔다.

4. 결언

감자꽃스튜디오는 지역의 유휴시설을 물리적으로 재생시키는 수준을 넘어 프로그램 기획의 전문성과 독창성, 그리고 지역 연계성과 지속 가능한 운영을 실천한 것에 성과가 있는 것으로 평가되고 있다. 특히 자산 매입과 리모델링 비용은 지자체가 투자하고, 이후 운영과 기획에 민간 전문가와 위·수탁 계약 형태로 16년간 안정적으로 지속하며 협업 모델을 만들어왔다. 초기 리모델링 지원 이후 운영이나 사업에 필요한 추가 예산 지원 없이 독자적 운영을 실천함으로써 예산에 의존하는 운영방식에서 탈피하여 자체적인 생존 방식을 유지해왔다는 점에 시사점을 가지고 있다.

대표자 개인의 역량을 기반으로 하되 다양한 분야의 전문가 자원과의 협력과 협업의 묘를 살려왔으며, 지역을 거점으로 하는 문화사업 외에 국제적 수준의 예술 프로젝트까지 아우르는 성과도 보여왔다. 이를 위해 개방적인 시설 관리와 탄력적인 조직 운영, 그리고 각종 미디어를 통한 활발한 대외 홍보와 실효적인 공간 마케팅 전략도 감자꽃스튜디오의 안정적 생존을 가능하게 했다.

초기에는 문화, 예술, 교육, 복지 등의 기초적인 분야에 집중함으로써 지역 내외에 호의적인 인식을 쌓고, 최근에는 농촌관광, 청년창업, 국제행사 등의 영역까지 그 활용이 확장되면서 특정한 분야에 한정되지 않고 복합문화공간으로서의 전형을 제시해왔다. 긴 시간 동안 쌓아온 인적자원에 대한 투자와 운영자

책임 관리하에 유지되어온 상황을 기반으로 지속 가능한 독창적인 운영을 유지해왔다.

이제 16년간의 시즌 1을 마치고 그동안 지역 내외의 변화를 반영한 시즌 2 운영방식의 전환점에서 더욱 새롭고 미래지향적인 활동의 시작이 기대된다.

이선철

연세대학교 사회학과와 영국 런던대학교(City) 예술정책&경영대학원을 졸업한 후, 김덕수패사물놀이 사무국장과 벤처기업 폴리미디어 대표이사 및 용인대학교 문화콘텐츠학과 교수를 역임했다. 2002년 강원도 평창으로 이주하여 폐교를 활용한 복합문화공간 '감자꽃스튜디오'를 조성하여 운영하고 있으며, 경희사이버대, 연세대, 국민대, 경희대 및 북동연방대(러시아) 등에서 겸임교수로도 재직 중이다.

20장
문화기반 마을공동체의 성장요인

송안나·김세준

문화기반 마을공동체 # 공동체 성장 # 공동체 의식 # 공동체 역량 # 문화활동

우리나라는 지난 반세기 동안 급속한 산업화·근대화 과정의 경제발전 시기에 양적 팽창을 이루면서 도시발전 양상이 문화와 사람 중심이 아닌 최소한의 투입으로 최대의 산출을 발생시키는 정책이 우선시되는 사회적 패러다임이 형성되었다. 2000년대에 들어와서는 이러한 도시의 사회문제를 해결코자 정부 차원에서 마을공동체 사업을 시도했는데, 양적 성장은 이루었으나 공동체가 지속성을 유지하지 못하는 문제가 나타났다. 이에 본 연구에서는 정부 지원사업 이후에도 지속성과 자생력을 유지하며, 공동체 구성원 간의 정서적 교류와 소통을 바탕으로 고유의 공동체 문화를 만들어가는 마을공동체 사례를 분석하여 문제점에 대한 해결방안을 제시했다. 연구 대상으로는 안산 사동 '감골주민회', 안산 대부동 '상동공동체', 안동 신세동 '그림애문화마을' 사례를 선정했고, 분석을 통해 문화기반 마을공동체의 질적 성장요인과 지속적인 활동이 가능한 이유에 대해 파악했다.

1. 서론

1) 연구 배경

오늘날 우리는 한 지역과 장소에서만 계속 머무르지 않고 학교, 직장, 결혼 등의 다양한 이유로 살던 곳을 떠나 새로운 곳을 찾아 보금자리를 만들어간다. 대부분 경제적인 이유로 도시로 이주해 살면서 새로운 장소와 환경에 적응하고 사람들과 관계를 맺게 된다. 무엇보다 인간은 사회적 동물로 타인과 관계를 맺고, 타인과 소통할 때 구성원으로서 자신의 존재를 인지하고 그 속에서 동질감과 안정감을 느낄 수 있다. 그래서 직접적 대면뿐만 아니라 비대면, 온라인을 통해 끊임없이 타인의 이야기를 읽고, 공감하는 행동을 하게 된다. 이렇게 우리는 서로 연결되어 있는데, 연결된 우리가 지역에서 다양한 활동을 함께하면서 교류하며 친밀감을 형성하고, 공동의 고민을 나누며 소통하는 것이 '마을공동체' 활동이다. 우리나라의 마을공동체 활동은 지역의 모임, 커뮤니티 형태로 취미생활을 공유하거나 육아, 교육 등 공동의 문제를 해결하기 위해 시작되었는데, 2000년대부터는 중앙정부의 마을지원사업이 가속화되면서 활성화되었다. 초기 마을공동체 사업은 지역 인구의 감소, 지역문화의 소멸, 이웃과의 갈등, 소외, 교육 등 사회적 문제에 대한 해결책으로 시작되었는데, 많은 지역공동체가 '마을만들기' 사업에 뛰어들면서 양적으로 많은 공동체가 형성되었다. 하지만 특별한 목적이나 주체성 없이 사업에 지원하는 경우, 지원이 끝남과 동시에 공동체가 와해되는 경우가 많이 발생했다(구경하, 2016).

반면, 이러한 분위기에서도 묵묵히 자신들만의 목표를 향해 꾸준히 활동을 이어가고 자생력을 유지하는 마을공동체들이 있었다. 정부의 지원으로 다양한 활동을 시도할 수 있었고, 구성원들의 역량을 강화하며, 공동체 활동의 범위를 넓히고 네트워크를 확장할 수 있었다. 본 연구에서는 이러한 마을공동체들의 사례를 보면서 그 특징과 성장요인에 대해 분석하고자 한다. 마을공동체는 환경, 형성목적과 참여 주체에 따라 다양한 형태로 나타나기 때문에 공동체마다 성장요인이 매우 다를 수 있지만, 그럼에도 다수의 사례를 종합하여 보편적 특성과 주목할 점이 있는지 살펴보는 것은 의의가 있다고 보았다.

2) 사례 소개 및 선정 이유

우리나라의 마을공동체 지원사업은 2000년대부터 활성화되어 중앙부처 및 지방자치단체의 지원을 받는 마을공동체 수는 2016년 말 기준 1만 2천 개로, 6개 부처에서 14개 사업을 진행했다. 초기에는 지역의 물리적 기반환경을 조성하는 데 집중했지만, 최근에는 지속력과 자생력 강화를 위해 마을공동체 구성원의 공동체 의식과 역량 강화에 관심을 보이고 있다(송안나, 2020).

본 연구에서는 다년간의 활동을 통해 공동체 구성원 간의 신뢰를 형성하고 공동체 문화를 바탕으로 자생력을 확보하고 있을 만큼 역량을 갖춘 공동체를 연구 사례로 선정하고자 했다. 이를 위해 행정안전부, 문화체육관광부, 농림축산식품부 등 정부 부처 사업 총 23개 중에서 프로그램 운영 및 콘텐츠를 통한 주민 참여를 지원하는 소프트웨어 사업을 하며, 오랫동안 사업을 지속하여 안정성과 효과성을 확보하고 있고, 다양한 문화활동 프로그램을 통해 주민 간의 관계 맺기를 중요시하는 마을공동체 사업을 유형에 따라 구분하여 살펴보았는데, 그중 문화체육관광부의 '생활문화공동체만들기' 사업[1]이 가장 적합한 것으로 나타났다. 그리고 동 사업의 지원을 받은 마을공동체의 경우 적어도 문화기반 마을공동체의 특성과 성장 과정을 포함하고 있다고 판단하여 3년 이상 연속 지원을 받았으며, 지원 이후에도 계속 지속하고 있는 사례를 연구 대상으로 선정하고, 마을공동체를 직접 방문하여 사전 실사조사를 했다(송안나, 2020).

연구 방법은 질적 사례연구를 선택했고, 자료수집 방법으로 심층 인터뷰, 문서 및 기록정보, 참여관찰을 채택했다. 심층 인터뷰는 2020년 4월부터 2020년 6월까지 약 3개월 동안 진행했다. 심층 인터뷰 대상자는 각 공동체 사례에 대해 가장 잘 이해하고 많은 경험이 있는 핵심인력 및 중간지원조직 및 지역활동가들을 선정했다. 연구의 신뢰성과 타당도를 높이고자 자료 삼각검증법, 연구자 삼각검증법을 진행했다.

---

1 '생활문화공동체만들기' 사업은 지역문화진흥원 주관으로 마을주민이 생활문화를 매개로 일상적인 만남의 기회를 마련함으로써 공동체 활동을 확산하고, 성장한 공동체가 필요한 일상의 문화활동이 자생적으로 이루어질 수 있는 환경을 마련하고자 진행하는 사업이다.

(1) 감골주민회

감골주민회는 안산구 사동을 중심으로 활동하는 마을공동체로, 공동육아와 교육에 관심을 둔 학부모와 아이들이 공동체 활동에 참여하고 있다. 감골주민회는 2006년 초등학교에서 자원봉사를 하던 '도서관도움어머니회'의 책모임으로 시작되었다. 학부모들은 정기적인 모임을 하면서 공동의 고민을 나누기 시작했고, 아이들의 방과 후 활동 지도를 어머니들이 직접 배워서 도전하게 되었다. 본인들이 직접 평생교육 프로그램에 참가해 배우고 아이들과 함께할 수 있는 다양한 프로그램을 직접 기획하고 가르쳐보며 마을 활동가 및 교육자로서 함께 배우고 성장했다. 구성원들은 초기에 '도서관도움어머니회'의 활동을 꾸준히 이어오다가 2011년 '감골주민회'를 조직하여 2012년부터는 본격적으로 마을공동체 사업에 참여하게 된다. 사업 참여를 하면서 점차 다양한 활동으로 확대해나갔고, 공동체가 성장해나가는 계기가 되었다. 주요 참여 사업으로는 안산마을만들기지원센터의 '마을만들기공모사업', 지역문화진흥원의 '생활문화공동체만들기' 사업, 문화체육관광부의 '문화특화지역 조성사업' 등이 있다.

(2) 상동공동체

상동공동체는 '문화공간 섬자리'라는 문화예술단체를 중심으로 형성된 공동체다. '문화공간 섬자리' 공간에서 마을활동가가 주민에게 다양한 문화 프로그램을 제공하면서 형성되었는데, 특히 지역에서 교류활동이 저조한 청소년, 청년, 이주민 여성을 위한 프로그램을 운영하고 있다. '상동'이라는 이름은 예전에 불리던 지역명으로 1980년 시화방조제가 놓이면서 대부도는 어업으로 생계를 유지하는 많은 주민을 잃게 되었는데, 상동거리는 주민센터, 우체국, 학교 등 인프라가 형성되어 그중에서도 주민의 왕래가 잦은 곳이다. 상동공동체는 2016년부터 2018년까지 문화체육관광부의 '생활문화공동체만들기' 사업의 지원을 받았고, 그 이후에도 활동을 지속하여 지역의 정체성을 보여주는 다양한 소재를 활용하여 프로그램을 기획하며, 문화활동을 통해 예술가적 체험을 경험하고 사회적 교류의 장을 제공하고 있다.

(3) 그림애문화마을

경북 안동 신세동에 위치한 벽화마을은 원래 외부인의 방문이 없는 원주민으로 이루어진 달동네였다. 2009년 문화체육관광부의 마을미술 프로젝트 공모사업에 지원하여 대구·경북지역에서 유일하게 선정되어 벽화마을을 진행한 것이 마을사업의 시작이었다. 이후 2015년 '창조지역사업'에 선정되어 마을의 공동공간 '할매네 점빵'이 만들어졌고, 벽화마을을 홍보할 수 있는 상징물들이 세워져 마을사업이 활발해졌다. 또한 그림애문화마을의 대표 활동 '월영장터'가 개최되었으며, 장터에 참여한 작가들이 마을로 들어오면서 다양한 교육 및 공동체 자립기반 프로그램을 진행했다. 2016~2019년은 지역문화진흥원의 '생활문화공동체만들기' 사업에 선정되었고, 2018~2020년에는 '안동시 도시재생 사업권역'에서 지원을 받았다.

2. 연구 내용

본 연구에서는 정부 지원 이후에도 지속적으로 활동하는 우리나라 문화기반 마을공동체의 사례를 살펴보고, 참여자들의 인지·정서·태도에 긍정적인 영향을 주는 마을공동체의 성장요인에 대해 탐구하고자 했다. 주요 요인으로는 첫째, 마을공동체 구성원들의 정서적 관계 형성이 중요한 것으로 나타났으며, 둘째, 구성원들이 참여와 배움을 통해 개인적, 대인적 그리고 사회적 역량이 향상되는 것이 필요하며, 셋째, 마을공동체가 공동체의 형성과 활동에 대한 비전과 방향성이 명확해야 하며, 넷째, 지역 중간지원조직과의 협력과 담당자의 인식개선이 필요하고, 다섯째, 공동체 구성원들이 다양한 문화활동을 통해 소통과 상호교류를 하는 것이 중요한 것으로 나타났다. 주요 내용을 살펴보면 다음과 같다.

1) 마을공동체의 기본 전제, 정서적 관계 형성

마을공동체 활동을 하면서 가장 많이 떠오르는 문제가 갈등 해결이다. 사람과 사람 간의 만남은 좋은 일도, 때로는 불편한 일도 생기기 마련인데, 이러한 갈등 상황을 어떻게 해결하는지가 중요하다. 일반적으로 갈등 해결 과정에서 외부인이 개입하거나 절차, 규정을 내세우면서 접근하기 쉬운데, 이러한 태도는 갈등 상황을 더욱 악화시키기도 한다. 공동체 구성원 간의 갈등을 해결할 방법으로는 갈등 자체에 접근하기보다 우선 공동체 구성원들의 감정적 정서를 점검하는 것이 필요한 것으로 나타났다. 이해관계에 얽매여 서로의 목소리만 키우는 문제 자체에서 벗어나 상대방의 생각과 마음을 배려하고 공감할 수 있는 정서적 교감이 필요하다. 이러한 서로에 대한 신뢰는 오랜 시간 동안 서로 소통하고, 교류하여 함께 활동할 때 쌓일 수 있다.

감골주민회 어머니들은 도서관모임을 하면서 아이들의 육아 문제에 대한 고민을 함께 나누면서 친분을 쌓았다. 참여자들은 마을활동을 통해 개인의 변화뿐만 아니라 대인과 관계를 맺으며 소통하고 상호교류를 하며 친밀감과 소속감을 느끼게 되었다. 다양한 문화활동을 통해 폭넓은 연령층이나 계층의 주민과 만나게 되면서 타인의 삶을 간접경험하게 되었고, 혼자서 아이를 키우면서 힘들었던 경험과 고민을 나누면서 단절되었던 외부와의 교류가 이어졌다. 다양한 사람의 가치관과 자녀 양육에 대한 생각을 듣게 되면서 서로의 다름을 인정하고, 타인에게 잘 보이려고 애쓰지 않고, 편안한 마음으로 이웃들과 함께 어울리는 생활을 하면서 서로 익숙해지고, 편해지고 좋아지는 과정을 겪었다(안산시마을만들기지원센터, 2019). 이를 통해 타인과 다름을 수용하는 연습을 하면서 문화의 다양성을 배우게 되었다.

상동공동체의 참여 주민은 문화활동 기회가 적은 청소년, 청년, 이주민 여성들로 처음 수업을 진행할 때는 어색함에 쉽지 않았다고 한다. 자기 스스로 표현해보고 생각을 말하고 나누는 것에 대한 경험이 적었기 때문에 다양한 실험적 프로그램을 진행했다. 청소년에게는 '시종유관' 프로그램을 통해 본인들이 직접 놀거리를 찾기 위해 고민하고 대화하고 서로의 생각을 나누도록 했다. 원하는 주제에 따라 그룹을 나눠 지역주민을 대상으로 인터뷰를 진행하고, 영상을 찍거나 이야기를 만들어 자신의 강점을 발견하고 지역민과 친해지는 계기를 마련했다. 청년을 대상으로 하는 문화기획 프로그램 '청년쌀롱'에서는 자신만의 칵테일을 만들거나 자작곡 만들기 과정을 진행할 때 서로에게 왜 그러한 생각이 들었는지, 어떤 맥락인지를 설명하게 하고, 활동을 통해 자신을 표현하고 생각을 공유하여 구성원 간 상호교류 과정을 경험하도록 했다.

그림애문화마을은 할머니들이 대부분인 조용한 동네였는데, 외부활동가가 마을에 들어와 마을텃밭을 가꾸면서 주민과 조금씩 가까워지는 시간을 갖게 되었다. 처음에는 젊은 활동가가 혼자서 하던 일이었지만 할머니들이 점차 관심을 가지면서 텃밭을 함께 돌봐주시기도 하고, 같이 밥을 먹고 대화를 나누면서 신뢰 관계를 형성해나갔다. 이후 활동가와 할머니들은 마을을 찾아온 방문객에게 텃밭에서 수확한 과일을 나눠주고, 텃밭 체험활동도 제공하면서 활동을 이어나갔다. 외부활동가가 마을로 들어와 공동체 사업을 진행할 때 가장 필요하면서도 어려운 것이 주민과의 신뢰와 친밀감을 쌓는 것인데, 그림애문화마을의 경우 정서적 교감이 우선시되었기 때문에 좋은 관계로 성장할 수 있었고, 이후 주민도 활동가가 요청하는 일이나 사업 참여에 대해 적극적으로 지지해줄 수 있게 되었다.

> *"활동을 하다 보니 할머니와 통장님이 지지를 많이 해주셨어요. 청소를 했으면 좋겠다고 하면 언제 할까 하고 들어주시고 … 마을이 어떻게 체계적으로 변화했는지에 대해 말하기 어려운 게 사업으로 접근한 게 아니었거든요. 사업으로 접근하는 곳은 보니까 나중에 많이 망가지더라고요."*
>
> \- 그림애문화마을 활동가

2) 핵심 리더 인력의 중요성과 마을공동체 참여자의 역량 강화

세 가지 사례를 살펴보면 마을공동체의 활동을 적극적으로 추진하는 주요 핵심 인력이 있다는 것을 알 수 있었다. 핵심 인력들은 마을공동체가 안정적으로 운영되고, 체계가 잡힐 수 있도록 다양한 아이디어를 기획하고 제안하며, 많은 주민이 참여하도록 이끄는 촉진자 역할을 한다. 주체별로는 주민과 마을활동가로 구분할 수 있는데, 감골주민회의 핵심 리더는 마을주민, 상동공동체와 그림애문화마을은 마을활동가다.

마을공동체 활동을 추진하기 위해서는 지역 환경에 대한 이해, 지자체 및 관련 기관들과의 관계, 행정적 절차, 홍보와 주민 참여 독려, 기획 등 많은 부분에 대한 이해와 역량이 필요하다(송안나·김세준, 2020b). 특히 초기에 마을공동체 사업을 진행할 때는 이러한 체계가 잡혀있지 않아 많은 시간과 노력이 요구되는데, 노련한 지역활동가들도 장기간 활동하면 업무 과중의 괴로움을 호소한다. 무엇보다 마을공동체 사업에서 핵심 인력의 역할이 매우 중요함에도 지역에는 여전히 인력이 많이 부족한 상태다. 기존 활동가는 업무 과다로 피로도가 높은 상황이기 때문에 마을에 관심을 가지고 참여할 수 있는 신규 활동가 양성이 절실했다. 이러한 문제를 극복하기 위해 연구 사례의 공동체들은 꾸준히 새로운 인재를 양성하고 기존 핵심 인력의 역량을 강화하기 위해 노력하고 있다는 것을 알 수 있었다.

감골주민회는 마을활동가와 마을 교사를 양성하는 프로그램을 꾸준히 운영해오고 있다. 주민이 직접 활동가와 교사가 되면서 마을이 삶의 공간이자 일터가 되었다. 마을 활동을 하면서 자연스럽게 경력단절 여성에 대한 교육과 일자리 제공 기회가 마련되었다. 마을학교를 통해 양성된 이들은 맞벌이 가정의 초등 저학년 돌봄과 청소년 활동을 위한 교사나 기획자가 되었다.

상동공동체는 활동가의 실험적인 활동들이 공동체 구성원들의 주체적인 활동을 이끄는 원동력이 되었다. 정해진 수업을 듣기만 하는 주입식 교육이 아니라 참여하고 스스로 기획하고 생각하고 표현할 수 있도록 기획자, 참여자, 인솔자가 모두 함께 고민하면서 활동을 만들어갔다. 이러한 과정은 힘들지만, 스스로 고민한 나만의 활동이기 때문에 더 오래 남고 지속력과 자생력을 키워주었다.

그림애문화마을에서 활동가와 주민은 지속적으로 도시재생대학 수업에 참여하고, 견학을 가는 등 역량 강화를 위해 필요한 부분들을 채워나갔고, 공동체에 현재 무엇이 부족하고 필요한지 끊임없이 고민하는 시간을 가졌다. 그래서 그림애문화마을은 정부 부처에서 시행하는 다양한 마을공동체 사업에 적재적소에 맞게 지원하고 이를 활용할 수 있었다. 그림애문화마을의 참여를 꾸준히 지켜본 지자체 담당자는 주민이 행정과 소통하면서 문제를 해결하는 방식에 익숙해졌고, 이를 통해 주민과 행정담당자 모두 성장했다고 언급했다. 또한, 인력이 부족한 지방의 경우 활동가의 역할이 특히 중요하기 때문에 활동가 양성이 필요하며, 활동가들이 주민의 참여를 이끌고 관에서 지원이 이루어지는 구조가 구축되어야 함을 피력했다.

3) 우리 마을공동체만의 비전과 목표 찾기

마을공동체 사업을 진행하는 것은 마을에서 소소한 모임을 이어오는 것과 달리 목적성이 있고, 지원을 받기 때문에 성과를 요구받는다. 그래서 많은 공동체가 계량적 성과를 맞추기 위해 초기 공동체를 형성하여 모임을 지속하는 이유를 잊어버리고 결과 지향적 사고로 전환되면서 실패를 경험하기 쉽다. 따라서 마을주민이 함께 원하는 공동체에 대한 목표와 비전에 대해 충분히 고민하고, 정기적으로 점검해야 할 필요가 있다. 세부적으로는 개개인이 원하는 것과 마을이 원하는 것의 공통분모를 찾아내기 위해 고민하고, 어떤 활동이나 프로그램을 한다면 그 목적은 무엇인지 생각해보며, 목표를 달성하기 위해서는 어떤 방법으로 해야 할지 고민하고, 문제 발생 시 해결책은 어떻게 구하는지 그 모든 과정에서 지속적으로 공동체와 개인 스스로에 대한 질문을 이어나가야 한다.

이는 마을공동체가 가고자 하는 방향과 내 삶의 적정선을 찾는 것이다. 참여자들은 공동체 활동을 하면서 성장하기 때문에 공동체 활동은 과정 중심이고, 관계 중심이다. 무엇보다 연구 사례의 공동체들은 오랜 시간 동안 시행착오를 겪으며 마을공동체의 비전과 목표를 수정하면서 그들만의 정체성과 문화를 형성하고자 노력했다. 공동체의 비전과 방향성을 정할 때 주민 간에 소통하기 위해 주기적인 만남을 지속했고, 지역의 특성과 환경에 대해 공부했으며, 그에 맞춰 부족한 부분들을 스스로 찾아가는 노력을 보였다. 우수사례를 답습하는 것이 아닌 그들만의 방법을 찾기 위해 끊임없는 질문을 던졌다.

감골주민회의 핵심 활동가들이 생각하는 마을공동체의 성장은 마을과 각 구성원이 나이가 들어감에 따라 생기는 여러 고민의 폭을 함께 나누는 장이었다. 아동, 청소년, 청년, 중·장년, 노인에 이르기까지 그들만의 고민과 문제들이 있는데, 그들의 고민을 함께 공유하고 해결해갈 수 있는 것이 마을이며 마을이 성숙해가는 과정이라고 보았다. 예전에는 소수의 그룹이 모여서 문제를 해결하고자 했다면, 지금은 다른 주민과 함께 고민하면서 마을공동체의 외연을 넓혀가고 있다. 또한 여러 경험을 통해 주민은 스스로 마을의 문제를 해결할 수 있다는 의식을 갖게 되었다. 전에는 당연히 시나 나라에서 해결해줘야 한다고 생각했던 부분들이 이제는 주민센터나 시에서 해결해주기를 기다리지 않고 마을의 문제를 적극적으로 해결하기 위한 적극성과 의지가 생겼다.

상동공동체의 활동가는 지역의 독창성을 고려한 문화자원을 발견하여 그와 연계된 문화활동을 기획했다. 초기에는 어떤 활동을 할 것인지 매개 역할을 하는 아이템을 잘 발견하는 것이 중요하다고 보았다. 기존의 우수한 공동체 사례를 보고 그대로 답습하는 것은 한계가 있을 수 있다고 지적했다. 물론 그 틀은 가져올 수 있겠지만 내용은 지역의 특수성을 고려해 변형이 이루어져야 하며, 지역민이 필요로 하는 것, 부족한 부분에 대해 채워질 수 있는 것을 활용한다. 이를 위해서는 지역민이 어떤 생각과 고민을 하고, 지역의 자원에는 무엇이 있고, 이야기를 나눌 수 있는 소재가 있는지 고민하는 작업이 선행되어야 한다. 상동공동체는 대부도가 가진 이야기들을 조사하고, 지역 원주민을 인터뷰하면서 지역의 역사와 사람들의 경험을 축적하여 프로그램을 만들었다. 지역의 정체성 찾기와 문화는 이러한 과정을 통해 발견될 수 있다는 것을 보여준다. 그래서 지역의 상황에 따라 형성된 공동체의 다양성을 인정하면서 이루어지는 성장이 필요하다는 것을 알 수 있다. 완성된 공동체의 끝이 마을기업의 자본화된 형태가 아니라 자신이 속한 공동체와 지역의 특성을 살린 다양성에 대한 문제를 고려했는지 생각해봐야 한다는 것이다.

4) 관의 협력과 인식개선

우리나라의 마을공동체 사업은 정부 주도로 정부 부처 및 지자체, 그리고 중간지원조직에서 시행하고 관리한다. 정책집행 차원에서 볼 때, 현장의 대상 집단과 직접 접촉하고 정책을 전달하는 일선 관료의 정책에 대한 이해와 재량은 원활한 정책집행에 중요한 역할을 한다(Lipsky, 1971). 특히 마을공동체 사업은 단순히 톱다운 형식으로 예산집행만 하는 것이 아니라 주민과 소통하고 교류하는 협치의 형태를 띠고 있다. 중간지원조직은 지역의 마을공동체가 활동하는 데 방향성, 지침, 방법에 대해 조언자 역할을 하거나 지역의 여러 단체 및 기관과의 네트워크를 연결해주는 중간자 역할을 할 수도 있다(송안나·김세준, 2020a). 특히 마을공동체가 신규로 형성되었을 때는 중간지원조직의 역할이 더욱 중요하다. 본 연구의 세 가지 사례 모두 중간지원조직 담당자의 적극적인 지원과 참여가 있었다는 것을 알 수 있었다.

감골주민회는 2017년 정부 정책의 변화에 따라 지자체의 지지를 받기 시작했다. 공동체 활동에 대한 인식과 태도가 바뀌게 되면서 지자체 담당자의 업무협조가 원활해졌고, 공동체 사업이 확대되고 큰 규모의 사업 지원도 가능하게 되었다. 또한 감골주민회가 지역 직능단체들과 함께 활동 범위를 넓혀갈 수 있도록 네트워크를 연결하고, 원활한 소통을 할 수 있도록 중간 조정자 역할을 했다.

상동공동체의 경우는 문화예술의 사각지대라고 할 만큼 주민의 문화활동에 대한 경험이 부족했고, 문화예술 관련 인력도 부족했다. 문화 프로그램을 진행하려 해도 주민이 대부분 여름에는 농사하느라 바쁘고 가을이 지나서야 한시적으로 가능한데, 대부도까지 오는 강사가 없는 게 현실이어서 지자체 차원의 지원은 어려웠다. 그 대신 '생활문화공동체만들기' 사업의 중간지원조직 담당자의 적극적인 태도가 공동체 사업에 참여하고 활동하는 데 결정적인 역할을 했다. 무엇보다 담당자가 집행자 역할만 하는 행정적인 수준이 아닌 활동가들의 문제와 고민을 함께 나누는 매개자 역할을 했다. 따라서 이러한 마을공동체의 지속성에 대한 문제는 비단 주민의 문제가 아니라 주민과 관, 지역의 전문가들이 모두 협업하는 구조에서 이루어지는 것임을 알 수 있다.

그림애문화마을은 2015년 '창조지역사업'에 참여하면서 공동체 사업을 시작했고, 그때부터 관과의 상호보완적인 협력체계가 형성되었다. '창조지역사업'을 추진한 안동시 도시재생과는 마을주민으로부터 마을활동가를 소개받아 함께 기획서를 작성하고 사업을 진행했다. 지자체 담당자는 주민, 청년들과 함께

사업에 대해 고민하고, 함께 지역 견학을 가고, 도시재생대학 강연도 들으면서 주민이 직접 기획하고 운영할 수 있도록 지원했다.

> *"행정이 주민을 만날 때 리더나 활동가들이 전방에 나서서 역할을 할 수 있는 구조가 필요해요. 청년들이 배우고 활동가로 양성되어 그런 친구들이 다른 지역 마을 사례를 보고 발표하고 주민이 변화할 수 있도록. 시간이 지나면 자체적으로 주민조직, 리더가 만들어질 수 있고 마을 문제점을 공유하다 보면 행정이 도와드리는 거죠."*
>
> \- 안동시 담당자

그림애문화마을의 주민은 공동의 문제 해결을 위해 협업하는 방식이 익숙해졌지만, 행정은 순환보직이어서 담당자가 바뀔 때마다 애로사항이 발생하기도 했다. 무엇보다 도시재생은 사업 추진을 위해 부서 담당자, 도시재생지원센터, 활동가, 주민대표, 전문가, 용역사 등 많은 관계자가 만나 조정해야 하는 어려움이 있어 일반 행정보다 강도가 크다. 이 때문에 마을공동체, 도시재생관련 사업은 단기간이 아닌 몇 년간 지속 근무할 담당자가 필요하며, 중간조직 담당자에게는 주민과의 상호교류를 통해 현장에서 필요한 것을 지원하고 협조해줄 수 있는 역량과 이해가 필요한 실정이다.

5) 소통의 매개체, 문화활동

앞서 성숙한 공동체 문화를 형성하기 위해서는 주민이 지속적인 소통과 교류를 통해 정서적 교감을 나누고, 마을공동체의 비전과 방향성을 세밀하게 고민하며, 배우고 참여하여 역량을 키우고, 지역 중간지원조직과의 협력이 필요하다는 것을 살펴보았다. 그렇다면 이런 공동체의 체계가 형성되기 위해 구체적으로 공동체가 모여서 하는 활동, 즉 문화활동은 어떤 특징이 있을까?

문화예술활동, 생활예술활동, 문화활동 등 용어 사용에는 차이가 있지만, 공통점은 소통과 교류의 매개체가 바로 문화활동이라는 점이고, 이러한 마을공동체의 문화활동은 '함께'한다는 것이다. 일반적인 문화예술활동이 개인적인 활동임에 반해 마을공동체의 문화활동은 타인과 함께 공간을 공유하며 따로 또 같이하는 활동이다. 영화, 연극, 공연을 감상하거나 관련 수업을 듣고 흩어져버리는 것이 아니라 함께 보고, 감상한 부분에 대해 이야기를 나누며 생각과 감정을 나누기도 하고, 직접 공연이나 연극을 만들어보기도 한다. 비단 장르적 예술뿐만 아니라 다양한 창조적 활동, 생활예술활동도 포함된다. 마을책 만들기, 마을장터, 텃밭 꾸미기, 칵테일 만들기, 생태탐험 등 다양한 범위의 활동으로 확대될 수 있다.

문제는 무엇을 하느냐가 중요한 것이 아니라 어떻게 하느냐다. 마을 행사를 한다고 하면, 우수사례 행사의 틀을 가지고 와서 방문객을 위한 보여주기식 행사가 아니라 미흡하더라도 행사의 내용과 진행방식을 함께 고민하면서 지역에서 보여줄 수 있는 것, 나와 우리의 이야기가 들어갈 수 있는 콘텐츠를 통해 진짜 나만의, 우리 마을만의 행사가 되어야 한다. 그래서 문화활동을 통해 스스로를 표현하고, 그것을 타인과 나누며 소통하는 과정이 중요했다. 문화활동이 소통의 매개체가 되어 스스로에 대해 알아가고, 사람들과 함께하며 자신도 몰랐던 자신의 모습과 변화되어가는 과정을 경험할 수 있어야 한다.

세 가지 사례를 통해 살펴본 문화활동의 특징으로는 공동체활동의 참여자가 자신을 재발견하고 표현해내는 과정과 타인과 소통하고 공유하면서 공동체 의식을 채워가는 과정을 제공한다는 점, 예술적 장르가 중요하지 않고 다양한 창의적 활동으로 확대 가능하며, 사회적 문제를 내포하고 마을공동체 구성원의 공통적 고민과 문제를 해결하는 매개 역할을 하는 것으로 설명할 수 있다.

감골주민회의 활동은 주민의 의견과 논의를 통해 이루어지는데, 마을활동은 마을의 문제뿐만 아니라 개인의 문제도 함께 해결되어야 하는 것을 중요시했다. 또한 활동에 대한 이유와 목적이 분명했고, 그것이 나만을 위한 활동이 아니라 공공과 공동체의 이익에도 맞는지도 확인했다. 또한 주민이 혼자서 육아를 하면서 힘들었던 경험과 고민을 문화활동을 통해 나누면서 서로 익숙해지고 친밀해지는 과정을 겪었다. 타인과 관계를 통해 스스로의 성장뿐만 아니라 대인관계가 확장되는 경험을 했다.

상동공동체는 대부도가 가진 이야기들을 조사하고, 지역의 원주민을 만나 인터뷰하면서 지역의 역사와 사람들의 경험을 축적해 그것을 바탕으로 프로그램을 만들었다. 또한 악기, 노래, 동화책, 자수 등 수업을 통해 배우는 것이 미적 체험에 머무는 것이 아니라 자기의 생각을 표현하고, 그것을 타인과 나누고 소통하는 과정을 체험하는 것을 강조했다. 상동공동체의 문화활동은 '예술가적 경험 쌓기'로 예술가가 가진 기법을 배우는 것이 아니라 창의적으로 사고하는 방식을 배우는 것으로 볼 수 있다. 문화활동 프로그램을 기획한 활동가는 문화예술을 단순히 향유의 개념을 넘어 자기주관과 자기발언을 할 수 있게 하는 매개 역할을 강조한다. 그래서 문화활동의 기능적 측면을 추구하는 것이 아니라 주민의 이야기를 풀어낼 수 있는 사회적 역할의 가치에 대한 중요성을 언급했다.

그림애문화마을은 지역예술가, 활동가 그리고 주민이 함께 어울리고 이야기하고 노는 마을의 문화를 형성하고자 했고, 문화활동이 그런 소통의 매개 역할을 했다. 그래서 지역예술가가 마을에 입주할 때도 주민과의 화합을 우선시했다. 그림애문화마을의 공방에 입주한 예술가들은 주민과 소통하고 교류할 수 있는 벽화마을 공방, 앨리스 공방 등을 운영하여 다양한 문화프로그램을 진행하고 있으며, '가든파티'를 통해 함께 음식을 나누고 친밀감을 쌓아간다. 또한 '마을학교를 품다' 프로그램을 통해 인근 동부초등학교 어린이와 할머니들과의 만남과 교류를 실천하고 있는데, 초등학생들은 방과 후에 할머니들이 살고계신 마을에서 함께 텃밭을 가꾸기도 하고, 운동회와 학예회 등 행사에 참여하는 등 유대감을 유지하고 있다. 그리고 '월영장터'는 기존 마을에서 운영하던 작은 프리마켓이 안동민속박물관 옆 월영교에서 진행하면서 규모가 커진 경우다. 처음에는 마을에서 할머니들이 삼삼오오 모여 몇몇 작가와 어린이 그림대회로 함께 시작해오다가 규모가 커지면서 이제는 지역을 대표하는 장터가 되었다. 2015년 신세동에서 시작하여 2016년부터는 매년 월영교에서 진행하면서 입소문을 타서 지금은 전국 각지의 수공예작가들이 모여드는 경북 최대 '수공예 장터'로 자리매김하게 되었다. 신세동은 물론 다른 지역에서도 소상공인들이 찾아와 직접 만들어온 공예품을 판매하고 있다.

3. 시사점

연구 결과를 바탕으로 시사점을 살펴보면 다음과 같다.

첫째, 문화활동 범위에 대한 인식 변화가 필요하다. 우리는 '문화'라는 개념을 문화국가, 문화공동체, 문화도시 등 다양한 분야에 활용한다. 문화는 '집단이 지닌 특정한 생활방식'이라는 광의의 개념과 '장르적 문화예술'을 일컫는 협의의 개념으로 구분할 수 있는데, 대부분의 문화공동체 관련 사업에서는 문화의 범위를 음악, 미술 등의 장르적 예술로 한정 지어 사용하는 경우가 많다(서순복, 2007). 하지만 사례에서 나타난 공동체 성장의 긍정적인 요인에는 예술적 활동뿐만 아니라 다양한 활동이 포함된 것을 알 수 있었다. 그것은 참여자가 자신을 재발견하고 표현해내는 과정이며, 타인과 소통하고 공유하면서 공동체 의식을 채워가는 과정이었고, 다양한 창의적 활동으로 확대할 수 있었다. 그리고 마을공동체 구성원의 공통적 고민과 문제를 해결하는 매개로 사회적 문제를 내포하기도 하는데, 지역의 아동 돌봄, 소외계층의 문화활동, 청소년의 방과 후 활동, 청소년 교육, 경력단절 여성, 노인층의 사회활동 등 현대 지역사회의 문제점들을 마을공동체 활동을 통해 해소해나갔다. 즉, 사례에서 드러난 문화활동은 '함께'하는 활동이며, '같이' 만들어가는 과정이라는 데 초점을 둘 수 있다. 그래서 문화기반 마을공동체는 단순히 문화예술 분야의 사업유형이 아닌 문화를 매개로 하는 모든 유형의 마을공동체가 해당한다고 볼 수 있다.

둘째, 문화활동에 참여하는 구성원들의 정서적 교류가 중요하다. 마을공동체 '사업'의 효율적인 운영을 위해서는 전략, 목적, SWOT 분석, 비전 등 환경 및 자원을 분석·활용하고 적절한 수단을 통해 전략을 짜는 것이 중요하기는 하지만, 이러한 결과 지향적인 분석 과정은 그 속에 있는 사람들을 간과하여 관계를 맺고 있는 사람들의 감정을 놓치기 쉽다. 서로를 이해하며 소통하고 있는지, 생각과 마음을 배려하고 공감할 수 있는 정서적 교감이 이루어지는지를 점검해봐야 한다. 서로에 대한 신뢰는 시간이 필요하고 경험이 쌓여야 하는데, 이러한 교류도 없이 성급하게 성과를 내기 위해 욕심을 부리면서 갈등을 만들게 된다. 정서적 교류가 끈끈한 공동체는 갈등 상황이 생기더라도 서로 대화를 통해 스스로의 힘으로 문제를 해결해나갈 수 있는 믿음이 형성될 수 있다.

셋째, 마을에 대한 이해가 필요하다. 마을의 장소와 역사, 마을의 정체성 그리고 그곳에 사는 사람이 연결될 수 있는 공감대가 필요하다. 마을공동체는 같은 공간을 공유하는 사람들이 모여서 함께 생각과 감정을 공유하고 가치를 나누는 집합체다. 효율적인 마을공동체 사업을 하기 위해서는 구성원들이 함께 누구를 대상으로, 무엇을, 어떻게 해야 하는지 그 목적과 방향성을 명확히 설정하는 것이 중요하며, 지역의 인적자원을 조사하고, 역사, 문화, 경제, 사회 등 그 지역의 환경적 특징을 고려한 문화적 요인들을 발굴하는 사전작업이 요구된다. 이러한 과정을 위해서는 '공동체 진단 매뉴얼' 같은 자료가 도움이 될 것이다. 마을공동체 사업은 마을공동체만들기, 도시재생, 문화도시, 마을기업 등 다양한 지원 사업이 있고 공동체 핵심 인력의 운영역량도 차이가 있어 중간지원조직에서의 홍보와 사전교육을 통해 정확한 정보를 제공하고, 공동체가 스스로 사업에 적합한 공동체인지 진단할 수 있도록 하며, 중간지원조직에서도 선정 시 이러한 부분을 고려할 필요가 있다.

넷째, 지속 가능성 확보를 위한 인적자원에 대한 지원과 교육이 필요하다. 지역에는 인적자원이 많이 부족해 기존 활동가들의 업무가 가중되는 문제가 자주 발생하고 있어 신규 활동가 양성이 요구된다. 일반 참여자가 핵심참여자, 활동가로 성장할 수 있도록 적극적으로 홍보하며 교육지원도 필요하다. 또한, 마을의 어려움이나 문제를 논의할 수 있는 활동가 네트워크에 대한 지원이 요구된다. 비슷한 상황에서 같은 고민을 하는 마을공동체 주민이 의견과 다양한 아이디어를 나누며 서로 상생하는 구조를 형성하는 것이 필요하다. 또한 지역에서는 현장 전문가가 많이 부족한 실정이므로 현장전문가, 활동가를 투입하여 이들이 권역별로 지역의 멘토가 되어 운영·관리하는 시스템을 도입할 필요가 있다. 그리고 정책 집행기관 담당자를 대상으로 하는 교육프로그램이 필요하다. 집행기관과 마을공동체 인력과의 협력은 순조로운 활동에 주요한 요인이 되지만, 여전히 민관협업은 어려운 숙제다. 주민 간의 협업 방법과 과정, 소통을 통한 협업, 갈등과정에 대한 대처법 등 협업에 대한 중요성을 인식시킬 수 있는 교육연수 프로그램이 필요하며, 강제성 교육이나 일방적인 교육 형태보다는 성공 사례 공유, 체험활동, 선견지 견학, 소통 프로그램 운영 등의 방법이 더 유용하다고 볼 수 있다.

다섯째, 제도적 개선이 필요하다. 문화기반 마을공동체의 지속적인 성장을 위해서는 문화기반 마을공동체 평가 방법의 재정비가 필요하다. 문화기반 마을공동체의 성장은 '문화'의 특성상 다양하게 발전할 수 있고, 유동적이며, 모든 가능성이 열려있다. 따라서 공동체의 성장을 정량적 지표로만 측정하기에는 한계가 있다. 정성평가 내용으로 공동체 구성원들의 역량과 공동체 의식 같은 공동체 사업에 참여하는 주민의 인식과 태도의 변화를 측정할 수 있는 평가항목에 대한 재정비가 필요하다. 또한, 자체평가를 시행하여 공동체 활동이 잘 실행되고 있는지 매뉴얼로 활용할 수 있도록 해야 한다.

참고문헌

구경하. "정부 주도 마을 만들기 활동의 지속성". 서울대학교 환경대학원 석사학위논문. 2016.

서순복. 「문화의 민주화와 문화민주주의의 정책적 함의」. 『한국지방자치연구』 8(3), 2007, 23-44쪽.

송안나. "문화기반 마을공동체의 성장에 대한 연구: 감골주민회, 상동공동체, 그림애 문화마을을 중심으로". 숙명여자대학교 문화관광학과 박사학위논문. 2020.

송안나·김세준. 「문화기반 마을공동체 성장을 위한 정책집행환경 연구」. 『문화정책논총』 34(3). 2020a, 121-154쪽.

_____. 「문화기반 마을공동체 정책대상자의 인식, 정서, 역량에 대한 연구」. 『예술경영연구』 56, 2020b, 5-38쪽.

안산시마을만들기지원센터. 『2019 마을만들기 사업이 주민의 삶에 미치는 영향 분석』. 2019.

Lipsky, M. Street Level Bureaucracy and the Analysis of Urban Reform. *Urban Affairs Quarterly*, 6(4), 1971, 391-409.

송안나

독일 라이프치히대학에서 미술사 및 음악학 Magister 학위와 숙명여자대학교에서 문화관광학 박사학위를 취득했고, 현재 숙명여대에 출강 중이다. 주요 연구 분야는 문화정책, 문화예술교육, 지역사회와 예술 등으로 다수의 연구용역에 참여했다.

김세준

숙명여자대학교 문화관광외식학부 교수로 재직 중이며, 현재 숙명문화원 원장, 숙명여자대학교 박물관장, 숙명역사관 관장이다. 주요 저서로 『미술관 교육 다가가기』, 『큐레이팅을 말하다』 등이 있으며, 다수의 학술논문을 발표했다. 삼성문화재단과 미국의 사반나예술디자인대학 등에서 전시기획과 국제문화교류를 담당했으며, 용산지역사회 마을학교협치운동을 기획했고 부산비엔날레, 문화예술위원회 등 다수 국공립기관의 위원으로 활동했다.

21장
광주광역시 광산구의 문화유산 활용 사례*

채경진

문화재 활용 # 광주광역시 광산구 # 월봉서원 # 향교·서원 활용사업 # 고택·종갓집 활용사업

문화행정 영역에서 문화유산은 그동안 잘 보존해야 하는 존재 정도로만 인식되어왔다. 하지만 국민의 문화적 수요가 증가하고 문화유산이 가진 내재적 가치에 주목하게 되면서 이를 활용한 사업이나 프로그램이 활성화되고 있다. 문화유산 정책의 주무 부처인 문화재청은 이러한 문화적 환경에 대응하고자 2008년부터 지역문화재 활용사업을 추진해왔다. 이 사업은 생생문화재 사업을 필두로 2021년 현재 향교·서원문화재 사업, 문화재 야행사업, 전통산사문화재 사업, 고택·종갓집 활용사업 등 총 5개의 사업으로 확대되어 운영 중이다. 본 연구의 대상인 광주광역시 광산구의 경우 이 사업이 시작된 2008년부터 현재까지 다양한 문화유산 활용사업을 추진 중에 있다. 광산구는 2008년부터 시작된 문화재청의 생생문화재 사업을 시작으로, 2016년 문화재 활용사업의 '명예의 전당'에 오를 만큼 문화재 활용 분야에서는 대외적으로 우수한 평가를 받고 있다. 사업이나 프로그램 사례분석에 있어 기존 연구의 경우 분석의 중심이 프로그램 내용이나 관람객 중심으로 이뤄져 있다면, 본 연구에서는 문화재 활용사업을 추

* 이 글의 작성을 위해 기꺼이 자료를 제공해주신 광주광역시 광산구청 문화재활용팀장 백옥연 전문위원님께 감사드린다.

진할 때 연관되는 조직, 예산, 제도 등의 행정기반과 사업의 기획, 집행, 평가라는 거시적 틀에서 접근했다. 광산구의 사례를 통해 협력적 거버넌스 구축, 수요자 중심의 콘텐츠 개발, 브랜드 개발 등 자생력 확보 노력, 지역문화자원의 발굴 및 문화적 재생, 지방자치단체의 의지가 지역에서의 문화재 활용 활성화를 위해 중요한 요인임을 발견했다.

1. 서론

우리나라의 문화재 정책은 1999년 문화재청이 독립적으로 설치되면서 본격적으로 추진되어왔다. 문화재 정책은 1974년부터 시작된 '제1차 문예중흥 5개년 계획'(1974~1978) 때만 해도 63.1%의 예산으로 문화정책의 중심축을 이뤄왔으나(정홍익, 1991), 2020년 현재 전체 문화 분야에서는 13.6%의 예산 비중을 차지하고 있다(문화재청, 2021).

문화재 정책은 비교적 최근까지도 지정·등록문화재 보존을 통한 보호 중심주의적 정책을 수행해왔는데, 이 때문에 문화재를 활용하거나 이용하는 행위에 대해서는 보수적 입장을 견지해온 것이 사실이다. 또한, 급속한 도시변화에 부응하지 못해 규제지역 주민에게는 개발의 걸림돌로 인식되어온 것도 사실이다.

하지만 국민의 소득증가에 따라 문화적 수요가 증가하고 문화정책에서 문화재가 원천자원으로 활용성이 높아짐에 따라 이를 활용한 각종 사업이나 프로그램이 활성화되고 있다. 임학순(2016)은 이러한 문화유산의 활용 가치를 문화적 측면에서 예술, 문화정체성, 문화생활에 도움을 주고, 사회적 측면에서 공동체, 사회통합, 사회자본 형성에 기여하며, 교육적 측면에서 전통문화, 인문정신문화, 지역사회를 이해시키며, 경제적 측면에서 관광, 문화경제, 지역활성화에 도움을 준다고 설명했다.

문화유산 정책 주무 부처인 문화재청 역시 문화유산이 가진 활용 가치에 주목하고, 2008년 생생문화재 사업을 시작으로 본격적인 문화재 활용사업을 추진해왔다. 2021년 기준 문화재청의 '지역문화재 활용사업'은 총 다섯 가지 세부사업으로 구성되어 있으며, 예산 역시 매년 꾸준하게 증가하고 있다.

〈표 21-1〉 지역문화재 활용사업

구분	기간	사업 내용
생생문화재 사업	2008~	문화재(지정 및 등록문화재)에 내재된 역사적 의미와 가치를 지역의 인적·물적 자원과 결합하여 교육, 공연, 체험, 관광자원 등으로 창출한 문화재 향유 프로그램
향교·서원문화재 사업	2014~	향교·서원문화재(지정 및 등록문화재)에 내재된 역사적 의미와 가치를 지역의 인적·물적 자원과 결합하여 인문정신 함양, 교육, 공연, 체험, 관광자원 등으로 창출한 문화재 향유 프로그램
문화재 야행사업	2016~	문화재가 집적·밀집된 지역을 거점으로 지역의 특색있는 역사문화자원을 활용한 문화재 야간관람(개방), 체험, 공연, 전시 등 문화재 야간문화 향유 프로그램 기획·운영
전통산사문화재 사업	2017~	사찰이 보유한 문화재와 역사문화자원 등을 활용한 문화재 해설, 강의, 체험, 공연 등 산사문화재 향유 프로그램 기획·운영
고택·종갓집 활용사업	2020~	고택·종갓집 등에 내재된 역사적 의미와 가치를 전통생활 모습과 결합하여 활용한 교육, 공연, 체험 등 고택·종갓집 문화재 향유 프로그램 기획·운영

출처: 사업별 공모계획서(문화재청, 2020년 기준)

후술될 서원은 '한국의 서원'이 세계유산으로 등재됨에 따라 더욱 관심이 증가하고 있는 문화재로 볼 수 있으며,[1] 광주광역시 광산구의 경우 지역문화재 활용사업 중 향교·서원문화재 사업, 고택·종갓집 활용사업을 운영 중에 있다. 본 원고에서는 문화재 활용을 통한 예술경영 사례로 광주광역시 광산구(이하 광산구)를 살펴보고자 한다. 광산구는 2008년부터 시작된 문화재청의 생생문화재 사업을 시작으로, 2016년 문화재 활용사업의 '명예의 전당'에 오를 만큼 문화재 활용 분야에서는 대외적으로 우수한 평가를 받고 있다. 특히 문화재 활용사업 프로그램을 중심으로 접근하기보다는 광산구가 문화재 활용사업을 추진할

1 2019년 제43차 세계유산위원회에서 조선 시대 교육기관인 '한국의 서원(Seowon, Korean Neo-Confucian Academies)'을 "오늘날까지 교육과 사회적 관습 형태로 지속되고 있는 한국의 성리학과 관련된 문화적 전통의 증거이자, 성리학 개념이 한국의 여건에 맞게 변화하는 역사적 과정을 보여준다는 점에서 '탁월한 보편적 가치(Outstanding Universal Value, OUV)'가 인정된다"라고 평가해 유네스코 세계유산 목록에 등재하기로 결정했다(문화재청 보도자료, 2019.7.6에서 발췌 및 재정리).

때 연관되는 행정기반(조직, 예산, 제도) 및 사업운영(프로그램 기획, 집행, 평가) 등을 폭넓게 살펴봄으로써 문화예술경영이라는 측면에서 함의를 찾아보고자 한다.

2. 광산구의 문화유산 활용 기반

1) 추진 조직

광주광역시 광산구는 생생문화재 사업의 전신인 '지자체 문화재 활용 우수사업'이 시작된 2008년 우수사업으로 선정된 이후 현재까지 문화재 활용사업의 대표적 성공 사례로 꼽히고 있다. 특히 2017년 7월에는 전국 지자체 최초로 문화재 활용을 위한 전담부서인 '문화재 활용팀'(팀장 포함 5명의 상근공무원으로 구성)을 설치해 문화재 활용사업에 대한 지자체의 의지를 보이고 있다.

〈표 21-2〉 문화재 활용팀의 주요 업무

구분	주요 내용
문화재 활용 전반	• 전통문화유산·근현대 문화유산 발굴 및 육성 • 역사문화 3대 교류사업 추진(지역교류-남북교류-해외교류) • 문화유산 VR·AR 콘텐츠 개발
중앙정부 공모사업	• 문화재청 공모사업(향교·서원문화재 활용사업, 고택·종갓집 문화재 활용사업) • 문화체육관광부 문화관광 프로그램 운영
문화재 활용 및 프로그램 운영	• 월봉·무양서원(프로그램 기획, 관리, 홍보, 교육체험관 운영 등) • 용아/김봉호 생가, 장덕동 근대한옥(프로그램 기획, 관리, 홍보, 기록화 등)
광주광역시 협력사업	• 아시아 문화중심도시 조성 업무 • 신창동 선사유적지 복합테마파크 조성사업 • 외부 유관기관/단체와의 협력(교육청, 관광협회 등)

출처: 광산구청 누리집(https://www.gwangsan.go.kr/)에서 재구성

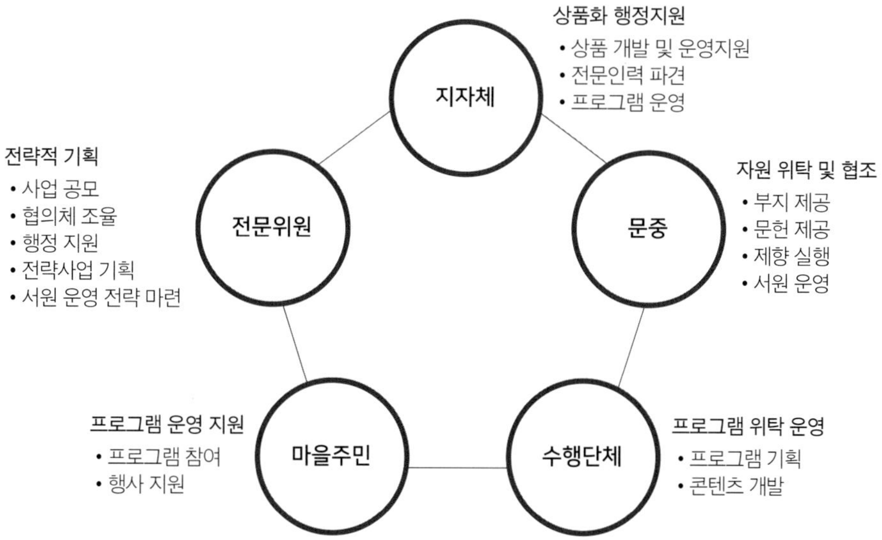

〔그림 21-1〕 협력적 거버넌스 구조

출처: 광산구청, 「월봉서원 운영 현황 자료」

광산구는 문화재 활용사업을 추진함에 있어 관 주도형 추진보다는 민간과의 협력을 통해 추진되고 있는 것이 특징이다. 특히 문화재 활용사업은 전통문화와 관광적 요소가 결합해 있는 특징으로 인해 해당 문화재의 소유자나 인근 마을 주민의 협력이 필수인데, 광산구의 경우 2014년부터 서원의 문중이나 마을주민과의 '협력적 거버넌스'를 구축하고 있고 이러한 과정에 문화재 활용담당자의 지속적인 노력이 있었다는 점이 인상적이다. 또한 수행단체 및 관련 단체와의 협업을 통해 민간영역의 전문성과 연계해 사업역량을 제고하고자 했다.[2]

구체적으로 살펴보면, 〈표 21-3〉과 같이 문화재 활용사업 운영에 사업별로 민간의 전문 수행단체를 선정해 프로그램의 기획 및 운영, 콘텐츠 개발 등을 위탁·운영하고 있다.

---

2 협업 단체로 문화기획사 라우, 협동조합 이공, 극단 얼·아리, 광산구문화관광해설사회 등이 있다.

<표 21-3> 사업별 추진체계

사업	향교·서원 활용사업		고택·종갓집 활용사업		
대상 문화재	월봉서원	무양서원	용아 생가	김봉호 가옥	장덕동 근대 한옥
문화재 유형	광주광역시 기념물 제9호	광주광역시 문화재 자료 제3호	광주광역시 기념물 제13호	광주광역시 문화재자료 제25호	국가등록 문화재 제146호
협력단체 ('21기준)	• (사)광주문화나루 • 문화유산연구소 '길' • 극단 얼·아리 • 문화창작소 그레이스 • 해찰	• (사)광주문화나루 • 고대문화재연구원	• 해찰 • 문화창작소 그레이스 • 놀이요 점빵		

2) 법제도 기반[3]

광산구는 문화유산 활용과 관련하여 「광주광역시 문화재 보호 조례」를 근거로 제도적 기반을 구축하고 있다. 이 조례에서는 "광주광역시 소재 문화재의 체계적인 보존·관리 및 활용에 관한 사항을 규정"하고 있어 광역 단위의 상위 법령으로서 기초자치단체인 광산구까지 효력이 있다고 볼 수 있다. 광산구의 경우 「광주광역시 광산구 향토문화재 보호 조례」를 설치하고 있지만, 여느 기초지자체에서 설치한 비지정문화재의 보호에 관련된 내용으로 볼 수 있어 문화유산 활용의 직접적 근거가 되지는 못한다고 볼 수 있다.

다만, 「광주광역시 광산구 문화예술 진흥 조례」에서는 전통문화의 정의에 문화유산을 포함하고 있고, 이의 '계승과 육성'(제6조)을 위한 지원을 규정함으로써 법적 구속력이 강하지는 않지만 문화유산 활용을 위한 근거 조항으로 볼 수 있다.

무엇보다 특별한 점은 광산구 문화유산 활용의 대표 사례로 알려지게 된

3 국가법령정보센터(https://www.law.go.kr/main.html, 검색일 2021.3.10)

'월봉서원'에 대한 조례가 광역(광주광역시) 및 기초(광산구) 단위에 하나씩 제정되어 있다는 점이다. 광역 단위에서는 「광주광역시 월봉서원 선비문화수련원 지원 조례」를 설치해 '월봉서원 선비문화수련원'의 운영 및 체험연수에 필요한 예산을 지원할 수 있도록 규정하고 있고, 기초 단위에서는 「광주광역시 광산구 월봉서원 주변 편익시설 운영에 관한 조례」를 통해 월봉서원의 교육관, 숙박시설, 주차장, 화장실의 관리운영, 시설대여, 문화 프로그램 운영에 예산을 지원할 수 있도록 제도적으로 보장하고 있다.

이처럼 광산구뿐만 아니라 광역 정부 역시 우리 지역의 문화유산을 단순히 보존해야 할 대상이 아닌 지역의 대표 문화자원으로 활용하고 육성하는 데 인식을 함께하고 있음을 알 수 있고, 이에 대한 광산구의 의지와 관심이 상당히 높다는 것도 알 수 있다.

3) 문화유산 활용 예산

광산구의 문화유산 활용사업은 문화재청의 지역문화재 활용사업이 시작된 2008년부터 함께 시작되었다. 문화재청 지원사업 기준으로 첫해에는 3천만 원으로 시작해 2011년에는 1억 원 이상의 사업비를 확보했고, 2018년에는 3억 원 이상의 사업비를 확보했으며, 2021년 현재 약 10억 6천만 원(누적 예산: 55억 원)에 이를 만큼 괄목할 만한 성장을 이뤘다. 이는 문화재청의 지역문화재 활용사업의 세부 사업 및 예산이 확대되면서 광산구의 사업영역 역시 생생문화재 사업, 향교·서원문화재 활용사업, 고택·종갓집 활용사업 등으로 점차 확대된 결과로 볼 수 있다.

또한 광산구는 문화재청의 사업뿐만 아니라 2014년부터 문화체육관광부의 사업 역시 지원받기 시작하면서 사업 확장의 발판을 마련했고, 중앙부처의 사업이 주로 지방비를 연결해서 집행된다는 점과 지방보조사업을 2012년부터 꾸준하게 해온 점은 지자체의 문화재 활용정책에 대한 의지가 상당히 높다고 볼 수 있다.

〈표 21-4〉 문화유산 활용 예산

(단위: 천 원)

연도	문화재청 지원사업	문화체육관광부 지원사업	지방보조사업	월봉서원 교육체험관 운영비	계
2008	30,000				30,000
2009	46,500				46,500
2010	93,000			63,000	156,000
2011	113,000			102,477	215,477
2012	100,000		27,000	90,800	217,800
2013			76,600	100,000	176,600
2014	70,000	17,000	25,000	103,500	215,500
2015	125,000	52,000	33,100	90,000	300,100
2016	175,000	111,000	43,100	90,000	419,100
2017	198,500	136,086	64,500	90,000	489,086
2018	334,000	161,121	74,000	113,128	682,249
2019	322,500	35,086	201,000	120,000	678,586
2020	462,000	135,210	97,000	120,000	814,210
2021	495,000		444,500	120,000	1,059,500
소계	2,564,500	647,503	1,085,800	1,202,905	5,500,708

주: 국비와 지방비를 합친 예산임.
출처: 광산구청 내부자료

3. 광산구의 문화유산 활용 사례

서두에서 밝혔듯이 광산구는 문화재 활용이나 문화 프로그램 운영에서 대외적으로 우수하게 평가받고 있다. 문화재청의 지역문화재 활용사업에서는 매년 우수사례로 선정되고 있다고 봐도 무방하고, 그 대상 역시 월봉서원에서 무양서원 및 광산 가옥으로 확대되고 있다. 또한, 프로그램 측면에서도 문화유산 교육이나 문화관광 프로그램이 우수하게 평가된 바 있다. 아래에서는 광산구의 서원문화재 활용 사례(월봉서원, 무양서원), 고택문화재 활용 사례(광산 가옥)를 중심

<표 21-5> 광산구의 주요 대외 수상 현황

연도	주요 내용
2008~2012년	문화재청 '생생문화재 사업' 우수사업 선정(월봉서원)
2014~2015년	문화재청 '향교·서원문화재 사업' 우수사업 선정(월봉서원)
2016년	문화재청 '향교·서원문화재 사업' 명예의 전당 등재(월봉서원)
2019년	문화재청 '향교·서원문화재 사업' 우수사업 선정(무양서원)
2018~2019년	문화재청 '생생문화재 사업' 우수사업 선정(광산 가옥)
2019년	문화재청 '지역문화유산교육사업' 우수사업 선정
2018년	한국관광공사 코리아 유니크베뉴 선정
2020년	한국관광공사 야간관광 100선 선정(살롱드월봉)

으로 살펴보고자 한다.

1) 서원문화재 활용 사례

광산구는 문화재청의 지역문화재 활용사업이 시작된 2008년부터 서원문화재 활용사업을 지속하고 있다. 월봉서원(시 기념물 제9호)[4]으로 대표되던 서원문화재 활용은 무양서원(시 문화재자료 제3호)으로 확대되어 운영 중에 있다. 우선, 월봉서원의 경우 광주 출신의 16세기 조선의 대표적인 성리학자인 고봉 기대승이 배향되어 있으며, 1592년 임진왜란으로 소실·이건된 이후 1978년 서원이 복원되어 1991년 현 서원체제로 완성되었다.

무양서원(武陽書院)은 고려 인종(재위 1122~1146) 때 어의(御醫)이면서 명신인 장경공 최사전을 중심으로 그의 후손 4명(손암 최윤덕, 금남 최부, 문절공 유희춘, 충열공 나덕헌)을 모신 서원으로, 1984년 광주광역시 문화재자료로 지정되었다.[5]

4 월봉서원은 기대승을 추모하기 위해 큰아들인 기효승이 선조 11년(1578) 세운 것으로 정조가 '빙월당(氷月堂)'이라 이름을 지어 내렸고, 1979년 시 기념물로 지정된 명칭은 '빙월당'이다(문화재청 국가문화유산 포털 www.heritage.go.kr/).

5 문화재청 국가문화유산 포털 www.heritage.go.kr/

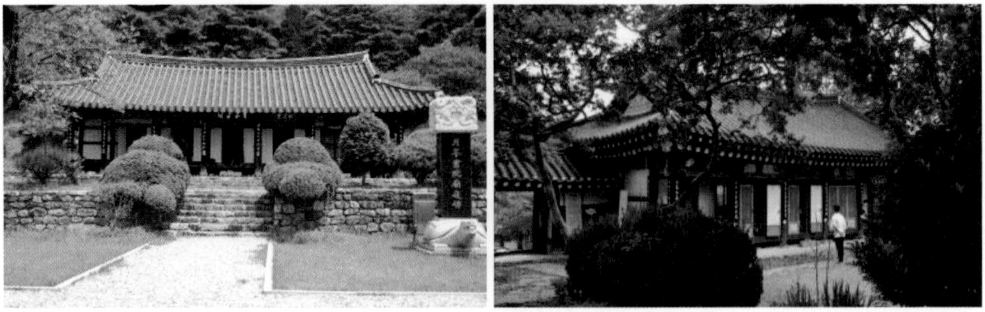

월봉서원(좌) 및 무양서원(우) 전경

월봉서원은 생애주기에 따른 맞춤형 프로그램 기획으로 구성한 것이 특징이며, 월봉서원의 정체성을 반영한 인문학 프로그램뿐만 아니라 공연예술, 체험, 교육 등 다양한 문화 프로그램을 운영하고 있다.

구체적으로 살펴보면, 월봉서원은 향교·서원문화재 활용사업인 '어제의 고봉 내일의 월봉'이 대표적이며, 이 사업은 총 7개의 세부 프로그램으로 구성되

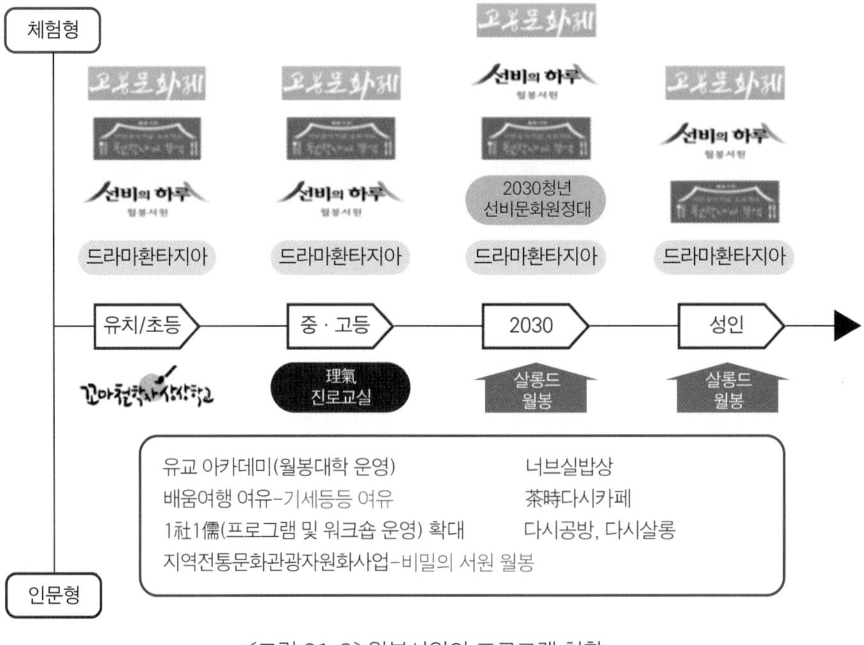

〔그림 21-2〕 월봉서원의 프로그램 현황

출처: 광산구청, 「월봉서원 운영 현황 자료」

〈표 21-6〉 향교·서원문화재 활용사업의 주요 프로그램(2020년 기준)

구분	사업명	프로그램 구성	유형	대상
월봉서원	어제의 고봉 내일의 월봉	선비의 하루	체험	초·중·고 및 일반인
		꼬마철학자상상학교	놀이	영유아, 초등 저학년 가족
		철학자의 부엌	요리	사회적 약자(장애인 등)
		살롱드월봉	공연	일반인
		월봉로맨스	연극	일반인
		고봉다움 고봉다음	복합	기업, 단체
		조선팔도 선비문화교류	답사	일반인
무양서원	무양 in the city	무양에서 만난 어의	체험	초·중등학생, 지역아동센터
		무양, 청년 선비	체험	일반
		Cafe 무양	체험	초·중등학생, 지역아동센터
		무양, 백세 별곡	체험	일반
		무양, Rainbow bridge	체험	외국인
		무양 사랑방 들樂날樂	복합	지역 내 실버 계층
				다문화가정, 외국인, 일반 가족
				일반인

주: 유형 중 '복합'은 프로그램에 공연, 강연 등이 혼합된 유형임.
출처: 광산구청, 서원별 2020년 리플렛에서 재구성

어 있다. 프로그램은 성격에 따라 사회적 약자, 외국인, 실버 계층 등 대상이 특정되어 있으며 사전예약제를 통해 최적의 관람 조건을 제공하고 있다. 세부 프로그램들은 매년 일회성이 아닌 지속적으로 추진되어 온 프로그램으로 구성된 것이 특징이다. 이는 프로그램 육성을 통한 자생력과 경쟁력 측면에서 중요하다고 볼 수 있는데, 실제로 '선비의 하루', '살롱드월봉', '꼬마철학자학교', '월봉로맨스'는 상표를 등록해 브랜드화하고 있다.

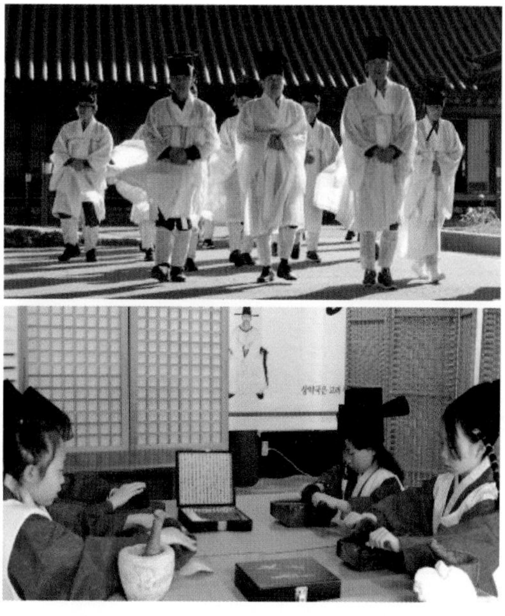
프로그램 사진(상: 월봉서원, 하: 무양서원)

〈표 21-7〉 서원의 방문객 현황

(단위: 명)

연도	2017	2018	2019	2020
월봉서원	32,463	38,000	30,571	16,138
무양서원	2,022	1,366	1,535	1,061
계	34,485	39,366	32,106	17,199

주: 비대면 프로그램에는 총 500여 명 이상 참여
출처: 광산구청 내부자료

또한 월봉서원의 '조선팔도 선비문화 교류'는 타 지역과의 교류를 주요 내용으로 하고 있다는 점과 무양서원의 '무양', '청년선비'가 자유학기제와 연계하고 있는 점은 문화유산이 대외 교류를 위한 매개체로 활용될 수 있음을 시사한다. 실제로 'Cafe 무양'은 외국인을 위한 전통문화 프로그램으로 구성되어 있으며, 2019년에는 국제 이벤트인 광주 세계수영선수권대회 기간 중 슬로베니아 선수단이 선비체험을 한 바 있어 글로벌 교류 프로그램으로서의 가능성도 엿볼 수 있었다.

이처럼 문화유산 활용사업의 체계적 운영은 서원을 문화관광의 명소로 변모시켰고, 이에 따른 방문객 수 역시 최근 4년간(2017~2020) 연평균 3만 명 이상 방문할 정도로 활성화되었다. 2020년에는 갑작스러운 코로나19 상황으로 인해 이에 대한 대응력이 무엇보다 필요했는데, 광산구는 위기 극복을 위해 방역수칙을 준수한 오프라인 사업을 제한적으로 진행하면서도 포럼, 퀴즈대회, 온라인 투어콘텐츠에 한해서는 페이스북, 유튜브, 줌zoom을 활용한 비대면 프로그램으로 전환해 운영했고, 총 500여 명 이상이 온라인으로 참여했다.

2) 고택문화재 활용 사례

광산구의 고택문화재 활용대상은 용아 생가, 김봉호 가옥, 장덕동 근대한옥으로 대표된다. 용아 생가(시 기념물 제13호)는 한국의 서정시 발전에 선구적 역할을 한 용아 박용철(1904~1938) 선생의 생가이며, 김봉호 가옥(시 문화재자료 제25호)은 1946년 지은 집으로 안채, 문간채 등과 축사를 갖추고 있다. 장덕동 근대

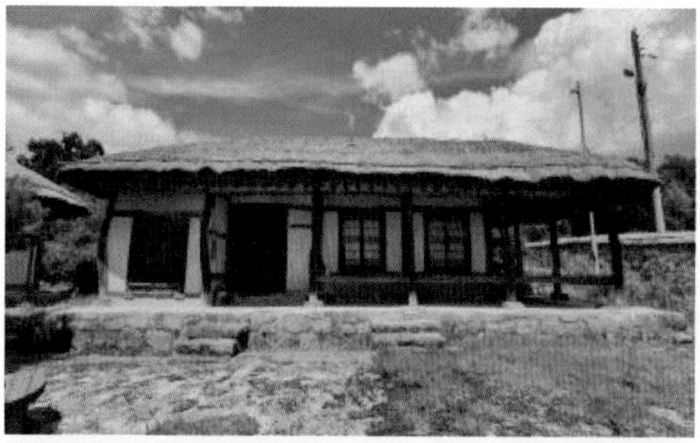
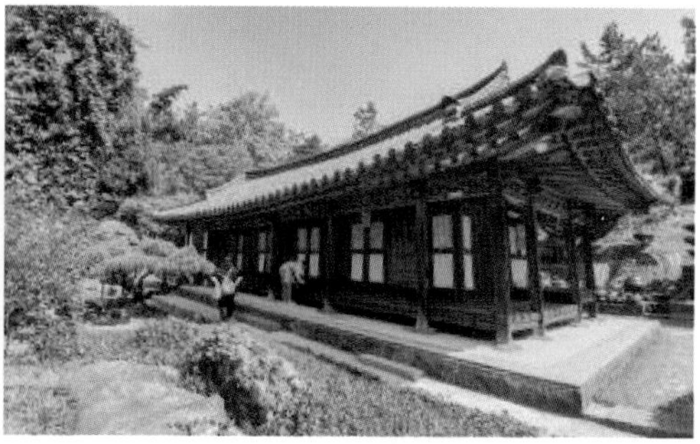
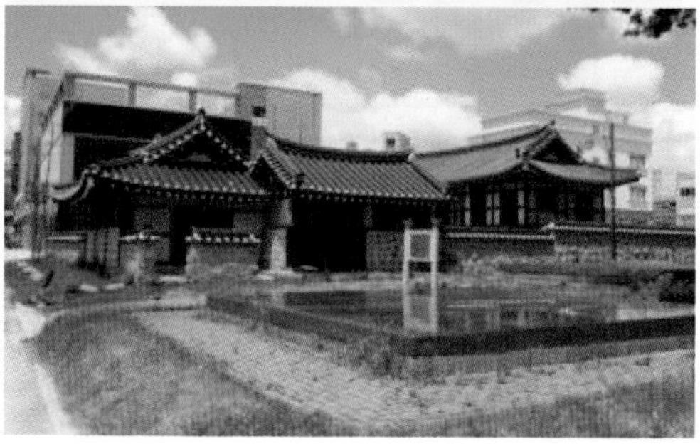

용아 생가(좌), 김봉호 가옥(우),
장덕동 근대한옥(하) 전경

한옥(국가등록문화재 제146호)은 1920년대에 건립되어 효령대군의 손자인 율원군의 후손들이 거주한 주택으로 근대기에 지어진 개량한옥이다.[6]

광산구의 고택 활용은 문화재청의 생생문화재 사업을 통해 2015년부터 지

〈표 21-8〉 고택·종갓집 활용사업의 주요 프로그램(2020년 기준)

사업명	구분	프로그램 구성	유형	대상
광산가옥, 산다	용아 생가	아시별의 꼬마시인 용아극장 월간청년 꼬마시인상상학교 시인의 사계	체험 복합 인문 인문 강연	초등생 이상 자녀를 둔 가족 일반인 광주에 거주하는 청년 인근 지역의 어린이 일반인
	김봉호 가옥	농가의 사계	체험	자녀를 둔 가족 및 청년
	장덕동 근대한옥	고택(古宅)의 사계	복합	지역주민, 청소년(어린이) 가족

주: 유형 중 '복합'은 프로그램에 영화, 연극, 체험, 전시 등이 혼합된 유형임.
출처: 광산구청, 2020년 고택·종갓집 활용사업 리플렛에서 재구성

6 문화재청 국가문화유산 포털 http://www.heritage.go.kr/

속되고 있으며, 이후 2020년 고택·종갓집 활용사업을 통해 추진되고 있다. 2020년 현재 '광산가옥, 산다'라는 주제로 이뤄지고 있으며, 아이들과 가족이 함께할 수 있는 '아시별의 꼬마시인', 사회적 약자 참여 프로그램인 '꼬마시인상상학교' 등 참여대상을 특화해 프로그램을 구성한 것이 특징이며, 코레일과 연계한 '월간청년'이나 유료 보증금제로 진행하는 '농가의 사계'는 참여 대상을 확대하고 프로그램의 내실을 강화하기 위한 접근으로 볼 수 있다.

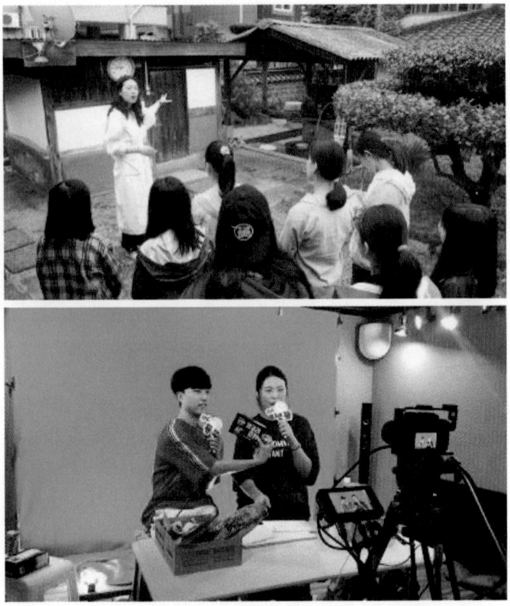
프로그램 사진(상: 김봉호 가옥, 하: 용아 생가)

이러한 고택 활용에 따른 방문객은 최근 4년간(2017~2020) 연평균 1,500명 이상 방문하고 있으며, 2020년 코로나19 상황에서는 '2020 광산별곡'이라는 비대면 문화유산 투어 프로그램을 제작해 유튜브, SNS뿐만 아니라 광산구청 및 송정역 등 관내 주요시설을 통해 방영했다.

〈표 21-9〉 광산가옥의 방문객 현황

(단위: 명)

연도	2017	2018	2019	2020
용아 생가	920	704	696	716
김봉호 가옥	662	187	464	75
장덕동 근대한옥	746	439	280	120
계	2,328	1,330	1,440	911

주: 비대면 프로그램은 영상 조회 수 1,376회로 집계됨.
출처: 광산구청 내부자료

4. 시사점

앞서 살펴본 것처럼 광주광역시 광산구는 문화유산 활용을 통한 지역문화 진흥 사례로 문화예술경영적 측면에서도 시사하는 바가 크다. 특히 광산구는 공공부문에서 추진된 문화예술경영 사례로 의미가 있는데, 우선 운영적 측면에서 협력적 거버넌스 모델로 접근했다는 점을 들 수 있다. 공공부문의 사업들이 주로 공공부문 주도의 집행 중심으로 이뤄지는 데 반해 광산구는 공공부문이 연계자, 매개자로서의 역할을 수행함으로써 민간의 전문성과 참여를 이끌어냈다. 이를 통해 사업의 기획부터 운영·환류 과정에서 전문성을 가진 민간단체와의 협력을 통해 사업의 질적 수준을 제고하고, 사업추진과정에서 지역주민을 배제하지 않고 함께 상생할 수 있도록 함으로써 사업추진역량을 극대화했다.

이는 문화유산 주변 주민이 외지인 방문으로 인해 느낄 수 있는 부정적 영향을 긍정적 영향으로 전환시키고, 사업의 주체로 참여함으로써 사업의 중심축을 형성하게 되었다. 월봉서원의 경우, 프로그램 참여자를 위한 식당 시설이 마땅치 않고, 낮은 접근성으로 인해 주변에 식당 등 편의시설이 부재한 환경적 요인을 극복하기 위해 주민의 참여로 방문객에게 식사 제공(너브실밥상)을 하고 있다는 점과 카페 '다시(茶時)'[7]를 운영해 방문객의 수요충족을 위해 노력한 점은 해당 문화유산이 처한 환경진단과 그에 따른 대응이 적절하게 이뤄졌음을 의미한다.

둘째, 대상 문화유산의 이야기를 발견하고 이를 프로그램에 녹여 문화유산의 정체성을 유지하면서도 일반인의 눈높이에 맞는 콘텐츠를 개발했다는 점이다. 자칫 지루할 수 있는 서원이나 고택의 이야기를 일반대중이 쉽게 접근할 수 있도록 체험, 공연 프로그램 등 흥미를 이끌어내기 위해 프로그램의 기획·집행·평가·환류 과정을 지속적으로 관리함으로써 사업 개선에 노력했다. 물론, 대상 문화재 본연의 가치를 전달하기 위한 인문학, 학술 프로그램도 함께 배치해 적절한 균형을 유지했다.

---

7 월봉서원 이안당의 '茶時 카페'는 최근 5년('16~'20) 동안 연평균 4천 명 이상이 이용했고, 이를 통한 수익금은 운영비에 재투자해 사업 추진기반을 마련한다.

셋째, 자생력 확보를 위해 노력했다는 점이다. 월봉서원의 경우 일부 프로그램을 유료화하고, 대상 문화재(원천 소스)를 산업화하는 노력을 지속적으로 해온 점과 자체 브랜드를 출원해 대외적 경쟁력 확보에 노력한 점은 충분히 모범이 될 만하다. 또한, 참여 제고를 위해 지역주민뿐 아니라 자유학기제(무양서원)와 연계하거나 2019년 광주 세계수영선수권대회처럼 글로벌 행사와 연계해 방문객 구조를 확대했고, 코로나19 상황에서는 온라인 프로그램 제공으로 위기 대응을 통해 참여 제고에 노력했다.

넷째, 소외될 수 있는 지역의 문화유산을 대표 문화명소로 탈바꿈한 점이다. 세계유산이나 국보 등 국가지정문화재의 경우 인지도 면에서 관광자원화된 사례는 어렵지 않게 발견할 수 있다. 하지만 광산구의 대상 문화재는 시·도 지정문화재로 지리적 위치가 좋지 않아 일반대중의 동기나 의지 없이는 쉽게 다

〈표 21-10〉 월봉서원 브랜드 구축 현황

프로그램명	상표·서비스표	상표·서비스표 등록번호	시작 연도
선비의 하루 (월봉서원 BI)	선비의 하루 월봉서원	제41-0265806호 제45-0047842호	2013~
살롱드월봉	살롱드월봉 salondewolbong	제41-0361896호	2011~
꼬마철학자학교	꼬마철학자학교	제41-0361895호	2013~
월봉로맨스	월봉로맨스	제40-1499762호	2019~
전통문화유산 광산구 문화재 통합 BI	화려광산	제40-1660307호	2020~
광산구 고택종가 BI	광산고택		2021 출원 중

출처: 광산구청 내부자료

가갈 수 있는 조건은 아니다. 하지만 지역의 문화유산을 단순히 보존하는 것보다 지역의 문화를 진흥케 한 문화자원으로 탈바꿈한 점이 결국에는 지역을 넘어 문화유산 대표 활용 사례로 꼽히게 되었다. 이는 공간의 문화적 재생에도 시사하는 바 크다고 생각한다.

그 무엇보다 이 모든 것이 원활하게 운영되고 육성되기 위한 지방자치단체의 의지를 가장 중요한 요인으로 볼 수 있다. 일반적으로 공모사업으로 진행되는 단년도 국고보조사업의 특성상 기초지자체의 중앙정부에 대한 보조금 의존도는 높을 수밖에 없는데, 기초지자체의 재정 여건이 그리 좋지 않은 것을 상기하면, 10여 개의 프로그램이 매년 지속되고 지역마을 공동체로 함께 운영된다는 점은 지자체의 지속적인 관심과 노력이 없었다면 불가능했을 것이다. 한국 전통문화에 대한 관심이 높아지고 있는 만큼 다른 지자체에도 이러한 사례가 공유되어 성공모델이 확산되길 기대해본다.

참고문헌

광산구청. 「월봉서원 운영 현황 자료」. 2016.

______. 「어제의 고봉 내일의 월봉」. 2020a.

______. 「무양 Muyang in the city」. 2020b.

______. 「광산가옥 산다」. 2020c.

문화재청. 『2020년 지역문화재 활용사업 사업별 공모계획서』. 2019.

______. 『통계로 보는 문화유산 2020』. 2021.

______. '한국의 서원 유네스코 세계유산 등재: 우리나라 14번째 세계유산, 제43차 세계유산위원회 (아제르바이잔 바쿠)에서 결정'. 문화재청 보도자료, 2019.7.6.

임학순. '문화유산 융복합 프로젝트 활성화 방향'. 문화유산의 가치 제고와 미래 전략 심포지엄. 2016.12.02

정홍익. 「문화행정연구: 개념틀과 분석」. 『한국행정학보』 25(4), 1991, 229-245쪽.

광산구청 누리집 https://www.gwangsan.go.kr/

국가법령정보센터 https://www.law.go.kr/

문화재청 국가문화유산포털 누리집 http://www.heritage.go.kr/

채경진

현재 한국문화재정책연구원 정책연구1팀 팀장으로 재직 중이며, 한국문화예술위원회에서 근무한 바 있다. 문화체육관광부 공공기관 경영평가단(2019~2021), 부천시 문화예술위원회 위원(2018~)을 역임했으며, 대표 논문으로는 「문화영향평가(CIA) 지표의 인과관계 분석: 문화재 정책을 중심으로」(『문화정책논총』, 2017), 「공공기금 지원사업의 효과분석: 문화예술진흥기금을 중심으로」(『문화정책논총』, 2016), 「문화예술정책 분야 협업 수준 측정 및 분석」(『한국정책학회보』, 2015), 「우리나라 문화행정연구의 경향 분석」(『한국행정학보』, 2013) 등이 있다.

22장
해녀문화의 유산 경영: 제주도 '한수풀해녀학교' 운영 사례*

고은솔·정상철

제주해녀문화 # 해녀학교 # 한수풀해녀학교 # 무형문화유산 # 유산경영

제주해녀문화는 제주지역의 환경을 기반으로 하여 어업활동을 해온 해녀들와 관련된 지식, 기술, 의례 등의 문화를 의미한다. 물질기술 및 민속지식, 신앙 및 의례, 해녀노래, 해신당 및 불턱, 물옷과 물질도구 등 해녀들이 어업활동을 하면서 창조해온 각각의 유·무형 요소들을 포함하며, 이와 같은 유·무형 요소들이 만들어질 수 있었던 사회문화적 요소, 즉 해녀공동체와 공동체의 규율, 구조 등의 공동체 문화도 포함한다. 2015년에는 '제주해녀어업'이 국가중요어업유산에 지정되었고, 2016년에는 '제주해녀문화'로 유네스코 인류무형문화유산에 등재되었으며, 2017년에는 '해녀'가 제주지역뿐만 아니라 한반도 전역을 범위로 하여 국가무형문화재로 지정되었다. 급속한 해녀 고령화 속에서 해녀학교는 신규해녀 양성에 중요한 역할을 담당하고 있다. 해녀가 되기 위한 절차와 방법은 단순하지 않은데, 해녀학교는 이를 일반인에게 설명해주고 접근성을 높여주는 소통 창구 및 교육의 장 역할을 하고 있다. 한수풀해녀학교는 제주시 한림읍 귀덕2리 어촌계가 2007년 주민자치 특성화 사업에 선정되어 해녀학교 및

---

* 이 글은 고은솔(2018)의 석사논문과 고은솔·정상철(2018)의 연구에 기초하고, 해녀학교에 대한 구체적인 통계와 면담을 통해 작성되었다.

해녀 체험장을 운영하며 시작되었다. 2020년까지 14년간 총 719명의 졸업생을 배출했으며, 그중 약 37명이 제주도 내 15개 어촌계에 가입하여 현직 해녀로 활동하고 있다. 도내외적으로 제주해녀 문화가 꾸준한 관심을 받고 있으며, 해녀학교가 이를 수용할 수 있는 유일한 등용문 역할을 하고 있음을 알 수 있다. 그뿐만 아니라 제주해녀문화를 홍보하고, 다문화 교육의 장으로서 기능할 수 있다는 점에서 의의가 있다. 이처럼 해녀를 길러내는 전승주체로서의 역할을 하고 있는 해녀학교를 제도적으로 지원하고, 운영 체계를 개선하는 방안을 적극적으로 고려해볼 수 있다.

1. 살아있는 유산으로서 '해녀'의 가치

해녀는 한국의 전통적 해양문화와 여성 어로문화를 대표하는 산증인이며, 해녀의 생업과 문화에는 자연과 인간의 공존 및 공유지의 지속적인 이용과 분배에 관한 여러 가지 지혜를 발견할 수 있다. 해녀들의 '물질'은 원초적인 어로 형태로 다른 데서는 찾아볼 수 없는 우리나라 전통적인 어로법으로, 물질경험에서 축적된 생태환경에 대한 민속지식이 상당하고 동료 해녀에 대한 배려와 협업, 해녀의 신앙과 의례 등 해녀만의 독특한 공동체적 생활문화를 이루고 있다(국가문화유산 포털). 이와 같이 무형문화재로서 역사성, 예술성, 고유성 등의 가치를 인정받아 2017년 '해녀'라는 종목으로 국가무형문화재로 지정되었다.

2012년 기준 수협중앙회와 해녀박물관 조사 자료에 따르면 전국 해녀 수는 1만~1만 2천여 명으로 추정된다. 이 중 제주해녀가 차지하는 비중은 42.5~55.5%에 이르며, 동남해안권(부산, 울산, 경남, 경북)의 해녀가 전체의 40% 내외로 제주도 다음으로 많다(문화재청, 2016). 한반도의 해녀는 제주해녀가 바깥물질을 나갔다가 그곳에 정착한 해녀와 그 지방 출신의 해녀로 구성되어 있다. 다른 지역의 나잠어업은 그곳으로 바깥물질을 나갔던 제주해녀가 전승해준 것이다. 해녀 수뿐만 아니라 해녀 공동체의 결집력과 해녀문화 보전을 위한 제도적·정책적 노력을 비교했을 때, 해녀문화는 국내에서도 제주가 대표한다고 할 수 있다.

2015년에는 '제주해녀어업'이 국가중요어업유산에 지정되었고, 2016년에는 '제주해녀문화'로 유네스코 인류무형문화유산에 등재되었다. 해녀들의 물질 작업과 관련한 다양한 유·무형적 유산들이 해녀문화를 구성한다. 제주도에서는 해녀들의 안녕을 빌고 공동체 연대의식을 강화하는 '잠수굿'과 이를 행하던 공간인 해신당, 바다로 나가는 배 위에서 부르는 노동요인 '해녀노래', 어머니에서 딸로 시어머니에서 며느리로 전승되는 무형문화유산으로서의 '여성의 역할' 등이 제주해녀문화를 이루고 있다(고은솔·정상철, 2018).

제주해녀문화의 유·무형 유산들은 지역의 정체성을 대표하고 공동체를 유지하는 '살아있는 유산'일 뿐 아니라 이들을 둘러싸고 있는 인적·물리적 환경에서 끊임없이 재창조되어야 '지속 가능한 전승'이 가능하다. 제주해녀문화의 지속 가능한 경영과 발전이 이루어지기 위해서는 경제적·사회적·환경적 측면의 다중 연결고리를 이해하고 이를 뒷받침하는 통합적인 체제가 마련되어야 가능하다. 환경적으로는 마을어장이나 해안가의 경관 등 생태적 환경의 보호, 전승 공동체인 해녀의 존속과 유지 하에 경제적 측면에서는 제주해녀 관련 문화산업의 육성, 사회적 측면에서는 제주해녀문화의 국내외로의 가치 확산이 필요하다.

이 같은 제주해녀문화의 지속 가능성에 가장 직접적인 위협 요소로 작용하는 것은 전승주체인 해녀 수의 감소와 고령화다. 따라서 신규해녀 양성은 제주해녀문화 전승을 위한 중요한 문제로 꼽혀왔다. 이를 위한 핵심적인 사업으로 제주도에서는 해녀학교를 운영하여 해녀를 양성하고 있다. 해녀학교 운영 사례를 통해 유산경영에서의 고려사항과 시사점을 제시하고자 한다.

2. 제주해녀문화 유산경영 현황

2020년 말 기준 제주특별자치도 내에서 활동 중인 현직 해녀 수는 3,613명이다. 고령화 및 질병으로 인한 조업 포기 및 사망 등으로 2019년보다 237명이 감소했고, 해녀학교 수료자 신규가입, 기존 해녀 물질 재개 등으로 30명이 증가했다.[1] 30세 미만 해녀는 2000년 이후 2016년까지 전무하다가 2017년

1 제주특별자치도 해양수산국 보도자료, "2020년 말 기준 도내 해녀 수 3,613명으로 집

<표 22-1> 연도별 제주 해녀 수

구분 \ 연도		1970	1980	2000	2010	2016	2019	2020
해녀 수(명)		14,143	7,804	5,789	4,995	4,005	3,820	3,613
연령 구성 비율 (%)	30세 미만	31.3	9.8	0.1 (3명)	-	-	0.2 (6명)	0.1 (4명)
	30~49세	54.9	60.7	22.1 (1,282명)	2.5 (125명)	1.5 (58명)	2.2 (83명)	2.1 (77명)
	50~59세	13.8	29.8	77.8 (4,504명)	97.5 (4,870명)	10.1 (403명)	8.4 (322명)	8.6 (309명)
	60~69세					31.1 (1,246명)	30.7 (1,174명)	30.2 (1,091명)
	70세 이상					57.3 (2,298명)	58.5 (2,235명	59 (2,132명)

출처: 제주특별자치도 해녀박물관 홈페이지

부터 증가하여 현재는 4명이 활동 중에 있다. 60세 이상의 고령해녀는 점차 증가하여 2020년 말 기준 89.2%에 달한다. 해녀학교 운영, 소득 지원 등으로 신규해녀 양성에 힘을 기울이고 있으나 이미 초고령화가 심각하여 효과가 미미한 상황이다.

한편, 해녀는 제주의 102개 해안 마을의 어촌계 및 해녀회에 소속되어 활동하고 있다. 해녀회는 엄격한 규칙과 절차를 통해 물질작업과 신앙 의례 등 모든 해녀공동체 활동을 하게 된다. 해녀공동체는 물질 기량에 따라 상군·중군·하군으로 구분되며, 이들 중 바다와 전통지식, 해산물에 대해 가장 잘 알고 물질 기량이 뛰어난 상군이 해녀회장이 되어 해녀회를 이끈다. 해녀의 모든 경제활동은 어촌계 단위로 이루어진다. 어촌계는 해산물별 금채기와 크기 등을 정해놓고 채취하도록 하고, 해녀의 조업일수를 한정하고 있다. 해녀는 이 같은 규칙을 따르며 공동체를 유지해나간다. 해녀가 채취한 해산물의 주요 판로는 수협이다.

계", 2021.2.14.

수협에서 필요한 물량을 어촌계에 분배하면, 그에 따라 해녀가 채취하는 수확물의 물량도 정해진다. 주요 채취 해산물은 소라이며, 수확량의 80%가 일본으로 수출되었다. 그러나 2020년에는 코로나19로 인해 수출이 어려워지면서 조업 일수도 줄었고, 수익도 크게 감소했다.

제주해녀문화와 관련된 정책은 크게 세 시기로 구분해서 파악할 수 있다. 첫째 제주해녀와 관련된 지원 정책 도입기인 2000년대 이전, 둘째 세계화와 맞물려 해녀와 해녀문화에 관한 관심이 증폭되었던 2000년대 이후, 셋째 2015년 이후 국내외 제주해녀문화 위상 정립 이후부터 현재까지로 구분할 수 있다. 정책의 시기별 주요 특징은 정책 성격, 정책 참여자, 정책 우선순위의 변화 세 가지로 나누어볼 수 있다. 정책의 성격이 해녀 생계 지원으로부터 해녀 '문화' 보존과 향유에 대한 정책으로 범위가 넓어졌다는 점, 정책 참여자가 관 주도에서

〈표 22-2〉 제주해녀문화 관련 조례 현황

구분	내용
「제주특별자치도 해녀 진료비 지원 조례」 (2006, 2015 개정)	• 도내에 거주하는 해녀들(조례에(서 규정하고 있는 지원대상자에 한함)의 건강 보호 도모를 목적으로 사회보장적 차원에서 진료비를 지원함 • 진료비 지원대상자를 명확히 할 수 있도록 해녀증을 발급하고 있음
「제주특별자치도 해녀박물관 설치 및 운영조례」 (2008, 2013 개정)	• 「박물관 및 미술관 진흥법」 제12조제2항에 따른 제주특별자치도 해녀박물관의 운영에 관한 사항을 정함을 목적으로 함
「제주특별자치도 해녀문화 보존 및 전승에 관한 조례」 (2009, 2018 개정)	• 제주해녀들의 고유한 공동체문화를 체계적으로 발굴, 보존 및 전승시키기 위해 필요한 사항을 규정하고 있음 • 제주해녀문화 보존 및 전승을 위한 5개년 기본계획 수립 및 시행에 관한 사항 • 제주특별자치도해녀문화보존및전승위원회의 설치와 구성 • 해녀문화 교육 및 전수생 교육·연구기관 설립·위탁·교류·해녀의날 지정
「제주특별자치도 해녀문화 산업 진흥 조례」 (2014)	• 해녀문화산업의 진흥 및 지원에 필요한 사항을 정함으로써 해녀문화 활성화 및 지역주민의 삶의 질 향상과 지역경제에 이바지함을 목적으로 함 • 해녀문화산업 중·장기 기본계획 수립 및 시행에 관한 사항 • 해녀문화사업자에 대한 지원·국제교류·전문인력의 양성 • 지원 목적 부합성에 관한 지도·감독, 해녀문화산업 육성 공로에 대한 포상
「제주특별자치도 해녀어업 보존 및 육성에 관한 조례」 (2017, 2018 개정)	• 전통어업의 명맥을 이어가고 있는 제주해녀들이 감소하고 고령화되고 있어 해녀어업을 보존하고 육성하는 데 필요한 사항을 규정함을 목적으로 함 • 수당 및 정착지원금 지급·해녀 양성교육 및 어촌계 정착지원

점차 민간 참여가 활발해진 점, 해녀문화유산의 관리를 전담하는 해녀문화유산과 신설로 정책 전문성이 강화되고 정책 우선순위가 승격되었다는 점을 꼽을 수 있다.

현재 제주해녀문화와 관련된 조례는 〈표 22-2〉에서 제시한 것과 같이 5개가 있다. 각 조례는 해녀문화나 해녀어업 등 명칭만 달리하는 경우도 있고, 내용상 중복되는 부분도 있다. 시기마다 제주해녀의 지원과 제주해녀문화의 보존과 전승을 위해 제정된 것으로, 주요 내용은 다음과 같다. 제주특별자치도는 2006년부터 「제주특별자치도 해녀 진료비 지원 조례」를 제정하여 제주해녀의 건강보호를 위해 사회보장적 차원에서 진료비 지원을 해오고 있다. 진료비 지원 대상자는 해녀, 해녀로 등록된 후 10년이 경과한 사람으로서 해녀였던 사람. 다만, 제주특별자치도 외에 거주하는 사람은 제외하며, 각 호에 상응하는 남자 또한 포함된다. 진료비 지원 대상자인 해녀는 해녀증을 소지하고 있어야 하는데, 이는 진료비 지원대상자를 명확하게 하기 위함이다. 해녀증은 도내 마을어장에서 정식으로 물질작업을 할 수 있는 자격증과 같으며, 이를 발급받기 위해서는 어촌계 회원 및 수협 조합원 가입, 일정 조업일수 등의 조건이 필요하다. 「국민건강보험법」상 요양급여 대상 중 외래진료비의 본인 부담금액 전액을 지원해주고 있다.

2006년 제주특별자치도 해녀박물관이 개관했고, 2008년에는 「해녀박물관 설치와 운영을 위한 조례」가 제정되었다. 개관 이후 해녀박물관은 제주해녀문화의 보존 및 전승을 위해 전시, 학술연구, 강연, 교육 및 홍보 등의 활동을 이어오고 있다. 특히 매년 아동, 고등학생, 일반인을 대상으로 대상별 해녀문화 교육이 진행되고 있으며, 2016년에는 그 성과로서 '고등학생이 기록한 제주해녀 이야기' 조사보고서가 발간되는 등 점진적으로 교육활동의 결과가 나타나고 있다.

2009년에는 「제주특별자치도 해녀문화 보존 및 전승에 관한 조례」가 제정되어 본격적으로 제주해녀문화 보존·활용 정책이 수립되었다. 이를 근거로 제주해녀문화 보존 및 전승에 관한 기본계획이 5년마다 수립되며, 현재에도 제주해녀문화 보존 및 전승을 위한 정책 전반의 법적 근거가 되고 있다. 2014년에는 「제주특별자치도 해녀문화산업 진흥 조례」가 제정되어 해녀문화산업의의 진흥과 해녀문화 활성화 및 지역주민의 삶의 질 향상 및 지역경제에 이바지함을 목적으로 하고 있다. 이와 관련하여 제주해녀문화 콘텐츠 개발의 하나로 창작 뮤지컬 「호오이 스토리」가 제작된 바 있다.

2016년 유네스코 인류무형문화유산에 '제주해녀문화'가 등재되어 그 후속 조치로서 2017년 「제주특별자치도 해녀어업 보존 및 육성에 관한 조례」까지 통과되면서 현재의 제주해녀문화 전승을 위한 체계가 확립되었다. 이는 제주해녀문화 보존 및 전승에 관한 5개년 기본계획으로 통합되어 구체적인 사업이 진행되고 있다. 제2차 5개년 기본계획(2017~2021)은 총 8개 분야 69개 사업으로 크게 제주해녀문화 전승 관련 사업과 제주해녀 소득보전 관련 사업이 시행되고 있다.

3. 제주 '한수풀해녀학교' 운영 사례 분석

1) 해녀학교 운영의 필요성

제주해녀는 대대로 일가의 여성을 중심으로 계승되어왔다. 근대사회에서는 여성의 전문성을 발휘할 수 있는 직업이 많지 않았다. 그사이에서 '해녀'는 제주 여성이 경제적 부를 창출할 수 있는 전문 직업이었다. 따라서 당시 제주 해안 마을에 거주하고 있던 여성의 대부분은 농사와 함께 물질을 했다. 바다를 이용하는 일이었기 때문에 해녀들은 공동체를 형성하고 마을 어촌계에 속하여 어업권을 취득했다. 그뿐만 아니라 물질은 개인 위주로 작업하기에는 위험요소가 많았기 때문에 해녀들은 공동체의 엄격한 규율 속에서 서로 협력하며 효율적으로 물질작업을 했다.

이와 같은 배경 속에서 해녀들은 공동자원을 효율적으로 사용하고, 자연과 공존하며 지속적으로 수익을 낼 수 있도록 공동체의 역할을 강화해왔다. 해녀문화의 핵심 가치인 '공동체문화'는 해녀들이 물질작업을 하며 생업을 영위하기 위해 필요했던 여러 규칙와 관습, 풍속들을 동료들과 오랜 시간 공유하며 축적해온 결과물이다. 보통 '전통적'이라 볼 수 있는 해녀들은 어릴 때부터 가정에서 자연스럽게 해녀공동체 문화를 습득하고, 10~20대부터 본격적으로 물질을 시작했다. 하지만 이들 공동체도 사회가 변화하면서 그 역할의 규모가 점차 축소되고 있는 상황이다.

제주도에서 신규해녀는 현직해녀로부터 물질능력은 인정받았거나, '해녀학교' 교육을 이수하여 활동을 시작하고 있다. 제주도에는 국내 최초로 설립된 해녀학교를 포함하여 총 두 곳이 운영되고 있다. 하지만 매년 200명 내외의 해녀가 감소하는 데 비해 10명 남짓한 해녀가 해녀학교를 통해 배출되고 있어 그 효과가 미미한 수준이다. 이에 대한 대표적인 원인으로 꼽히는 것은 어촌계 가입 절차의 어려움이다. 해녀로 활동하기 위해서는 수협 가입과 마을의 어촌계 가입·승인이 필수다. 또한 어촌계에 가입하기 위한 조건은 어촌계마다 조금씩 상이하지만, 지역에 2년 이상 거주한 주민이어야 하고, 가입비로 많게는 약 700만 원 이상이 소요된다. 어촌계 가입 후 1년간 60일 이상 조업 또는 120만 원 이상의 소득을 올리면 해녀증을 발급받아 정식 해녀로 활동할 수 있다. 이와 같은 인력 양성 정책과 현실 사이의 간극을 좁히기 위해 어촌계 가입 정착금 지원, 경영이양 직접직불제 사업 등 다양한 시도가 계속되고 있다.

제주특별자치도 내에는 신규해녀를 양성하는 해녀학교 2개소가 운영되고 있다. 제주시 1개소(한수풀해녀학교), 서귀포시 1개소(법환좀녀마을 해녀학교)이며, 각 시에서 어촌 활성화를 위해 예산을 지원하고 있다. 도내 신규해녀를 양성하기 위한 입문과정으로서의 역할을 하고 있으며, 운영 체계와 프로그램 내용은 각 해녀학교 운영 방향에 따라 달리하고 있다. 본고에서는 제주도에서 가장 먼저 해녀학교를 시작하여 현재까지 운영해오고 있는 한수풀해녀학교 사례를 중점적으로 분석해보고자 한다.

2) 한수풀해녀학교 운영 현황

(1) 운영 인력 및 예산

한수풀해녀학교는 제주시 한림읍 귀덕2리 어촌계가 2007년 주민자치 특성화 사업에 선정되어 해녀학교 및 해녀 체험장을 운영하며 시작되었다. 해녀들의 고령화와 어족자원의 고갈, 직업여건의 어려움들로 점차 사라져가는 해녀문화를 젊은 세대에 전수하고자 하는 취지로 시작되었으며, 운영에 필요한 시설과 교육 프로그램을 지속적으로 발전시키며 현재까지 운영해오고 있다. 한수풀해녀학교는 이론 강의와 실습을 통해 프로그램 참여자들에게 해녀로서 필요한 기본 소양을 교육하고 물질기술을 전수함으로써 제주만의 독특한 해녀문화를 계승·발전시키는 것을 운영 방향으로 삼고 있다. 한편 해녀학교는 해녀학교운영위원회를 두고 운영 전반에 대한 합의를 도출하고 있는데, 학교장, 어촌계 감사 2명, 귀덕2리 해녀회장·부회장, 총무, 수협 관계자, 시 해양수산과 관계자로 구성되어 있다.

한수풀해녀학교는 제주시에서 어촌활성화 및 소득증대기반 구축을 위해 운영·지원하고 있으며, 귀덕2리에서 관리·운영하고 있다. 교장은 귀덕2리 어촌계장이 겸임하여 학교 전체를 총괄하며, 사무국장은 주도적으로 커리큘럼을 구성하고, 간사는 이를 보조하는 역할을 맡고 있다(조인애, 2019). 예산은 제주시 해양수산과에서 어촌 활성화 및 소득증대기반구축 정책의 하나로 지원되는 보조금이다. 2021년 올해 8,500만 원이 지원되었으며, 이는 해녀학교 운영에 필요한 교육비, 강사료, 재료비 등으로 편성되고 있다. 매년 예산이 줄고 있어 해녀학교 운영을 위한 안정적인 예산 확보가 더욱 필요한 실정이다.

〈표 22-3〉 한수풀해녀학교 최근 6년간 예산 현황

	2016	2017	2018	2019	2020	2021
예산(천 원)	20,000	172,000	122,000	122,000	97,600	85,000
전년도 증감액		152,000	▲50,000	-	▲24,400	▲12,600

(2) 교육프로그램

한수풀해녀학교는 매년 4월 중에 일반인을 대상으로 입문양성과정반 30명 내외, 직업양성과정반 20명 내외의 입학생을 모집하여 5월부터 8월까지 주말마다 체험 및 양성 프로그램을 운영하고 있다. 입문양성과정반은 총 16차 진행되고, 직업양성과정반은 총 32차 진행된다. 입문양성과정반은 만 50세 미만인 도·내외 성인이면 누구나 신청할 수 있는 반면, 직업양성과정반은 주소지가 어촌마을에 2년 이상 등록된 만 60세 미만 여성으로, 어촌계장과 해녀회장의 추천을 받아야 신청이 가능하다. 이는 직업해녀를 양성하고자 하는 해녀학교의 취지에 부합하는 지원자를 선별하기 위함이다.

〈표 22-4〉 한수풀해녀학교 교육의 주요 내용

구분	이론	실기
기본수칙	안전수칙, 심폐소생술, 장비사용법, 마을어업 및 어촌계 조직 이해하기, 제주도 해녀 정책	
해녀	해녀와의 대화, 현지 해녀 이야기	
전통지식/기술	잠수법, 유영법, 호흡법, 해산물 채취법	유영훈련, 해산물 채취훈련 (우뭇가사리, 성게, 소라)
문화	해녀문화 교육, 제주어 수업	해녀노래 교육, 테왁, 소중이 만들기, 해녀 음식 만들기
협동	타 바당 체험	물질대회
평가	종합훈련 및 훈련성과 평가	

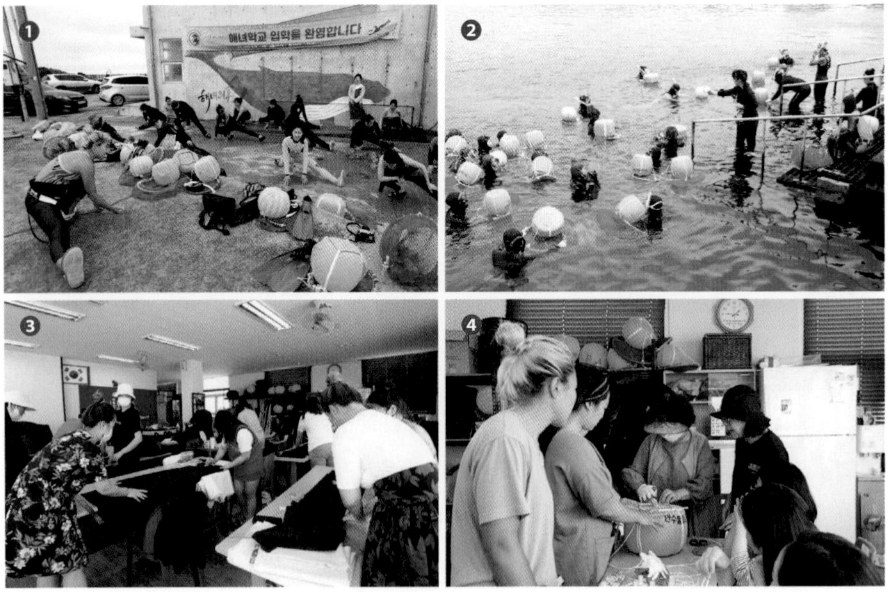

한수풀해녀학교 교육프로그램 사진

❶ 잠수 전 체조 ❷ 물질 실습 ❸ 물적삼(해녀 전통 작업복) 만들기 ❹ 테왁(물질 도구) 만들기

제주시 한림읍 귀덕2리 해녀회 소속 해녀 39명 중 30여 명이 강사로 활동하고 있다. 2016년까지는 해녀 체험 프로그램만 운영하다가 2017년부터 해녀 양성을 중심으로 한 프로그램도 신설하여 해녀 양성에 노력을 기울이고 있다.

한수풀해녀학교의 2019년 교육프로그램 일정을 예로 보면, 5월부터 8월까지 4개월간 교육이 진행된다. 입문반은 매주 토요일마다 6시간씩 총 16차례 교육을 이수한다. 작업반은 매주 토·일요일마다 6시간씩 총 32차례 교육을 이수한다. 교육내용은 크게 아래와 같이 구분할 수 있다. 초반에는 제주해녀와 해녀문화, 안전수칙 등 기본수칙을 배운다. 이후 해녀/전통지식과 기술/문화/협동 능력 등을 배우고, 마지막으로 종합훈련과 훈련성과 평가를 통해 교육과정을 마무리한다.

〈표 22-5〉 2019년 한수풀해녀학교 교육프로그램 일정

일시	이론 수업	야외 수업
5.11(토)	• 심폐소생술 및 제세동기 사용법 교육 (대한적십자사) • 덕2리 해녀회 소개(해녀회장)	-
5.12(일)	• 해녀와의 대화를 통해 해녀의 삶에 대한 이해	-
5.18(토)	• 배해녀(직업반 1기)와의 대화 • 잠수이론 및 장비 소개	-
5.19(일)	-	• 잠수법 실기교육
5.25(토)	• 프리다이빙 교육을 통한 무호흡법 교육	• 환복 및 준비운동 후 잠수법 실기 및 무호흡법 실기
5.26(일)	-	• 실기 수업
6.1(토)	• 해녀의 역사 • 마을어업 및 어촌계 조직 이해	• 바당 적응 훈련 및 잠수요령 실기
6.2(일)	-	• 실기 수업
6.8(토)	• 제주도 해녀정책 강의	• 실기 수업
6.9(일)	-	• 실기 수업
6.15(토)	-	• 실기 수업

일시	이론 수업	야외 수업
6.16(일)	-	• 실기 수업
6.22(토)	-	• 1차 등급테스트 • 수산물 채취요령 실기교육
6.23(일)	-	• 잠수 미숙련자 특훈 실시
6.29(토)	-	• 물질운동회
6.30(일)	-	• 실기 수업
7.6(토)	-	• 타바당 체험
7.7(일)	• 테왁 제작 교육: 1인 1테왁 제작	-
7.13(토)	-	• 실기 수업: 장거리 유영훈련
7.14(일)	-	• 실기 수업
7.20(토)	• 입문반 테왁 제작 교육(조별 제작) • 우뭇가사리 음식조리 과정 습득	-
7.21(일)	-	• 실기 수업
7.27(토)	• 해녀옷(소중이) 만들기 교육	-
7.28(일)	-	• 장거리 유영: 귀덕1리 거북등대까지 2킬로
8.3(토)	-	• 타바당 장거리 유영훈련: 수원리 바당에서 학교까지(2킬로) • 소라채취대회
8.4(일)	-	• 실기 수업
8.10(토)	• 해녀노래 교육	• 실기 수업
8.11(일)	-	• 해녀박물관 견학
8.17(토)	• 학교 건물외벽 벽화 제작 • 해녀노래 교육	• 실기 수업
8.18(일)	-	• 실기 수업
8.24(토)	• 해녀노래 교육	• 실기 수업
8.25(일)	-	• 실기 수업(해녀와 함께 뿔소라 채취)

(3) 졸업자 현황과 신규해녀 양성

한수풀해녀학교는 2020년까지 14년간 총 719명의 졸업생을 배출했으며, 그중 약 37명이 제주도 내 15개 어촌계에 가입하여 현직해녀로 활동하고 있다. 2020년에만 제주도 신규해녀 총 30명 중 9명이 한수풀해녀학교 졸업생이었다. 급속한 해녀 고령화 속에서 해녀학교는 신규해녀 양성에 중요한 역할을 담당하고 있다. 해녀가 되기 위한 절차와 방법은 단순하지 않은데, 해녀학교는 이를 일반인에게 설명해주고 접근성을 높여주는 소통창구 및 교육의 장 역할을 하고 있다.

해녀학교 지원자들은 거주지, 연령대, 직업별로 다양한 지원자가 있다. 제주가 고향인 제주도민, 육지에서 이주해온 이주민, 결혼하며 제주로 이주해온 이주여성, 육지에서 거주하면서 주말마다 해녀학교를 오가는 사람들, 한 달 살기 등 제주에 잠시 머물며 학교를 다니는 사람들도 있다. 입학 동기 또한 다양하다. 주로 가족을 따라 해녀 승계를 원하는 사람, 제주로 이주해오면서 해녀를 직업으로 삼고자 하는 사람, 해녀문화에 관심을 가지고 이해하고자 하는 사람, 물을 좋아해서 지원하게 된 사람 등 다양하다. 지원자 중 특히 주목할 만한 부분은 외국인과 이주여성의 지원동기다. 결혼이주여성의 경우 제주에서 해녀를 업으로 삼아 경제활동을 하기 위해 지원하는 사례도 있다. 외국인의 경우 제주해녀문화에 관심을 갖게 되며, 이를 체험하기 위해 지원하는 경우가 대부분이다. 또한 해남이 되고자 하는 남성의 관심도 돋보인다. 한수풀해녀학교에는 남성도 꾸

〈표 22-6〉 한수풀해녀학교 졸업자 수 현황

구분		'08	'09	'10	'11	'12	'13	'14	'15	'16	'17	'18	'19	'20
졸업자 수	도민	31	27	25	33	39	57	53	43	39	43	45	50	42
	도외	2	4	10	13	10	18	18	18	18	13	18	15	15
	외국인	-	1	2	2	3	-	5	7	1	1	4	-	1
	이주여성	1	-	-	-	2	5	1	1	1	-	-	2	-
	계	34	32	37	48	54	80	77	69	59	57	67	67	58

출처: 제주특별자치도(2019), 『해녀문화의 세계화를 위한 해녀교육 활성화방안』 재구성

준히 지원하고 있으며, 매년 합격자를 선정할 때 남녀 성비율도 고려하고 있다.

2017년에는 입문양성과정 42명·직업양성반 15명, 2018년에는 입문양성과정 55명·직업양성과정 16명, 2019년에는 입문양성과정 50명·취업양성과정 17명, 2020년에는 입문양성과정 40명·취업양성과정 18명이다.

이들의 졸업 후 해녀학교 운영에 관한 설문조사는 두 차례 진행된 바 있다. 해녀학교 운영의 아쉬운 점을 위주로 설문이 이루어졌는데, 주제별로 크게 구분해보면 시설 등 인프라 개선, 교육프로그램 체계화, 운영관리체계 개선, 입학생 간 단합 기회 확대의 네 가지를 꼽을 수 있다. 물질을 기본으로 하는 수업 구성에 맞추어 탈의실, 샤워실 등의 열악한 시설 개선이 필요하다는 의견이 있었다. 또한 물질을 할 수 있는 실기 수업이 체계적으로 이루어질 수 있도록 교육프로그램이 확대되었으면 좋겠다는 의견이 가장 많았다. 그리고 바다 청소 등 환경보호 봉사활동을 할 수 있는 동문회 결성, 수업 외 모임 조직 등 공동체 단합 기회가 확대되기를 원한다는 응답도 눈여겨볼 만하다. 이를 개선하기 위해 충분한 예산을 확보하고, 체계적인 교육 시스템을 운영하여 해녀학교의 위상이 높아질 수 있도록 해야 한다.

한편, 위 설문 의견을 반영하여 한수풀해녀학교에서는 해녀학교를 졸업한 사람들이 졸업 후에도 공동체 활동을 함께할 수 있도록 동문회를 운영할 계획이다.[2] 동문회는 해녀 물질작업을 통해 얻는 경제적 성취보다는 바다 정화 활동, 친목 도모 등을 목적으로 한다. 전통적인 해녀공동체와는 다른 모습이지만, '해녀'라는 이름으로 모여 해녀문화의 가치를 이어받고 있다는 점이 인상적이다. 이는 전통적인 해녀공동체의 중요한 미래지향적 가치를 유지하면서도 시대에 적응하고 재창조하는 사례로서 시사하는 바 크다.

2 한수풀해녀학교 사무국장 인터뷰, 2021.4.

4. 해녀학교 운영의 시사점

1) 해녀학교 운영의 의의

'해녀'는 살아있는 유산으로 불리고, 그 자체로 문화적인 성격을 띠며 구성요소끼리 긴밀하게 연관되어 있기 때문에 상당히 복합적인 특성을 가진 유산이다. 따라서 해녀 또는 해녀문화의 보전을 위협하는 요소도 각양각색으로, 자연-환경오염 문제, 사람-해녀의 고령화, 문화-자본주의 기반의 사회적 변화 등으로 구분할 수 있다. 따라서 해녀의 지속적인 보전 방안은 다각적인 측면이 고려되면서도 이를 모두 아우를 수 있어야 한다. 본고에서는 그중에서도 제주해녀문화의 주체인 '해녀' 인력양성 문제를 다루었다. 신규해녀 양성을 위한 주요 교육프로그램은 제주도 내 '해녀학교'를 통해 이루어지고 있다. 해녀학교는 일반인에게 해녀 물질작업을 하기 위한 관문 역할을 하고 있으며, 해녀 체험 및 직업을 목적으로 참여해볼 수 있는 통로가 되어주기도 한다.

2021년 한수풀해녀학교 입학 신청자는 총 221명(도내 144명, 도외 77명)이었으며, 최종 경쟁률은 4.4 대 1을 기록했다. 세부적으로 보면, 직업양성과정반은 1.35 대 1의 경쟁률을 보이며 지원자 27명 중 21명이 선정되었다. 입문양성과정반은 6.46 대 1의 경쟁률을 보이며 지원자 194명 중 31명이 선정되었다. 이처럼 실제 지원자 규모를 보면, 도내외적으로 제주해녀문화가 꾸준한 관심을 받고 있으며, 해녀학교가 이를 수용할 수 있는 유일한 등용문 역할을 하고 있음을 알 수 있다. 주민자치사업을 시작으로 하여 14년간 신규해녀 인력양성 노하우를 축적해오고 있을 뿐만 아니라 제주해녀문화를 홍보하고, 다문화 교육의 장으로서 기능할 수 있다는 점에서 의의가 있다.

2) 해녀학교 운영의 과제

(1) 해녀학교 위상 정립

해녀학교 운영 개선을 위해 해녀학교의 위상 정립이 우선시되어야 한다. 지원자 규모만 보아도 해녀학교가 일반인에게 받고 있는 관심이 적지 않다는 것을 알 수 있다. 그러나 해녀학교 교육이 해녀 양성에 직접적으로 관련될 수 있는 정책적 뒷받침이 부족하다. 현재 제주도에서는 신규해녀[3]의 소득보전과 어촌정착을 위해 '신규해녀정착지원금'을 월 50만 원 이내로 지원하고 있다. 이 지원금 신청을 위해 필요한 구비서류에는 어촌계 가입 증명 서류, 해녀학교 전문과정 이수증 또는 현직해녀로부터 물질능력을 인정받은 증명서, 수산물 생산 확인 관련서, 해녀증 또는 어업경영체등록증 등이 포함되어 있다. 여기서 해녀학교 전문과정 이수증은 명시되어있으나 실질적으로 유명무실한 해당사항이다. 이수증이 있어도 어촌계 가입 절차를 모두 거쳐 발급되는 해녀증이 없으면 소용이 없기 때문이다. 따라서 해녀증 발급 조건에 '해녀학교 전문과정 이수'를 추가하여 '해녀학교 전문과정 이수'가 가지는 제도적 효력을 높이고, 도내외적으로 해녀학교가 지닌 위상을 높일 수 있도록 해야 한다.

(2) 안정적인 예산 지원 및 프로그램 운영

이를 위해 무엇보다 해녀학교가 안정적인 예산 운용이 가능하도록 해야 한다. 해녀학교 지원 경쟁률은 2020년 기준 4.42 대 1을 기록할 만큼 관심을 받고 있다. 그러나 해녀학교 예산은 점차 감소하고 있어 입학생 모집 인원을 축소할 수밖에 없는 상황이다. 또한 안정적인 프로그램 운영이 어렵고, 신규해녀 양성을 위한 장기적인 해녀학교 운영계획을 수립하기가 어렵다. 해녀학교 설문조사에서 나타났듯이 교육프로그램을 체계화하여 해녀학교 졸업자의 만족도를 높일 수 있어야 한다. 해녀학교 입학생들이 졸업할 때는 제주해녀문화의 역사와 의미에 대해 이해하고, 잠수와 해산물 채취 등 물질작업에 능해질 수 있도록 해

---

3 '신규해녀'란 도지사가 규정하는 해녀의 자격을 신규로 취득한 40세 미만의 해녀를 말한다(「제주특별자치도 해녀어업 보존 및 육성에 관한 조례」 제2조).

야 한다.

(3) 사회적 가치의 확산

해녀학교가 해녀 공동체의 사회적 가치를 확산할 수 있는 교육의 장이 될 수 있다. 해녀 공동체를 지탱해오던 지혜를 바탕으로 사회적 가치를 양산하고, 이를 다문화 교육의 일환으로도 고려해볼 수 있다.

3) 해녀문화의 지속 가능한 경영

해녀문화가 지닌 가치는 지속 가능성을 담고 있어 더욱 중요하게 여겨진다. 이들이 지닌 가치를 전승하기 위해서는 현직 해녀들이 오랜 역사 속에서 지켜온 여성공동체, 환경에 적응하며 생물다양성을 보전하는 지혜를 더 많은 이들이 체득하도록 하는 일일 것이다. 현재 제주 내에서 이와 같은 교육이 가장 유사하게 이루어지고 있는 곳이 해녀학교다. 앞으로도 내부적인 개선을 통해 현직 해녀와 직접 소통하며 그들의 생애와 물질에 대한 이해, 급격하게 변화하는 현실에 적응하기 위한 고충과 갈등, 해녀문화의 미래에 대한 고민을 함께하는 교육의 장으로 운영이 이루어져야 할 것이다.

또한 국가무형문화재로서 해녀는 해녀와 관련된 문화가 협업을 통해 이루어지는 공동체 성격이 강하다는 점에서 특정 보유자나 보유단체를 인정하지 않고 있다. 따라서 국가무형문화재로서 해녀의 보전을 위해 지원하는 방식은 여타 다른 무형문화재와 다르다. 해녀를 길러내는 전승주체로서의 역할을 하고 있는 해녀학교를 지원하는 방안을 적극적으로 고려해볼 수 있다. 추후 제주뿐만 아니라 전국 각 지역의 해녀 보전 환경을 조사하고, 해녀학교 운영 실태를 분석하여 무형문화재인 해녀 양성 방안을 전국으로 확대할 필요가 있겠다.

참고문헌

고은솔·정상철. 「제주해녀문화'의 지속가능한 발전과 유산경영」. 『문화예술경영』 48, 2018. 317-341쪽.

문화재청. 『'해녀' 국가무형문화재 지정가치 조사 보고서』. 2016.

양경숙. "제주해녀의 직업 형성과 발달에 관한 연구". 경기대학교 박사학위논문. 2019.

조인애. "제주 해녀학교의 학습 사례 연구". 서울대학교 석사학위논문. 2019.

제주특별자치도. 『해녀문화의 세계화를 위한 해녀교육 활성화방안』. 2019.

______. 『2016~2020년도 예산서(제2권 제주시)』. 2016~2020.

문화재청 국가문화유산 포털 https://www.heritage.go.kr/heri/idx/index.do

제주특별자치도 해양수산국. '2020년 말 기준 도내 해녀 수 3,613명으로 집계'. http://www. jejumaeil.net/news/articleView.html?idxno=216854

정상철

현재 한국전통문화대학교 문화재관리학과 교수로 재직하고 있으며, 학부와 대학원에서 문화유산 경제와 경영을 강의하고 있다. 한국문화관광연구원에서 콘텐츠산업정책을 다뤘으며, 음악산업발전위원회 공익위원(2018~2020), 한-EU 문화협력위원회 민간위원(2013~2018)을 역임했으며, 현재 공예문화산업진흥위원회 위원(2020~)으로 활동하고 있다. 저서로는 『창의적 농촌경제의 성공 모델』, 『문화정책의 역사적 변동과 전망』이 있다.

고은솔

현재 제주특별자치도 제주학연구센터 전문연구원으로 재직하고 있으며, 제주대학교 사회교육학부 지리교육전공 박사과정에 있다. 2018년 한국전통문화대학교 일반대학원 문화유산학과(문화재법정책)를 졸업했으며, 석사학위논문으로 「제주해녀문화의 지속가능한 전승방안 연구」가 있다.

23장
전통문화로 꽃피운 신한류: K-헤리티지의 가치와 문화경제 효과, '문화재 활용사업' 사례

이창근

전통문화 # 문화유산 # 신한류 # K-헤리티지

한류 확산의 핵심요소로 콘텐츠, 예술, 관광을 떠올린다. 모두 문화 영역이다. 이 문화의 토대가 문화유산이다. 2020년 발생한 코로나19 사태로 관광업계 전체가 직격탄을 맞았다. 특히 외래 관광객과 국내 여행객의 급감은 지역경제 선순환에 큰 타격을 입혔다. 전통문화자원은 관광산업, 콘텐츠산업 등의 경제적 부가가치를 높일 뿐만 아니라 장르 간 결합, 대중문화와 결합을 통해 국가브랜드를 형성하고 한류의 지속 확산 토대가 된다. 따라서 문화유산의 새로운 가치 창출을 위한 노력이 필요하다. 문화유산을 첨단 과학기술이라는 새로운 그릇에 담아 인문지식과 디지털이 융합된 새로운 가치를 만들어내야 한다. 콘텐츠가 미래의 먹거리 산업이다. 문화유산은 세계 속에 대한민국을 마케팅하는 콘텐츠다. 문화경제를 활성화하는 한류의 근간으로 문화유산 방문 캠페인은 관광뿐만 아니라 연관 산업도 경제적 활력을 높인다. 코로나 이전에는 크게 느끼지 못했던 문화의 위로가 절실한 작금의 사회다. 코로나로 억압된 우리의 마음속 응어리를 날릴 예술작품은 치유제다. 디지털 환경에 맞게 문화예술도 진화해야 한다. 새로운 경험을 제공하는 첨단기술과 결합한 콘텐츠로 말이다. 사람들에게 문화는 위로이고, 작품은 희망의 선물이기 때문이다. 그 문화의 토대는 전통문화다. 그래서 한국 예술경영학의 핵심인 문화정책에서 문화의 뿌리인 전통문화를 중심으로 신한류 진흥, 문화재 활용 사례를 통해 K-헤리티지Heritage의 가능성을 탐색했다. 본 논고는 2021년 3월 기준으로 2020년 정책과 사업 현장을 분석했다.

1. 머리말

2020년부터 코로나19로 인한 사회적 거리 두기 환경에서 코로나 블루(불안, 우울, 무기력감)는 몸과 마음을 더욱 움츠러들게 한다. 어느 때보다 문화와 체육, 관광의 위로가 절실한 사회다.

이러한 가운데 문화체육관광부와 한국문화관광연구원이 「포스트 코로나 시대 문화예술·관광·콘텐츠 분야 정책성과와 전망에 관한 설문조사」를 발표했다. 코로나19 종식 이후 가장 하고 싶은 여가활동으로 '여행'(69.6%)이 가장 높았고, 다음으로 '문화'(13.3%), '사교'(13.1%), '스포츠'(4.1%) 순으로 조사되었다. 코로나 블루를 극복하는 데 문화와 관광이 도움이 된다는 응답은 73.1%로 위드 코로나, 포스트 코로나를 위한 문화·관광의 중요성이 확인됐다. 관광분야 조사에서는 2021년 코로나19가 종식된다면, 40~60대는 '국내여행을 갈 것'(81.1%), 20~30대는 '해외여행을 갈 것'(59.8%)이라는 응답이 높았다. 2020년 국내여행에서 여행지 선택 시 고려요인은 '볼거리'(28.5%)와 '시간'(28.1%), '거리'(25.4%)라는 3대 요소에 더해 '코로나19 확산이 적은 지역'(24.0%)을 중요하게 고려한 것으로 조사되었다. 관광행태 역시 소규모화·개별화되고, 관광 활동 시 밀폐공간을 기피하는 것으로 조사되었다. 문화분야 조사에서는 2021년 코로나19 사태가 종식된다면, 문화예술 및 문화시설에 대한 수요도 크게 증가할 것이며, 코로나19를 계기로 확대된 온라인 수요도 지속할 것으로 전망했다(한국문화관광연구원, 2020a).

한류 확산의 핵심요소로 콘텐츠, 예술, 관광을 떠올린다. 모두 문화 영역이다. 이 문화의 토대가 문화유산이다. 2020년 발생한 코로나19 사태로 관광업계 전체가 직격탄을 맞았다. 특히 외래 관광객과 국내 여행객의 급감은 지역경제 선순환에 큰 타격을 입혔다.

"코로나19로 인한 전례 없는 충격이 우리 경제, 사회 곳곳에 나타나고 있습니다. 가장 피해가 큰 분야 중 하나가 바로 관광입니다. 관광산업의 빠른 회복을 위해 불필요한 규제는 과감하게 걷어내야 합니다. 사회가 변함에 따라 과거에는 꼭 필요했던 제도가 이제는 불필요한 걸림돌이 될 수 있습니다. 관계부처는 끊임없이 민간과 소통하면서 적극적으로 규제혁신에 나서주십시오. 오늘 이 회의가 코로나19 이후의 새로운 관광 패러다임을 논의하는 생산적인 자리가 되었으면 합니다."

2020년 5월 26일 오후 2시, 정부서울청사에서는 정세균 국무총리 주재 제5차 관광전략회의가 열렸다. "소중한 일상, 새로운 발견. 내 나라 여행!"을 표어로 '케이K 방역과 함께하는 관광 내수시장 활성화 대책'과 '관광산업 규제혁신 추진방안'이 발표됐다. 코로나19 조기 극복을 위해 '관광'이 화두가 되어 국가정책의 어젠다로 본격 가동됐다. 정부가 발표한 2개 대책에서의 핵심 키워드는 관광이다(국무조정실, 2020a, 2020b). 세부계획을 보면 '문화유산'이 국가의 정책 어젠다로 비중 있게 다뤄진 점이 고무적이다. '관광'이라는 개념은 『주역』의 "관국지광 이용빈우왕(觀國之光 利用賓于王)"에서 나온 것인데, "나라의 빛을 보러 가는 것은 왕에게 귀한 손님으로 접대받기에 좋다"라는 뜻으로 빛이라는 것 자체가 문명을 말한다. 결국 관광이라는 것은 그 나라의 문화를 보는 것으로, 문화의 바탕이라고 할 수 있는 문화유산이 국가경쟁력의 핵심요소로 떠오른 것이다. 코로나19의 장기화로 산업 현장과 국민 대다수가 아직도 어려움을 겪고 있다. 관광 관련 소비지출액이 대폭 감소했고, 방한관광객도 감소하는 등 관광업계의 어려움은 전례 없이 극심한 실정이다.

전통문화 계승·발전과 민족문화의 창달은 「헌법」(제9조)에서 명시하고 있는 국가의 의무이나, 2007년 2월 '한스타일 육성계획'을 발표한 후 종합적 접근은 부재한 실정이다. 전통문화자원은 관광산업, 콘텐츠산업 등 산업 간 연계로 경제적 부가가치를 높일 뿐만 아니라 장르 간 결합, 대중문화와 결합을 통해 국가브랜드를 형성하고 한류 지속 확산의 토대가 된다.

이에 본 논고는 한국 예술경영학의 핵심인 문화정책에서 문화의 토대이자 뿌리인 전통문화를 중심으로 신한류 진흥, 문화재 활용 사례를 통해 K-헤리티지의 가능성을 탐색하고자 한다. 구체적으로는 2020년 시작한 문화유산 방문 캠페인, 세계유산축전, 2021년부터 진행하는 세계유산 미디어아트쇼 사례를 통해 K-헤리티지의 시사점을 도출하고, 문화경제 효과와 문화정책의 발전방안을 제시한다. 더불어 2021년 3월 기준으로 신한류와 전통문화산업이 학문으로서 한국 예술경영학에서 차지하는 역할과 기능을 정리하고, 향후 정책과제와 대안을 제시한다.

2. 신한류 정책과 전통문화산업 현황

1) 전통문화산업의 개념

방탄소년단BTS을 비롯한 케이팝 스타가 주도하는 문화현상은 산업 전반에 활용되고, 다른 영역의 선순환을 이끌고 있다. 지구촌 사람들에게 가보고 싶은 나라로 한국이 선망 국가가 되며, 나아가 다른 분야의 한국적인 것, 한국산 제품, 한국생활문화도 동반 상승하고 있다. 이러한 현상에 전통문화가 그 역할을 톡톡히 하고 있다. 한류의 뿌리인 전통문화는 우리 민족의 고유한 문화적 자산이다. 전통무용, 전통음악, 전통미술 등의 전통예술이 있고, 한복, 한지, 한식, 전통놀이 등 전통생활양식도 포함된다. 한류스타를 통해 조명된 전통문화의 현대적 재창조, 그것의 기초가 되는 전통문화산업 육성이 중요하다. 최근 문화적·산업적으로 높은 관심을 받는 전통문화산업은 많은 발전을 이룩해왔지만, 체계적이고 적극적인 지원은 부족한 실정이다. 전통문화산업은 우리 민족 고유의 전통적 기술·기법이나 소재 등에 근거하여 경제적 부가가치를 창출하는 유·무형의 재화·서비스다. 전통적인 소재와 기법을 활용하여 문화상품의 기획·개발·제작·유통·소비 등이 이루어지는 산업인 전통문화산업의 체계적 육성이 필요하다(대한민국 국회, 2020).

전통문화산업은 「문화산업진흥기본법」에 영화, 음악, 게임, 출판, 방송영상 및 만화 등과 같이 문화산업의 범주에 포함되어 있으나, 현대적인 콘텐츠 육성 중심으로 규정되어 있다. 음악, 게임, 출판, 만화 등은 분야별 특화 지원을 위한 개별 진흥법이 제정·시행 중이나 전통문화산업 진흥을 위한 직접적인 지원 체계는 개별법 부재로 정책적 육성의 한계에 봉착한다. 다행히도 2020년 9월 이병훈 국회의원의 대표발의로 「전통문화산업 진흥법안」이 국회 상임위(문체위)에 제출됐다. 전통문화산업을 육성·진흥할 수 있는 법·제도적 근거를 마련함으로써 우리 전통문화산업의 경쟁력을 강화하고 국민 삶의 질 향상과 전통문화산업의 진흥을 통해 국가 경제 발전에 기여하려는 것이다.

전통문화산업은 한류의 원형이자 예술성과 실용성을 동시에 지니고 있어 우리의 전통문화산업에 대한 체계적 지원이 이루어진다면 미래 고부가가치산업으로 발전할 수 있을 뿐만 아니라 우리 문화산업 발전의 원동력으로 잠재가치가 높다. 신한류 확산의 핵심요소로 전통문화가 비중 있는 역할을 하고 있다. 전통을 유지하면서도 다양한 장르와 융화되어 새로운 형태로 끊임없이 발전하는 철학이 중요해진 시점이다. 국격을 높이는 요인 1위가 바로 한류다. 한류로 대표되는 우리 콘텐츠의 가치는 이런 경제적 효과 못지않게 국민 사기 진작, 국가 브랜드 제고, 외교 등 비경제 효과 또한 지대하다고 평가할 수 있다.

2) 신한류 진흥

코로나19 이전, 우리나라는 방탄소년단의 한류 확산을 비롯해 봉준호 감독의 영화 「기생충」 등 한국의 문화콘텐츠를 통해 국가의 위상을 높이는 세계적 쾌거를 달성했다. 한류는 연관 산업까지 성장하게 하는 우리 수출의 촉매제다. 2019년 콘텐츠 수출액은 12조 원에 달하고, 특히 게임은 2018년 7조 3천억 원의 흑자를 기록했는데, 이 하나로만 우리나라 전체 무역수지 흑자의 약 9%를 차지했다. 콘텐츠 수출은 화장품, 식료품, 가전제품 등 제조업, 그리고 관광 등 연관 산업에 대한 호감도도 높여 동반 성장과 진출까지 견인하는 효과가 있다. 실제로 한류는 국산제품 수출에서 전체 20% 이상 기여하는 데 그 역할을 한다. 한류의 기반인 대중음악(K-팝), 영화 등이 가진 이런 영향력은 '2019 대한민국 국가이미지 조사'에서도 외국인이 우리나라에 긍정적 이미지를 갖게 된 영향 요인 1위로 대중문화(38.2%)를 꼽았고, 그다음이 경제수준(14.6%), 문화유산(14.0%), 한국제품 및 브랜드(11.6%) 순으로 나타났다(문화체육관광부 해외문화홍보원, 2019). 한류 진흥의 핵심은 우리 문화유산을 포함하여 한국문화를 외국인이 다양하게 접할 수 있도록 하는 노력, 이른바 장르의 확대를 의미하는 신(新)한류다.

"한류가 기로에 서있으며, 지원하되 간섭하지 않는 정부의 지혜로운 정책이 필요합니다. 우리나라의 풍부한 문화자산으로부터 새로운 한류 콘텐츠를 찾아내야 합니다. 한류가 지속되기 위해서는 좋은 콘텐츠가 지속적으로 생산되어야 하기 때문입니다."

2019년 4월 3일 취임 이후부터 줄곧 문화정책이 국민 행복은 물론 국가의 경제에도 기여할 수 있으며, 신한류로 전 세계 한류 열기를 이어나갈 수 있다고 강조해온 박양우 문화체육관광부 장관의 신한류 정책 브리핑 중 발언이다. 문화체육관광부는 2020년 7월 16일 정세균 국무총리 주재 제110회 국정현안점검조정회의에서 관계부처 합동으로 수립한 '신한류 진흥정책 추진계획'을 논의하고 발표했다. 이날 발표된 신한류 정책에서 주목되는 내용은 케이팝 등 대중문화뿐만 아니라 예술, 전통문화, 스포츠 등 세계적 관심을 끌 잠재력 있는 한국문화 전반으로 콘텐츠를 다양화했다는 점이다(문화체육관광부, 2020). 특히 한식, 문화재, 전통문화, 공연예술, 문화유산관광 등 '전통한류'가 신한류의 주요한 과제로 포함됐다. 문화체육관광부는 한류의 원형이자 문화의 토대라고 할 수 있는 전통문화와 문화유산을 국제적 감각으로 재창조한다는 계획이다.

과거 경제성 없는 추상적 개념의 문화에 대한 시각에서 바야흐로 신한류를 이끄는 주역으로 문화의 비중이 높아진 시대가 됐다. 2019년 콘텐츠산업의 매출액은 125조 원을 달성하여 세계 7위 규모의 문화부국이 되었다. 한류는 세계 속에 대한민국을 알리고, 연관 산업을 견인하는 역할을 톡톡히 하고 있다. 그러나 한류가 여전히 대중문화에 편중된 점, 일부 지역에서 나타나는 반한 정서 등은 한류의 지속적 확산을 저해하는 대표적 문제점으로 지적되어왔다. 또한 여러 정부 부처에 한류 관련 정책·정보가 분산되어 있어 효율성이 떨어졌고, 한류의 긍정적 파급효과를 높이는 데 한계가 있었다. 기존 한류에 대한 문제의식을 바탕으로 정부는 2020년 2월 24일 문화체육관광부장관이 주재하고 한류와 관련성이 높은 13개 부처와 12개 공공기관이 참여한 한류협력위원회를 출범했다. 그동안 각 부처와 기관이 분산되어 집행하던 한류 관련 지원 정책과 정보들을 한 곳에 모으고 나아갈 방향을 합의했다는 데 의의가 있다.

지금까지의 한류는 총 3기로 구분할 수 있는데, 한류의 태동기는 1990년대 말 아시아권 국가들의 한국드라마 열풍 이후 전 세계에 케이팝 등 대중문화 콘텐츠에 대한 인기가 급상승했다. 2000년대 중반까지 이어졌던 이 시기가 한류 1.0이다. 확산기인 한류 2.0은 2010년대 초반까지로 글로벌 온라인 플랫폼을 활용하여 전 세계와의 실시간 직접 소통을 통해 해외 한류 콘텐츠 소비층과의 접촉이 확대됐다. 이후 한류의 세계화로 세계적 스타상품이 등장하게 된 한류 3.0은 최근까지 방탄소년단, 영화 「기생충」 등으로 한류 확산의 새로운 계기를 마련했다. 이번에 발표된 신한류K-Culture가 4기, 한류 4.0인 셈이다.

정부는 지난 20여 년간 지속해온 한류에서 '신한류'란 기존 한류와 달리 한국 문화 전반에서 한류 콘텐츠를 발굴하고, 연관 산업과의 연계를 강화하며, 상호 문화교류를 지향함으로써 지속성과 파급효과가 높은 한류라며 2020년 이후에 지향하는 한류를 공식적으로 '신(新)한류K-Culture'라 지칭하고 정의했다. 2020년 발표된 신한류 진흥 정책은 3대 지원전략 9개 정책과제로 한류 콘텐츠 다양화로 파급력 제고(전략 1: 확산), 한류로 연관산업 동반성장 견인(전략 2: 융합), 지속 가능한 한류 확산의 토대 형성(전략 3: 기반)을 제시했다. 대한민국이 전 세계적으로 주목받고 있는 가운데 소프트파워로 위기를 기회로 전환하는 새로운 문화전략이다.

3) 문화재활용정책

문화유산은 우리의 보물이면서 미래 가치를 만들어가는 인문과 정신이다. 문화의 힘은 작금의 어려운 시기를 지나 모두에게 한 줄기 희망의 빛이 되고 코로나19로 침체했던 산업을 다시 뜨겁게 살릴 불씨임이 틀림없다.

"문화유산은 우리 겨레의 삶의 예지와 숨결이 깃들어 있는 소중한 보배이자 인류문화의 자산이다.” 이 문장은 「문화유산헌장」의 첫 글귀로, 1997년 제정됐다. 그해는 정부 차원에서 지정한 ‘문화유산의 해’였다. 여러 문화재 보존 정책과 가치 선양 사업들이 진행됐다. 방탄소년단이 멜론뮤직어워드에서 한복을 입고 부채춤을 선보여 세계인을 열광의 도가니로 빠져들게 한 바 있다. 이러한 한국문화의 핵심인 문화유산은 한류로 대표되는 우리나라 문화산업의 원천이라고 할 수 있다. 또한 콘텐츠 개발과 예술작품 창작의 보고다. 문화재 활용이 곧 보존이다. 적극적인 활용이 최선의 보존이다. 그 중심이 되는 사업으로 문화유산 방문 캠페인이 추진된다. 유네스코에 등재된 세계유산·인류무형유산을 거점으로 국내외 관광객에게 문화유산 관광을 증진하기 위한 사업이다.

코로나19가 장기화하면서 비대면 시대의 여행 트렌드가 사람이 많이 모이지 않는 장소 위주의 여행, 넓은 야외환경에서 경관을 관람하는 방식의 관광으로 변화하고 있다. 그 중심에 여행지로 한적하면서도 아름다움을 감상하고 인문학적 경험을 만들 수 있는 국내 세계유산을 선택하려는 문화유산관광Cultural Heritage Tourism 수요가 증가하고 있다. 다행히도 코로나19 위기를 극복하고 새로운 사회 변화에 대응하기 위한 문화재 정책 대안이 마련됐다. 2020년 12월 문화재청이 미래변화에 선제적으로 대응하고자 ‘코로나19 이후 문화유산 미래 전략’을 발표했다. 2030년까지 10개년 계획으로 추진되는 ‘문화유산 미래 전략’은 비대면 환경과 디지털 전환 등 최근 사회 변화에 대응하고, 국민의 실생활에 도움이 될 수 있는 문화유산 정책 발전 방향을 마련했다. 이를 실현하기 위한 7개의 중점 추진과제는 문화유산 디지털 혁신 기반 마련, 첨단기술 기반 안전한 예방관리 체계 구축, 지친 국민을 치유하는 기반 조성, 일상생활 속 문화유산 인프라 녹색 전환, 문화유산 기반 신산업·일자리 창출, 실감형 문화유산 콘텐츠 활용 지원, 공유·상생을 통한 주민 주도형 보존·활용이다(문화재청, 2020a).

4) K-헤리티지의 범주

최근 우리 아이돌그룹이 팝의 본고장인 미국 시장까지 진출해 그 어느 때보다 한국문화에 대한 열기가 뜨겁다. 방탄소년단의 「대취타」, 블랙핑크의 한복 패션은 전 세계에 국위 선양은 물론 문화경제까지 이끌고 있다. 한국문화관광연구원이 2020년 9월 1일(한국 시각) 방탄소년단의 신곡 「다이너마이트」가 빌보드 '핫HOT 100 차트' 1위를 차지한 것의 경제적 파급 효과를 분석한 조사연구에 따르면, 그 규모가 1조 7천억 원에 이를 것으로 추산한다고 분석되었다. 「다이너마이트」로 인한 직접적 매출 규모는 2,457억 원, 이와 관련된 화장품, 식료품, 의류 등 연관 소비재 수출 증가 규모는 3,717억 원으로 추산되었다. 그리고 이러한 수익에 대한 산업 연관 효과를 보면, 생산 유발 효과는 1조 2,324억 원, 부가가치 유발 효과는 4,801억 원, 고용 유발 효과는 총 7,928명에 이르는 것으로 추산되었다(한국문화관광연구원, 2020b). BTS가 빌보드 '핫 100' 정상에 오른 것은 케이팝이 보편적 문화수용을 이끄는 주류문화의 코드로 한국의 전통문화도 신한류가 될 수 있다는 가능성을 입증한 기록될만한 문화사다. 블랙핑크의 한복 의상과 BTS의 노래 「대취타」에 전 세계인이 열광했고, 자연스럽게 한복과 국악, 한국전통문화에 대한 호기심으로 이어진 것이다.

여기에 더해 궁궐을 배경으로 방송된 BTS의 공연은 전통문화를 통한 신한류 확산에 획기적 대전환이었다. 한복을 재해석한 무대의상을 입고 경복궁 근정전, 경회루를 배경으로 펼친 국보급 무대는 전 세계인에게 우리 문화유산의 아름다움을 전해 한국관광의 매력을 한층 끌어올렸다. 한복은 우리의 가장 대표적인 전통문화다. 영국의 문화인류학자인 에드워드 타일러(1832~1917)는 문화를 "총체적인 생활양식"으로 정의했다. 생활양식의 기본은 의식주이며, 그중에서도 옷은 가장 앞서 거론될 만큼 생활에 중요하다. "옷이 날개"라는 옛말도 있듯이, 어떤 옷을 입느냐에 따라 어떻게 보이는지, 어떻게 평가받는지가 달라지기도 한다. 그만큼 옷은 문화의 핵심이다. K-헤리티지(문화유산한류/전통한류)는 한류의 원형으로 문화의 기본이자 토대이며, 한국문화의 뿌리와도 같다. BTS의 부채춤 퍼포먼스부터 최근 피리정악(대취타), 봉산탈춤 등 전통과 현대가 창조적으로 융화한 작품에 열광하는 세계의 한류 팬을 보며 우리 전통의 힘을 다시 확인하게 한다.

한류 원형을 국제적 감각으로 재창조하고, 한국문화의 다양한 장르로 확대되고 있는 신한류는 세계 문화사적으로 우리 문화가 세계 정상이 될 수 있다는 자신감을 심어줬다. 국가경제의 성장 동력을 높이는 새로운 한국의 물결이다.

3. K-헤리티지의 사례 및 시사점

1) 문화유산 방문 캠페인

2020년 5월 26일 문화유산에 대한 국민적 관심과 방문을 촉진하기 위해 서울 환구단에서 문화유산 방문 캠페인을 선포했다. 유구한 역사와 이야기를 자랑하는 대한민국 문화유산이 코로나19 사태의 장기화로 지친 국민을 위한 치유와 여가, 관광자원 발굴, 지역경제 활성화를 위해 그 닻을 올렸다. K-Pop, K-Drama, K-Food 등 한류 확산에 따라 그 어느 때보다 '한국', '한국문화', '한국인'에 대한 세계인의 관심이 뜨겁다. 이러한 시대적 흐름 속에서 '문화유산 방문 캠페인'을 통해 한류의 원천인 우리 문화유산의 가치를 재발견하고, 나아가 누구나 쉽게 찾을 수 있는 휴식과 관광, 치유의 공간으로서 문화유산의 의미를 국민 모두에게 아로새기는 것이 캠페인의 취지다. 특히, 문화유산 대다수가 실외에 자리한 만큼 '생활 속 거리 두기'를 실현하면서도 고단한 일상에서 벗어나 여가를 즐기며 멀어진 마음의 거리를 좁히고, 얼어붙은 국내 관광산업에도 온기를 불어넣는다.

문화유산 방문 캠페인은 "참 만남, 참 문화유산Feel the REAL KOREAN HERITAGE"을 슬로건으로 테마별로 엮은 7개 방문 코스를 구축해 제안함은 물론, 국내에 있는 세계유산을 중심으로 펼쳐지는 5대 특별 사업과 전국 각지에서 문화유산을 주제로 열리는 다양한 축제·공연·전시·체험행사 등의 7대 연계 사업과 뜻을 함께하여 다채로운 볼거리와 즐길거리를 제공하며, 일상으로의 첫걸음을 떼고 조심스럽게 봄을 맞이하는 국민에게 특별한 경험과 잊지 못할 추억을 선사했다. 5대 특별 사업은 문화유산 방문 캠페인을 대표하는 콘텐츠로, 국내에 있는 세계유산을 중심으로 펼쳐지는 특별한 프로그램이다. 2020년 문화재청의 신규사업으로 국내 세계유산을 선정해 다양한 연계 프로그램으로 그 뜻과 의의를 조명하는 세계유산축전(한국의 서원: 7.4~20, 경상북도: 7.30~8.29, 제주특별자치도: 9.4~20), 5대 궁궐, 종묘 및 사직단의 가치를 널리 알리기 위해 마련된 국내 최대 문화유산 활용 축제, 궁중문화축전 마련된 국내 최대 문화유산 활용 축제, 궁중문화축전(10.10~18)을 비롯하여 공연예술 및 퍼포먼스 시리즈인 코리아 온 스테이지-

공연과 함께하는 문화유산(7월 수원화성 등 3회 개최), 케이팝 스타의 문화유산 체험기를 담은 온라인 전용 콘텐츠, 나의 문화유산 견문록(온라인 서비스: 7월 이후)이 진행됐다. 여기에 문화유산을 방문할 때마다 특별한 추억을 기록할 수 있는 문화유산 스탬프 북 배포 사업이 더해졌다(문화재청, 2020b). 문화유산을 주제로 전국 각지에서 연중 개최되는 축제·공연·전시·체험 프로그램을 엮은 7대 연계 사업도 각기 다른 이야기와 매력을 품고 관람객을 맞이했다. 전주 국립무형유산원에서 무형유산에 대한 이해를 높이고, 국민이 더욱 가까이에서 즐길 수 있도록 실시하는 무형문화재 전시·공연, 국내 대표 야간 문화유산 축제인 문화재 야행(전국 36개소), 현충사·경주 월성 등지에서 열리는 야간 프로그램과 국내 문화유산 축제로 구성된 문화유산 축제 및 야간 체험, 아리랑, 씨름 등으로 대표되는 우리나라 인류무형유산을 테마로 꾸며지는 무형유산 축제 및 체험 프로그램, 전국의 주요 박물관과 전시관에서 열리는 문화재 특별 전시, 문화재를 더욱 깊이 이해하고 처음 마주하는 순간을 실제 현장에서 체험해보는 문화재 발굴 및 수리 현장 공개(발굴현장 10개소, 수리현장 30개소), 26개 조선왕릉 권역에서 2020년 처음 개최되는 조선왕릉문화제(9.26~10.25)가 7대 연계 사업의 일환으로 국내외 관광객과 만났다. 문화유산 방문 캠페인은 주제의 유사성과 지역 근접성으로 엮은 7개 방문 코스Korean Heritage Route 5+2를 구축해 제공했다. 국내외 관광객이 문화유산 방문 시 교통 및 숙박 등의 어려움을 느끼지 않도록 주요 도시를 포함한 지역별 거점으로 코스를 구성했다. 서울에서 제주도까지 전 지역을 아우르며, 한국을 대표하는 주요 문화유산 콘텐츠인 전통 산사와 서원, 한국의 세계유산 및 인류무형유산을 주요 거점으로 삼았다. 문화유산 방문 코스 5개는 천년 정신의 길(경주·안동), 백제 고도의 길(공주·부여·익산), 소릿길(전북·전남), 설화와 자연의 길(제주), 왕가의 길(서울·경기)로 이루어져 있다. 여기에 작년과 재작년에 각각 세계유산으로 등재된 바 있는 '한국의 서원', '산사-한국의 산지승원'에 포함된 서원과 산사를 중심으로 하는 서원의 길, 수행의 길 등 2개의 테마 코스가 추가 편성되었다.

2) 세계유산축전

2020년 6월 15일 한국관광공사가 발행한 『KTO 포커스』 8호에서 1월부터 5월까지 이동통신과 내비게이션의 빅데이터를 활용하여 '코로나19 발생 이후 관광객 이동분석을 통한 관광변화 탐색 결과'를 발표했다. 리포트에 따르면 "여행지 찾기, 캠핑과 차박(車泊, 자동차에서 숙박) 등 여행 전 과정에서 언택트Untact 콘텐츠에 대한 선호가 두드러지고 있다"라고 분석되었으며, "현실적으로 어려워진 해외여행을 대신하여 코로나19로 지친 심신의 힐링을 위한 국내여행이 급증할 것"이라고 전망했다(한국관광공사, 2020). 언택트 시대의 여행 트렌드가 사람이 적은 장소 위주의 여행, 경관을 보는 방식의 관광으로 변화하고 있다. 이에 따라 여행지로 한적하면서도 아름다움을 감상하고 추억을 만들 수 있는 국내 세계유산을 선택하려는 문화유산관광Cultural Heritage Tourism에 관심이 쏠리고 있다.

세계유산축전World Heritage Festival은 유네스코 세계유산에 등재된 국내 세계유산의 가치와 의미를 널리 알리기 위한 문화유산 활용 복합 축제다. 기존의 성공 사례인 '궁중문화축전'과 '유럽연합 문화유산의 해European Heritage Year'를 모델로 하여 문화재청이 2020년부터 새롭게 추진하는 지역문화재 활용 사업이다(문화재청, 2020c). 인류의 자산인 세계유산의 가치를 세계인과 더불어 향유하고, 고품격의 문화유산 복합 콘텐츠를 기획·보급하기 위해 중앙정부가 지방자치단체를 지원하는 사업으로 세계유산 이해·전달·해석 프로그램이 결합한 복합 페스티벌로 진행된다. 유네스코 등재 세계유산을 주제로 해당 유산의 특성, 탁월한 보편적 가치OUV, Outstanding Universal Value, 역사적 의미를 효과적으로 전달할 수 있는 내용의 축제 형식이다. 문화유산의 관광자원 활성화를 위해 "참 만남, 참 문화유산"을 슬로건으로 추진되는 문화유산 방문 캠페인과 함께 시작한 세계유산축전은 사업 첫해인 2020년 3건이 진행됐다. 2020년 7월 한국의 서원, 8월 경북 안동·경주·영주, 9월 제주에서 열렸다. 코로나19와 사회적 거리 두기, 기록적인 장마와 연이은 태풍과 겹치며 축전 진행에 많은 제약이 따랐지만, 지역에 소재한 세계유산을 중심축으로 지역문화와 예술, 콘텐츠가 문화적 백신이 되어 지친 지역주민과 관광객을 위로하고 치유하는 마음방역이 되었다. 그리고 각 축전 개최를 주관하는 지역의 문화기관과 단체를 중심으로 기획자, 예술인에게는 예술 활동이 전면 취소되는 상황에서 비대면 환경에 안전하면서도 유산과 융합한 새로운 작품 창작의 계기를 만들었다. 또한 무대, 조명, 음향과 시설, 물품 등 협력업체를 비롯하여 코로나19로 어려움을 겪고 있는 관광업계의 내수 진작에도 도움을 줬다. 특히 축제에 참여하는 인력의 고용 창출과 숙박, 식사, 쇼핑 등 축전 개최지역의 상권에 활기를 불어넣어 위축된 지역경제 활성화에 보탬이 됐다.

한국은 유네스코에 등재된 세계유산이 1995년 석굴암·불국사, 해인사 장경판전, 종묘를 시작으로 2019년 한국의 서원까지 현재 14건 62개소다. 이 밖에 인류무형유산 20건, 세계기록유산 16건까지 모두 50건의 등재유산을 보유한 문화강국이다.

3) 세계유산 미디어아트쇼

코로나 시대에 우리 문화의 근간인 문화유산의 보존과 활용 방식도 진화하고 있다. 신기술을 활용한 문화재 보존관리와 방재를 위해 5G, ICT, 드론 등 디지털기술이 적용된다. 문화재 활용 현장에서는 영상을 통해 우울감을 치유하는 '문화유산 ASMR'을 비롯하여 5G로 궁궐을 체험할 수 있는 창덕궁 AR(증강현실), 덕수궁 VR(가상현실)이 개발되어 비대면 시대에 누구나 쉽게 온라인, 스마트폰으로 문화유산을 향유할 수 있도록 해준다.

문화체육관광부는 '한국판 뉴딜' 정책 기조에 맞춰 실감·융합 콘텐츠 등 디지털 뉴딜 분야 과제 47개, 친환경 생활 SOC 구축 등 그린 뉴딜 분야 과제 2개, 예술인고용보험 도입 등 안전망 강화 분야 과제 2개를 포함하여 총 51개 세부과제를 2021년부터 추진한다. 한국의 문화예술이 전 세계 누구나 즐길 수 있는 콘텐츠로 연결되어 문화적 만남을 이어주는 신한류 공동체를 만든다. 2019년 콘텐츠산업 통계조사 결과에 따르면 전 세계 실감콘텐츠 시장은 2017년부터 연평균 52.6% 성장해왔고, 2023년에는 약 411조 원에 달할 것으로 전망돼 문화경제로 국가 발전을 이끄는 핵심산업으로 급부상하고 있다. 정부도 2025

년까지 3,300억 원 이상을 투자해 실감콘텐츠를 육성하고, AR, VR 핵심 기술 인력 1,400여 명을 양성하는 등 디지털 콘텐츠산업 생태계 육성을 위한 정책과 지원방안을 마련했다(한국콘텐츠진흥원, 2019).

포스트 코로나 시대 문화유산의 가치는 무엇일까? 우리 정체성의 뿌리이고 다양성의 원천이며 지속 가능한 인류 공동의 자산인 문화유산에 4차 산업혁명 시대를 넘어 비대면 사회는 새로운 가치를 요구한다. 따라서 문화유산의 새로운 가치 창출을 위한 노력이 필요하다. 문화유산을 첨단 과학기술이라는 새로운 그릇에 담아 인문지식과 디지털이 융합된 새로운 가치를 만들어내는 것이다. 나아가 한국문화를 세계로 확산하는 신한류와의 융합도 중요한 과제다. 새로운 가치는 문화유산 산업 생태계를 조성하여 문화재형 일자리를 창출하고, 지역경제 활성화에 선도적 역할을 하며, 한국문화의 새로운 물결로 국가브랜드를 높인다. 언택트 환경에 문화유산 활용의 대안은 디지털 시대에 적합한 과학기술과의 접목이다.

2003년 유네스코UNESCO는 디지털 유산의 보존에 대한 헌장을 제정했다. 유·무형의 문화유산을 디지털로 보존·연구·응용하고 콘텐츠로 보급하는 개념이 디지털 헤리티지Digital Heritage다. 이 디지털 헤리티지 중 2021년부터 전국의 세계유산에서 문화유산을 활용한 미디어파사드를 만나게 된다. 문화재청이 2020년 8월부터 지자체를 대상으로 '2021년 세계유산 활용 콘텐츠 구축' 사업을 공모하여 9월 심사를 마치고 5개 지자체를 선정했다. 디지털기술로 새롭게 만나게 될 세계유산은 수원화성, 백제역사유적지구(공주 공산성, 부여 부소산성, 익산 미륵사지), 산사-한국의 산지승원(충북 보은 법주사)이다. 5개 지역의 세계유산에서 펼쳐질 미디어아트쇼의 핵심적 기법은 문화재를 스크린으로 활용하여 영상을 투사하는 미디어파사드(프로젝션맵핑)다. 세계유산의 탁월한 보편적 가치OUV를 담아 코로나19의 위험환경인 3밀(밀접·밀집·밀폐)을 차단할 수 있는 문화재 향유 체험이다. 개방된 문화재 현장에서 문화유산을 안전하게 체험할 수 있는 야외 관람형 프로그램으로 온라인으로도 서비스하여 문화재를 누리도록 하는 문화유산형 공공예술이다. 또한 문화유산관광이 체류형 야간관광상품으로 이어져 지역경제를 창출한다(문화재청, 2020d). 비대면이 일상화되면서 마음의 치유가 중요하다. 이른바 마음방역이다. 예술작품과 문화콘텐츠는 마음백신이다. 실감콘텐츠는 문화예술 프로그램인 동시에 문화와 사람을 잇는 소통 채널이다. 그중에서도 빛으로 만든 영상예술 미디어파사드는 희망의 빛을 그리는 디지털캔버스가 된다. 문화유산 활용 미디어파사드는 문화재를 그 자체로의 이미지만 갖고 있던 대중에게 그 가치와 의미를 새롭게 느끼도록 하는 실감형 문화재 체험이다. 헤리티지 익스피리언스Heritage Experience다.

미디어파사드뿐만 아니라 문화재에 숨을 불어넣고 색을 입히는 문화재 활용 프로그램은 우리에게 문화유산에 대한 신비로운 경험과 새로운 감동을 전해준다. 비대면 시대의 문화유산 향유 서비스는 실감형 경험을 제공한다. 언택트 환경에서 심금을 울리는 콘텐츠의 디테일은 더욱 중요해진다. 기획자의 취지, 연출자의 의도, 작가의 철학이 오늘의 시대상과 함께 잘 조합된 콘텐츠는 예술작품으로 탄생하여 사회적 거리 두기로 인해 심리적으로 고립된 우리 모두를 위로하는 문화적 선물이 된다. 문화로 따뜻한 연결사회를 만드는 문화유산 활용 실감콘텐츠에 무엇보다 잊지 말아야 할 것은 해당 문화재의 고유한 가치, 특성과 그 정신을 담는 것이다. 그래야만 공감의 엔터테인먼트가 될 수 있다.

4. 맺음말

과거에는 일상적이던 문화활동과 여가생활을 지금은 누리지 못하고 있지만, 그것들에 대한 기대를 잘 충족시켜주는 것이 중요하다. 치유의 메시지로 오늘의 시대정신, 미래의 희망을 담은 기획이 절실한 시점이다.

2020년 코로나19는 우리의 일상을 송두리째 바꿔놓았다. 그러나 우리는 꺾이지 않았고, 오히려 위기 속에서도 새로운 기회를 만들었다. 포스트 코로나를 준비해야 한다. 우리 정체성의 뿌리이고 다양성의 원천이며 지속 가능한 인류 공동의 자산인 문화유산에 4차 산업혁명 시대를 넘어 포스트 코로나는 새로운 가치를 요구하기 때문이다. 정책 분석과 사례 조사를 통해 도출한 K-헤리티지의 미래가치와 정책방향은 다음과 같다. 첫째, 신한류와 전통문화를 기반으로 위로를 전할 수 있는 콘텐츠 개발의 확대다. 인간은 일상생활에서 심리상태, 마음의 안식이 중요하다. 박물관에 전시된 유물과 미술작품의 감상, 독서, 공연 관람, 문화재 탐방까지 모두 우리를 위로해주는 문화다. 지금의 삭막한 삶에 예술은 마음을 위로하고 긴장감을 풀어주고 있다. 일상에서 느끼는 고통스러운 감정과 연민이 예술작품을 통해 자극되면서 해방된다는 아리스토텔레스의 카타르시스 이론이 떠오르는 지점이다. 예술에서 경험할 수 있는 강렬한 체험이 감정의 정화를 가져오고, 궁극적으로는 행복한 사회로 연결된다. 둘째, 문화유산과 첨단기술을 융합한 전통한류의 가치 재창출이다. 문화유산의 새로운 가치 창출을 위한 노력이 필요하다. 문화유산을 첨단 과학기술이라는 새로운 그릇에 담아 인문지식과 디지털이 융합된 새로운 가치를 만들어내야 한다. 문화유산은 과거로부터 물려받은 것이지만, 우리 세대에서 잘 지키고 가꾸며 새로운 가치를 더하여 미래 세대에게 오롯이 물려주어야 한다. 이를 위해 문화유산의 디지털 사회혁신이 중요하다. 국민의 안전한 삶과 치유, 지속 가능한 환경·일자리 등 각종 사회 현안 해결에 문화는 위로의 선물이면서 희망의 빛이기 때문이다.

문화체육관광부와 문화재청 모두 문화와 정신을 다루는 부처로 우리 문화를 지키고 계승하기 위해 존재한다. 기초예술과 문화유산을 중흥시키는 부처다. 하지만 4차 산업혁명 시대에는 더 중점을 두어야 할 부분이 있다. 바로 문화의 산업화다. 문화를 통해 대한민국의 경제 활성화에 기여하는 것이다. 연관된 산업과의 공조도 매우 중요하다. 사업의 집행에서 정책의 목표를 경제 활성화와 연동시키는 문화마케팅 관점의 접근이 중요한 시점이다. 그 문화의 토대는 전통문화다. 그래서 한국 예술경영학의 핵심인 문화정책에서 문화의 뿌리인 전통문화를 중심으로 신한류 진흥, 문화재 활용을 통해 K-헤리티지의 가능성을 탐색했다. 전통문화, 문화유산을 현대적으로 변용하고, 그 가치를 재창출하는 일이 향후 신한류 진흥 정책의 중요한 전략이 되리라 본다.

참고문헌

국무조정실. 「K-방역과 함께하는 관광 내수시장 활성화 대책」. 2020a.

국무조정실. 「관광산업 규제혁신 추진방안」. 2020b.

대한민국 국회. 「전통문화 산업 진흥법안 의안 원문」. 2020.

문화재청. 「포스트 코로나 문화유산 미래 전략」. 2020a.

______.「2020 문화유산 방문 캠페인 추진계획」. 2020b.

______.「2020 세계유산축전 추진계획」. 2020c.

______.「2021 세계유산 활용 콘텐츠 구축 및 지원 공모계획」. 2020d.

문화체육관광부.「신한류 진흥정책 추진계획」. 2020.

문화체육관광부 해외문화홍보원.「대한민국 국가이미지 조사」. 2019.

한국관광공사.「코로나19 발생 이후 관광객 이동분석을 통한 관광변화 탐색 결과」.『KTO 포커스』 8, 2020. 1쪽

한국문화관광연구원.『포스트 코로나 시대 문화예술·관광·콘텐츠 분야 정책성과와 전망』. 2020a.

______.『방탄소년단 빌보드 차트 1위의 경제적 효과』. 2020b.

한국콘텐츠진흥원.『2019년 콘텐츠산업 통계조사 결과』. 2019.

이창근

문화산업컨설턴트로 헤리티지큐레이션연구소 소장, (사)한국문화재디지털보존협회 상임이사다. 경희대학교에서 문화정책으로 예술경영학박사(Ph.D.) 학위를 받았다. 지역의 문화전략 개발을 비롯하여 페스티벌과 마이스(MICE), 문화재활용, 미디어아트 분야에서 현장의 기획자, 디렉터로 일한다. 지디넷코리아 칼럼니스트, 충남도 정책자문위원, 문화재청 역사문화권정비위원·정책연구심의위원, 문화체육관광부 한국문화정보원 이사를 겸하고 있다.